Dirk Käsler

zusammen mit Hans Peter Albers · Leonarda Castello · Carsten Germis · Peter-Jakob Kelting · Matthias Klupp · Sabine Redlin · Jochen Rimek · Franz-Josef Sc
Frank Smeddinck · Thomas Steiner

Der politische Skandal

Zur symbolischen und dramaturgischen Qualität von Politik

Mit Zeichnungen von Ernst Maria Lang

Westdeutscher Verlag

Der Westdeutsche Verlag ist ein Unternehmen der Verlagsgruppe Bertelsmann International.

Umschlaggestaltung: Horst Dieter Bürkle, Darmstadt;
Umschlagbild: Ernst Maria Lang
Druck und buchbinderische Verarbeitung: Lengericher Handelsdruckerei, Lengerich
Printed in Germany

ISBN 3-531-12286-X

Inhalt

Vorwort

Politische Skandale beschäftigen Menschen in der ganzen Welt. Viele behaupten, die heutige Politik sei ein einziger Skandal. Erneut auf den Markt treten personelle und programmatische Angebote, die von sich behaupten, sie würden Schluß machen mit den Skandalen in der Politik. Wieder und weiterhin ist es an der Zeit, daß sich Sozialwissenschaftlerinnen und Sozialwissenschaftler um Politik und damit auch um politische Skandale kümmern. In Zeiten ansteigender Apathie gegenüber und Verachtung von Politik und der damit spiegelbildlich zusammenhängenden wachsenden Attraktivität autoritärer, vermeintlich einfacherer Rezepte müssen sich die Sozialwissenschaften darum bemühen, Regeln, Notwendigkeiten und Veränderungsprozesse politischer Wirklichkeit sachlich und kritisch zu untersuchen.

Dieses Buch über politische Skandale möchte dazu beitragen. Es entstand in wissenschaftlichen Arbeitszusammenhängen, die an der Ludwig-Maximilians-Universität München im Sommersemester 1977 begannen und an der Universität Hamburg seit 1984 fortgesetzt werden. Seit dieser Zeit beschäftige ich mich mit der normativen und symbolischen Qualität von Politik. Angeregt wurde mein Interesse an diesen Fragen durch die Auseinandersetzung mit den empirischen Anwendungsmöglichkeiten des theoretischen Konzepts "Politische Kultur".

Noch in meinen letzten Münchner Seminaren begann ich, mit meinen Studentinnen und Studenten über Dramatisierung und Personalisierung von Politik zu arbeiten. Diese Fragestellung verfolgte ich in meinem Lehrangebot an der Universität Hamburg, an die ich zum Sommersemester 1984 berufen wurde, weiter. In einer Serie von Seminaren behandelten wir die Frage nach dem Zusammenhang von Entscheidungspolitik und Schaupolitik, angewandt auf die Bundestagswahlen seit 1949, auf die Amtszeit des ehemaligen Ersten Bürgermeisters der Freien und Hansestadt Hamburg, Hans-Ulrich Klose, und auf ausgewählte internationale und nationale politische Skandale. Unabhängig davon, daß aus der gemeinsamen Seminararbeit eine Reihe von Qualifikationsarbeiten hervorgegangen ist, entstand im Anschluß an das Seminar über politische Skandale der Plan für die gemeinsame Arbeit an diesem Buch.

Dessen Aufbau ergab sich aus der vorangegangenen Seminararbeit: Auf ein eher theoretisch angelegtes Kapitel, in dem die hier zugrundegelegte Sichtweise von Politik in grundsätzlicher Absicht vorgestellt wird, folgt ein Abschnitt über die Begriffsgeschichte von "Skandal". Daß die von uns zugrundegelegte Perspektive von *Politik als Theater* ihre Wurzeln bis in die griechische Spätantike zurückverfolgen kann, wird schon in jenen Passagen deutlich, in denen darauf hingewiesen wird, daß eine Bedeutung von Skandal auf die *scandalistés* zurückgeht, auf die Trapez- und Zauberkünstler aus dem Programm der griechischen Kleinbühne. Von ihnen heißt es, daß sie eine besondere Gruppe von komischen Spielern waren, die das Publikum damit unterhielten, daß sie sich gegenseitig durch überraschendes Beinstellen und sonstige Kniffe fortwährend zu Fall brachten.

Daß solche "Beinsteller" nicht nur auf den Kleinbühnen der griechischen Antike und des römischen Kaiserreichs ihre Schwänke, Possen und Kniffe zur Belustigung des Publikums vollführten, sondern daß es solche *scandalistés* auf den unterschiedlichst dekorierten Bühnen, an den unterschiedlichsten Orten und zu unterschiedlichsten Zeiten, in den unterschiedlichsten Kostümen und Rollen und insbesondere in recht unterschiedlichen Inszenierungen bis in unsere Tage gibt, und sicherlich nur selten zur vergnügten Belustigung des allgemeinen Publikums, das zeigen die anschließenden sieben Skandal-Stücke; das abschließende Kapitel über dramatisch inszenierte oder verlaufene Theater-Skandale stellt gewissermaßen die ironische Spiegelung der Theater-Metapher dar.

Die Arbeit an diesem Buch gestaltete sich derart, daß von einem Mitglied oder mehreren Mitgliedern des Teams eine erste Manuskriptversion des jeweiligen Kapitels vorgelegt wurde, die dann in mehreren Sitzungen Wort für Wort gemeinsam durchgearbeitet wurde. Daß eine solche Arbeit zeitaufwendig und anstrengend ist, versteht sich von selbst. Ob sie sich gelohnt hat, wird nicht mehr von uns allein zu beurteilen sein.

Den Lesern, die einfach Interesse und "Spaß" an politischen Skandalen haben, wird empfohlen, die Lektüre mit den Skandal-Stücken zu beginnen. Die eher sozialwissenschaftlich motivierten Leser sollten sich den Einstieg über Theorie und Begriffsgeschichte nicht entgehen lassen.

Hamburg, im November 1990 — Dirk Käsler

Der Skandal als Politisches Theater.*

Prologe

1.

Der Generalsekretär der KPdSU und Staatspräsident der UdSSR, Michail Gorbatschow, wurde von Rudolf Augstein, Herausgeber des deutschen Nachrichtenmagazins DER SPIEGEL, gefragt, ob er gerne ins Theater gehe und ob er eine bestimmte Bühne bevorzuge. In diesem Interview antwortete Gorbatschow:

> "Ich gehe in viele Theater. Im Theaterleben kenne ich mich aus, es ist interessant. Nicht alles genügt hohen künstlerischen Ansprüchen, nicht alles ist auf demselben Niveau. Es gibt auch einfach schwache Stücke. /.../ Ich glaube, das für uns interessanteste Stück ist die /.../ Perestroika selbst. Das ist ein wirkliches Drama, wo Charaktere aufeinanderprallen, das Alte gegen das Neue kämpft, wo sich eine Veränderung des Bewußtseins vollzieht, ein Umbruch. Das ist es, worüber man schreiben müßte. Nichts ist dramatischer als das Leben selbst." (SPIEGEL 43/1988)

2.

Zwei Ausgaben davor hatte DER SPIEGEL mit dem deutschen Vorabdruck des Buches "The Power Game" von Hedrick Smith begonnen. Unter dem Stichwort "Die Video-Präsidentschaft" enthüllte darin der Washingtoner Korrespondent der "New York Times" die Mechanismen und das Personal des Medien-Stars Ronald Reagan, der dazu beigetragen habe, daß die Bundeshauptstadt Washington am Ende der Reagan-Ära nur noch "Hollywood-East" genannt werde.

"Die Reagan-Jahre waren für Millionen eine Art politisches Heimkino. Reagan ist der Idealtyp des Fernsehzeitalters: Er agiert kinogerecht /.../ Reagan hat erkannt, daß die Politik im Zeitalter der Massenmedien nicht das Denken, sondern die Emotionen der Millionen Fernsehzuschauer ansprechen muß." (SPIEGEL 41/1988)

3.

In fast sämtlichen Ausgaben des SPIEGEL fanden und finden sich Berichte über zahlreiche "Skandale" in der Bundesrepublik Deutschland: Wiederbelebungsversuche der Mord-Theorie im "Fall" Uwe Barschel; Spielbanken-"Affären" in Niedersachsen und Rheinland-Pfalz; Telefonabhöraktionen in Berlin und Rheinland-Pfalz; Schmiergeldzahlungen in Bremen und Frankfurt; mangelnde Kooperation der chemischen Industrie bei der Verhinderung der Vergrößerung des Ozon-Lochs; mysteriöse Genehmigungsumstände einer Kunstflugveranstaltung, bei der 70 Menschen tödlich verletzt wurden; Scherereien bei Genehmigungsverfahren für eine "Genfabrik"; Unregelmäßigkeiten bei der Kassenführung der Partei Die Grünen; dubiose Praktiken bei der Vorbereitung eines spektakulären Abtreibungs-Prozesses; problematische Details bei der Baugenehmigung eines deutschen Kernkraftwerks; Rückblicke auf die "Skandal"-Serie im Leben des Franz Josef Strauß; ominöse Praktiken bei der organisierten Ayslbewerber-Einschleusung; "skandalöse" Zustände in westdeutschen Alten- und Pflegeheimen; Doping-"Skandale" im Berufssport; illegale Nuklearexporte nach Pakistan; "skandalöse" Besteuerungspläne für Entschädigungszahlungen an AIDS-infizierte Bluter; illegale Aufzeichnungen eines Dienstgesprächs im Bundesverteidigungsministerium; Beteiligung deutscher Firmen beim Bau einer libyschen Giftgasfabrik; Waffenexporte deutscher Firmen nach Südafrika; Plagiatsnachweis eines Romanschriftstellers; Computer-Hacker im Dienste des KGB usw. usw.

Es gibt viel zu berichten unter der ständigen Rubrik "Affären". DER SPIEGEL weiß, was die Leser von ihm erwarten. Und sie bekommen, was sie erwarten. Jeden Montag.

4.

Am Mittag des 25. September 1987 kündigte Uwe Barschel in einer Pressekonferenz an, daß er zum 2. Oktober vom Amt des Ministerpräsidenten des Landes Schleswig-Holstein zurücktreten wolle. Der skandalerfahrene Amtskollege aus dem Freistaat Bayern, Franz Josef Strauß, offerierte noch am gleichen Abend zur Erklärung der ganzen Vorgänge ein Bild aus der Natur: Barschel sei eben in einen "Strudel" hineingekommen, "aus dem er nicht mehr herauskommen konnte".

Wer politische und gesellschaftliche Ereignisse mit Naturereignissen vergleicht, erweckt den Eindruck einer naturhaften Zwangsläufigkeit. Wer erst einmal in einen "Strudel" hineingerät - so die Botschaft -, der wird zwangsläufig in die Tiefe gezogen, wen die "Lawine" erst zudeckt, der muß darunter umkommen, wer unter einem selbsterrichteten "Kartenhaus" dann noch liegt, wenn es fällt, dem bleibt nur der Rücktritt.

Aus soziologischer Sicht unterschlägt und mystifiziert eine derartige Betrachtungsweise die entscheidende Tatsache, daß ein "Skandal" wie der hier in Erinnerung gerufene eine von Menschen durch ihr aktives und passives Handeln erzeugte Folge von Handlungen ist, die keinerlei "Natur"gesetzen gehorchen.

Es waren die Handelnden Reiner Pfeiffer, Uwe Barschel, Björn Engholm, Karl Josef Ballhaus, Jochen Bölsche, Erich Böhme, Rudolf Augstein und viele andere mehr, die durch die beabsichtigten und unbeabsichtigten Folgen ihres "äußeren oder innerlichen Tuns, Unterlassens oder Duldens" (Weber 1976:1) und deren Verflechtungen zum Rücktritt des Uwe Barschel führten. Es war nicht "der Morast der Macht", der den Uwe Barschel "verschlungen hat". (SPIEGEL 41/1987) Sowohl dessen Rücktritt wie auch sein späterer Tod waren das Resultat des Verbundes zahlreicher Handelnder und ihrer Handlungen in einem definierbaren Rahmenwerk gesellschaftlicher Ideen und Institutionen.

5.

Je öfter und schneller der Schrei "Skandal" ertönt und je vehementer sich die Entrüstung über ein "Ärgernis" regt, desto seltener kommt es dazu, daß aus dem aufgeregten Gezeter eine Verdichtung von Ereignissen entsteht, die sich in das kollektive Gedächtnis der Menschheit oder auch nur eines Teils davon eingräbt. "Dreyfus", "Profumo" und "Watergate" werden in der ganzen Welt bei politisch Interessierten Assoziationen wecken, und "Skandal" wird das Kennwort sein.

Entwertet wird diese Bezeichnung jedoch beispielsweise dann, wenn durch die alphabetische Auflistung einiger hundert Eintragungen für die Jahre 1970 bis 1988 gezeigt werden soll, daß Österreich eine "Skandalrepublik" ist (Zgonc/Habarta 1988), oder in einer "Skandal-Chronik" für den Zeitraum

1949 bis März 1987 insgesamt 385 Eintragungen aufgelistet werden, wodurch bewiesen werden soll, daß sich die Bundesrepublik Deutschland "in einem schleichenden Übergang zur 'Bananenrepublik' " befindet. (Liedtke 1987:4)

Angesichts der Tatsache, daß die "Skandalpresse" und der "investigative Journalismus" darauf angewiesen sind, "Ärgernisse" und deren "Enthüllung" für den darauf spezialisierten "Enthüllungsmarkt" am laufenden Band zu produzieren (Hondrich 1988:5), wir andererseits aber wissen, daß Individuen, Gruppen und Gesellschaften nicht unbeschränkt empörungsfähig sind, stellt sich die Frage: Was muß passieren, daß aus einem "Ärgernis", einem "Fall", einer "Affäre", ein "Skandal" wird ? Wie also wird ein "Normverstoßenthüllungsprodukt" (Hondrich 1988:6) skandalreif, reif zur kollektiven Empörung ?
Ist die Apartheid-Politik der Republik Südafrika ein "Skandal"? War die Verhaftung des indischen Sektenführers Bhagwan durch US-amerikanische Behörden ein "Skandal"? Ist die Entdeckung von Formaldehyd in Wurstwaren, von Nematoden in fangfrischen Fischen oder von Hormonbeigaben in Kalbfleisch einer? Das Ansteigen des Waldsterbens oder der Beginn des Robbensterbens? Die letzte, die gegenwärtige oder die nächste Hungersnot in Äthiopien? Der sexuelle Mißbrauch eines Kindes im Bekanntschaftskreis? Der Raubüberfall auf die 80jährige Nachbarin auf der Straße am hellichten Tag?

I.
"Politischer Skandal"

Angesichts der heute vorherrschend inflationären Verwendung des Etiketts "Skandal" wird auch das Adjektiv "Politischer" Skandal bei diesen begrifflichen Unsicherheiten nicht wesentlich zur Klärung beitragen. Was als "Skandal" definiert wird, hängt davon ab, was man untersuchen will.

Ohne diesen ausführlich zu rekapitulieren, stützen wir uns bei unserer Definition auf den bisherigen Stand der sozialwissenschaftlichen Skandalforschung. In Anlehnung an die relevanten Arbeiten von Johannes Gross (1965), Christian Schütze (1967;1985), Hans-Joachim Winkler (1968), Werner Klose (1971), Manfred Schmitz (1981), Klaus Laermann (1984), Karl Otto Hondrich (1984;1988), Andrew Szazs (1986), Sighard Neckel (1986), Ronald Hitzler (1987a), Dietrich Thränhardt (1988) und Andrei S. Markovits und Mark Silverstein (1988) und im Hinblick auf die von uns angezielte Sichtweise von Politik, wird festgelegt:

Bei "politischen Skandalen" geht es um Konflikte über die Verteilung, Ausübung, Kontrolle und Legitimierung von politischer Herrschaft. Der politische Skandal spielt sich ab im asymmetrischen Verhältnis von Herrschaftsausübenden und Herrschaftsunterworfenen, wobei er nicht nur der eventuellen Veränderung der Asymmetrie zwischen Herrschaftsausübenden und Herrschaftsunterworfenen dient, sondern ebenso der Verschiebung des Verhältnisses zwischen verschiedenen Fraktionen der Herrschaftsausübenden. Der politische Skandal bedarf für seine Entstehung und Entwicklung der Trias von "Skandalierer" - "Skandaliertem" - "Skandalrezipient". Der politische Skandal ist eine institutionalisierte Konfliktform, in der die jeweiligen Rechte und Pflichten von Herrschaftsausübenden und Herrschaftsunterworfenen ausgehandelt werden. Da es bei und durch politische Skandale um den Geltungsanspruch von Normen geht, die durch den Skandal als "verletzt" definiert werden, verweist die sozialwissenschaftliche Analyse von politischen Skandalen auf die Untersuchung von gesamt-/teilgesellschaftlich relevanten Normensystemen.

Zusammenfassend definieren wir für unsere Fragestellung: *Ein politischer Skandal soll (uns) heißen ein komplexes soziales Ereignis, bei dem ein sozial signifikantes, kontextual gebundenes, öffentlich-politisches "Ärgernis" in personalisierter und dramatisierter Form (re)präsentiert und medial verbreitet wird.* Derartige politische Skandale sind multifunktional im Bereich der Entscheidungspolitik, insbesondere jedoch im Bereich der Schaupolitik.

Von mehreren Autoren wurde der Versuch unternommen, das begrenzte Repertoire von Themen zu systematisieren, zu denen politische Skandale entstehen können. So nennt Dietrich Thränhardt beispielsweise neun Themen, auf die sich sämtliche Skandale der Bundesrepublik Deutschland beschränken ließen: Korruptions-Skandale, Machtmißbrauch-Skandale, Justiz/Polizei/Verwaltungs-Skandale, Kriminelle Skandale mit politischen Implikationen, Spionage-Skandale, Skandale der Verschwendung öffentlicher Gelder, Nazi-Skandale, Kommunisten-Skandale, Skandale abweichenden sexuellen Verhaltens (Thränhardt 1988), oder Karl Otto Hondrich führt die "großen Skandale der neueren Zeit" im wesentlichen auf vier "Wertkonflikte" zurück: Die Konflikte Ökonomie vs. Ökologie, Staatsräson vs. Individualrechte, Macht vs. Machtbegrenzung, Konflikte über kollektive Identität. (Hondrich 1988)

Da es uns in diesem programmatischen Abschnitt mehr um die Erläuterung der hier vertretenen Sichtweise von Politik zu tun ist, aus der sich erst die oben entwickelte Definition von politischen Skandalen ergibt, gehen wir auf derartige, ansonsten sicherlich verdienstvolle, Versuche nicht näher ein. In den anschließenden Bemerkungen werden wir daher auf den "Politischen Skandal" - als *ein* Anwendungsbeispiel dieser hier vorgeschlagenen sozialwissenschaftlichen Betrachtung von Politik - jeweils eher illustrativ zu sprechen kommen.

II.
Politik systemtheoretisch

Ein Buch über Politische Skandale will zum besseren Verständnis von Politik beitragen. "Politik" wird in der heute dominanten sozialwissenschaftlichen Literatur als ein Anwendungsbereich der "Allgemeinen Systemtheorie" angesehen. Spätestens seit den Arbeiten von Talcott Parsons, Karl W. Deutsch, David Easton und Niklas Luhmann, um nur besonders prominente Autoren zu nennen, läßt sich ein relativ stabiler internationaler Konsens in den Sozialwissenschaften festhalten, daß "Politik" am ehesten als ein kompliziertes "System" von Entscheidungsagenturen und Entscheidungsprozessen betrachtet und untersucht werden soll. (Vgl. als Überblick Waschkuhn 1987)

Diese forschungsleitende Annahme hat sich in zahlreichen theoretischen und empirischen Arbeiten für die wissenschaftliche Analyse konkreter politischer Ereignisse und tatsächlicher organisatorischer und institutioneller Verflechtungen und Vernetzungen bei politischen Entscheidungsprozessen auf lokaler, nationaler, internationaler und transnationaler Ebene bewährt.

Die klassische Regierungslehre, die Verwaltungswissenschaft, die Politische Soziologie und die "Policy Science" in der Politikwissenschaft konzentrieren sich mit ihrer systemtheoretischen Perspektive "fast ausschließlich auf den Innenaspekt" (Grottian/Murswieck, Hrsg., 1974:7) des politischen Systems. Stellvertretend für diese Forschungsperspektive sei die "Policy Science" als "wohl fortgeschrittenste(r) Ansatz" (Grottian/Murswieck, Hrsg., 1974:8) genannt. (Vgl. Hartwich Hrsg. 1985; Windhoff-Héritier 1987)

Dieser übernimmt den Blickwinkel der Regierung als handelndem politischen Akteur. Regierung und Verwaltung bilden das politisch-administrative

System. Deren Streben nach optimaler Zielerreichung findet seine Entsprechung in der pragmatischen Output-Orientierung des Ansatzes, der seinerseits bestimmend wird für die Entwicklung heutiger sozialwissenschaftlicher Politik-Beratung. Mit ihren vier dominanten Funktionen als "Frühwarnsystem", "Interessen- und Konfliktschlichtungsfunktion", "Überwachungsfunktion" und "Funktion einer Legitimation" (vgl. Müller/Rommel 1984:32) geht es ihr um die Entwicklung "praxisrelevanter Reformstrategien". (Blankenburg/Schmidt/Treiber 1974:40)

An diesem, als eingeschränkt empfundenen, Blickwinkel entzündet sich die Kritik am Policy-Ansatz. Diese wirft den Policy-Forschern vor, externe Faktoren, wenn nicht zu ignorieren, so doch tendenziell zu vernachlässigen. So wird die Umwelt des Systems zunächst im Status Quo belassen, Reformvorschläge bewegen sich im engen Rahmen des Machbaren. Die Ursachen externer Restriktionen, die auf das staatliche Handeln einwirken, werden ausgeblendet. Hinweise auf die Vielzahl von Wechselbeziehungen zwischen System und sozio-kultureller Umwelt unterbleiben.

Das Feld der Policy-Forschung sieht Politik vorwiegend als ein System von Entscheidungsagenturen und Entscheidungsprozessen. Politische Ereignisse sind demnach Ergebnisse von Prozessen innerhalb des politisch-administrativen Systems, die bestimmte Ziele ansteuern. Diese Prozesse werden dargestellt und untersucht als Informationsverarbeitung, Konfliktregelung, Konsensbildung und Implementationen.

Diese Sichtweise von Politik gibt ohne Zweifel eine entscheidende Wirklichkeit dessen wieder, was landläufig und sozialwissenschaftlich mit "Politik" bezeichnet wird. Sie konzentriert sich auf jenen Anteil, demzufolge Politik mit der Produktion von Entscheidungen zu tun hat. *"Politik" wird gleichgesetzt mit "Entscheidungspolitik".*

Gerade die soziologische Beschäftigung mit politischen Skandalen sollte dazu verhelfen, daß diese Sichtweise ergänzt - und nicht widerlegt - werden muß um die Herausarbeitung und Untersuchung jener Anteile und Bedeutungsdimensionen von Politik, die mit der kulturellen und symbolischen Qualität dieser Entscheidungprozesse zu tun haben. Die Betonung der - subjektiven und intersubjektiven - Sinnqualitäten des politischen Geschehens soll zu einem umfassenderen Verständnis von Politik verhelfen.

Um dieses zu erlangen, werden in den beiden folgenden Abschnitten sozialwissenschaftliche Konzepte skizziert, die sich eben dieser Dimensionen von Politik angenommen haben: die Konzepte der "Politischen Kultur" (Political Culture) und der "Symbolischen Politik" (Symbolic Politics).

III.
Politik kulturell

Seit etwa Mitte der fünfziger Jahre kamen in der Politischen Wissenschaft und der Politischen Soziologie Konzepte auf, die ausgewählte Aspekte der politischen Prozesse vor allem unter dem Gesichtspunkt ihrer normativen und affektiven Gehalte untersuchen. Sie wollten den Bereich der Politik nicht so sehr von den Strukturen und Prozessen der politischen Entscheidungsfindung aus analysieren, sondern von den normativen Voraussetzungen der Politik, der "Politischen Kultur" (PK) also.

Noch dreißig Jahre nach seiner Einführung in die Politikwissenschaft (Almond 1956) gilt dieser Begriff nach wie vor als "neues" Konzept. Mit der Arbeit von Wolf Michael Iwand (1985) und dem einschlägigen Sonderheft der "Politischen Vierteljahresschrift" (Berg-Schlosser/Schissler, Hrsg., 1987) liegen jedoch umfassende Darstellungen über Entwicklung und Anwendungen des Konzepts vor, so daß an dieser Stelle auf eine eingehende Wiederholung verzichtet werden kann.

Im Unterschied zu den institutionen-zentrierten Ansätzen klassischer Regierungslehre rückte mit dem Konzept "Political Culture" der "normativ-evaluative Faktor" in das Zentrum der sozialwissenschaftlichen Aufmerksamkeit. Einstellungen zum und Bewertungen des politischen Systems wurden Gegenstand analytischer Bemühungen und empirischer Forschung. Unter dem Einfluß behavioralistischen Denkens wurde den individuellen Aspekten politischen Verhaltens erhöhte Aufmerksamkeit geschenkt.

Mit der von Talcott Parsons entwickelten strukturell-funktionalen Theorie bot sich das komplexe Gebäude einer allgemeinen soziologischen Handlungs- und Systemtheorie an, die einen Bezugsrahmen zur Einordnung individueller Bedürfnisse wie funktionaler Aspekte sozialer Systeme lieferte. Parsonsscher Strukturfunktionalismus und Behavioral Approach treffen in den Arbeiten Gabriel Almonds zusammen. Jedem politischen System werden in der Sicht Almonds Einstellungen und Bewertungen entgegengebracht, die sich in Werten, Ideologien und Vorstellungen ausdrücken. Als Sammelbegriff für diese wählt Almond die Bezeichnung "Orientierungen politischen Handelns". Diese Orientierungen bilden ein Syndrom, das Almond "Politische Kultur" nennt: "Every political system is embedded in a particular pattern of orientations to political action. I have found it useful to refer to this as the political culture." (Almond 1956:391)

Zusammen mit Sidney Verba veröffentlichte Almond 1963 einen klassischen Vergleich der politischen Kulturen von fünf Ländern. (Vgl. Almond/Verba 1963) Wahrnehmungen, Einstellungen, Gefühle und Erwartungen gegenüber der Administration, der Nation, den Parteien und den Mitbürgern, inklusive Selbstbeurteilungen der Befragten in ihrer Rolle als Staatsbürger, wurden untersucht. Die Autoren, so die in ihrer Definition enthaltene These, vermuteten und fanden spezifische Unterschiede von einer Nation zur anderen. "The political culture of a nation is the particular distribution of patterns of orientation toward political objects among the members of the nation." (Almond/Verba 1963:14f.)

Trotz der zahlreichen und berechtigten Einwände und Abstriche, bietet das PK-Konzept einen monokausale Ansätze überwindenden Weg, der Mikro- und Makro-Analyse von Politik miteinander zu verbinden vermag. Unabhängig von allen Problemen, die sowohl mit der fehlenden Operationalisierung und ungenügenden empirischen Absicherung als auch mit der Gefahr einer erheblichen normativen Aufgeladenheit des Konzeptes "Politische Kultur" verbunden sind, erweist es sich für unseren Zusammenhang als außerordentlich nützlich. Wer nach der politischen Kultur fragt, lenkt den sozialwissenschaftlichen Blick weg von der Fixierung auf schematische Prozeßabläufe. Mit diesem Konzept gelangen individuelle und kollektive Aspekte des politischen Verhaltens und dessen affektive und evaluative Orientierungen in den Katalog sozialwissenschaftlicher Fragestellungen.

Angewandt auf die sozialwissenschaftliche Beschäftigung mit politischen Skandalen, erweist sich die forschungsleitende Nützlichkeit des Konzepts der "Politischen Kultur". Für den Bereich des politischen Skandals nämlich zeigt sich, unter Bezugnahme auf dieses Konzept, daß bestimmte "Ärgernisse" in hohem Maß "kontextual" gebunden sind. Dabei erscheint die Annahme plausibel, daß ein politisches Geschehen, das in einem bestimmten historischen und gesellschaftlichen Kontext als "skandalös" empfunden und dementsprechend behandelt wird, in einem anderen Kontext, der beispielsweise ein spezifisch nationaler sein kann, durchaus als für die politischen Aufgaben unbedeutend, zumindest aber nicht als skandalös angesehen wird.

Der bekanntgewordene "Seitensprung" eines verheirateten Spitzenpolitikers, ganz zu schweigen von einer öffentlich und international präsentierten "Geliebten", mag in der einen nationalen politischen Kultur zur Beendigung von dessen politischer Karriere führen, in einer anderen mögen es dafür eine manipulierte Reisekostenabrechnung, die telefonische Überwachung eines Gegenkandidaten oder die nicht ausgewiesenen "Anleihen" aus den Reden anderer Politiker sein.

Wenn Skandale als staatsbürgerliche Lektionen über "die Verhältnisse" - wie sie sind und wie sie genutzt werden - eingeordnet werden können, so erweisen sie sich ihrerseits als recht nützlich für die Charakterisierung eben dieser Verhältnisse. Was jeweils als "Skandal" empfunden wird, hängt davon ab, was zu einem sozial signifikanten öffentlich-politischen Ärgernis gemacht werden kann. (Hitzler 1989) Und da das wiederum von der jeweiligen politischen Kultur abhängt, erscheint es als sinnvoll, von unterschiedlichen "Skandalkulturen" (Hondrich 1988:9ff.) zu sprechen, wobei nicht nur an Unterschiede etwa zwischen demokratischen und totalitären Gesellschaften oder an spezifisch nationale Skandalkulturen gedacht werden sollte, sondern an weitaus "kleinere", gruppenspezifische "Skandalkulturen".

IV.
Politik symbolisch, mythisch und metaphorisch

Hat sich das Konzept "Politische Kultur", ungeachtet aller angedeuteten Probleme, in den letzten Jahren als Forschungsperspektive in der sozialwissenschaftlichen Politikanalyse etablieren können, so verharrt die Analyse von Politik als "symbolischem Handeln" bislang in einem Zustand des Eklektizismus der Begriffe und Disziplinen. Philosophie, Soziologie, Linguistik und Kommunikationswissenschaft, Psychoanalyse und Sozialpsychologie, nicht zuletzt bildende Kunst und philosophische Ästhetik gebrauchen sämtlich - und jeweils in unterschiedlicher Bedeutung - den Symbol-Begriff.

Das griechische "symballein", etymologische Wurzel des Begriffs "Symbol", bedeutet "zusammenwerfen", "vereinigen", "das Getrennte zusammenbringen". (Helle 1980:21ff.) Im Symbol tritt Getrenntes zur Einheit zusammen, wird etwas miteinander verbunden, was nicht ohne weiteres zusammengehört, wobei aber keine Verschmelzung, keine Aufhebung der Differenz geschieht. Die Geschichte des Symbols (vgl. Schlesinger 1912; Müri 1931) reicht weit zurück. Dementsprechend vielfältig sind Definitionen und Gebrauch des Begriffs.

Für die Neuzeit entwickelte Ernst Cassirer eine umfassende "Philosophie der symbolischen Formen". (Cassirer 1964) Für ihn bildet das Symbol eine Brücke zwischen Sensuellem und Geistigem. Die sinnlich wahrnehmbare Materie, über Gesichts-, Gehör-, Tast-, Geschmacks- und Geruchssinn erfahren, ist mit einem Netz von Bedeutungen überzogen. Der Mensch ist "animal symbolicum" (Cassirer 1960:40) in einem "forest of symbols". (Salomon 1964:104) Die Welt der Dinge erweitert sich um die umfassendere Welt der Begriffe. Sprache, Kunst, Religion und Wissenschaft bilden jeweils besondere symbolische Formen aus. Von einer Einheit des Seins ist somit Abschied zu nehmen. Der Gefahr, einen "solipsistischen Subjektivismus" zu propagieren, der also nur um das eigene Ich kreisen würde, entgeht Cassirer; die symbolische Form ist auch immer und zugleich soziale Form: Symbole treten mit einem Objektivitäts- und Wahrheitsanspruch auf. Symbole "greifen über den Kreis der bloß individuellen Bewußtseinserscheinungen hinaus; - sie beanspruchen, ihnen gegenüber ein Allgemeingültiges hinzustellen." (Cassirer 1964, Bd.1:21)

Ein Weiteres bewahrt die symbolische Form davor, ins Beliebige abzugleiten; symbolische Formen beziehen sich aufeinander, bilden ein System, eine Grammatik, eine Sprache aus. Cassirer untersucht die Konsequenzen, die diese Sichtweise für Wahrnehmung und Denken hat. Besondere Aufmerksamkeit widmet er dabei der speziellen symbolischen Form des "Mythos".

Für den Religionswissenschaftler Mircea Eliade, der sich zeit seines Lebens dem Verständnis des Mythos gewidmet hatte, ist der Mythos noch ganz traditionell die "heilige Geschichte", die vom Einbruch des Heiligen in die Welt handelt, durch den die Welt erst das wird, was sie ist. Der Mythos nach dieser Auffassung erzählt also von den Anfängen, sei es als "kosmogonischer Mythos" von der ersten Schöpfung oder als "Ursprungsmythos" vom Ursprung der Dinge, die für eine Gesellschaft von äußerster Wichtigkeit sind. (Eliade 1988) - Für Cassirer sind "mythisch" alle jene Symbole, die aufgrund ihrer sinnlichen Wahrnehmbarkeit besonders wirksam sind. Unter dem Eindruck der nationalsozialistischen Terrorherrschaft mit ihrer Fülle von Symbolen beschäftigt sich Cassirer in seiner letzten Veröffentlichung mit der "Technik moderner politischer Mythen". (Cassirer 1985:360f.) Sie sind ihm Beweis dafür, daß der Mythos, im Gegensatz etwa zur traditionellen Sicht Eliades, nicht ausschließlich die symbolische Form der "Wilden" ist. "Die neuen politischen Mythen wachsen nicht frei auf; sie sind keine wilden Früchte einer üppigen Einbildungskraft. Sie sind künstliche Dinge, von sehr geschickten und schlauen Handwerkern erzeugt." (Cassirer 1985:367)

Für eine im engeren Sinn soziologische Fassung des Symbolbegriffs wurden zweifellos von größter Bedeutung die Arbeiten des Chicagoer Sozialpsychologen und Soziologen George Herbert Mead. Auch er sieht - wie Cassirer - das Individuum in einer durch Symbole vermittelten Welt. In dem von ihm konzipierten "Symbolischen Interaktionismus" (vgl. Mead 1968; Joas 1988) ist das "signifikante Symbol" Mittel der Identitätsbildung. Mit seinem Schüler Herbert Blumer können für diese soziologisch wie sozialpsychologisch bedeutsame Theorie drei Prämissen genannt werden: Menschen handeln Dingen gegenüber auf der Grundlage von Bedeutungen, Bedeutung entsteht aus sozialer Interaktion, Bedeutung wird im interpretativen Prozess gehandhabt und verändert. (Vgl. Blumer 1973:81)

Im Vergleich zu anderen bisherigen Versuchen, den Symbolbegriff für die Analyse politischer Vorgänge nutzbar zu machen (vgl. Deutsch 1964; Salomon 1964; Elder/Cobb 1983; Sarcinelli 1987), hat der amerikanische Sozialwissenschaftler Murray Edelman die symbolische Funktion staatlicher Institutionen und politischen Handelns nach unserer Ansicht am überzeugendsten herausgearbeitet. In seinem Ansatz fußt er auf dem Symbolischen Interaktionismus George Herbert Meads, wenn er konstatiert, "daß die Menschen nur durch Interaktion mit anderen Symbole von gemeinsamer und zwingender Bedeutung schaffen und damit gemeinsame Konzeptionen und Überzeugungen über die Außenwelt und über ihr sozial abgestütztes Selbstverständnis ausbilden." (Edelman 1976:186)

Edelman entwarf ein analytisches Programm, das ganz wesentlich auf den Grundannahmen der interpretativen und interaktionistischen Soziologie aufbaute. (Edelman 1985) Er wandte einen der Grundgedanken dieser Richtung, nämlich die Beschäftigung mit den subjektiven und intersubjektiven Deutungsmustern von sozialer Wirklichkeit, konsequent auf die Untersuchung von Makrophänomenen an, in diesem Fall der politischen Produktion gesamtgesellschaftlich bindender Entscheidungen. Dabei geht es ihm - ebenso wie uns - nicht darum, eine neue, dogmatisch ausschließliche Perspektive zu entwerfen, sondern einen alternativ-ergänzenden Zugang zu politischer Wirklichkeit zu eröffnen.

Edelman diagnostiziert als die Realität des Politischen dessen Doppelung, die Brechung in zwei Realitätsebenen: Machtkampf um bestimmte Entscheidungen und um die Besetzung bestimmter Entscheidungsagenturen, und Inszenierung dieses Machtkampfes, Nachricht und Deutung, strategische Rationalität und symbolische Mystifikation. Die kritische Pointe dieses Ansatzes richtet sich gegen jeden naiven Objektivismus, der politische Ereignisse und Entscheidungen gewissermaßen zu deren "Nennwert" akzeptiert und darauf verzichtet, deren verschwiegene "Dramaturgie" aufzudecken.

Seine allgemeine Prämisse, "die symbolische Seite der Politik verdient unser Interesse" (Edelman 1976:1), versucht Edelman besonders am Beispiel von Wahlen zu belegen. Nach seiner Ansicht haben Wahlen nicht unbedingt die immer wieder verkündete Funktion, daß der eigentliche "Souverän" mit seinem Stimmzettel "die" Politik bestimmen und kontrollieren könne, sondern Wahlen liefern - nach diesem Ansatz - den Wählern die Gelegenheit, ihre Unzufriedenheit oder ihre Zustimmung, ihre Wünsche, Hoffnungen und Ängste zu artikulieren und somit das Gefühl des "Dabeiseins" zu erzeugen. Damit würden Wahlen ganz wesentlich auch zu einem rituellen Akt, der insbesondere die Aufmerksamkeit auf die gemeinsamen sozialen Grundwerte lenken solle.

Wie schon das Konzept der "Politischen Kultur", übt Edelmans Ansatz "Politics as Symbolic Action" Kritik an jenen Analysen, die ausschließlich institutionen-zentriert sind, formale Strukturen berücksichtigen und affektive und evaluative Komponenten außer acht lassen. Edelman unterscheidet zwei Ebenen von Politik: Für die Mehrheit der Bevölkerung sieht er "Politik als Zuschauersport", als eine "Parade abstrakter Symbole", als "bewegtes Panoptikum", das sich der Einwirkung der Zuschauer entzieht. Andererseits ist Politik die "Tätigkeit organisierter Gruppen zur Durchsetzung ganz spezifischer, greifbarer Vorteile." (Edelman 1976:4) Beide, instrumentelle wie expressive Ebene, will Edelman in die Analyse von Politik einbeziehen.

Das politisch-administrative System, das von den Bürgern immer schon selbst als Symbol für Macht oder Ohnmacht, Gerechtigkeit oder Willkür wahrgenommen wird, hat einen Output von symbolischen Verdichtungen wichtiger politischer Themen und Konflikte. Politische Führung im allgemeinen, die Führung von Massen, der Umgang mit politischen Konflikten, die Beeinflussung der öffentlichen Meinung im besonderen erfolgt mittels wirksamer, publikumsbezogener symbolischer Formen. Edelman untersucht politische Institutionen, Prozesse und Regeln auf ihre symbolischen Gehalte. Er versteht das Symbol als "die Methode, ein Repertoire von kognitiven Gehalten zu Bedeutungen zu organisieren." (Edelman 1976:95) Politische Rhetorik wendet sich in verbaler wie nonverbaler Handlung an die so organisierten kollektiven Bedeutungs-, Wahrnehmungs- und Interpretationsmuster. Edelman erkennt in den politischen Symbolen die Mythologisierung und Personifizierung von Sachverhalten, in der Analyse von politischen Metaphern stößt er auf implizite Wertprämissen. Die Untersuchung politischer Sprachstile deckt Strategien der Überredung, der Beschwichtigung und der Beeinflussung auf. (Edelman 1977)

Mythos und Ritus sind nach Edelman die symbolischen Formen, die es den politischen Führern erlauben, die Aufmerksamkeit der Bürger zu binden, ihre politischen Wahrnehmungen und Überzeugungen zu beeinflussen. Solche symbolischen Verdichtungen sind selektiv, simplifizierend und verzerrend. Auf diese Weise wird politische Herrschaft stabilisiert, werden Konflikte domestiziert. Als Ergebnis dieses system-affirmativen Effekts befürchtet Edelman politischen "Quietismus" breitester Bevölkerungskreise, denen echte Partizipation und rationale Einsicht in die realen Interessen und Konflikte verwehrt bleiben. Die Herrschaft bleibt in den Händen der wenigen, die sich die politische Symbolik manipulativ zunutze machen können.

Doch Edelman will den politischen Symbolen nicht per se eine lähmende Wirkung zusprechen: "Das soll nicht heißen, daß Zeichen oder Symbole an sich irgendeine magische, narkotisierende Kraft hätten. Sie sind vielmehr das einzige Mittel, durch das Gruppen, die zu einer rationalen Analyse komplexer Situationen nicht im Stande sind, mit solchen Situationen fertig werden - durch Stereotypisierung, Simplifizierung und Beschwichtigung." (Edelman 1976:35f.)

Wie unschwer zu erkennen ist, besteht ein enger inhaltlicher Zusammenhang zwischen dem Analysekonzept der "Politischen Kultur" und dem der "Symbolischen Politik". Schon Sidney Verba hat auf die Bedeutung von Symbolen als Bestandteil politischer Kulturen hingewiesen: "The political culture of a society consists of the system of empirical beliefs, expressive symbols and values which defines the situation in which political action takes place. It provides the subjective orientation to politics." (Verba 1965:513)

Auch Lowell Dittmer verknüpft Almond/Verbas PK-Konzept mit dem Konzept Politische Symbolik unter Hinzugabe von informationstheoretischen Erkenntnissen und Elementen der linguistisch beeinflußten Semiologie zu einer theoretischen Synthese. Dittmer verortet PK auf einem schmalen Grad zwischen der Analyse politischer Institutionen einerseits und politischer Psychologie andererseits. Er ist auf der Suche nach dem genuin "Kulturellen" - losgelöst von formaler Institution wie von bloßem politischen Individualverhalten. Im Symbol findet er das Gesuchte: "Political Culture is a system of political symbols." (Dittmer 1977:566)

Ebenso wie Hermann Lübbe, der von einer "politischen Symbolkultur" (Lübbe 1981:7) spricht, betrachtet Dittmer PK als "semiological system". Die Untersuchungen von Zeichen auf ihre Bedeutung durch Semiologen wie Roland Barthes oder Charles Morris führt ihn zu einer genaueren Analyse von politischer Symbolik. Dittmer baut sein Verständnis von politischen Symbolen in ein politisches Kommunikationsmodell ein, in dem sich Eliten und Massen mittels Symbolen verständigen. Es sind die kompetenten Eliten, von denen Dittmer annimmt, daß sie politische "Schlüsselsymbole" in ihrem Sinne manipulieren und damit Einfluß auf die politische Kommunikation nehmen können. "Key-symbols" verweisen nach Dittmer in allen politischen Kulturen auf Macht und Gerechtigkeit (power and justice), gleichgültig ob sie Teil einer politischen Tradition, einer Ideologie oder eines Mythos sind. (Vgl. Dittmer 1981:2ff.)

In seiner Skizze der suggestiven Kraft politischer Metaphern, wie beispielsweise die von "Hirt und Herde", von der "Maschine" oder dem "Körper" des Staates und insbesondere dem jahrhundertealten Bild vom "Boot" mit Besatzung und Steuermann, hat Herfried Münkler darauf hingewiesen, welche hohe "Komplexitätsreduktion" durch eben solche politischen Metaphern erzielt wird: "Die schier unüberschaubare Fülle von Beziehungen und Wechselbeziehungen, Strukturen und Funktionen, Systemen und Formationen, oder wie auch immer die abstrahierenden Termini der modernen Sozialwissenschaften lauten mögen - in der politischen Metaphorik wird plötzlich alles klar, einleuchtend, überschaubar: die Grundlagen der politischen Gemeinschaft, die Zwecke des Staates, die Aufgaben der Politiker." (Münkler 1988:72ff.)

Für die soziologische Analyse von politischen Skandalen gilt es, auf den forschungsleitenden Wert dieser hier angeführten Arbeiten hinzuweisen. Zur Analyse der sozio-kulturellen Dimension von Politik müssen die Konzepte der PK, die Analyse von politischer Symbolik und Metaphorik zu einer fruchtbaren Synthese zusammengeführt werden.

Grundlegend für die Analyse symbolischer, mythologischer und metaphorischer Gehalte von Politik ist für uns die Unterscheidung zwischen Politik als Tätigkeit von organisierten Individuen und Gruppen zur Durchsetzung ganz spezifischer Interessen und Vorteile - der Angelegenheit einer Minderheit also - und Politik als "Zuschauersport", einer Mehrheitenangelegenheit. Wir wollen für unsere weiteren Erörterungen dafür das Begriffspaar "Entscheidungspolitik" und "Schaupolitik" verwenden.

V.
"Entscheidungspolitik" und "Schaupolitik"

Murray Edelman hat die "expressive Ebene" der Politik von ihrer "instrumentellen Ebene" unterschieden. Mit der analytischen Scheidung von "Entscheidungspolitik" und "Schaupolitik", die wir für die Einordnung der Geschehnisse um die Nachrüstung der NATO Anfang der achtziger Jahre vorschlugen (Käsler 1984a; vgl. weiterhin Bühl 1985:185-192), sollte der gleiche Sachverhalt angesprochen werden. Während die Entscheidung zur Stationierung von amerikanischen Mittelstreckenraketen in Europa längst gefallen war, fanden auf den verschiedenen Bühnen der "Schaupolitik" mehr oder weniger aufwendige "Inszenierungen" statt. In Genf wurde verhandelt, in Bonn debattiert und in Mutlangen demonstriert. Ein Heer von Akteuren - prominente Hauptdarsteller die einen, graue Mäuse und Komparsen die anderen - agierte auf Vor-, Hinter- und Hauptbühnen.

Politik wird zum Inszenario, zum Aufmerksamkeit heischenden Schauspiel. Keine Publizität ist dagegen dort gewünscht, wo Entscheidungen fallen, wo Absprachen getroffen werden, wo man sich einigt oder wo man sich kompromißlos gibt, um die Trümpfe für die nächste Verhandlungsrunde in der Hand zu behalten. Für die Kamera-Augen der Öffentlichkeit liegen vorbereitete Kommuniqués bereit, die Zuversicht ausstrahlende Politiker-Darsteller verlesen. Zu den wichtigsten "Stilmitteln" solcher Inszenierungen zählen

"Personalisierung" und "Dramatisierung". Beide Instrumente der Schaupolitik werden von professionalisierten Machern - bisweilen virtuos, bisweilen dilletantisch - gehandhabt.

"Schaupolitik" spielt sich für die Mehrheit einer Bevölkerung im Kopf ab, als eine Flut von Bildern, mit der sie von Zeitungen, Illustrierten, dem Fernsehen und in politischen Diskussionen überschüttet wird. Diese Bilder schaffen ein bewegtes Panoptikum aus einer Welt, zu der die Massen praktisch niemals Zutritt haben, die sie aber - und oft leidenschaftlich - schmähen oder bejubeln dürfen. Sie hören von Gesetzen, die verabschiedet werden, von fernen Machthabern, die eine Bedrohung darstellen oder Handelsabkommen anbieten, von Kriegen, die ausbrechen und wieder aufhören, von Bewerbern um Ämter, die es "schaffen" oder "nicht schaffen".

Für die meisten Menschen ist Politik eine Parade von Symbolen und Mythen, die sie aufgrund ihrer Erfahrungen und Vorurteile als "günstig" oder "ungünstig" bewerten. Politik verkörpert für die Mehrzahl der Menschen eine Welt mit starken ideologischen und gefühlsmäßigen Assoziationen. Deshalb sind politische Ereignisse willkommene Gelegenheiten, bei denen man seine Gefühle, Bewertungen und Normen überprüfen, bestätigen oder verändern kann. Politik wird zur "Projektionsleinwand" starker Ängste und großer Hoffnungen, positiver und negativer Identifikationen und Übertragungen, ein öffentlicher "Kult".

Aus diesen wenigen Bemerkungen sollte deutlich werden, daß sich Schaupolitik gut als symbolisches Handeln beschreiben läßt, die Untersuchung der Entscheidungspolitik hingegen eher nach dem "harten" Vokabular der Policy-Analyse verlangt.

Bei dem Ziel, zu einer trennscharfen Begriffsdefinition zu gelangen, stellt sich die Frage, wie weit beide Ebenen, Schau- und Entscheidungspolitik, auseinanderfallen und ob es politische Akte gibt, die eindeutig der einen oder andern Ebene zugeordnet werden können. Die Aufstellung eines Kandidaten für ein politisches Amt kann die Entscheidung für ein bestimmtes politisches Programm sein. Ebenso gut kann die Nominierung gerade dieses Kandidaten, der mit seiner Person für ein Ziel, für ein ganzes Programm, für eine Generation, für eine ethnische Gruppe, gar für eine ganze Nation steht bzw. stehen soll, als Geste mit Symbolwert für eine Öffentlichkeit gesetzt worden sein. Auch der politische Akt, der vom handelnden Akteur nicht als Schaupolitik konzipiert worden ist, kann expressiv wirksam werden.

Im folgenden soll daher unter *Schaupolitik die politische Handlung verstanden werden, die expressiv in bezug auf ein Publikum wirksam ist oder wirksam sein soll.*

Entscheidungspolitik soll dagegen als die politische Handlung verstanden werden, die instrumentell auf die Erreichung politischer Ziele, wie den Abschluß von Verträgen und Absprachen, die Verabschiedung eines Gesetzes, *ausgerichtet ist.*

Offensichtlich erlaubt diese Begriffsdefinition es nicht, eine politische Handlung als ganze dem einen oder anderen Typus zuzuordnen. Vielmehr ist davon auszugehen, daß potentiell jede politische Handlung ihren expressiven wie instrumentellen Gehalt hat. Diese Definition soll auch über den Blickwinkel des politischen Akteurs hinausreichen. Sie überläßt es nicht seiner Intention, welcher der beiden Typen die begangene Handlung zuzuordnen ist. Um expressiv wirksam zu werden, bedarf es nicht der bewußten Absicht des Akteurs. Umgekehrt kann es auch nicht dem Publikum überlassen bleiben, durch entsprechende Resonanz zu "entscheiden", ob ein politischer Akt als expressiv oder als instrumentell zu werten ist.

Schau- und Entscheidungspolitik müssen im Sinne von Max Weber als Idealtypen verstanden werden. Es handelt sich also um "Gedankenbilder", die "durch einseitige Steigerung eines oder einiger Gesichtspunkte" (Weber 1968:191) gewonnen werden und die in dieser "begrifflichen Reinheit /.../ nirgends in der Wirklichkeit empirisch vorfindbar" (ebd.) sind. Sie dienen vielmehr als analytisches Instrument und werden sich empirisch dem gedachten Typus immer nur asymptotisch annähern.

Das Mittel der Schaupolitik ist die symbolische Form. Die Unterscheidung Edelmans von "Verweisungssymbolen" und "Verdichtungssymbolen" erlaubt eine differenziertere Beschreibung einzelner Varianten von Schaupolitik. Verweisungssymbole gelten als "einfache Methode, um auf objektive Elemente in Gegenständen oder Situationen zu verweisen." (Edelman 1976:5) Zu allen Zeiten haben militärische wie zivile politische Systeme eine mehr oder weniger reichhaltige Kollektion von politischen Verweisungssymbolen kreiert. Fahnen, Feldzeichen, Orden, Siegel, Wappen, Kronen sind symbolische Formen, die Verständigung ermöglichen und die im weitesten Sinne politische Inhalte transportieren. Oft dienen sie dazu, gemeinsames Handeln zu gewährleisten, also einen Ordnungs- und Integrationseffekt zu erzielen. (Vgl. Schramm 1954; Friedel 1968; Stein 1984)

Weniger eindeutig geregelt, keinesfalls kodifiziert sind die Bedeutungszuweisungen politischer Verdichtungssymbole. Personen und Handlungen, aber auch Bauten und Feiertage können zu politischen Verdichtungssymbolen avancieren. Ihre konnotativen Bedeutungen können kaum exakt erfaßt und intersubjektiv verbindlich bestimmt werden. Der Stellvertreter-Charakter, beim stärker abstrahierenden Verweisungssymbol offensichtlich, tritt beim Verdichtungssymbol nicht offen zu Tage bzw. wird nicht bewußt wahrgenommen. Häufiger, wichtiger, vielleicht auch wirksamer sind jedoch die Verdichtungssymbole, die durch Personalisierung und Dramatisierung erzeugt werden.

Für die sozialwissenschaftliche Beschäftigung mit politischen Skandalen postulieren wir, auf den bisherigen Ausführungen aufbauend, daß eine entscheidende Bedeutung politischer Skandale - neben den unstrittigen Auswirkungen in "entscheidungspolitischer" Hinsicht - in ihren symbolischen und mythologischen Wirkungen, ihren "schaupolitischen" Qualitäten als "Verdichtungssymbol" liegt.

Soziologisch ist dabei von besonderer Wichtigkeit, daß die in einem politischen Skandal angesprochenen Symbole und Mythen soziale sind, d.h. sie sind intersubjektiv und kulturell konstruiert und vermittelt. Symbole und Mythen denkt "man" sich nicht aus. Es handelt sich dabei um tradierte, kulturell und historisch variierende Bedeutungsgehalte, die zudem in einem System von Bedeutungen und Interpretationen stehen. In einem an die Arbeiten des amerikanischen Kulturforschers Clifford Geertz angelehnten Verständnis zeigt sich der politische Skandal in der hier vertretenen Sichtweise im wesentlichen als Kulturerscheinung. Nach Geertz bezeichnet Kultur "ein historisch überliefertes System von Bedeutungen, die in symbolischer Gestalt auftreten, ein System überkommener Vorstellungen, die sich in symbolischen Formen ausdrücken, ein System, mit dessen Hilfe die Menschen ihr Wissen vom Leben und ihre Einstellungen zum Leben mitteilen, erhalten und weiterentwickeln." (Geertz 1987:46)

Selbstverständlich ergeben sich dabei auch Möglichkeiten der Neuproduktion oder Neuinterpretation, aber doch immer durch die Anknüpfung - positiv oder negativ - an bereits Bestehendes. Soziologisch von "Archetypen" der Bedeutungen zu sprechen, fällt schwer. *Für eine soziologische Analyse politischer Skandale wird die kontextuale Einordnung in jeweils spezifische, historisch und gesellschaftlich bedingte "Lebenswelten" zweifellos immer von zentraler Bedeutung sein.*

Die Krone des Königs, die Reisschale des Bettlers, die rote Fahne, das Kreuz, die Mutter, der Vater, der Held, die Hexe, der Verräter, der gebrochene Eid, der Königsmord : alle diese mythologisch so vielfältig eingesetzten Symbole, Rollen und Dramen beziehen sich möglicherweise tatsächlich auf menschheitsgemeinsame Symbolbestände. Für die Soziologie jedoch wichtig ist vor allem der Hinweis auf die gesellschaftlich produzierten Bedeutungs- und Verwendungsunterschiede. Für spezifische Gesellschaften - möglicherweise nur für Fraktionen davon - wären erst einmal derartige sozial signifikante, d.h. eindeutige, "allgemein" akzeptierte, Symbole und Mythen zu rekonstruieren, bevor man zu "archetypischen" Menschen-, Gesellschafts- und Weltbildern gelangte.

Davon jedoch völlig unabhängig übernehmen wir für unsere Einordnung politischer Skandale die forschungsleitende Annahme, *daß es sich bei "Politik" im allgemeinen, politischen Skandalen im besonderen auch darum handelt, politische Menschen-, Gesellschafts- und Weltbilder zu erzeugen, zu stabilisieren und zu verändern*. Die "Instrumente" dieser Aufgaben politischer Skandale sind der inszenierte, personalisierte und dramatisierte Einsatz von "Metaphern", "Symbolen" und "Mythen", die sich der Wirksamkeit eines vorhandenen kollektiven (Un)Bewußtseins bedienen.

VI.
Politik personalisiert und dramatisiert

Der Beginn der "heißen Phase" von Wahlkämpfen wird durch das Anbringen der Konterfeis der Spitzenkandidaten an Haus- und Plakatwänden markiert. Die Gesichter der Politikerinnen und Politiker stehen "für" eine Partei und appellieren an den Wähler, die "richtige Entscheidung" zu treffen. Bei politisch motivierten Massenaufmärschen in vielen Teilen unserer Erde werden häufig die überlebensgroßen Portraits entschlossen blickender Staatsgründer von den Marschkolonnen mitgeführt. Sie sollen erinnern an die Vordenker und -kämpfer der neuen oder alten Ordnung, in deren Geist zu irgendwelchem Tun aufgerufen werden soll.

Im folgenden sollen unter *Personalisierung jene gesellschaftlichen Vorgänge verstanden werden, in denen und durch die eine Person als politisches Symbol funktioniert und funktioniert wird.* Ein Politiker oder eine Politikerin "verkörpert" bei gelungener Personalisierung nicht nur politische Positionen, Angebote und Alternativen, Entscheidungskompetenz und Opposition dazu, sondern zumeist auch ausgewählte Aspekte des Menschseins schlechthin. Politiker "verkörpern" und "symbolisieren" allgemein menschliche Fähigkeiten, Stärken und Schwächen. In dieser Hinsicht erfüllen Politiker "öffentliche" Aufgaben, die weit über ihre funktionalen Beiträge bei der Produktion von Entscheidungen hinausgehen.

Eine grobe Typologie der personalisierten Führerschaft in modernen Industriegesellschaften mit hoch entwickelten Massenmedien hat Roger-Gérard Schwartzenberg entworfen. Der französische Politikwissenschaftler, auf den im folgenden Abschnitt näher eingegangen wird, glaubt einen Zyklus beschreiben zu können, in dem sich die Führungsfiguren "mit fast automatischer Rotation" (Schwartzenberg 1980:19) ablösen. Danach folgt dem "Helden" üblicherweise der "Herr Jedermann", der wiederum vom "Charmeur" ersetzt wird. Den Abschluß dieser Reihe bildet der "Vater"; eine schwer einzuschätzende Sonderrolle spielt die "Unfrau" als Politikerin.

Auch wenn die empirischen Belege, die Schwartzenberg für seine Hypothese eines für alle modernen Staaten anzunehmenden Zyklus wechselnder Führer anbietet, nicht recht überzeugen, so ändert das nichts an der Wichtigkeit der von ihm gestellten Fragen nach der Personalisierung von Politik durch politische Führer- oder Leitfiguren.

Nach einer empirischen Untersuchung von Helmut Norpoth ist auch in der Bundesrepublik zwischen 1961 und 1972 ein Ansteigen des Kandidateneinflusses auf die Wahlentscheidung festzustellen. (Vgl. Norpoth 1977) Mit der Aufstellung von Spitzenkandidaten versuchen die politischen Parteien komplexe politische Sachverhalte für den Wähler vermittelbar und erlebbar zu machen. Der Wähler soll sich an kompetenten Männern und Frauen orientieren, die aufgrund ihrer überragenden Qualitäten zum Führen eines Staates befähigt sind. Gleichzeitig sollen Politiker Eigenschaften besitzen, die sie "menschlich" bleiben lassen. Der Politiker will als der potentielle Nachbar gelten. Die Präsentation des politischen Führers bietet sich damit der emotionalen und affektiven Aneignung durch den Wähler an.

Neben der sozialwissenschaftlichen Analyse von Wahlkämpfen bietet gerade die Untersuchung politischer Skandale ein überzeugendes Demonstrationsfeld der fortgeschrittenen, immer professioneller produzierten Personalisierung von Politik. Der Angriff auf die Pressefreiheit - der SPIEGEL-Skandal -

wird gewissermaßen "prototypisch" personifiziert durch Franz Josef Strauß als "Angreifer" und Rudolf Augstein als "Angegriffenem"; der lügende Minister vor dem Parlament - der Profumo-Skandal - wird "schlechthin" verkörpert durch John Profumo; der kriminelle Amtsmißbrauch - der Watergate-Skandal - wird personifiziert durch Richard Nixon.

Und auch für die zweite dominante Technik des schaupolitischen Geschäfts, die Dramatisierung, bieten politische Skandale ein überzeugendes Demonstrationsfeld.

Betrachtet man Politik von diesem Gesichtspunkt aus, so gelangt man konsequenterweise zum Begriff der "Inszenierung" bzw. dem der "Selbstinszenierung" der Politik. Eine derartige (Selbst)Inszenierung - die mit dem Begriff der "Manipulation", wie er etwa von Robert E. Goodin entwickelt wurde (Goodin 1980) , nur völlig unzureichend beschrieben wäre - bedient sich der Ängste und Hoffnungen, generell: der Gefühle der Herrschaftsunterworfenen, um ihnen die Ergebnisse der jeweils aktuellen Politik und die bestehenden Herrschaftsstrukturen akzeptabel zu machen, - oder sie zur Wahl und Legitimierung einer - tatsächlich oder vermeintlich - "anderen" Politik zu motivieren. Die wissenschaftliche Analyse der (selbst)inszenierten Schaupolitik, die Politik konsequenterweise aus "dramatologischer Sicht" (vgl. Hitzler 1987 b) zu analysieren sucht, muß sich darum bemühen, die "Drehbücher" der öffentlichen Dramen "Politik" zu rekonstruieren.

Wenn sich empirisch noch weiter erhärten läßt, was Ronald Hitzler mit Hilfe von Fallstudien Bonner Parlamentarier und ihres parlamentarischen Alltagshandelns zu zeigen bemüht ist (Hitzler 1988), daß es "also tatsächlich so etwas wie 'Grammatiken' erfolgreicher Politikinszenierung zu geben /scheint/, die eben nicht nur 'ex post' /.../ appliziert werden können, sondern die zum guten Teil in Form von 'Rezeptwissen' ohnehin dem politischen Akteur typischerweise zuhanden, zumindest aber dem informierten, erfolgsorientierten Politik-Praktiker geläufig sind - und von diesem auch strategisch genutzt werden" (Hitzler 1987 b:17), so ist es an der Zeit, diese "Dramaturgie" von Politik theoretisch und empirisch zu rekonstruieren und "verstehend", vergleichbar der Dechiffrierung eines Codes, zu analysieren. Die Dimension "Schaupolitik" sollte dabei den sozialwissenschaftlichen Blick auf die Kulturbedeutung von Politik, auf deren dramatische Form, ihren metaphorischen Gehalt und ihren sozialen Kontext, auf das mit "Kultur" bezeichnete Geflecht von Bedeutungen, in denen Menschen ihre Erfahrungen interpretieren und nach denen sie ihr Handeln ausrichten, (zurück)lenken.

Neben den bislang dazu vorgelegten Vorarbeiten von Richard M. Merelman über die "Dramaturgie" der Politik (Merelman 1969), die eher ironische Skizze des Bonner Staatstheaters von Helmut Herles (Herles 1985) und dem Versuch von Murray Edelman, das "Politische Spektakel" zu rekonstruieren (Edelman 1988), hat insbesondere Roger-Gérard Schwartzenberg einige dieser Gedanken weiterentwickelt und popularisiert. Vor allem mit seiner Arbeit "L'État Spectacle. Essai sur et contre le Star System en Politique" von 1977 widmete er sich den Prozessen und Regeln der "Selbstinszenierung" von Politik.

Seine Prämisse lautet: "Früher bestimmten Ideen die Politik, heute sind es Personen, oder besser gesagt, Rollenträger, denn jeder leitende Politiker scheint eine Rolle zu besetzen und einen Part zu spielen, genau wie auf der Bühne. Seit dieser Wandel eingetreten ist, hat sich der Staat selbst in eine Art von Filmverleih verwandelt, oder er agiert gleichsam als Schauspieldirektor. Die Konsequenz: Die Politik bewegt sich nach den Gesetzen der Regie, und jeder Politiker exhibitioniert sich als eine Art Star. Auf diese Weise vollzieht sich die Personalisierung der Macht, der Etymologie des Wortes entsprechend, denn bekanntlich kommt das Wort 'Person' vom lateinischen 'persona', Theatermaske." (Schwartzenberg 1980:9)

Bei dieser Theatermaske, oder dem "Image" eines Politikers, geht es um die Symbolisierung nicht so sehr eines Individuums, sondern die einer Gruppe, einer Partei, eines Staates, einer Nation. Das Image eines leitenden Politikers wird zum Äquivalent des Markenzeichens in Industrie und Handel, das zur Unterscheidung von Produkten und Waren dient. (Vgl. Wangen 1983) Schwartzenberg stellt den Politiker - vor allem den Spitzenpolitiker, den "Star" der Polit-Show - als einen "Gefangenen" des für und von ihm gewählten Images dar. Der Mythos, das Image kann sich verselbständigen und seinen Darsteller in die dadurch vorgegebene Rolle zwingen.

Wie schon aus den Hinweisen auf die von Schwartzenberg vorgeschlagene Typologie politischer Führerfiguren abzulesen, erscheint es uns vorerst als durchaus plausibel, von einer möglicherweise recht begrenzten Auswahl schaupolitischer Rollen auszugehen. Die Helden-, Schurken-, Verlierer- und Opferrollen - auch und gerade von Spitzenpolitikern - sind möglicherweise ebenso stereotyp und limitiert wie die grundsätzlich möglichen Themen, um die es bei den schaupolitischen Inszenierungen geht. Es dreht sich immer um Moral, Ehre, Macht, Geld, Liebe, Einfluß, Tod, Männlichkeit, Weiblichkeit, Verlust, Gnade und Glück, um nur einige der zentralen Themen zu nennen. Für eine kulturwissenschaftliche Politik-Analyse, die den hier vorgeschlagenen und entwickelten Grundüberlegungen folgte, müßte dabei nicht nur dieses möglicherweise begrenzte Repertoire an Rollen und Themen erarbeitet werden, sondern zugleich auch der ebenso wichtigen Frage nachgegangen werden, ob sich Regelmäßigkeiten für bestimmte Themen- und Rollen-Konjunkturen feststellen lassen. (Vgl. Edelman 1977; Hilgartner/Bosk 1988)

Die bisher vorliegenden Arbeiten zu einer "dramatologischen" Kulturanalyse (vgl. Geertz 1980; Lipp 1984) und die Vorarbeiten zu "Prolegomena" zu einer notwendigen Soziologie des Spiels (von Alemann 1981) sind noch viel zu wenig weit entwickelt, als daß wir uns hier bereits auf solide Erkenntnisse stützen könnten. Für die uns hier beschäftigenden Fragen nach einer dramatologischen Politik-Analyse, auch nur für das eingeschränkte Anwendungsfeld politischer Skandale, verzichten wir daher auf rein spekulative Überlegungen, ob sich tatsächlich Regelmäßigkeiten der Attraktivität etwa bestimmter Politiker-Rollen, bzw. Images aufzeigen lassen. Stereotypisierungen nach "Staatsmann", "Demagoge" und "Amtsinhaber" (vgl. Kirsch/ Mackscheidt 1985) oder eher populäre Rollentypologien nach "Abenteurer", "Naturbursche", "Draufgänger", "Der Schöne", "Der Einsame", "Der Denker" haben zwar einigen populärwissenschaftlichen Charme für die Erklärung konjunktureller Schwankungen bei der Nachfrage nach Politikerangeboten, ermangeln jedoch bislang solider empirischer Fundierung.

Dessen ungeachtet versuchen Medienspezialisten, Werbepsychologen und Kommunikationsfachleute, in der politischen Praxis aus Politikern Markenprodukte zu machen, die dann mit allen erprobten Tricks und Verkaufsstrategien auf den Markt bzw. auf die Bühne gebracht werden. Für die Verkaufsstrategie dieses "Politik-Marketing" nach dem Motto der mittlerweile "klassisch" zu nennenden Studien von Theodore H. White, "The Making of the President" (White 1983), gilt zuerst, daß ein Politiker, der Erfolg haben will, markt- und mediengerecht sein muß. Sein Erscheinungsbild, seine Sprechweise, aber auch das, was er sagt, werden wesentlich bestimmt von Marktanalysen und verkaufsstrategischen Ratgebern.

Und aus dem vermeintlich politisch bewußten und verantwortungsvollen Bürger wird der Zuschauer des Show-Geschäfts Politik, ein degradierter und entmündigter Akklamateur. Aus der Distanz, vor allem auf dem Bildschirm, beobachtet er das Polit-Schauspiel, er wird zum passiven, manipulierbaren Zeugen, wobei jedoch gerade seine Passivität wesentlicher Bestandteil des Ganzen ist. Das Publikum ist weit mehr als ein bloßer Resonanzboden, es ist sozusagen die Geige selbst, und erst die Aktion auf der Bühne und auf dem Bildschirm und die Passivität im Publikum ergeben das Ensemble des Polit-Theaters.

Politisches Geschehen ist im alltäglichen Normalfall von Routine und Wiederholung bestimmt. Bilder von politisch irgendwie bedeutenden Leuten, die aus dunklen Limousinen steigen, sich lächelnd Hände schütteln, Zeremonien absolvieren, Platz nehmen, Bankette genießen, von Debattenrednern, die vor der vertrauten Kulisse des Plenarsaals stehen, oder auch lediglich das eingeblendete Portraitfoto des wirtschaftspolitischen Sprechers der Partei X füllen die Sendezeit der Abendnachrichten. Die Leitartikel der überregionalen Tageszeitungen lesen sich dann wie nüchterne Protokollaufzeichnungen, die großen Themen fehlen.

Zu Hochform laufen dagegen Fernsehreporter und Leitartikler auf, wenn sich etwas "Außergewöhnliches" anbahnt oder bereits geschehen ist, ein "critical event", wie etwa ein Bombenattentat, eine spektakuläre Ermordung, eine Entführung, - aber eben auch eine "entscheidende" Abstimmung, das Rede-"Duell" zentraler Gegenkandidaten.(Kraus/Davis/EngelLang/Lang 1975) Dann hält die "Nachrichtenlage" Überraschungen bereit, deren Neuigkeitswert über das alltägliche Mittelmaß hinausreicht. Dann jagen sich die Superlative, geistreiche Metaphern werden aufeinander gehäuft, das Fernsehen ist mit 12 Kameras "live" dabei und schiebt abends noch eine Sondersendung nach. Die großen Akteure aus Politik und Medien haben ihre Auftritte, es geht um die wirklich großen Themen, die Zukunft des Landes. Die Wende, der Frieden, die Menschenrechte oder die nationale Sicherheit stehen auf dem Spiel. Personen vertreten die verschiedenen Fronten, die sich unversöhnlich gegenüberstehen oder überraschende Koalitionen bilden. Der Zuschauer kann die Politiker, die sich den großen Zielen verschrieben haben, dabei beobachten, wie sie mit vollem Einsatz für diese Ziele kämpfen, letztlich geht es um das nationale oder gar globale Wohl oder Wehe schlechthin. Bei solchen Konflikten, bei denen es augenscheinlich um "etwas" geht, kann schon manch einer auf der Strecke bleiben. Abgänge sind mitunter noch eindrucksvoller als große Auftritte. Wer sich für eine wichtige Sache einsetzt, dies unter den Augen der Medien tut, um erfolgreich zu sein oder zu scheitern, kann sich der Aufmerksamkeit der Kameras und Bleistifte weitgehend sicher sein.

Die Inszenierung des - tatsächlich, oder zumeist: vermeintlich - Außergewöhnlichen ist es, bei der wir von Dramatisierung zu sprechen vorschlagen. Wird der Begriff "Dramatisierung" genannt, steht ein Wortfeld im Raum, das dem *Handlungsfeld Theater* entstammt. Im Handlungsfeld Politik bzw. Politikanalyse kann ein Begriff, der so deutlich einem anderen Bezugsrahmen verhaftet ist, nur als *Metapher* verstanden werden. Literatur- und theaterwissenschaftliche Monographien, die sich mit dem "Drama" befassen, liegen in großer Zahl vor. (Aristoteles 1982; Asmuth 1984; Esslin 1978; Freytag 1975; Geiger/Haarmann 1978)

Daß in der Politik Personen konflikthaft handeln, ist ebenso unmittelbar einsichtig, wie die Tatsache bekannt ist, daß diese Konflikte zumeist "dramatisch" dargestellt und als "dramatisch" wahrgenommen werden. Politischem Handeln als Ganzem das Etikett "Bühnenspiel" zu verleihen, fällt dennoch nicht leicht. Theater als Metapher für politisches Handeln tendiert dazu, bei der Politik eine generelle Doppelbödigkeit zu diagnostizieren.

Dabei ist die Theater-Metapher, hier als Instrument der Analyse von Politik als Symbolhandlung vorgeschlagen, für die Sozialwissenschaften keineswegs neu. Die soziologische Elementarkategorie der "Sozialen Rolle", wie sie von Ralph Linton eingeführt wurde (vgl. Linton 1936), ist ebenfalls dem Handlungsfeld Theater entlehnt worden. Gerade der Diskussion des Rollenkonzeptes kann allerdings auch entnommen werden, wo die Grenzen der Analogiefähigkeit von gesellschaftlicher Wirklichkeit und theatralischer Inszenierung liegen. (Vgl. dazu insgesamt Goffman 1983)

Im alltäglichen Sprachgebrauch ist keineswegs immer nur das Bühnenspiel gemeint, wenn eine Handlung als "dramatisch" empfunden wird. Vielmehr genügen Spannung, Spektakel oder auch Bedrohung, um "Dramatik" aufkommen zu lassen. Damit besitzt auch die dramatische Handlung den Charakter des "Außeralltäglichen". Wie die personalisierte Politik sich der eher emotionalen Aneignung durch den Zuschauer anbietet, so bedarf auch der Betrachter der dramatisierten politischen Handlung nicht eines politologisch-analytisch geschulten Blickes, um sie zu verstehen.

Im folgenden sollen daher unter Dramatisierung jene Vorgänge verstanden werden, in denen und durch die eine politische Handlung als politisches Symbol funktioniert und funktionalisiert wird. Politische Dramen können hinsichtlich ihrer Besetzung wie ihrer Handlung, also ihrer Themen und ihrem Tempo - in der Sprache des Aristoteles hinsichtlich ihrer "Melodik" - beschrieben werden. (Vgl. Merelman 1969)

Trotz der Einschränkungen, die hinsichtlich der Aussagefähigkeit der Theater-Metapher in der Politik-Analyse gemacht werden müssen und die den Begriff der "Dramatisierung" noch weitaus schillernder als den seines Pendants, der "Personalisierung", werden lassen, soll er hier für die andere dominierende Variante von Schaupolitik stehenbleiben. Daß gerade politische Skandale "dramatisch" dargestellt und als "dramatisch" wahrgenommen werden, bedarf ebensowenig der näheren Erläuterung, wie die triviale Feststellung, daß sich verschiedene politische Skandale hinsichtlich ihrer Besetzung, ihrer Handlung, ihrer Themen und ihres Tempos voneinander unterscheiden. In der anschließenden Darstellung politischer Skandale werden die verschiedenen, von uns hier behandelten politischen Skandale daher auch konsequenterweise mit unterschiedlichen Gattungsbezeichnungen aus der Welt des Schauspiels charakterisiert, wie "Farce", "Boulevardkomödie", "(Agenten)-Spiel", "Schmierentragödie", "Trauerspiel" und "Burleske".

Bevor abschließend einige Bemerkungen über die Nützlichkeit und Notwendigkeit politischer Skandale als politische Dramen gemacht werden sollen, erscheint es als sinnvoll, auf den Zusammenhang zwischen Schaupolitik und Massenmedien, auf die Historizität und Relevanz von Schaupolitik und die bisherige Kritik an der Schaupolitik einzugehen.

VII.
Schaupolitik und Massenmedien

Die Entwicklung der elektronischen und nicht-elektronischen Massenmedien hat die expressive Seite politischen Handelns immer bedeutender werden lassen. Sowohl die quantitative Verbreitung der Medien, die die potentielle Erreichbarkeit aller Bürger gewährleistet, als auch die qualitative Weiterentwicklung nehmen Einfluß auf das politische Geschehen und seine Darstellung. (Vgl. zum Gesamtzusammenhang Kepplinger/Mathes 1987)

Mit der Entwicklung der Rotationspresse und der Koppelung von Anzeigen- und Nachrichtengeschäft können in der zweiten Hälfte des 19. Jahrhunderts die Bezugspreise für Zeitungen radikal gesenkt werden. Es entsteht die

Massenpresse, wie wir sie heute kennen. In den zwanziger Jahren dieses Jahrhunderts entsteht mit dem Hörfunk ein Medium, das gleichzeitiges "Dabeisein" bei wichtigen Ereignissen ermöglicht. Doch erst mit der Verbreitung des Fernsehens, von Kino-Wochenschauen einmal abgesehen, wurde "der politischen Macht ein Gesicht gegeben." (Radunski 1980:16; vgl. dazu Carey Hrsg. 1988)

Heute verfügen von 100 Haushalten in der Bundesrepublik 96,6% über mindestens ein Fernsehgerät, in 97 Haushalten gibt es mindestens einen Hörfunkempfänger. (Media-Perspektiven 1983:30) Damit ist eine nahezu vollständige Sättigung erreicht. Zwischen 1964 und 1980 hat die tägliche Dauer der Mediennutzung deutlich zugenommen. Das gilt für Fernsehen, Hörfunk und Tageszeitung gleichermaßen. Auch die Reichweite des politischen Informationsangebotes der Medien hat sich deutlich vergrößert. 1964 konnte das Fernsehen mit politischen Informationen an jedem durchschnittlichen Werktag 42% der bundesdeutschen Gesamtbevölkerung erreichen (Hörfunk 47%, Tageszeitung 46%). 1980 erreichten politische Informationen im Fernsehen täglich 68% der Bevölkerung (Hörfunk 63%, Tageszeitung 57%). (Media-Perspektiven 1983:36)

Neben die klassischen Foren politischer Selbstdarstellung, den Parlamentssaal, das Versammlungslokal und den Kundgebungsplatz, tritt so ein ganzer Strauß neuer Möglichkeiten, Politik massenwirksam darzustellen. Das Vorhandensein dieser Wege schärft auch das Bewußtsein der Politiker für Fragen der Darstellung. Professionalisierte Spezialisten übernehmen die Aufgabe, für ihre Partei die Regeln der politischen Kommunikation optimal zu nutzen. Die von Sozialwissenschaftlern weit entwickelten Instrumente der Demoskopie ermöglichen es auch in der Zeit zwischen den Wahlgängen, Informationen über das Meinungs- und Stimmungsbild unter den Bürgern zu erhalten und entsprechend darauf zu reagieren. Somit gewinnen die politischen (Teil)Systeme Sensorien der Wahrnehmung, die es ihnen erlauben, ihr symbolisches Angebot an den Wähler nach dessen wechselnden Wünschen zu modifizieren.

Als neutrales Transportmittel ihrer Inhalte und Anliegen kann die Politik die Massenmedien jedoch nicht nutzen. Journalistische Professionalisierung und journalistisches Ethos einerseits, die sich aus der technischen Organisationsstruktur ergebenden Zwänge andererseits müssen bei der Konzeption von Schaupolitik berücksichtigt werden. Diese "vorgeschalteten Produktionsstrukturen./.../, welche nur in Ausnahmefällen durchbrochen werden können", (Lange 1981:190) bestimmen wesentlich das Bild der Politik in den Medien.

Der Zwang zur Visualisierung, und damit zumeist zur Personalisierung und häufig genug auch der zur Dramatisierung, gilt in ganz besonders ausgeprägter Weise für das "Sensationsmedium Fernsehen" (Schnibben 1988), für illustrierte Magazine in ähnlicher Weise und mit Einschränkungen auch für Tageszeitungen. Für Nachrichtenredakteure in Presse, Hörfunk und Fernsehen gleichermaßen gilt das Gebot der Aktualität. Insgesamt lassen sich vier typische Eigenschaften der mittlerweile dominanten Politikdarstellung beobachten, die möglicherweise wesentlich vom Medium Fernsehen ausgegangen sind, von dort jedoch eine erhebliche "Sogwirkung" auf die Darstellungstechniken auch der nicht-elektronischen Medien, und insbesondere auf die Erwartungen der Medienrezipienten, haben: Hauptziel der medialen Darstellung ist die Erzielung von Aufmerksamkeit, der *"Aufmerksamkeitswert"* einer Meldung steht im Vordergrund der Auswahl und Vermittlung; Medien müssen "unterhaltsam" sein, der *"Unterhaltungswert"* entscheidet über Präsentation oder "Nichtmeldung"; alles muß (auch) im Bild darstellbar sein, die *"Visualisierung"* wird zum zentralen Auswahlkriterium; und alles muß als *"Geschichte"* erzählt werden. Politik wird so in der Bildersprache des Fernsehens, und von ihm ausgehend in allen Medien, als lustiges oder trauriges, als dramatisches oder versöhnliches, immer aber als unterhaltsames Unterhaltungsprogramm präsentiert.

Personalisierung wie Dramatisierung dienen den Journalisten aller Medien als probate Mittel, schwierige Zusammenhänge eingängig und "spannend" darzustellen. Unabhängig von der Allgemeingültigkeit dieser Feststellung muß dabei ergänzt werden, daß einige Teile der Medien, wie beispielsweise das Nachrichtenmagazin DER SPIEGEL oder das Fernsehmagazin "Monitor", geradezu spezialisiert auf Personalisierung und Dramatisierung "als unterhaltende, wirkungsbezogene und individualisierende Technik der Nachrichtenvermittlung" (Robling 1983) sind.

Die amerikanischen Soziologen David Altheide und Phil Snow nennen "Entertainment Format" als die dominierende Darstellungsform im (amerikanischen) Fernsehen und meinen damit eine Perspektive des Außerordentlichen, des Animierenden und des Identifikation-Bietenden. "Docudrama" arbeiten die Geschichte der amerikanischen Schwarzen ("Roots") oder der Judenvernichtung ("Holocaust") als TV-Mehrteiler mit Spielhandlung auf -

und zwingen auch die Politik-Berichterstattung unter die Regeln des Entertainment Format und nähern damit Fiktion und Realität immer weiter einander an: "Network news may be the most extreme example of the pervasiveness of entertainment in Television." (Altheide/Snow 1979:54) Historie als dramatisierte, museale Inszenierung und aktuelle Schaupolitik werden nach dem gleichen Muster gestaltet und wahrgenommen. Mit der auch in der Bundesrepublik populären Arbeit von Richard Sennett über "Verfall und Ende des öffentlichen Lebens" (Sennett 1983) und dem Buch von Neil Postman, der vor den Konsequenzen einer Ausweitung des Unterhaltungsmusters für die "Urteilsbildung im Zeitalter der Unterhaltungsindustrie" warnt (vgl. Postman 1985), reicht die Diskussion dieser Entwicklung inzwischen über eine wissenschaftliche Fachöffentlichkeit hinaus.

VIII.
Schaupolitik in Vergangenheit und Gegenwart

Personalisierung und Dramatisierung sind historisch gesehen keine neuen Erscheinungen. Sie sind auch nicht erst mit der Verbreitung elektronischer Massenmedien entstanden. Trotzdem: Mit der Einrichtung von Hörfunk und insbesondere dem Medium Fernsehen gewann die expressive Seite von Politik, im hier definierten Sinne: die Schaupolitik, eine bedeutungsvoll andere, dominante Qualität.

Wenn es darum geht, zwischen Schaupolitik in der Vergangenheit und Schaupolitik in der Gegenwart zu unterscheiden, so wird die Grenzlinie in den Zeitraum der zwanziger und dreißiger Jahre fallen, der Zeit also, in der die politischen Systeme in Europa, der Sowjetunion und den USA begannen, sich die jungen Medien Film und Radio zunutze zu machen, auch wenn das wichtigste neue Medium, das Fernsehen, erst nach dem Zweiten Weltkrieg dazukam.

Die Französische Revolution von 1789 war ein politisches Großereignis, das seinen Fokus in der Metropole Paris fand. Schaupolitische Aktionen fanden hier ein großes Publikum, ohne daß ein entwickeltes Mediennetz zur Verfügung stehen mußte. Der Kulturhistoriker Egon Friedell schildert Szenen, die sich 1793 in der französischen Nationalversammlung abgespielt haben:

"Ein andermal erscheint Anacharsis Cloots, gefolgt von 'Vertretern des Menschengeschlechts', langbärtigen Chaldäern, bezopften Chinesen, gebräunten Äthiopiern, Türken, Tataren, Griechen, Mesopotamiern, die der Revolution ihren Gruß entbieten: in Wahrheit lauter guten Parisern in geschickter Verkleidung, geschminkten Statisten der Menschheitsverbrüderung. Am 10. August 1793, dem ersten Jahrestag der neuen Freiheit, findet ein allgemeines Fest statt, für das David eine ganze Kollektion von Riesenattrappen entworfen hat: die 'Freiheit' mit kolossaler phrygischer Mütze, das 'Volk', einen enormen Herkules mit geschwungener Keule, die 'Natur' eine überlebensgroße Frauengestalt, aus deren Brüsten Wasser quillt. Gleichzeitig läßt man dreitausend Vögel in alle Windrichtungen fliegen, mit Zetteln um den Hals: 'Wir sind frei, ahmt uns nach !'" (Friedell 1965:858)

Das symbolträchtige Schauspiel auf der Bühne der Nationalversammlung kommt in der Tat einer Theateraufführung sehr nahe. Die Zentralbegriffe der Revolution - Freiheit, Gleichheit, Brüderlichkeit - werden in einer dramatisierten Handlung symbolisch verdichtet. In einem Rollenspiel grüßen die Völker der Welt die Pariser Revolutionäre. Wohl niemand unter den Anwesenden fühlte sich betrogen, obwohl allen bewußt war, daß die "Chaldäer" keine Chaldäer, die "Tataren" keine Tataren waren. Pariser Bürger spielen die Eintracht der Menschheit. Dieses Jahr 1793 ist auch jenes Jahr, in dem die politischen Dramen regelmäßig auf dem Schafott endeten, im Januar wird Ludwig XVI., im Oktober Marie Antoinette auf der Place de la Revolution unter den Augen der Menge enthauptet.

Ein weltumspannendes Symbol politischer Integration ist die britische Monarchie. Das Britische Empire, allmählich an den Rand der weltpolitischen Auseinandersetzungen gerückt, wird 1926 von der Gemeinschaft des "Commonwealth of Nations" abgelöst. Durch dieses Gebilde sind Canada, Neuseeland, Australien, Südafrika, Indien, Pakistan und Ceylon mit dem Vereinigten Königreich assoziiert. Den Mitgliedsstaaten fehlt ein eigenes Staatsoberhaupt. Höchster Würdenträger auch dieser Länder sind King oder Queen in London. Deren Konterfei ziert Briefmarken, Münzen und Siegel in vielen Amtsstuben auf der ganzen Erdkugel. Sie sind damit nicht nur der zentrale Bezugspunkt einer lockeren Staatengemeinschaft. Thomas Ritchie Adam sieht die königliche Familie im Buckingham Palace als Symbol für die Familie der Mitgliedsstaaten: "Since the reign of Victoria, the monarchy has constituted itself into a Royal Family that has served as a personification of the family tie common to the whole commonwealth." (Adam 1964:17) - Eine speziell dafür ausgebildete Queen und ihre Familienangehörigen reisen auch heute noch als Personalisierung britischer Werte und Lebensart um den Globus und tragen Fair Play und Five o'clock tea noch in den entlegensten Winkel der Welt.

Alle Register der ihm zur Verfügung stehenden schaupolitischen Mittel zog Benito Mussolini. Begeisterte Stimmen seiner Anhänger legen davon Zeugnis ab, in welch hohem Maße die faschistische Bewegung Italiens mit dem Duce identifiziert wurde: "Was ist die faschistische Partei? Sie ist für uns Benito Mussolini, nicht der Mann allein, sondern etwas Übernatürliches, der reinste Ausdruck der Nation. Diesen unseren Führer wünschen wir uns als Diktator. Möge er ohne Gnade handeln und über seine Gefolgsleute nach Belieben verfügen. Wir sind bereit, Befehle zu empfangen und zu gehorchen, auch wenn wir das Exekutionskommando für die Säuberung unserer eigenen Reihen bilden sollten." (R. Farinacci, zitiert nach Petersen 1983:247)

Mussolini, gerade zu der Zeit an die Macht gekommen, in der die neuen Massenmedien die Möglichkeiten staatlicher Selbstdarstellung erheblich erweiterten, betrieb die Selbststilisierung seiner Person bis zum Exzess. Jens Petersen sieht in Mussolinis Umgebung eine Mitarbeitergruppe am Werk, die gezielt mit der "Instrumentalisierung des Mussolini-Bildes zu Herrschaftszwecken" (Petersen 1983:246) befaßt gewesen sei. Massenpsychologische Theorien aus den Werken von Georges Sorel und Gustave Le Bon seien in die Anstrengungen dieser Gruppe eingeflossen.

Vor allem das Bild, ob in der Photographie oder im Film, bot Mussolini die Möglichkeit, vor wechselnden Kulissen und in wechselnden Kostümen mit immer wieder der gleichen wilden Entschlossenheit zu posieren. Einer seiner Biographen beschreibt die Allgegenwärtigkeit des Duce, der eines der Vorbilder für Orwells "Großen Bruder" gewesen sein dürfte: "Auch Mussolinis Bild wurde entpersönlicht, Symbol einer Macht, die nur teilweise seine eigene war. Die ewige Starrheit des Blicks, die wie eine Zwangsvorstellung von allen Wänden und Zeitungen des Landes ausging, war der Ausdruck einer grotesken Einbalsamierung seiner Gestalt als 'Staatsroboter'. Auch seine ständigen Selbstdarstellungen - als Flieger, Drescher, Kondottiere, Literat, Philosoph, Sportsmann usw. - blieben sich immer gleich. Unberührt von jeglicher Selbstironisierung akzeptierte er, daß man ihn mit einem scheußlichen Hut, der seinen Kopf plattdrückte, und in der unförmigen Kluft eines Grubenarbeiters oder mit nacktem Oberkörper beim Dreschen in den pontinischen Sümpfen fotografierte, als bloßes rituelles Werkzeug und Schauspiel für die Irrationalität der Menge." (de Luna 1978:70ff.)

Hier wurde die Personalisierung von politischen Inhalten so weit getrieben, daß sie bereits wieder in ihr Gegenteil umzukippen drohte. Staat, Partei, Volk und Duce wurden soweit in eins gesetzt, politische Inhalte soweit mit Charaktereigenschaften des Diktators identifiziert, daß sich die Person Benito Mussolinis in Posen auflöste, sich zur bloßen Idee zu entmaterialisieren drohte. Und doch finden sich bei Mussolini, bis an die Grenzen des Absurden getrieben, bereits alle Elemente moderner Schaupolitik.

Auch das nationalsozialistische Regime in Deutschland war bemüht, alle Möglichkeiten der Personalisierung und Dramatisierung von Politik in vollem Umfang zu nutzen. Der italienische Faschismus mit seinem Hauptdarsteller Mussolini und dessen Anwendung moderner Kommunikations- und Propaganda-Techniken dürfte dabei in mancher Hinsicht Pate gestanden haben. Mit dem eigens eingerichteten "Ministerium für Volksaufklärung und Propaganda" des Dr. Joseph Goebbels entstand ein Apparat, der schaupolitische Strategien zentral entwickeln und umsetzen konnte.

Symptomatisch für die Dimensionen, in denen hier gedacht und gehandelt wurde, dürfte die Szene sein, die Hitlers damaliger Rüstungsminister Albert Speer beschreibt. Leni Riefenstahl, als Filmregisseurin mit der Dokumentation des Parteikongresses 1935 beauftragt, wollte, da einige Original-Aufnahmen verdorben waren, bestimmte Szenen der Massenveranstaltung nachdrehen. Speer ließ dafür in einem Berliner Filmatelier die Kulisse des Kongresses nachbauen, und die NS-Größen Streicher, Hess, Rosenberg und Frank mußten ihren Auftritt für die Kamera wiederholen:

> "Hess kam an und wurde als erster zur Aufnahme gebeten. Genau wie vor den 30.000 Zuhörern des Parteikongresses erhob er feierlich die Hand. Mit dem ihm eigenen Pathos aufrichtiger Erregung begann er sich genau dorthin zu wenden, wo Hitler nun eben nicht saß und rief in strammer Haltung: 'Mein Führer, ich begrüße Sie im Namen des Parteikongresses. Der Kongreß nimmt seinen Fortgang. Es spricht der Führer!' Er wirkte dabei so überzeugend im Ausdruck, daß ich von diesem Zeitpunkt an nicht mehr ganz von der Echtheit seiner Gefühle überzeugt war. Auch die drei anderen spielten ihren Part wirklichkeitsgetreu in die Leere der Filmhalle und erwiesen sich als begabte Darsteller. Ich war reichlich irritiert; Frau Riefenstahl dagegen fand die gestellten Aufnahmen besser als die originalen Darbietungen." (Speer 1969:75)

Die Schaupolitik wird hier zur reinen Inszenierung. Selbst dem parteiischen Chronisten kommen Zweifel an der Authentizität von Gefühlen und Gesten. Dem Volk wird ein synthetisches Spektakel geboten. Die Ebenen von Schau- und Entscheidungspolitik sind weit auseinandergefallen. Die von einem totalitären Regime gleichgeschalteten Massenmedien erlauben auch grobschlächtige Formen schaupolitischer Inszenierungen. Eine Wahlfreiheit bei der Nutzung von Informationsquellen besteht nicht, Überprüfungsmöglichkeiten für den Adressaten der schaupolitischen Handlung fehlen. (Vgl. dazu Loiperdinger 1986)

In einem Rechtsstaat mit parlamentarischer Demokratie, der Presse- und Informationsfreiheit garantiert, ist es nicht denkbar und nicht möglich, die Partizipationsbedürfnisse und -forderungen der Bürger mit einer einzigen gewaltigen schaupolitischen Inszenierung zu "befriedigen". Das Zusammenspiel von Schau- und Entscheidungspolitik muß subtiler sein, um nicht sogleich als Betrug oder ausschließlich als propagandistische Aktion entlarvt zu werden. Aber auch in der parlamentarischen Demokratie mit freiem Pressewesen bleibt der Schauaspekt der Politik von eminenter Bedeutung.

In seinen Erinnerungen berichtet Konrad Adenauer von seinem Besuch 1955 in Moskau, der die Freilassung der letzten deutschen Kriegsgefangenen bringen sollte. Adenauer zitiert einen nicht namentlich genannten Journalisten, der den Besuch des Bundeskanzlers im Bolschoi-Theater beschreibt: "Als schließlich das Ballett zu Ende war /.../, da hob auch der Bundeskanzler seine beiden Hände und legte sie unter dem rauschenden Beifall der Zuschauer in die Bulganins." (Zitiert nach Adenauer 1966:529)

Der Journalist stellt im Anschluß allerlei Überlegungen darüber an, was der Bundeskanzler mit dieser Geste der Freundschaft bezweckt haben mag, zumal Gerüchte besagten, daß die Verhandlungen zu diesem Zeitpunkt keinerlei Fortschritte in der Sache erbracht hätten. Adenauer selbst zeigt sich über solche Überlegungen einigermaßen erstaunt: "Ich muß zugeben, daß ich in diesem Augenblick, als ich Bulganin am Arm nahm, derartig kluge Erwägungen nicht anstellte. Meine Handlung geschah impulsiv, wenn auch unter starkem Eindruck des am Nachmittag in der Datscha geführten Gesprächs." (Adenauer 1966:530)

Sicher ist es nur ein Zufall, daß dieses Beispiel einer politischen Symbolhandlung ein berühmtes Theater zum Schauplatz hatte. Dennoch ist an ihm deutlich abzulesen, daß eine Handlung nicht unbedingt als Symbolhandlung gemeint sein muß, um die Wirkung einer solchen zu erzielen. Der journalistische Beobachter glaubt, das Repertoire der politischen Gesten zu kennen, er hat gelernt, diese Symbole zu interpretieren. In seiner Sicht auf die Loge Bulganins und Adenauers ist er seinen Lesern nur wenig voraus. Wie sie ist auch er von der Runde der Verhandelnden, die am Tage zusammenkommen, um das Schicksal tausender deutscher Kriegsgefangener zu beraten, ausgeschlossen. Zur Aufführung im Bolschoi jedoch ist er, und mit ihm seine Leser, zugelassen. Sein Material, eigentlich nur ein Händedruck zweier alter Herren, ist denkbar dürftig. Aus diesem Material versucht er den Ausgang der Verhandlungen herauszulesen. Das Symbol des Händeschüttelns ist international. Weder für die Zuschauer im Moskauer Theater noch für die Zeitungsleser in Deutschland ist es notwendig, etwas über die politische Kultur des anderen Landes zu wissen, um diese Geste interpretieren zu können.

Heute ist der US-amerikanische Präsidentschaftswahlkampf das regelmäßig wiederkehrende politische Großereignis, das am deutlichsten auf die Bedingungen des Fernsehens zugeschnitten wird. Seitdem John F. Kennedy und Richard M. Nixon 1960 erstmals unter den Augen der Fernsehzuschauer um Wählerstimmen stritten, sind die "Presidential Debates" zum wichtigsten Forum für die schaupolitische Selbstdarstellung der Kandidaten geworden. Damals hatte man festgestellt, daß Nixon bei Radiohörern weitaus besser "angekommen" war als bei Fernsehzuschauern; in der TV-Debatte hatte er allein physiognomisch nicht den stärksten Eindruck hinterlassen. (Vgl. Altheide/Snow 1979:112)

Im Wahlkampf 1976 wollte der amtierende Präsident Gerald Ford auf Nummer Sicher gehen. Um sich auf seinen TV-Auftritt optimal vorbereiten zu können, ließ er im Weißen Haus die Kulissen des Fernsehstudios nachbauen. Die Sparringsrunden nützen ihm jedoch nur wenig. Gegen Jimmy Carter, einen ehemaligen U-Boot-Offizier und Erdnußfarmer, der seine große Familie als Protagonisten in die schaupolitische Strategie mit einzubringen wußte, zog er den kürzeren.

Mit Ronald Reagan ist, folgerichtig, könnte man meinen, ein berufsmäßiger Schauspieler im Sieg über den schwer angeschlagenen Carter in das Weiße Haus eingezogen. Seine Wahl und seine Amtsführung haben eine weitere Professionalisierung und Perfektionierung schaupolitischer Strategien gebracht. Mit Reagan ist womöglich nicht das aristotelische Drama, wohl aber das Hollywood-Starsystem zur dominierenden Organisationsform der Schaupolitik in Amerika geworden.

Bereits einleitend wurde auf die Studie von Hedrick Smith über die Präsidentschaft Ronald Reagans hingewiesen. (Smith 1988) In ihr stellt der journalistische Beobachter der insgesamt achtjährigen Amtszeit dieses "TV-Präsidenten" sowohl die Produktions- und Präsentationsformen als auch das beachtliche Personal der endlos erscheinenden Serie von Fernsehauftritten dar, mit denen gerade dieser Präsident sein Massenpublikum so erfolgreich in Atem hielt: "Die Reagan-Jahre waren für Millionen eine Art politisches Heimkino. Reagan ist der Idealtyp des Fernsehalters: Er agiert kinogerecht." (SPIEGEL 41/1988)

Spätestens seit der Präsidentschaft Reagans steht fest, daß die professionelle Erfahrung als Schauspieler in der Politik nicht mehr als Minus, sondern als Plus eingeschätzt werden kann - und das sicherlich nicht nur in den Vereinigten Staaten von Amerika. Es waren Reagan, dieser "natürliche Star" mit seinem "Instinkt für Sehnsüchte und Träume" (DER STERN vom 25.10.1984), und sein Stab von "Political Consultants", Public-Relations-Managern, Demoskopen, Werbeprofis, Medien- und Finanzierungsspezialisten, die am kompromißlosesten erkannt zu haben scheinen, daß Politik im Zeitalter der Massenmedien nicht so sehr das Denken, sondern die Emotionen, insbesondere der Millionen Fernsehzuschauer, ansprechen muß. Und für diese Millionen sind Sachfragen, die Materie der Entscheidungspolitik also, eindeutig zweitrangig. Das Massenpublikum vor dem Bildschirm achtet nur auf den Helden, mit dem es sich identifiziert, solange er nicht etwas so "Böses" tut, daß es ihm seine Sympathie entzieht.

Und damit so etwas nicht aus Ungeschicklichkeit passiert, muß eben geprobt werden, so gründlich es geht. Alle Berichte beispielsweise über die Pressekonferenzen des Präsidenten Reagan haben detailfreudig gezeigt, welcher Aufwand an Energie, Zeit und Probeaufführungen im "Family Theatre", dem Privatkino im Weißen Haus, in die öffentlichen Auftritte dieses Präsidenten investiert worden waren, lange bevor dann verkündet werden konnte: "Ladies and gentlemen, the President of the United States!"

Und ganz generell war der "Große Kommunikator" Reagan (vgl. Hart 1984) eben nicht der angsteinflößende, allgegenwärtige "Große Bruder" Orwells, sondern Ronnie und Nancy, die beiden guten Bekannten aus so vielen John-Wayne-Filmen, der tapfere, gute Sheriff und die unerschrockene Frau an seiner Seite, kämpften für uns gegen das Böse in der Welt, wo es sich auch immer zeigte. An Stelle langweiliger und schwieriger Diskussionen über politische Sachfragen wie Außenhandelsbeziehungen, Agrarüberschüsse, Schulreformen und Schadstoffgrenzwerte mit ihren ermüdenden Zahlen und Grafiken, Experten und Gegenexperten, Argumenten und Gegenargumenten, geht *Politik als Fernseh-Serie* auf Sendung.

Auch hier gibt es dann etwas langweilige Routine-Folgen, die jedoch gerade dadurch ihren hohen (Unterhaltungs)Wert haben, daß sie die notwendige Beruhigung erzeugen, daß "alles in bester Ordnung" ist, aber immer wieder werden auch besonders hervorgehobene, "dramatische" Episoden gesendet, wie beispielsweise "Nancy kämpft gegen Drogen", "Nancy kämpft gegen Krebs", "Ollie North verkauft - hinter des Präsidenten Rücken - Waffen an Chomeini", "Der Präsident besucht die amerikanischen Soldaten an der koreanischen Front", "Die Vereinigten Staaten bestrafen den geisteskranken Khadhafi für den Bombenanschlag auf Berliner Diskothek", "Reagan bringt den ewigen Weltfrieden". Und so sehen wir die vertrauten Hauptdarsteller solcher Episoden dann auch konsequenterweise in ständig wechselnden Kostümen, mit Indianerschmuck oder Baseball-Mütze, im Pyjama oder im Smoking, auf dem Pferd oder im Kanu, mit der Hand an der Stirn oder auf dem Herzen. Und wir sehen sie mit immer wieder neuen Partnern auf den verschiedensten Bühnen: mal mit Sylvester Stallone und Brigitte Nielsen, mal mit Helmut und Hannelore Kohl, mal auf Eisenbahn-Präsidentschaftskampagne im historischen Pullman-Sonderluxuswagen, mal beim Kaminfeuer im Weißen Haus, mal auf der Kommandobrücke eines Flugzeugträgers.

Es war der ehemalige Hollywood-Schauspieler Ronald Reagan, der die entscheidende Annäherung der amerikanischen Schaupolitik an die Regie-Gesetze der Filmindustrie im Laufe seiner beiden Amtszeiten als 40. Präsident der Vereinigten Staaten von Amerika mitverursacht hat. Schon bei seinem Eintritt in die Politik war ihm selbst der wesentliche Zusammenhang von (Schau)Politik und Schauspiel bewußt gewesen: "Mein Gott, was mache ich denn in der Politik? Die Sachen, die ich bisher getan habe, lagen meilenweit entfernt. Aber dann dachte ich, daß Schauspielerei und Rollendarstellung ein wichtiger Teil der Politik seien. Und da kannte ich mich aus." (SPIEGEL 47/1985)

Die Bereiche "Wirklichkeit" und "Scheinwelt Fernsehen" liegen dicht nebeneinander und sind nur mehr schwer voneinander unterscheidbar. Eine kinogene Wirklichkeit entsteht, bei der die Medien nicht mehr die Wirklichkeit widerspiegeln, sondern bei der sich die Wirklichkeit nach den Fabeln, Bildern und Themen, die der Film vorgibt, formt. In unserer Terminologie: Die Schaupolitik verdrängt die Entscheidungspolitik, sogar das Wissen um deren Existenz.

Diese so angedeutete Entwicklung einer hochprofessionalisierten Schaupolitik in den USA, für die die Programmgestalter des Fernsehens, die TV-Strategen des Weißen Hauses und das Massenpublikum des Videospektakels "Politik" eine symbiotische Einheit bilden, und deren Marketingstrategien auf eine perfekt durchkomponierte und inszenierte Glaubwürdigkeit, Spontaneität und Kompetenz hinzielen, führte während der Reagan-Ära zu immer größerem Einfluß der politischen Beraterbranche (vgl. SPIEGEL 36/1984) und fand vermutlich ihren bisherigen Höhepunkt im Kampf um die Nachfolge Reagans.

Der planerische und wissenschaftliche Aufwand, der in das Duell zwischen George Bush und Michael Dukakis sowie in das ihrer Stellvertreter Dan Quayle und Lloyd Bentsen investiert wurde, findet nicht seinesgleichen in der bisherigen Geschichte der USA. Die Redebeiträge in den Fernsehdebatten beispielsweise waren, nach Vorgabe detailliertester Umfragen, maßgeschneidert auf die aktuellen Besorgnisse und Erwartungen der Wähler, die einzelnen Formulierungen in "Focus-Groups" durchgetestet und auf höchstmögliche Wirkung in der stimmlichen, gestischen und mimischen Darstellung hin ausgefeilt. Hochleistungscomputer registrierten in allnächtlichen "Tracking-Polls" auch noch die kleinsten Stimmungsschwankungen in der Gemütslage der Nation, das Programm für die "Show" am nächsten Tag - und dabei in der ständigen Sorge, daß einem diese von der Gegenseite "gestohlen" werden könnte - wird ebenfalls maßgeschneidert angepaßt. Ein Heer von "advance troops", "field coordinators", "media coordinators" und Freiwilligenkommandos in den Hauptquartieren der Wahlkampfkampagnen und an den ewig wechselnden Auftrittsorten der Hauptdarsteller sorgte dafür, daß nichts dem Zufall überlassen blieb. (SPIEGEL 41/1988)

Die vermeintlichen "Stars" der Politshows entpuppen sich beim Blick "hinter die Kulissen" solcher (Wander) Zirkusse schnell als "Marionetten" an den Fäden von ansonsten Unbekannten, für die sogar der Austausch der "Stars" auf der Vorderbühne keineswegs die Beendigung ihrer Arbeit "hinter den Kulissen" bedeuten muß, wie das besonders prominente Beispiel von Peggy Noonan zeigte, die nicht nur jahrelang die Redemanuskripte für den

CBS-Fernsehstar Dan Rather verfaßte, sondern die meisten der drei Dutzend "großen" Fernsehreden des Präsidenten Reagan, mit denen dieser seinen direkten "Dialog mit dem amerikanischen Volk" so überaus wirkungsvoll geführt hatte. Und nachdem sie das Manuskript für die "Farewell Address" eben dieses Präsidenten abschlossen hatte, machte sie sich an die Arbeit für die "Inaugural Address" seines Amtsnachfolgers George Bush. (Süddeutsche Zeitung vom 23.1.1989)

"Kulissenpersonal" wie Redenschreiber und "Persönliche Referenten" für die Polit-Stars mögen der Publikumsöffentlichkeit unbekannt sein, im Inneren der Produktion von Schaupolitik kennt man sehr wohl ihren Wert. Und sie kennen ihn selbst, so daß sie, gefragt nach den Strapazen solcher Arbeit, selbstbewußt antworten können: "Aber das ist alles nichts gegen das Gefühl, das ich habe, wenn George Bush im Fernsehen die Sätze spricht, die ich gerade geschrieben habe.", oder: "Wenn ich will, kann ich die Leute dazu bekommen, daß sie Mickey Mouse wählen!" (Süddeutsche Zeitung vom 28.10.1988)

Daß solche Entwicklungen in dieser Prägnanz bislang vor allem in den USA zu verzeichnen waren, kann keinen Trost spenden. Nicht nur, daß darauf hingewiesen werden muß, daß der "Große Kommunikator" Reagan im letzten Abschnitt seiner Präsidentschaft in Michail Gorbatschow einen ebenbürtigen, wenn nicht sogar überlegenen Meister in der Inszenierung schaupolitisch außerordentlich wirksamer Auftritte gefunden hatte, sondern gerade die Tatsache, daß Wahlkampagnen in Ländern von ansonsten anti-amerikanischen Ressentiments und alteuropäischem Selbstverständnis viel vom amerikanischen Modell übernommen haben, zeigt, daß es sich dabei um sehr allgemeine Entwicklungen handelt.

So etwa in der Republik Frankreich, wo der "Vater" des "Starsystems" für die Produktwerbung, Jacques Seguela (Seguela 1983), zugleich als der Vater des Siegs von Francois Mitterand über Giscard d'Estaing im Jahr 1981 gilt und in der beispielsweise bei der Kampagne des Präsidentschaftsbewerbers Jacques Chirac im Frühjahr 1988 gemeinsame Auftritte des Polit-Stars Chirac mit dem Rock-Star Johnny Hallyday vor 70.000 jubelnden und klatschenden Menschen, zwischen farbigen Nebeln, Laserkanonen und Video-Clips die sonst übliche, langweilige Rezitation von Regierungs- und Parteiprogrammen ersetzten.

Auch in der Bundesrepublik Deutschland, deren Grundgesetz so lapidar bestimmt: "Alle Staatsgewalt geht vom Volke aus. Sie wird vom Volke in Wahlen und Abstimmungen und durch besondere Organe der Gesetzgebung, der vollziehenden Gewalt und der Rechtssprechung ausgeübt.", lassen sich Ende der 80er Jahre die Wirkungen der Schaupolitik allgegenwärtig zeigen.

Dies betrifft ohne jeden Zweifel die Entwicklung der Wahlkämpfe auf allen politisch relevanten Ebenen, d.h. nicht nur auf Bundes- oder Länderebene, sondern bis hin zu Bürgermeisterwahlkämpfen in den Großstädten, zu generalstabsmäßig vorbereiteten, nach allen Regeln der Massenbeeinflussung geführten "Kampagnen".

Die naiv-idealistische Vorstellung, wie sie teilweise noch heute im Fach "Staatsbürgerunterricht", "Gemeinschaftskunde", "Sozialkunde" an manchen Schulen vertreten wird, die Wählerwerbung finde statt als Diskussionsveranstaltung, in der sich die Parteien und ihre Kandidaten moderat und aufgeklärt über das allgemeine Beste austauschen und sich in ihren programmatischen und personellen Alternativen dem Souverän wahlberechtigter Bürger "zur Wahl stellen", führt in die Irre. Gerade weil Wahlkampf kein freundlicher Audienz-Termin "der Politik" und ihres professionellen Personals, "der Politiker", bei "den Bürgern" ist, sondern Kampf um Stimmen, haben Zuspitzung, Polarisierung, Personalisierung und Dramatisierung ihren notwendigen Sinn. Kämpfe um Macht und Mehrheiten kommen ohne diese Mittel nicht aus. Und diese Mittel werden inzwischen von allen politischen Parteien immer weniger dilettantisch und amateurhaft ausgedacht und umgesetzt, sondern zunehmend mehr von professionellen Experten und Einrichtungen gehandhabt. Und damit drohen Wahlkämpfe, als eine der wichtigsten Darstellungsformen von Politik, zunehmend mehr zur Wolkenschieberei von Stimmungen und Einstellungen, Sentiments und Ressentiments zu werden, losgelöst sowohl von den tatsächlichen strukturellen Problemen und Aufgaben der Entscheidungspolitik mit Blick auf die nationale und internationale Situation als auch von den sehr real existierenden Problemen des Alltagsgeschäfts dieser Entscheidungspolitik.

Bei Professionalität und Systematik der Vorbereitung, Durchführung und Auswertung solcher Massenpropaganda-Kampagnen jedoch zeigen sich bisher noch erhebliche Unterschiede zwischen den politischen Parteien. Die Unionsparteien CDU und CSU sind bislang mit ihren Wähleruntersuchungen, ihrem Einsatz von Werbepsychologie und Marketingstrategien, ihrem Umgang mit

Stimmungen in der Bevölkerung und ihrer "Vorfeldarbeit" vergleichsweise erheblich weiter entwickelt als die anderen Parteien. Die Entwicklung von "Sympathiewerbung" und spezifischen Identitätsgefühlen, deren Ziel die affektive Gleichsetzung von Partei und Gemeinwesen ist, der sich ausbreitende "Populismus" mit Kinderfesten, Grillfeten, Schafkopf- und Skatwettbewerben, Seniorenkränzchen, Früh- und Dämmerschoppen wurden in der Bundesrepublik bislang eher von den Unionsparteien mit Hilfe ihrer größeren und effizienteren Organisationsapparate und Werbetechniken entwickelt und durchgesetzt als durch ihre Konkurrenzparteien.

Die Entwicklung gerade der Unionsparteien zu einem "Polit-Konzern mit hochentwickelten Produktions- und Vertriebssystemen" (SPIEGEL 2/1987) durch die konzertierte Zusammenarbeit von CDU-Generalsekretär Heiner Geißler, CDU-Bundesgeschäftsführer Peter Radunski und Professor Coordt von Mannstein, Gründer und Hauptgeschäftsführer der Mannstein Werbeagentur GmbH, und das im Vergleich zurückhaltendere Operieren von SPD, F.D.P. und Die Grünen ist bereits mehrfach ausführlich dargestellt worden (Schwelien/Pokatzky/Stock 1985; Kröher 1986). Ungeachtet jedoch der variierenden Professionalität und Effizienz, übertrifft der materielle, demoskopische, allgemein sozialwissenschaftliche, marktforscherische, intellektuelle und künstlerische Aufwand, der insgesamt von allen politischen Parteien in die heutige Produktion und Vermarktung von Schaupolitik in der Bundesrepublik zu Wahlzeiten - und das heißt heute: ständig - investiert wird, alles, was es seit deren Gründung auf diesem Gebiet gegeben hat.

IX.
Die Kritik an der Schaupolitik

Wird Schaupolitik kritisiert, so speist sich diese Kritik aus der Befürchtung, daß die politische Schauebene die Entscheidungsebene nicht nur überlagern, sondern dominieren könnte. Ideengeschichtlich nistet diese Befürchtung sowohl in einer Kritik, die ihre Argumente aus einer materialistischen, im weitesten Sinne marxistischen Geschichtsauffassung bezieht, als auch in einer als diffus konservativ zu verortenden Kulturkritik. Beide Lesarten beziehen sich auf unterschiedliche demokratietheoretische Konzeptionen.

Unter dem Stichwort "Refeudalisierung" faßt Jürgen Habermas die Auswirkungen zusammen, die der Strukturwandel der Öffentlichkeit auf Schau- und Entscheidungspolitik aus einer materialistischen Perspektive hat. Nachdem die klassische bürgerliche Öffentlichkeit mit prinzipiell freiem Zugang und gleichberechtigten Teilnehmern durch Konzentration und Zentralisation zur Sphäre einer von privaten und halbstaatlichen Medienkonzernen hergestellten Publizität mutiert ist, kann sich in ihr das Privatinteresse nicht mehr als das Verallgemeinerte ausdrücken. Oligopole und Monopole verhindern den freien Zugang zu den Märkten. An seine Stelle tritt "das Einströmen privater Interessen, die /.../ privilegiert zur Darstellung kommen -, obwohl sie keineswegs mehr eo ipso für die Interessen der Privatleute als Publikum repräsentativ sind." (Habermas 1982:225)

An die Stelle des öffentlichen Diskurses interessierter Privatleute als Abwehrinstrument gegen den Obrigkeitsstaat tritt die Praxis der Public Relations als Werben Einzelner um die Aufmerksamkeit des konsumierenden Publikums. Mit ihr fallen die Beziehungen von politischen Führern und Geführten wieder hinter die bürgerliche Öffentlichkeit zurück: "Die Angebotsträger entfalten repräsentativen Aufwand vor folgebereiten Kunden. Publizität ahmt jene Aura eines persönlichen Prestiges und übernatürlicher Autorität nach, die repräsentative Öffentlichkeit einmal verliehen hat." (Habermas 1982:233)

Öffentlichkeit ist nicht mehr die Sphäre des zur Entscheidung stehenden Allgemeinen, sondern des zur Schau gestellten Privaten. So streben die "Organisationen mit dem Staat und untereinander politische Kompromisse, möglichst unter Ausschluß der Öffentlichkeit an, müssen sich aber durch Entfaltung demonstrativer oder manipulativer Publizität beim mediatisierten Publikum plebiszitärer Zustimmung versichern." (Habermas 1982:273f.) Da das Allgemeine in der Öffentlichkeit als solches nicht mehr zugelassen ist, müssen "die öffentlich relevanten Entwicklungen ins private Kostüm gekleidet und durch Personalisierung bis zur Unkenntlichkeit entstellt werden." (Habermas 1982:206)

Im Jahr der Erstveröffentlichung der Habilitationsschrift von Habermas befaßt sich Hans Magnus Enzensberger mit der Sprache des deutschen Nachrichtenmagazins DER SPIEGEL. Mit dem im SPIEGEL verankerten Prinzip der Personalisierung von Nachrichten kritisiert Enzensberger eine individualisierende Geschichtsschreibung: "Diese Auffassung vom einzelnen und seiner geschichtlichen Kraft erinnert eher an die totalitären Schlagworte vom Führerprinzip und vom Persönlichkeitskult als an die klassischen Maximen der Demokratie." (Enzensberger 1962:86)

Gut zehn Jahre später orientiert sich Horst Holzer noch stärker am klassisch-marxistischen Idiom. Personalisierung schafft in seiner Sicht das, "was gesellschaftlich notwendiger Schein genannt wird." (Holzer 1973: 160) Dieser Schein dient dazu, die "Abhängigen daran zu hindern, die nicht unabsichtlich, sondern im Dienste der Kapital-Räson aufrechterhaltene Undurchschaubarkeit gesellschaftlicher Zustände und Vorgänge zu beseitigen" (ebenda). Das Herauslösen der Nachricht aus ihrem sozialstrukturellen Kontext zielt so auf die Affirmation des Status Quo, der Klassenverhältnisse in der spätkapitalistischen Gesellschaft.

Habermas, Enzensberger und Holzer kritisieren die Personalisierung von Politik als unzulässige, weil verzerrende Individualisierung der geschichtlichen Handlungsträger. Allen drei gemeinsam ist der Rekurs auf ein Verständnis von umfassender politischer Partizipation, das auch Edelmann als Argumentationsgrundlage seiner Kritik an den schädlichen Wirkungen symbolisch verdichteter Politik dient. Für Habermas findet ein solches Politikverständnis seinen historischen Ort in der bürgerlichen Öffentlichkeit des Frühkapitalismus, für Enzensberger ebenfalls in den "klassischen Maximen der Demokratie", und Holzer möchte die elektronischen Produktionsmittel aus den Fesseln monopolkapitalistischer Produktionsverhältnisse befreien. Schaupolitik gilt ihnen, anders als Edelmann, durchweg als kontraproduktives Narkotikum, das zum Quietismus an sich partizipationswilliger Bürger beiträgt.

Daß man sich nicht zwangsläufig in die Phalanx der Befürworter einer umfassenden politischen Partizipation einreihen muß, um das Auseinanderfallen von Schau- und Entscheidungspolitik als schädlich zu empfinden, bewies Helmut Schelsky mit seiner Spätschrift über "Politik und Publizität" (Schelsky 1983). Schelsky sieht mit der Expansion der elektronischen Medien die "Reihenfolge der Herrschaftsausübung" in Unordnung geraten. Neben - zum Teil bereits an - die Stelle der Kette "Absicht - Handlung - Wirkung - Medien", tritt die neue Reihe "Absicht - Medien - Wirkung - Handlung". (Schelsky 1983:53)

Damit gibt es "zwei Realitäts-Ebenen des Politischen". Eine Ebene der politischen Auseinandersetzung, auf der unvermindert Carl Schmitts Freund-Feind-Dualismus herrscht und wo die dominierende Variante der Konfliktlösung der Kompromiß ist. Diese Ebene des herkömmlichen Politischen wird überwölbt von einer Art publiziertem Überbau, der Ebene der öffentlichen, von den Medien präsentierten Auseinandersetzungen. Ihre Bedeutung wächst. Die Folgen dieser Entwicklung empfindet Schelsky als fatal: "Die Realität der Politik verschwindet für die Bürger immer mehr hinter dem Schleier der publizierten Politik." (Schelsky 1983:45) Aber auch auf den Politiker bleibt der Zwang zur Publizität nicht ohne schädliche Wirkung. Schelsky sieht ihn als "öffentlichen Halbdenker", der auf der Publizitätsebene an das Wohlwollen der Bürger gebunden ist. Dieser Politiker muß doppelgleisig fahren: "einerseits auf der Schiene der publizistischen Macht- und Zustimmungsgewinnung, andererseits auf der realistischen Schiene der kompromißhaften Bewältigung vorhandener Konflikte." (Schelsky 1983:63) Der Trennung beider Ebenen entspricht Schelskys Unterscheidung von "Real"- und "Publizitätspolitikern".

Auch Schelsky bedient sich der Theater-Metapher, wenn er sich um die politische Bildung des Mannes von der Straße sorgt: "Spricht man mit einfachen Leuten, so vermögen sie kaum noch zwischen Ronald Reagan (der ein Schauspieler war und zum Politiker wurde) und John Wayne zu unterscheiden, oder zwischen Willy Brandt (der ein Politiker war und zum Schauspieler seiner Selbst wurde) und einem politischen Heldentenor oder zwischen Kreisky und Moser, zwischen Eppler und Dieter Hildebrand usw." (Schelsky 1983:22) Die Medien, die in seiner Sicht längst die Bedeutung einer vierten Gewalt gewonnen haben, will Schelsky im Sinne einer Gewaltenteilung aus den politischen Entscheidungsprozessen herauslösen. Folgerichtig plädiert er für eine Einstellung aller Fernsehübertragungen von Parlamentsdebatten.

Üben Habermas, Enzensberger und Holzer Kritik an den gängigen Formen der Schaupolitik, dann deshalb, weil sie die Bedingungen für eine effektive Partizipation der Bürger am politischen Prozeß nicht erfüllt sehen. Ihre Vorstellungen von Demokratie setzen an der Input-Seite des politischen Systems an. Schelsky ist der plebiszitäre Einfluß, der über die Publizitätsebene in die Sphäre des Politischen eindringt, längst viel zu groß. Politische Entscheidungen will er in publizitäts-abgeschirmten Bereichen ungestört reifen sehen, in denen kompetente Experten Lösungen erarbeiten, zu denen der inkompetente, die Komplexität bestehender Probleme nicht durchschauende Bürger wenig beitragen kann. Seine Vorstellung von effizienter Demokratie ist eindeutig Output-orientiert. Den Medien bleibt die Aufgabe, für die Bekanntgabe gefallener Entscheidungen zu sorgen.

Die historisch-materialistische Kritik an der Schaupolitik hatte ihre Hochkonjunktur in den sechziger und siebziger Jahren, der Zeit einer Renaissance marxistischer bzw. neomarxistischer Theorien. Mitte der achtziger Jahre beginnt eine andere Perspektive den Diskurs über Politik und Publizistik zu dominieren.

Um Formen und Wirkungen schaupolitischer Strategien zu beschreiben, fällt nun immer häufiger der Begriff vom "Mythos". Erstveröffentlichungen (zuletzt Glotz u.a. 1985) und Wiederauflagen (Cassirer 1985, Glaser 1985) belegen diese Hinwendung zu dieser Kategorie. Ebenfalls aufgegriffen wird der Begriff von Kommunikationswissenschaftlern (vgl. Tuchman 1981), um die vermeintlich magischen Wirkungen zu erklären, die von massenmedialen Produkten, vor allem vom Kino und vom Fernsehen ausgehen. In dieser Sicht wird die Mediennutzung zum Ritual, in dem der Prominente auf dem Bildschirm, egal ob Quizmaster oder Sportstar, als schamanenhafter Priester die Zuschauer in seinen Bann zieht.

Wenn sich (Schau-)Politik immer häufiger im Fernsehen abspielt, kann es nicht überraschen, wenn auch sie unter dem Aspekt ihres mythischen Gehaltes untersucht wird. In der Regel ist die Kategorisierung von Politik als Mythos als Kritik gedacht: So konstatiert Peter Glotz: "Wir stehen heute in einer Phase versuchter Re-Mythisierung der Politik. Wir hatten anderthalb Jahrzehnte lang politisch - und kulturell und intellektuell - eine Periode der Aufklärung, eingeleitet durch Kennedy: der Ablösung veralteter Bindungen als Leitbilder der Politik, der reformerischen Veränderung der Gesellschaft. Was wir jetzt erleben, ist Gegenaufklärung und Gegenreform, eingeleitet wieder aus den USA." (Glotz u.a.1985:119)

Abgesehen davon, daß der diese "Aufklärung" einleitende Kennedy der erste US-amerikanische Präsident war, der seine schaupolitischen Strategien mit Hilfe des Fernsehens realisieren konnte, wird klar, welches der übergreifende Diskurs ist, der als Hintergrund der Diskussion um den Mythos in der Politik gesehen werden muß. Es ist die Feuilleton und Diskussionsrunden beherrschende Problematik eines "Projekts Moderne" und seines mutmaßlichen Endes. Moderne, Aufklärung und Geschichte kippen um in Postmoderne, Gegenaufklärung und Posthistoire. Fortschritt und Ratio weichen Mythen und Magie, Irrationalismen aller Art feiern fröhliche Auferstehung. Die eine Hälfte des Publikums feiert mit, die andere Hälfte macht den rationalistischen Spielverderber und übt Kritik. (Repräsentativ für diese Diskussion: Bohrer, Hrsg., 1983)

Wie schon erwähnt, ist der Mythen-Begriff von Medienwissenschaftlern aus der ethnologischen Forschung übernommen worden. Wenn Holger Rust vor der "Faszination des Archaischen" (Rust 1984:67) und vor einer unreflektierten Analogisierung von archaischen Gesellschaften und der Beziehung von Medienstars zu ihrem Publikum warnt, gilt diese Warnung auch für eine unkontrollierte Verwendung dieser Kategorie in der Politik-Analyse. Zwei Aspekte sind es, die nach Rust eine solche Analogisierung verbieten. Zum einen werde damit übersehen, daß im modernen Medienbetrieb Handeln und Denken auseinandertreten können. Die Totalität des Mythos, eine Totalität aus Weltdeutung und Herrschaft, besteht nicht mehr. Zum anderen werde die auch dem Mythos eigene, spezifische Rationalität übersehen. Magie und Mythos sind in dieser Sicht Restkategorien unbewältigter Forschungsaufgaben, sie "weisen nämlich auf unzureichend bearbeitete oder nur oberflächlich erklärte Phänomene der öffentlichen Kommunikation hin, die den Anschein magischer oder mythischer Praxis erwecken, solange man sich nicht ausreichend um ihre anthropologische oder psychologische Dimension bemüht." (Rust 1984:70)

Wenn also Cassirer, wie oben ausgeführt, die "neuen politischen Mythen" als von "geschickten Handwerkern" entworfen sieht, sind das eben nicht mehr die alten Mythen. Trotzdem weisen schaupolitische Akte und ihre Protagonisten quasi-mythologische Merkmale auf. Darauf macht Michael Naumann aufmerksam, der den "Strukturwandel des Heroismus" (Naumann 1984) untersucht. Auch der revolutionäre Held, in der Säkularisierung aus dem sakralen Helden hervorgegangen, weist messianische Züge auf. Naumann nennt diesen Vorgang "Ideomythisierung". Darunter versteht er den Versuch, "kulturgeschichtlich tradierten Fragmenten mythologischer Herrschaft einen symbolischen Anschein von historischer Legitimität zu verleihen".(Naumann 1984:71)

Auch die Kritik, die Schaupolitik als mythisch begreift, findet ihren normativen Bezugspunkt in einer demokratietheoretisch begründeten Forderung nach Transparenz als Voraussetzung für politische Partizipation.

Wie gezeigt werden konnte, wird Schaupolitik von einer Reihe von Kritikern unterschiedlicher Provenienz als negativ für einen optimal verlaufenden politischen Prozeß beurteilt. Um zu einer anderen als einer ausschließlich dysfunktionalen Betrachtungsweise zu gelangen, bedarf es einer Perspektive, die die Beziehungen von Politik, Publizistik und Publikum im Blick hat. Das

Instrumentarium für eine solche Betrachtungsweise liefert unserer Meinung nach die "Systemtheorie" Niklas Luhmanns.

Konstitutiv für diesen Theorie-Ansatz ist die Annahme einer Differenz von System und Umwelt. Ein System muß für die in ihm Handelnden in seinen Grenzen erkennbar sein. (Vgl. Luhmann 1968:706) Die Grenzziehung gegenüber der Umwelt erfolgt durch Ausdifferenzierung von Rollen, Entscheidungsprogrammen und Werten. Mit wachsender Ausdifferenzierung steigt auch die Komplexität eines Systems. Weltkomplexität meint die "Gesamtheit möglicher Ereignisse" (Luhmann 1968:713), Systemkomplexität dementsprechend die "Ereignisse, die mit der Komplexität eines Systems vereinbar sind" (ebenda). Komplexität, wenn auch unterschiedlicher Stufe, herrscht also im System wie in seiner Umwelt. Aber: Nicht die Umwelt für sich ist schon System. Zu unterscheiden ist vielmehr zwischen der "Umwelt eines Systems und Systemen in der Umwelt des Systems". (Luhmann 1984:35)

Komplexität im System wird von den in ihm Handelnden als Freiheit für den Eintritt möglicher Ereignisse erlebt. Komplexität in der Umwelt wird dagegen als Planungsunsicherheit wahrgenommen. Die Beziehung, die sich aus dieser Perspektive heraus zwischen Systemen ergibt, wird als "Kontingenz" bzw. gar als "doppelte Kontingenz" bezeichnet.

Unterschiedliche Komplexität und wechselseitige Erfahrung von Kontingenz lassen Kommunikation zwischen Systemen unwahrscheinlich sein. Restriktionen bestehen hinsichtlich des Verständnisses, der Erreichbarkeit und des Erfolgs. (Vgl. Luhmann 1984:217ff.) Diese Restriktionen bilden Schwellen, die erfolgreiche Kommunikation erst einmal überschreiten muß. Komplexität, die primär unabhängige Variable in Luhmanns Theorie, bedarf der Reduktion, um Kommunikation zwischen den Systemen und Handlungsfähigkeit im System zu ermöglichen. Die Reduktion erfolgt durch Selektion, durch Auswahl aus der Vielfalt möglicher Ereignisse.

Medien dienen der Übertragung reduzierter Komplexität. Luhmann unterscheidet drei Medien-Typen voneinander, die Sprache, die Verbreitungsmedien und symbolisch generalisierte Kommunikationsmedien. (Vgl. Luhmann 1984:220ff.) Bei den symbolisch generalisierten Kommunikationsmedien handelt es sich um "semantische Einrichtungen, die es ermöglichen, an sich unwahrscheinlicher Kommunikation trotzdem Erfolg zu verschaffen." (Luhmann 1983:21) Diese Medien verwenden "Generalisierungen, um den Zusammenhang von Selektion und Motivation zu symbolisieren, das heißt: als

Einheit darzustellen." (Luhmann 1984:222) Kommunikation würde nicht zustandekommen, wenn nicht gewährleistet wäre, daß der eine die Selektionen des anderen als Prämisse eigenen Verhaltens übernimmt. Symbolische Generalisierung führt zur Code-Bildung.

Ein derart grober Abriß der Luhmannschen Systemtheorie muß notwendigerweise die Verwirrung, die sich aus der ohnehin abstrahierenden Vorgehensweise Luhmanns ergibt, zwangsläufig noch erhöhen. Deshalb sollen hier abschließend die Beziehungen von Politik, Publizistik und Publikum zueinander unter systemtheoretischen Aspekten betrachtet werden:

Alle Versuche, die Systemtheorie in diesem Sinne nutzbar zu machen, gehen davon aus, daß sich neben einem politischen System ein anderes System ausdiffenziert hat, das der Herstellung von Publizität dient. Ein solches System trägt unterschiedliche Namen: "Massenkommunikationssystem" (Lange 1981), "Publizistik" (Saxer 1981) und "Journalismus" (Rühl 1980) sollen hier synonym benutzt werden. Aus diesem Blickwinkel heraus wird Komplexität und Kontingenz auch für das publizistische System zum zentralen Problem. Die besondere Leistung, die es erlaubt, von einem ausdifferenzierten System zu sprechen, liegt in der *Herstellung und Bereitstellung von Themen zur öffentlichen Kommunikation* sowie der Ausbildung dafür notwendiger Strukturen. Die Herstellung und Bereitstellung von Themen ist gleichbedeutend mit der Selektion und Transformation von Nachrichten. Um Anschlußprobleme zu bewältigen, d.h. Wahrnehmungsschwellen beim Publikum zu überschreiten, müssen bei der Erstellung von Themen die "attention rules" anderer Systeme und einzelner Segmente im selben System beachtet werden. Für das politische System und seine Selbstdarstellung in der Eigenschaft als Primärkommunikator gilt dies analog. Da seine spezifische Funktion jedoch nicht die Herstellung von Themen, sondern die von allgemeinverbindlichen Entscheidungen ist, dürfte eigentlich den "decision rules" eine größere Bedeutung bei der Konzeption schaupolitischer Strategien zukommen. Für seine spezifische Funktion, die Thematisierung öffentlicher Kommunikation, besitzt das publizistische System kein Monopol. "Es verfügt allerdings über den gesellschaftlich konsentierten Primat, Themen zur öffentlichen Kommunikation herzustellen und bereitzustellen." (Rühl 1980:339)

Personalisierung und Dramatisierung lassen sich nicht problemlos und eindeutig einem der von Luhmann genannten Medien zuordnen. Offenbar handelt es sich um Symboltechniken, mit denen generalisierte Medien arbeiten können. Da diese Symboltechniken im Zusammenhang mit politischer Herrschaft Verwendung finden, liegt es jedoch nahe, sie den Medien Macht und Vertrauen zuzuordnen, deren Relevanz im politischen Prozess unzweifelhaft ist. Schaupolitische Strategien wie Personalisierung und Dramatisierung dienen der Übertragung von reduzierter Komplexität und bewältigen damit Anschlußprobleme zwischen Systemen oder einzelnen Segmenten innerhalb eines Systems.

Politisches und publizistisches System stehen in kontingenter Beziehung zueinander, wie auch zu den übrigen Systemen in ihrer Umwelt, denen ihre Publika bzw. Wähler angehören. Schaupolitik hat sich an den "attention rules", letztlich auch an den "decision rules" der am politischen Prozess Beteiligten zu orientieren. So entsteht mit der Schaupolitik eine "eigenartige Wirklichkeit, eine symbolische Wirklichkeit des Außergewöhnlichen." (Rühl 1980:331)

An Luhmanns einflußreichem Theorieansatz ist häufig, auch von uns selbst (Käsler 1984b, 1988), Kritik geübt worden. Dennoch kann und soll die hypothesenerzeugende Bedeutung seiner Grundüberlegungen und seiner Begrifflichkeit nicht in Frage gestellt werden. Für unsere Themenstellung der Analyse von Schaupolitik erlauben sie es, Personalisierung und Dramatisierung in einem anderen als in einem ausschließlich dysfunktionalen Zusammenhang zu sehen. Bei aller berechtigten Kritik an der Instrumentalisierung der Schaupolitik zur Durchsetzung von partikularen Herrschaftsinteressen kann im Licht der Luhmannschen Überlegungen die *produktive Funktion von Personalisierung und Dramatisierung im Prozeß der politischen Kommunikation* nicht mehr ausgeblendet werden.

X.
Über Nützlichkeit und Notwendigkeit der Schaupolitik

Abschließend möchten wir auf einige ausgewählte Für und Wider der inszenierten Personalisierung und Dramatisierung von Politik allgemein und die hervorgehobene Bedeutung von politischen Skandalen dabei für unsere westlich-demokratischen Systeme zu sprechen kommen.

Geht man von einem naiv-idealistischen Erwartungsbild eines "mündigen Bürgers" aus, einem Bürger, der auf Grund sachlichen Erwägens und rationalen Beurteilens der Politik beispielsweise zu seiner Wahlentscheidung gelangt, so muß die angedeutete Entwicklung einer inszenierten Schaupolitik erschrecken. Das Erkennen der sicherlich oft zynischen Sichtweise der Akteure und "Regisseure" im Polit-Showgeschäft führt manchen Kritiker zu einer kompromißlosen Verurteilung jener Entwicklungen, bei denen Fußballstars, Luftballons, leichtbekleidete Mädchen oder Hochglanzfotos der oberbayerischen Landschaft oder des Hamburger Hafens die eigentlich politischen Argumente zu ersetzen scheinen. Betrachtet man die wachsende Macht, die den Medien und Umfrage-Instituten in diesem Zusammenhang zukommt, so verstärkt sich leicht jene Sichtweise, die von einer "Degradierung" des Menschen, der Zerstörung und Entleerung der Demokratie ausgeht. Es kann kein Zweifel darüber bestehen, daß solche Gefahren in derartigen Entwicklungen liegen.

Die zu große Diskrepanz zwischen der unablässig verkündeten Doktrin vom "mündigen Bürger" und der tatsächlichen Abspeisung dieses Bürgers mit politisch völlig entleerten Parolen, ritualisierten Routine-Inszenierungen oder künstlich aufgebauschten "Dramen" führt entweder zu zynischer Politik-Apathie und politischem Analphabetismus, idealen Voraussetzungen für die Anfälligkeit gegenüber totalitären "Angeboten", oder zu einem fundamentalen politischen Dissens, der kaum mehr re-integrierbar ist und sich schon jetzt häufig genug in einer Art Totalmißtrauen der Politik gegenüber zeigt, welches hinter allem und jedem schlimme Machenschaften, Manipulation und Unterwerfungsabsicht wittert.

Die Verwandlung der Politik in eine "Theatrokratie", in der die "Theatralisierung" gesellschaftlicher und politischer Wirklichkeit buchstäblich "die Bühne beherrscht" (Burns 1973), würde nur jenen Argumentationshilfe liefern, die schon jetzt der empirisch falschen Auffassung sind, daß es sich bei der uns gezeigten Schaupolitik nur um Täuschungen handele. In Wirklichkeit leisteten sich die "eigentlich" bestimmenden, wirtschaftlich-finanziellen Machtgruppen, die "herrschende Klasse" also, doch nur eine angestellte Theatertruppe, eine "politische Klasse", die - möglicherweise sogar unter der Leitung ehemaliger, professioneller Schauspieler - ein Schauspiel zu inszenieren habe, mit dem das allgemeine Publikum animiert werden soll, um derart vom eigentlich wichtigen, konspirativen Geschehen - gewissermaßen "hinter den Kulissen" - abzulenken.

In eben diesen Zusammenhang gehören unserer Meinung nach zwei bereits deutlich erkennbare Entwicklungen. Zum einen die zweifellos beunruhigende Tatsache der abnehmenden Glaubwürdigkeit von Politikern und Parteien. Ganz aktuell deutlich wurde diese Entwicklung während des Wahlkampfes im "skandalgezeichneten" Berlin zu Beginn des Jahres 1989, wie eine dortige Umfrage des "Instituts für angewandte Sozialwissenschaften (Infas)" zeigte. Auf die Frage, welcher Partei die Bürger am ehesten Ehrlichkeit und Unbestechlichkeit zutrauten, schnitten sowohl CDU und SPD mit jeweils 14 Prozent gleich schlecht ab. Die F.D.P. hielten zwei Prozent, die "Alternative Liste (AL)" hingegen 15 Prozent für ehrlich und unbestechlich. 43 Prozent der Bevölkerung West-Berlins waren der Auffassung, daß "keine der Parteien" Glaubwürdigkeit besitzt. (Frankfurter Allgemeine Zeitung vom 12.1.1989)

Zum anderen gehört hierher auch die Diskussion über die zweifellos vielfältigen Gründe für das Ansteigen der Anteile von Wechselwählern und Nichtwählern in allen westlichen Demokratien, insbesondere bei den Wahlberechtigten unter 35 Jahren. (Vgl. Ritter/Niehuss 1987; Veen 1988; Wieland 1988) Angesichts der Tatsache, daß die Beteiligung bei der Bundestagswahl 1987 mit 84,3 Prozent der Wahlberechtigten die niedrigste seit 1949 gewesen war und die Beteiligung an den Landtagswahlen seit etwa Anfang der 80er Jahre fast durchgängig am Sinken ist, glauben wir, daß einer der Gründe dafür auch darin liegt, daß Politik weit verbreitet als "Theater" wahrgenommen wird.

Auf der anderen Seite jedoch führt eine naiv-moralische, rigoristische Kritik an den inszenierten Aspekten von Politik leicht an entscheidenden Vorgaben, ja zentralen Funktionen von Politik vorbei.

Joseph Schumpeter schrieb - unter der Überschrift "Menschliche Natur in der Politik" - in seinem berühmten "Kapitalismus, Sozialismus und Demokratie" von 1942 über den "reduzierten Wirklichkeitssinn" des "typischen Bürgers", auch in der Demokratie: "So fällt der typische Bürger auf eine tiefere Stufe der gedanklichen Leistung, sobald er das politische Gebiet betritt. Er argumentiert und analysiert auf eine Art und Weise, die er innerhalb der Sphäre seiner wirklichen Interessen bereitwillig als infantil anerkennen würde. Er wird wieder zum Primitiven. Sein Denken wird assoziativ und affektmäßig." (Schumpeter 1946:416)

Diesem Befund Schumpeters tragen moderne Wahlkampfstrategen Rechnung, wobei sie die Tatsache anerkennen, daß Politik - gerade in sogenannten "Massengesellschaften" - auch die wichtige Funktion hat, Angebote auf der Symbolebene zu machen.

Das grundsätzliche Bedürfnis nach symbolischer Deutung von Wirklichkeit und die "Sehnsucht nach dem Mythos" (Nipperdey 1987) sind groß, und sie wachsen noch zusätzlich in "Krisenzeiten". Gerade in Perioden, die von größer werdenden Bevölkerungsgruppen als "gefährlich", "bedrohlich", "unsicher" empfunden werden, muß die Politik, und zwar gerade die sogenannte "Spitzenpolitik", Projektionsleinwände für kollektive Erwartungen, Ängste, Hoffnungen, Wünsche, individuelle Neigungen und Begierden, Machthunger und ohnmächtigen Zorn anbieten. Hier intellektuell überhebliche oder moralisierende Kritik zu üben, verleugnet die hohe Integrations- und Stabilisierungsfunktion solcher symbolischen Verdichtungen, wie sie durch Personalisierung und Dramatisierung erzielt werden können.

Dan Nimmo und James E. Combs haben überzeugend für das amerikanische Beispiel herausgearbeitet, welch hohen Stellenwert Mythen für das Selbstverständnis von Gesellschaftssystemen haben und welch wichtige Aufgaben Politik und Massenmedien - eben durch Personalisierung und Dramatisierung - bei der Produktion und Tradierung solcher Mythen zukommen. (Nimmo/Combs 1980) - In Zeiten, in denen auch bei uns in der Bundesrepublik Deutschland wieder stärker populistische Momente in die Politik einzuziehen scheinen, kommt diesen mythologischen Funktionen von Politik, bei denen auch das offensichtlich (wieder)erstarkende Bedürfnis nach "historischen Persönlichkeiten", nach "Gründerfiguren", nach "Leitfiguren", nach "Größe" schlechthin, mitbefriedigt werden kann, möglicherweise noch wachsende Bedeutung zu. (Vgl. Hardtwig 1986)

Selbstverständlich nicht unmittelbar vergleichbar, aber doch in diesen Kontext, gehört auch der Hinweis auf die Bedeutung personalisierter und dramatisierter Politik für Länder der sogenannten Dritten Welt: Ohne personalisierte Symbolisation von Politik - wie etwa in den historischen Fällen von Gandhi, Mao, Peron, Castro, Nasser, Allende, Cori Aquino - wäre es in den jeweiligen Ländern vermutlich nicht zur Ausbildung nationaler Identitäten oder zur Formation und Durchsetzung politischer Alternativen gekommen.

Und so kommen der Personalisierung und Dramatisierung von Politik, neben den aufgezählten Funktionen der Integration, Stabilisierung und Identitätskonstruktion, noch die der politischen Sozialisation und Enkulturation zu.

Wir kommen somit zu einem vorläufigen und recht ambivalenten *Fazit*:
Es besteht in der Tat die ernste Gefahr, daß Politik "verkommt zum Laientheater mit geltungssüchtigen Spielern, von denen jedermann weiß, daß sie

ihre Texte nicht selber schreiben." (Eppler 1987) Die Gefahren der möglichen Verselbständigung einer rein strategisch inszenierten Show-Business-Politik, die auf der Grundlage demoskopisch gelieferter Präferenz-Skalen "produziert" und "vermarktet" wird, können und sollen nicht geleugnet werden.

Aber die positiven und wichtigen Funktionen der personalisierten und dramatisierten Symbolisation komplexer politischer Sachverhalte dürfen bei der - zudem oft rein moralisierenden - Kritik daran nicht übersehen werden.

Für eine zukünftige soziologische Analyse von Politik jedenfalls kann auf die Beobachtung und Analyse der symbolischen Seite von Politik - bei aller unbestrittenen Wichtigkeit der Strukturen und Prozesse der Entscheidungsprozeduren - nicht verzichtet werden. Was damit über die produktive Funktionalität von Personalisierung, Dramatisierung und Mythologisierung im Prozeß der politischen Kommunikation in demokratischen Massengesellschaften, über die Multifunktionalität von Schaupolitik im allgemeinen behauptet wird, gilt für politische Skandale - als besonders bedeutsame Erscheinungsformen von Schaupolitik - mit besonderem Nachdruck.

* Passagen dieses Abschnitts finden sich auch in: Dirk Käsler: Der Skandal als "Politisches Theater". Zur schaupolitischen Funktionalität politischer Skandale. - In: Ebbighausen/Neckel (Hrsg.) 1989, S. 307-333.

Literatur

Adam, Thomas Ritchie: The Queen as Political Symbol in the British Commonwealth. - In: Bryson u.a. (Hrsg.) 1984, S.9-21.

Adenauer, Konrad: Erinnerungen 1953-1955. Stuttgart 1966.

Alemann, Heine von: Spiel und soziale Kontrolle. Prolegomena zu einer Soziologie des Spiels. - In: Soziologie in weltbürgerlicher Absicht. Festschrift für René König zum 75. Geburtstag. Hrsg. v. H. v.Alemann/ H. P. Thurn. Opladen 1981, S.285-306.

Almond, Gabriel A.: Comparative Political Systems. - In: The Journal of Politics, Vol.XVIII,1956, S.391-409.

Almond, Gabriel A. / Verba, Sidney: The Civic Culture. Political Attitudes and Democracy in five Nations. Princeton 1963.

Altheide, David / Snow, Phil: Media Logic. Beverly Hills / London 1979.

Aristoteles: Poetik. Stuttgart 1982.

Asmuth, Bernhard: Einführung in die Dramenanalyse. Stuttgart 1984.

Berg-Schlosser, Dirk / Schissler, Jakob (Hrsg.): Politische Kultur in Deutschland. Bilanz und Perspektiven der Forschung. (Sonderheft 18/1987 der Politischen Vierteljahreschrift). Opladen.

Blankenburg, Erhard / Schmid, Günther / Treiber, Hubert: Von der reaktiven zur aktiven Politik? Darstellung und Kritik des Policy-Science Ansatzes. - In: Grottian/Murswieck (Hrsg.) 1974, S.37-51.

Blumer, Herbert: Der methodologische Standort des Symbolischen Interaktionismus. - In: Arbeitsgruppe Bielefelder Soziologen (Hrsg.): Alltagswissen, Interaktion und gesellschaftliche Wirklichkeit. Bd. 1, Reinbek 1973, S. 80-146.

Bohrer, Karl Heinz (Hrsg.): Mythos und Moderne. Frankfurt a.M. 1983.

Bryson, Lyman u.a. (Hrsg.): Symbols and Society. Fourteenth Symposium of the Conference on Science, Philosophy, and Religion. New York 1964.

Bühl, Walter L.: Eine Zukunft für Deutschland. Grundlinien der technologischen, gesellschaftlichen und politischen Entwicklung. München 1985.

Burns, Elizabeth: Theatricality. A Study of Convention in the Theatre and in Social Life. New York 1973.

Carey, James W. (Hrsg.): Media, Myths and Narratives: Television and the Press. Newbury Park, CA 1988.

Cassirer, Ernst: Was ist der Mensch. Versuch einer Philosophie der menschlichen Kultur. Stuttgart 1960.

Cassirer, Ernst: Philosophie der symbolischen Formen. 3 Bde. Darmstadt 1964.

Cassirer, Ernst: Der Mythus des Staates. Philosophische Grundlagen politischen Verhaltens. Frankfurt a.M.1985.

de Luna, Giovanni: Mussolini in Selbstzeugnissen und Bilddokumenten. Reinbek 1978.

Deutsch, Karl W.: Symbols of Political Community. - In: Bryson u.a. (Hrsg.) 1964, S.23-53.

Dittmer, Lowell: Political Culture and Political Symbolism. Toward a Theoretical Synthesis. - In: World Politics, Vol.24,1977, S.552-583.

Dittmer, Lowell: The Comparative Analysis of Political Culture. - In: ZENAF, Zentrum für Nordamerika-Forschung, Universität Frankfurt/M. (Hrsg.) 1981: Political Culture in the United States in the Seventies. Continuity and Change. Frankfurt a.M., S.1-44.

Ebbinghausen, Rolf/Neckel, Sighard (Hrsg.): Anatomie des politischen Skandals. Frankfurt a.M. 1989.

Edelman, Murray: Politik als Ritual. Die symbolische Funktion staatlicher Institutionen und politischen Handelns. Frankfurt a.M./New York 1976.

Edelman, Murray: Political Language. Words That Succeed and Policies That Fail. New York/San Francisco/London 1977.

Edelman, Murray: The Symbolic Uses of Politics. Urbana/Chicago 1985.

Edelman, Murray: Constructing the Political Spectacle. Chicago 1988.

Elder, Charles D. / Cobb, Roger W.: The Political Uses of Symbols. New York/London 1983.

Eliade, Mircea: Mythos und Wirklichkeit. Frankfurt a.M. 1988.

Enzensberger, Hans Magnus: Einzelheiten I. Bewußtseinsindustrie. Frankfurt a.M. 1962.

Eppler, Erhard: Vom Umgang mit der Technik. - In: DER SPIEGEL 22/1987.

Esslin, Martin: Was ist ein Drama ? Eine Einführung. München 1978.

Freytag, Gustav: Die Technik des Dramas. Darmstadt 1975.

Friedel, Alois: Deutsche Staatssymbole. Herkunft und Bedeutung der politischen Symbolik in Deutschland. Frankfurt a.M. 1968.

Friedell, Egon: Kulturgeschichte der Neuzeit. Die Krisis der europäischen Seele von der Schwarzen Pest bis zum Ersten Weltkrieg. München 1965.

Geertz, Clifford: Negara. The Theatre State in Nineteenth-Century Bali. Princeton 1980.

Geertz, Clifford: Dichte Beschreibung. Beiträge zum Verstehen kultureller Systeme. Frankfurt a.M. 1987.

Geiger, Heinz / Haarmann, Hermann: Aspekte des Dramas. Opladen 1978.

Glaser, Hermann: Spießer-Ideologie. Von der Zerstörung des deutschen Geistes im 19. und 20. Jahrhundert und dem Aufstieg des Nationalsozialismus. Frankfurt a.M. 1985.

Glotz, Peter / Kunert, Günter u.a.: Mythos und Politik. Über die magischen Gesten der Rechten. Hamburg 1985.

Goffman, Erving: Wir alle spielen Theater. Die Selbstdarstellung im Alltag. 4.Aufl. München 1983.

Goodin, Robert E.: Manipulatory Politics. New Haven/London 1980.

Gross, Johannes: Phänomenologie des Skandals. - In: Merkur, 14. Jg.,1965, H.205, S.398-400.

Grottian, Peter / Murswieck, Axel (Hrsg.): Handlungsspielräume der Staatsadministration. Beiträge zur politologisch-soziologischen Verwaltungsforschung. Hamburg 1974.

Habermas, Jürgen: Strukturwandel der Öffentlichkeit. Darmstadt/ Neuwied 1982.

Hardtwig, Wolfgang: Die Sehnsucht nach Größe. Über das intensive Bedürfnis historische Persönlichkeiten zu feiern. - In: SZ am Wochenende. Feuilleton-Beilage der Süddeutschen Zeitung v. 6./7.9.1986.

Hart, Roderick P.: Verbal Style and the Presidency. A Computer-Based Analysis. Orlando, FL / London 1984.

Hartwich, Hans-Hermann (Hrsg.): Policy-Forschung in der Bundesrepublik Deutschland. Ihr Selbstverständnis und ihr Verhältnis zu den Grundfragen der Politikwissenschaft. Opladen 1985.

Helle, Horst Jürgen: Soziologie und Symbol. Verstehende Theorie der Werte in Kultur und Gesellschaft. 2. Aufl. Berlin 1980.

Herles, Helmut: Alles Theater ? Auf jeden Fall viel Theater in Bonn. - In: Aus Politik und Zeitgeschichte. Beilage zur Wochenzeitung Das Parlament, 1, 1985, S.20-23.

Hilgartner, Stephen / Bosk, Charles L.: The Rise and Fall of Social Problems: A Public Arenas Model. - In: American Journal of Sociology, 94, 1, (July 1988), S.53-78.

Hitzler, Ronald: Skandal. Karrierebremse oder Karrierevehikel? Inszenierungsprobleme Bonner Parlamentarier. - In: Sozialwissenschaftliche Informationen 16,1987, H.1, S.22-27, (= Hitzler 1987a).

Hitzler, Ronald: Repräsentanten. Bezeichnendes über Parlamentarier. Unpubl.Ms. 1987, (= Hitzler 1987b).

Hitzler, Ronald: Die Politik des Zwischenrufs. Zu einer kleinen parlamentarischen Form. Unpubl.Ms. 1988.

Hitzler, Ronald: Skandal ist Ansichtssache. Zur Inszenierungslogik ritueller Spektakel in der Politik. - In: Ebbinghausen/Neckel (Hrsg.) 1989, S. 334-354.

Holzer, Horst: Kommunikationssoziologie. Reinbek 1973.

Hondrich, Karl Otto: Die Lust am Skandal. - In: DER SPIEGEL 6/1984.

Hondrich, Karl Otto: Skandalmärkte und Skandalkultur. Vortrag auf dem 24. Deutschen Soziologentag in Zürich. Unpubl.Ms. 1988.

Huber, Joseph: Abschied vom Parteienstaat. - In: Die Zeit, Nr.46 vom 11.11.1988.

Iwand, Wolf Michael: Paradigma Politische Kultur. Konzepte, Methoden, Ergebnisse der Political-Culture Forschung in der Bundesrepublik. Ein Forschungsbericht. Opladen 1985.

Joas, Hans: Symbolischer Interaktionismus. Von der Philosophie des Pragmatismus zu einer soziologischen Forschungstradition. - In: Kölner Zeitschrift für Soziologie und Sozialpsychologie, H.3,1988, S.417-446.

Käsler, Dirk: Alles nur Theater ? Politik zwischen Show und Entscheidung. - In: SZ am Wochenende. Feuilleton-Beilage der Süddeutschen Zeitung v. 14./15.1.1984, (= Käsler 1984a).

Käsler, Dirk: Soziologie: "Flug über den Wolken". /Besprechung von Niklas Luhmann, Soziale Systeme. Frankfurt a.M.:Suhrkamp Verlag 1984./ - In: DER SPIEGEL 50/1984, (= Käsler 1984b).

Käsler, Dirk: Niklas Luhmann oder die Wiederbelebung der altehrwürdigen Papalagi-Technik. /Besprechung von Niklas Luhmann, Die Wirtschaft der Gesellschaft. Frankfurt a.M.:Suhrkamp Verlag 1988./ - In: Welt des Buches. Sonderbeilage zur Internationalen Frankfurter Buchmesse 1988, Die Welt vom 5.10.1988.

Kepplinger, Hans Mathias / Mathes, Rainer: Massenmedien und politische Sozialisation. - In: Berg-Schlosser/Schissler (Hrsg.) 1987, S. 183-196.

Kirsch, Guy / Mackscheidt, Klaus: Staatsmann, Demagoge, Amtsinhaber. Göttingen 1985.

Klose, Werner: Skandal und Politik. Ein Kapitel negativer Demokratie. Tübingen 1971.

Kraus, Sidney / Davis, Dennis / Engel-Lang, Gladys / Lang, Kurt 1975: Critical Events Analysis. - In: Steven H. Chaffee (Hrsg.): Political Communication. Issues and Strategies for Research. Beverly Hills/London 1975, S.195-216.

Kröher, Michael O.R.: Frau Saubermann im Winterwahlkampf. Werbung und Politik. Eine Materialsammlung. - In: Merkur, 40.Jg.,1986, H.9/10, S.793-807.

Laermann, Klaus: Die gräßliche Bescherung. Zur Anatomie des politischen Skandals. - In: Kursbuch 77, 1984, S.159-172.

Lange, Klaus: Das Bild der Politik im Fernsehen. Die filmische Konstruktion einer politischen Realität in den Fernsehnachrichten. Frankfurt a.M. 1981.

Liedtke, Rüdiger: Skandal-Chronik. Das Lexikon der Affären und Skandale in Wildwest-Deutschland. Frankfurt a.M. 1987.

Linton, Ralph: The Study of Man. New York 1936.

Lipp, Wolfgang: Kultur, dramatologisch. - In: Österreichische Zeitschrift für Soziologie, 9.Jg.,1984, H.1/2, S.8-25.

Loiperdinger, Martin: Der Parteitagsfilm "Triumph des Willens" von Leni Riefenstahl. Rituale der Mobilmachung. Leverkusen 1986.

Lübbe, Hermann: Staat ohne Symbole. Anmerkungen zum Stichwort "Politische Kultur". - In: Die politische Meinung, 26.Jg.,1981, S.6-10.

Luhmann, Niklas: Soziologie des politischen Systems. - In: Kölner Zeitschrift für Soziologie und Sozialpsychologie 20/1968, S. 705-733.

Luhmann, Niklas: Liebe als Passion. Zur Codierung von Intimität. Frankfurt a.M. 1983.

Luhmann, Niklas: Soziale Systeme. Frankfurt a.M. 1984.

Markovits, Andrei S. / Silverstein, Mark (Hrsg.): The Politics of Scandal. Power and Process in Liberal Democracies. New York / London 1988.

Mead, George Herbert: Geist, Identität und Gesellschaft aus der Sicht des Sozialbehaviorismus. Frankfurt a.M. 1968.

Media-Perspektiven: Daten zur Mediensituation in der Bundesrepublik. Hrsg. im Auftrag der Arbeitsgemeinschaft Rundfunkwerbung. Frankfurt a.M. 1983.

Merelman, Richard M. 1969: The Dramaturgy of Politics. - In: The Sociological Quarterly, vol. 10, No.2, 1969, S.216-241.

Müller-Rommel, Ferdinand: Sozialwissenschaftliche Politik-Beratung. Probleme und Perspektiven. - In: Aus Politik und Zeitgeschichte. Beilage zur Wochenzeitung Das Parlament, vom 23.06.1984, S.26-39.

Münkler, Herfried: Auf der Suche nach der Welt des Wählers. - In: Frankfurter Allgemeine Magazin, Heft 450 vom 14.10.1988.

Müri, Walter: Symbolon:Wort- und sachgeschichtliche Studie. Bern 1931.

Naumann, Michael: Strukturwandel des Heroismus. Vom sakralen zum revolutionären Heldentum. Königstein 1984.

Neckel, Sighard: Das Stellhölzchen der Macht. Zur Soziologie des politischen Skandals. - In: Leviathan, 14, 1986, H.4, S.581-605.

Nimmo, Dan / Combs, James E.: Subliminal Politics. Myths and Mythmakers in America. Englewood Cliffs 1980.

Nipperdey, Thomas: Neue Sehnsucht. Der Mythos im Zeitalter der Revolution. - In: SZ am Wochenende. Feuilleton-Beilage der Süddeutschen Zeitung v. 21./22.3.1987.

Norpoth, Helmut: Kanzlerkandidaten. Wie sie vom Wähler bewertet werden und seine Wahlentscheidung beeinflussen. - In: Kaase, Max (Hrsg.): Wahlsoziologie heute. Opladen 1977 (=Politische Vierteljahresschrift 2/3), S.551-572.

Petersen, Jens: Mussolini: Wirklichkeit und Mythos eines Diktators. - In: Bohrer (Hrsg.) 1983, S.242-260.

Postman, Neil: Wir amüsieren uns zu Tode. Urteilsbildung im Zeitalter der Unterhaltungsindustrie. Frankfurt a.M. 1985.

Pye, Lucian W. / Verba, Sidney (Hrsg.): Political Culture and Political Development. Princeton 1965.

Radunski, Peter: Wahlkämpfe. Moderne Wahlkampfführung als politische Kommunikation. München 1980.

Ritter, Gerhard / Niehuss, Merith: Wahlen in der Bundesrepublik Deutschland. Bundestags- und Landtagswahlen 1946-1987. München 1987.

Robling, Franz-Hubert: Personendarstellung im "Spiegel", erläutert an Titel-Stories aus der Zeit der Großen Koalition. Tübingen 1983.

Rühl, Manfred: Journalismus und Gesellschaft. Bestandsaufnahme und theoretischer Entwurf. Mainz 1980.

Rust, Holger: Die Zukunft der Mediengesellschaft. Ein ethnologischer Essay über Öffentlichkeit und Kommunikation. Berlin 1984.

Salomon, Albert: Symbols and Images in the Constitution of Society. - In: Bryson u.a. (Hrsg.) 1964, S.103-133.

Sarcinelli, Ulrich: Symbolische Politik. Zur Bedeutung symbolischen Handelns in der Wahlkampfkommunikation der Bundesrepublik Deutschland. Opladen 1987.

Saxer, Ulrich: Publizistik und Politik als interdependente Systeme. Zur politischen Fuktionalität von Publizistik. - In: Media Perspektiven 7/1981, S.501-514.

Schelsky, Helmut: Politik und Publizität. Stuttgart 1983.

Schlesinger, Max: Geschichte des Symbols. Ein Versuch. Berlin 1912.

Schmitz, Manfred: Theorie und Praxis des politischen Skandals. Frankfurt a.M./New York 1981.

Schnibben, Cordt: Herr Minister, ich danke Ihnen! - In: Die Zeit, Nr.38 vom 16.9.1988.

Schramm, Percy Ernst: Herrschaftszeichen und Staatssymbolik. Beiträge zu ihrer Geschichte vom dritten bis zum sechzehnten Jahrhundert. 3 Bde. Stuttgart 1954.

Schütze, Christian: Die Kunst des Skandals. Über die Gesetzmäßigkeit übler und nützlicher Ereignisse. München/Bern/Wien 1967.

Schütze, Christian: Skandal. Eine Psychologie des Unerhörten. Bern/München 1985.

Schumpeter, Joseph: Kapitalismus, Sozialismus und Demokratie. Einleitung v. E. Salin. Bern 1946.

Schwartzenberg, Roger Gérard: Politik als Showgeschäft. Moderne Strategien im Kampf um die Macht. Düsseldorf/Wien 1980.

Schwelin, Michael / Pokatzky, Klaus / Stock, Ulrich: Die politischen Verführer. - In: Die Zeit vom 10.05.1985.

Seguela, Jacques: Hollywood wäscht weißer. Werbung mit dem Starsystem. Landsberg 1983.

Sennett, Richard: Verfall und Ende des öffentlichen Lebens. Die Tyrannei der Intimität. Frankfurt a.M. 1983

Smith, Hedrick: Der Machtkampf in Amerika. Reagans Erbe: Washingtons neue Elite. Reinbek 1988.

Speer, Albert: Erinnerungen. 4.Aufl. Berlin 1969.

Stein, Hans Peter: Symbole und Zeremoniell in deutschen Streitkräften vom 18. bis zum 20. Jahrhundert. Mit einem Beitrag von Martin Ottmer. Herford/Bonn 1984.

Szasz, Andrew: The Process and Significance of Political Scandals: A Comparison of Watergate and the "Sewergate" Episode at the Environmental Protection Agency. - In: Social Problems, 33, 1986, H.3, S.202-216.

Thränhardt, Dietrich: Scandals, Changing Norms and Agenda Setting in West Germany's Political System. - In: Beiträge zur Politikwissenschaft und Verwaltungswissenschaft des Instituts für Politikwissenschaft der Westfälischen Wilhelms-Universität Münster, Nr.8, Münster 1988.

Tuchman, Gaye 1981: Myth and Consciousness Industry: A New Look at the Effects of Mass Media. - In: Katz, Elihu / Szecskö, Tamas (Hrsg.): Mass Media and Social Change. Beverly Hills/London 1981, S.83-100.

Veen, Hans-Joachim: Die Wähler sind wählerischer geworden. - In: Frankfurter Allgemeine Zeitung, Nr.240 vom 14.10.1988.

Verba, Sidney: Comparative Political Culture. - In: Pye/Verba (Hrsg.) 1965, S.513-560.

Wangen, Edgar: Polit-Marketing. Opladen 1983.

Waschkuhn, Arno: Politische Systemtheorie. Entwicklung, Modelle, Kritik. Eine Einführung. Opladen 1987.

Weber, Max: Gesammelte Aufsätze zur Wissenschaftslehre. 3. Aufl. Tübingen 1968.

Weber, Max: Wirtschaft und Gesellschaft. Grundriss der verstehenden Soziologie. 5.Aufl. 2 Bde. Tübingen 1976.

White, Theodore H.: America in Search of itself: The Making of the President, 1956-1980. London 1983.

Wieland, Leo: Der Nichtwähler ist der ärgste Feind der Kandidaten. - in: Frankfurter Allgemeine Zeitung, Nr.252 vom 28.10.1988.

Windhoff-Héritier, Adrienne: Policy-Analyse. Eine Einführung. Frankfurt/New York 1987.

Winkler, Hans-Joachim: Über die Bedeutung von Skandalen für die politische Bildung. - In: Hamburger Jahrbuch für Wirtschafts- und Gesellschaftspolitik. Jg.13. Hrsg. v. H.-D. Ortlieb/B. Molitor. Tübingen 1968, S.225-244.

Zgonc, Martin / Habarta, Peter P.: Oh du mein Österreich. Wien 1988.

Die Verwendung des Begriffs *Skandal* in den Sozialwissenschaften oder in der politischen Rede, den meinungsbildenden Medien und der Alltagssprache zeigt eine unbegrenzte Vieldeutigkeit. Im Zusammenhang sozialwissenschaftlicher Analyse muß geklärt werden, in welcher Bedeutung man ihn verstanden wissen will.

Die mit dem Begriff *Skandal* bezeichneten gesellschaftlich-kulturellen und politischen Ereignisse lassen sich aber nur beschränkt durch bloße Sprachregelung oder komplexe Gegenstandsanalyse in einer handlichen Definition charakterisieren. Zudem werden dabei in der Regel Begriffe bemüht, die selbst noch der Klärung bedürfen. Eine rein etymologische Methode, die sich nur an der Urbedeutung des Begriffs orientiert, kann die historischen Veränderungen der Begriffsinhalte nicht erfassen.

Ohne auf die Schwierigkeiten und Unzulänglichkeiten dieser und anderer möglicher Verfahren weiter einzugehen, soll im folgenden ein "semasiologisches Relief" (Stählin 1930:461) Herkunft und Wandel der sprachlichen Formen und ihrer Bedeutungen nachzeichnen. Eine begriffsgeschichtliche Analyse vermag Aufschluß zu geben über Momente, die auch unser heutiges Verständnis des Begriffs *Skandal* bestimmen.

Da bei diesem Rückgriff nicht alle Stadien in der wechselvollen Bedeutungsgeschichte des Skandalbegriffs erläutert werden können, sind nur einzelne, für wesentlich erachtete geschichtliche Abschnitte, die einen Bedeutungswandel markieren, ausgewählt worden.

Der Begriff *Skandal* ist ein relativ junges Lehnwort aus dem Anfang des 18. Jahrhunderts und leitet sich ab aus dem französischen scandale, dem lateinischen scandalum und dem griechischen σκάνδαλον [skandalon]. (Grimm 1905:Bd.10:1306) Die Vorgeschichte dieser drei Begriffe reicht aber sehr viel weiter zurück; verwandte Wortformen sind bereits in den verschiedenen Sprachperioden des Griechischen zu belegen.

Der Begriff σκανδάληθρον [skandalēthron] kommt schon in einer Komödie des griechischen Lustspieldichters Aristophanes (Athen um 445 bis 385 v.u.Z.) vor, und σκάνδαλον taucht zum ersten Mal in der griechischen Bibelübersetzung des Alten Testaments, der Septuaginta auf. Seine mannigfaltigen Bedeutungen erhält σκάνδαλον aber erst beim Übergang von der alt- in die neutestamentliche Begriffs- und Gedankenwelt; er wird hier zu einem der zentralen Begriffe des Neuen Testaments.

Einige inhaltliche Abwandlungen und Sonderformen entwickeln sich mit dem Hinüberwechseln des Begriffs von der griechischen in die lateinische Sprache. Dort, wo in der Septuaginta und im Neuen Testament σκάνδαλον steht, findet sich in den altlateinischen Bibelübersetzungen, der Vulgata und der Itala, durchgehend scandalum.

Erst im Zusammenhang mit der reformatorischen Lehre Martin Luthers entsteht das Bedürfnis nach einer verständlichen, volkstümlichen Bibelübersetzung ins Deutsche. In Luthers Übersetzung werden die Begriffe σκάνδαλον und scandalum durch *Ärgernis* oder *Anstoß* wiedergegeben. Es gab zwar einige vorlutherische Bibeln, die aus der lateinischen Vulgata übersetzt worden waren, aber erst Luther ging "bei seinen Übersetzungsarbeiten beim Neuen Testament auf den griechischen, beim Alten Testament auf den hebräischen Urtext zurück". (Volz 1978:81) Angesichts der damals noch wenig entwickelten hebräischen Sprachwissenschaft zog Luther dabei die Vulgata und die Septuaginta zu Rate, wenn es um das rechte Textverständnis ging. (Volz 1978:81) Dabei zeigte sich, daß die Übersetzer σκάνδαλον bzw. scandalum wählten, wenn es um die Wiedergabe von zwei hebräischen Wörtern ging, die ursprünglich ganz verschiedene Dinge bezeichneten, aber in ihrer übertragenen Bedeutung sich untereinander und dem metaphorischen Sinn von σκάνδαλον bzw. scandalum stark genähert hatten. "Die beiden hebräischen Wörter, um die es sich handelt, sind מוֹקֵשׁ [môqesch] und מִכְשׁוֹל [mikschôl]". (Stählin 1930:23)

Es zeigt sich also, daß die Entstehung und Urbedeutung des Begriffs *Skandal* weit in die biblische Begriffswelt zurückreicht und daß die Bedeutungsgeschichte des Skandalbegriffs zugleich eine Geschichte der Bibelübersetzungen ist. Darum wollen wir dem Ärgernis *Skandal* in seiner Begriffs- und Bedeutungsentwicklung in der hebräischen, griechischen, lateinischen und deutschen Sprache folgen.

Entstehung, Urbedeutung und außerbiblischer Gebrauch

Betrachten wir zunächst das Wort σκάνδαλον als sprachliches Gebilde. In der Wortform σκάνδαλον sind zwei Bildungselemente verbunden:

der Stamm σκανδ− und
die Endung −αλον.

Der Stamm σκανδ− hängt etymologisch wahrscheinlich mit der Parallelbildung im Lateinischen - scando *ich steige* - und Sanskrit - skandati *er springt (heraus), schnellt (empor* oder *zurück)* - zusammen. Das demnach zu vermutende Verb - es ist im Griechischen nicht mehr zu belegen - σκανδω [skando] wird eine rasche ruckartige Bewegung bezeichnet haben und bedeutet wohl ursprünglich *hüpfen, empor-* oder *zurückschnellen, zuklappen.* (Stählin 1964:339) Die Endung −αλον gehört zu einer Gruppe von griechischen Nachsilben, die zur Bildung von nomina instrumenti dienen, also Bildungselemente für Substantive sind, die ein Mittel, ein Gerät oder ein Werkzeug bezeichnen.

Die substantivische Wortbildung σκάνδαλον muß also *das Mittel des Springens* oder *das Werkzeug, mit dem man etwas zum Schnellen, zum Zuklappen bringt*, bezeichnet haben. Nun ist σκάνδαλον vor und neben dem biblischen Gebrauch nur wenig bezeugt. Wo es aber in der Vulgär- und Fachsprache in einigen von ihm gebildeten Ableitungen verwendet wird, findet man genau diese ursprünglich konkrete Bedeutung. Den beiden Wortformen σκανδάληθρον [skandalēthron] und σκανδάλη [skandale] wird diese Bedeutung zugeschrieben. Sie bezeichnen den Teil der Falle, der sie geöffnet hält und der zugleich die Lockspeise, den Köder trägt. Dieser Teil ist das *Stellholz* in der Tierfalle, das die Falle dann *zuschnellen, zuklappen* läßt, wenn das Tier den Köder berührt. Für den Begriff σκάνδαλον ist diese Grundbedeutung ebenfalls wahrscheinlich. Auf einer bestimmten Stufe seines weiteren Entwicklungsganges muß es dann aber offenbar zu einer Bedeutungserweiterung gekommen sein, denn später bezeichnet er - pars pro toto - die *Falle* selbst. (Stählin 1964:339)

Für die Verbform σκανδαλίζω [skandalizō], bei der es keine Belege für einen vom biblischen unabhängigen Gebrauch gibt, wird ebenfalls eine Verwendung in der Vulgär- und Fachsprache im Sinne von *das Stellholz in gespannte Lage bringen* bzw. *eine Falle stellen* vermutet.

Den Entwicklungsgang vom *Stellholz* zur *Falle* und dann zum bildlich übertragenen Gebrauch bezeugt auch das schon erwähnte σκανδάληθρον. Aristophanes benutzt es im metaphorischen Sinn: "Und er hetzt uns, stellt uns *Fallen* mit seinen Fragen". (Stählin 1930:17)

Die Entfernung von der instrumentalen Grundbedeutung wird dann aufs nachhaltigste bestimmt durch den Eintritt des Wortes in die biblische Begriffs- und Gedankenwelt. "Doch lebt die ursprüngliche Bedeutung samt einigen darnach gebildeten Spezialformen auch in nachchristlicher Zeit noch fort. So ist σκάνδαλον /.../ für eine Art von Akrobaten gebraucht. Im gleichen Sinn erscheint die Ableitung σκανδαλιστήσ [skandalistēs] schon in einer Inschrift des 2. Jahrhunderts". (Stählin 1964:339) Für diese Wortbildung werden auch die Bedeutungen *Trapezkünstler, Zauberkünstler* angenommen.

Die σκάνδαλα [skandala] spielen "auch auf der spätantiken Bühne eine Rolle, freilich weder auf den ersten Bühnen noch die ersten Rollen; aber als Programmpunkt der Kleinbühne scheinen sie sowohl dem Osten (im Griechischen), wo sie auch σκανδαλισταί [skandalistai], wie dem Westen (im Lateinischen) wo sie scandalistae hießen, bekannt gewesen zu sein". (Stählin 1930:322) Nach den spärlichen Andeutungen, die in der Literatur vorliegen, "können wir uns schwer eine einigermaßen klare Vorstellung von ihrem Wesen machen; offenbar war es eine besondere Gruppe von komischen Spielern, die das Publikum damit unterhielten, daß sie sich gegenseitig durch überraschendes Beinstellen und sonstige Kniffe fortwährend zu Fall brachten". (Stählin 1930:323) Diese *"Beinsteller"* scheinen auf den Kleinbühnen des römischen Kaiserreiches "auch richtige kleine Schwänke, Possen u. dgl. aufgeführt zu haben". (Stählin 1930:323)

Die feminine Nebenform σκανδάλη hat bis ins späte Altertum ihre konkrete Bedeutung *Stellholz* bewahrt und lebt noch heute in der neugriechischen Sprache - wo sie *Gewehrhahn* oder *Drücker* bedeutet - fort.

Die hebräischen Äquivalente

Da das Substantiv σκάνδαλον in der griechischsprachigen Literatur vor und unabhängig von der Septuaginta nur spärlich, das Verb σκανδαλίζω gar nicht bezeugt ist und beide Begriffe ihre eigentliche Prägung erst im Zusammenhang ihres alt- und neutestamentlichen, biblischen Gebrauchs erhalten, ist ein kurzer Rückblick auf die im jüdischen Schrifttum vorliegenden hebräischen Äquivalente nützlich.

Der religiöse Charakter der beiden griechischen Begriffe wurde entscheidend dadurch bestimmt, daß sie in die Sprache der Septuaginta eintraten, und zwar als Übersetzung der beiden hebräischen Verbalstämme יקש [jakasch] und כשל [kaschal] und deren substantivierten Ableitungen מוֹקֵשׁ [môqesch] und מִכְשׁוֹל [mikschôl].

יקש bedeutet urspünglich *(zu-* oder *nieder-) schlagen,* später dann *in der Falle fangen.* Der Grundbedeutung des Verbes entsprechend muß das Substantiv מוֹקֵשׁ das *Mittel des Schlagens,* das *Schlagholz* (in der Tierfalle) bezeichnet haben, vielleicht auch das *Wurfholz.* Eine Verwendung in der erweiterten Bedeutung *Falle* ist ebenfalls wahrscheinlich. Ganz überwiegend wird es aber im bildlich übertragenen Sinne gebraucht und bedeutet dann *Anlaß des Unheils, Ursache des Verderbens.* (Stählin 1930:24ff.;Stählin 1964:340)

Das folgende hebräische Äquivalent führt in einen anderen Vorstellungsbereich.

כשל heißt ursprünglich *stolpern, straucheln.* Das Substantiv מִכְשׁוֹל ist dementsprechend das *Hindernis auf dem Weg, das worüber man strauchelt, über das man zu Fall kommt.* Zunächst wird dieser Begriff in seiner wörtlichen Bedeutung - *Hindernis* oder *Anstoß* - verwendet. Aber auch hier vollzieht sich ein Übergang in die bildliche Sphäre. Das Substantiv bedeutet im metaphorischen Sinne *Ursache des Unheils.* In einigen Wortverbindungen wird es auch in der übertragenen Bedeutung *Anlaß zur Sünde* oder *Anlaß zum Verderben* gebraucht. (Stählin 1930:32ff.;Stählin 1964:340f.)

Σκάνδαλον

Dieser Rückblick auf die beiden hebräischen Wörter, die in ihrem anfänglich konkreten Sinn ganz verschiedene Dinge bezeichneten, zeigt, daß sie sich in ihrer metaphorischen Bedeutung *Ursache des Verderbens* trafen. Dadurch wurde es möglich, daß sie in der Septuaginta durch den gleichen Begriff wiedergegeben wurden. Zwar verwenden die Übersetzer des Alten Testaments zuerst für מוֹקֵשׁ = σκάνδαλον [skandalon] und für מִכְשׁוֹל = πρόσκομμα [proskomma] - das griechische Synonym für *Hindernis, Anstoß(stein).* Die Angleichung der konkreten Grundbedeutungen und ihrer bildlich übertragenen Verwendung war aber so vollkommen, daß über den Weg der "sekundären Bedeutungsassimilation" (Stählin 1964:341) der Begriff σκάνδαλον den metaphorischen Sinn der beiden hebräischen Begriffe annehmen und für sie eintreten konnte. Dabei übernahm der Begriff zugleich die charakteristischen Bedeutungsmomente der beiden hebräischen Wörter. (Stählin 1930:23f)

Mit der Übersetzung erhielt σκάνδαλον neben seiner ursprünglichen Bedeutung *Falle* auch die des *Anstoßes, Hindernisses*; und der übertragene Sinn der hebräischen Äquivalente *Ursache des Verderbens* wurde mit aufgenommen. Diese Bedeutung wird durch das ganze griechische Alte Testament hindurch zum beherrschenden Sinn des Wortes; wobei von den bildlichen Ursprüngen her die folgenden Momente mitschwingen: neben dem des Unheilvollen, auch das Moment des Tückischen, des Unerwarteten und des Gewaltsamen, wie es sich unmittelbar aus dem Bild der Falle ergab. (Stählin 1930:52)

So bezeichnet σκάνδαλον in der Septuaginta fast immer den Anlaß zu einem religiös bestimmten Verderben, das göttliche Strafgerichte zur Folge hat. Aus dem Spektrum seiner Verwendung seien nur einige genannt: er steht für *Stein des Anstoßes, Fels des Strauchelns,* er dient zur Bezeichnung von *Verderblichem, Anstößigem, Schädlichem (Götzenbildern und Götzendienst)* oder wird in erweiterter Bedeutung für *Anlaß zur Versündigung* durch eigene Schuld und *Verführung zur Sünde* durch andere, gebraucht. Auch alle anderen Gesetzesübertretungen werden, weil sie ein Grund zu göttlicher Bestrafung sind, σκάνδαλον = *Ursache des Unheils* genannt.

Das Verb σκανδαλίζω kommt in der griechischen Übersetzung des Alten Testaments nur selten vor. An diesen wenigen Stellen findet man aber einige wichtige Satzkonstruktionen und Ableitungen. Das Verb bedeutet in diesen Zusammenhängen: *zu Fall bringen, verführen* oder im Passiv *zu Schaden kommen, zu Fall kommen, ins Verderben geraten.*

Der Gebrauch von σκάνδαλον und σκανδαλίζω ist formal und inhaltlich zwar von der übertragenen religiösen Bedeutung in der Septuaginta bestimmt, erhält aber erst im Neuen Testament seinen eigentlichen Bedeutungsreichtum. Im Alten Testament steht der mit σκάνδαλον verknüpfte Vorstellungskomplex *Sünde, Schuld, Gesetzesübertretung* und *Strafe* im engen Zusammenhang mit 'Gerechtigkeit' und 'sittlicher Gefährdung'. Die zentralen Begriffe im Neuen Testament werden der 'Wille Gottes' und 'der Glaube', und σκάνδαλον ist *das Hindernis* in der Erfüllung dieses Willens oder *der Anreiz*, ihm zuwider zu handeln, oder ganz allgemein *das Hindernis zum Glauben, die Anstößigkeit für den Glauben.*

Durch diese Bedeutungsverschiebung und -erweiterung müssen Substantiv und Verb "jedesmal aus dem betreffenden Zusammenhang und nach den Forderungen der sprachlichen Konstruktion erklärt werden". (Lindblom 1921:49) Es kommen dabei die folgenden Bedeutungen vor: *Veranlassung zur Sünde, Verführung zum Abfall und Unglauben, das Anstößige, das Empörende, Widerspruch Auslösende, Hindernis zum Gläubigwerden, Irrlehre, Ketzerei, Ursache äußeren Unheils und inneren Verderbens.*

Zwischen Substantiv und Verb besteht im Neuen Testament ein ganz spezifischer Unterschied. Während σκάνδαλον einen Anlaß zum Fallen, Verderben, Unglauben usw. bezeichnet, der also wirken kann oder nicht, nur eine Möglichkeit darstellt, drückt σκανδαλίζω das Verursachen des Falles oder ein tatsächliches Eintreten des Ereignisses, die Realisation der Möglichkeit aus. Beispiele hierfür sind: *in Unglück bringen; zur Sünde, zum Unglauben, Abfall verführen; in Empörung, Entrüstung, Anfechtung versetzen; bei jemandem Zweifel, Widerspruch, Verdruß erregen; irremachen am Glauben; um das ewige Heil bringen.* (Lindblom 1921: 50)

Diese Entwicklung des alt- und neutestamentlichen σκάνδαλον-Gedankens - von einer engbegrenzten wörtlichen Bedeutung zu immer größerer Tiefe - bricht in den ersten Jahrhunderten der Geschichte der christlichen Kirchen ab. Der Gebrauch in der Literatur der Kirchenväter zeigt selten noch die Verwendungsvielfalt des neutestamentlichen Begriffsbildes. Seine Verwendung bewegt sich nur in biblischen Reminiszenzen und Anspielungen. (Stählin 1930:339ff.)

Das σκάνδαλον der patristischen Periode verändert sich durch Verflachung und Entleerung. Der Begriff verläßt zwar nicht die religiöse Sphäre, wird aber ins Psychologische oder Moralische gewendet. Beispiele für diesen Gebrauch sind: *den Anstoß, den ich auf Grund meiner religiösen Einstellung an etwas nehme,* oder *die Beleidigung meines religiösen Empfindens.*

In der Spätantike und beim Übergang zum Mittelalter finden sich Verwendungsweisen, die auch diesen Bereich verlassen. Bei dieser Säkularisierung des neutestamentlich-religiösen σκάνδαλον-Begriffs wird "aus dem *religiös-sittlichen Ärgernis /.../ die Ursache von Ärger und Verdruß*, aus der

Verführung zur Sünde in einer starken Begriffsverengerung die *geschlechtliche Versuchung und Verführung"*. (Stählin 1930:317)

Aus der selben Zeit - dem 8. Jahrhundert - stammt noch eine weitere säkularisierte Anwendungsart des Begriffs, die sich auch aus einer der biblischen Grundbedeutungen ableitet. In dieser profanen Bedeutung wird σκάνδαλον zum offiziellen Ausdruck für *Grund zur Strafe*. In amtlichen ägyptischen Papyri findet sich die Bedeutungsverknüpfung σκάνδαλον δίδοναι [skandalon didonai], die im Sinne von *Grund zur Bestrafung geben* oder *sich strafbar machen* verwendet wird. (Stählin 1930:322,361; Lindblom 1921:12f.)

Dieser Wandel der Wortbedeutungen, der sich auf dem griechischen Sprachgebiet vollzieht, wird ebenso oder ähnlich in der lateinischen Begriffsentwicklung zu beobachten sein.

Scandalum

In den altlateinischen Bibelübersetzungen werden für das griechische Substantiv σκάνδαλον und das Verb σκανδαλίζω die Begriffe scandalum und scandalizo verwendet. Diese Sprachumbildung ist im wesentlichen durch zwei Ursachen hervorgerufen. Sie steht einmal im Zusammenhang mit dem generellen Einfluß, den das griechische Sprachgut auf die lateinische Sprache hatte. Denn in der lateinischen Sprache wurden häufig neue Wörter aus fremdsprachigen Stämmen und eigenen Vor- und Nachsilben gebildet. Außerdem ist die sprachliche Einwirkung im besonderen durch die religiöse und soziale Gemeinschaft, die das Christentum bildete, bedingt. Es war eine Art von biblischer Sondersprache entstanden, die vom "Christen-Griechisch" ins "Christen- oder Kirchen-Latein" hinüberwechselte. Darum sind auch die Bedeutungen von scandalum und scandalizo im Lateinischen anfangs ausschließlich bestimmt durch den Gebrauch der Bibel.

Damit vollzog sich ein zweites Mal der Übergang eines ganzen Bedeutungssystems von der einen in die andere Sprache. Das erste Mal wurde der noch nicht sehr große Bedeutungsumfang zweier hebräischer Wörter auf den griechischen Begriff σκάνδαλον übertragen, diesmal übernimmt das lateinische scandalum die ganze Bedeutungsfülle seines griechischen Äquivalents. Im Lateinischen entwickeln sich aber auch inhaltliche Abwandlungen und einige ganz spezifische Sonderbedeutungen. Insbesondere dort, wo sich der Gebrauch des Begriffs nicht nur auf die theologische Literatur der Kirchenväter beschränkt, sondern, über die christliche Umgangssprache, auch in die Volkssprache übergeht. Wesentlich gefördert wird diese Entwicklung dadurch, daß die auf griechischem Sprachgebiet herausgebildete Bedeutungsvielfalt des Skandalon-Gedankens den lateinischen Begriff von vornherein mit einem ganzen Bedeutungssystem belastet.

Je mehr man mit einem Begriff zu erfassen sucht, um möglichst viel durch ihn zu begreifen, desto blasser wird er, und das führt notwendig dazu, seinen Sinn stark zu verallgemeinern. Er wird "zu einer Art Allerweltswort" (Stählin 1930:310), zu einem Klischee; besonders dann, wenn bei fortschreitender Differenzierung des metaphorischen Sinns die alten konkreten Bedeutungen - wie im Gebiet der lateinischen Sprache zu beobachten - ganz verschwinden.

Stand am Anfang der Bedeutungsentwicklung von scandalum noch der religiöse, vielfach gegliederte Inhalt des griechischen Skandalon-Gedankens, verschwinden später die alttestamentlichen Begriffsmomente ganz, und die meisten neutestamentlichen Skandalon-Stellen werden immer weniger tief verstanden. Ihre ursprüngliche Bedeutungstiefe bewahren nur die beiden charakteristischen Elemente *Anlaß zum Unglauben* und *Anlaß zur Sünde*. Die Bedeutung *Ursache des Verderbens*, die zu den Grundelementen des griechischen Wortsinns gehörte, ist im lateinischen Sprachgebrauch später nur noch selten anzutreffen.

Das am Ende des 1. und im Laufe des 2. Jahrhunderts sich immer stärker wandelnde biblische Bedeutungsbild ist gekennzeichnet durch Verallgemeinerung *(Versuchung, Anfechtung, Verfühung,* die *Ärgernisse* überhaupt*)*, Verflachung *(religiöser* und *sittlicher Anstoß)* und Spezialisierung *(Ketzerei)*. (Stählin 1930:375)

Ausgangspunkt für den allmählichen Bedeutungswandel von scandalum war das schon im Griechischen ins Psychologische oder Moralische gewendete Skandalon-Verständnis. Aus dem *Hindernis am Glauben* wird die *religiöse Anfechtung* oder der *intellektuelle Anstoß* und aus dem *Anlaß zur Übertretung des göttlichen Willens* die rein moralisch verstandene *Versuchung* oder *Verführung*.

Mit dieser Entwicklung des religiösen scandalum kündigt sich zugleich auch der Übergang ins Profane an: Statt nur für die Bezeichnung der Störung, speziell des religiösen Gleichgewichts, verwendet man den Begriff scandalum für *jede Störung des seelischen Gleichgewichts,* für jegliche Art der *Beunruhigung*, für alles was *erregt.* (Stählin 1930:409)

Steht scandalum zuerst noch für *Beunruhigung, Aufregung* der Kirche durch bedenkliche Gebräuche, Schriften und dergleichen, läßt es später die Wirkung auf die Stimmung des Menschen, die eine Beunruhigung seines psychischen Gleichgewichts auslöst, in den Vordergrund treten: Scandalum bezeichnet dann den *Anlaß zur Entrüstung, das Ärgerliche, das Ärgernis.*

Eine weitere, wichtige Abwandlung des säkularisierten Begriffs zeigt sich in einer Sinnverschiebung und Verkürzung des ursprünglichen Skandalon-Gedankens: Scandalum wird statt für *Anlaß zur Beunruhigung* für diese selbst gebraucht, so daß es nicht den Anlaß, sondern das Ergebnis selbst bezeichnet. Dann bedeutet scandalum also nur *die Entrüstung, der Ärger.* In dieser Verwendung kann es dann nicht nur *Empörung* über, sondern auch gegen jemanden oder auch *Ablehnung, Widerstand* bedeuten.

Auf dieser Stufe der Bedeutungsentwicklung treten - seit dem Ende des 5. Jahrhunderts - einige ganz neue Bedeutungen in Erscheinung. Scandalum bezeichnet hier den *Anstoß* für bestimmte menschliche Gefühle wie *Stolz* und *Neid*, oder steht für *Schmach, der ärgerliche Handel (Händel = Streitigkeit = Zwist), der Streit.* Diese neuen Bedeutungen ergeben sich mit einer gewissen Folgerichtigkeit: der in Erscheinung tretende *ärgerliche Vorgang (Fall)* - die subjektive *Beunruhigung* - der *Ärger* - die *Empörung* - der *Zwist* - der *Streit.* Mit der Bedeutung Streit hat sich der Begriff am weitesten von seinem griechischen Bedeutungsbild entfernt. (Stählin 1930:462)

Das Verb scandalizo hat eine dem Substantiv analoge Bedeutungsentwicklung. In den altlateinischen Bibelübersetzungen übernimmt es fast vollständig die vom griechischen Verb vorgegebenen Bedeutungen. In der Patristik und beim Übergang in die Umgangssprache ist aber auch hier ein Bedeutungswandel in Richtung Verflachung, Moralisierung und Profanierung des biblischen Gedankens festzustellen.

In der theologischen Verwendung bedeutet scandalizo *am Glauben hindern, ungläubig werden, im Glauben erschüttert werden, zur Sünde verführen, zur Sünde verleitet werden.* Im Sprachgebrauch der Kirchenväter ist der weniger tief verstandene Sinn *ein intellektuelles Glaubenshindernis bieten, religiösen Anstoß nehmen, sich im religiösen Empfinden beleidigt fühlen, sittlich Anstoß nehmen.*

Das säkularisierte Verb bedeutet nur noch *sexuell reizen, sexuell gereizt* oder *verführt werden, empören, ärgern, sich entrüsten* und, der Entwicklung des Substantivs scandalum = *Schmach* entsprechend, *schmähen, schimpfen, zanken.*

Ärgernis

Die Bedeutungsentwicklung der hebräischen, griechischen und lateinischen Wörter, die bisher nachgezeichnet wurde, stellt zwar nur einen schmalen Längsschnitt durch deren Gesamtgeschichte dar, doch ist er breit genug, um die vielfältigen Bedeutungsvarianten ihrer konkreten, metaphorischen, biblischen und profanen Verwendungen zu erfassen.

Der sich auf dem Gebiet dreier Sprachen wandelnde Wortsinn zeigt, daß die Begriffe weder in der Bibel noch im profanen Sprachgebrauch eine einheitliche Bedeutung haben. Zudem sind die Grenzen zwischen den einzelnen Bedeutungen oft fließend, so daß auch keine in sich abgeschlossenen Bedeutungsbilder zu erkennen sind.

Im ganzen betrachtet bilden sich jedoch - bevor die Begriffe ins Deutsche übersetzt werden - einige wenige charakteristische Anwendungsgebiete heraus. Die Begriffe bezeichnen in übertragener Bedeutung etwas, "wovon eine irgendwie schädliche oder störende Wirkung auf etwas anderes ausgeht, sei es physisches Verderben, religiös-sittliche Verführung oder psychische Erregung, oder, mit verblichener Bedeutung, ein Hemmnis und Hindernis irgend welcher Art". (Lindblom 1921:49) Die folgenden Bedeutungen sind dabei am häufigsten vertreten: *Glaubenshindernis, ungläubig sein, Versuchung, in Versuchung bringend, Anlaß zum Ärger, entrüsten, beunruhigen, Streit.* (Stählin 1930:463)

Die ersten deutschen Bibelübersetzungen des Mittelalters, die schon im 9. Jahrhundert, also in der Periode der althochdeutschen Sprache - etwa 750 bis 1100 - entstehen, sind gekennzeichnet "von einem unbeholfen-hölzernen Stil, teils fehlerhafter Übertragung und sklavischer Bindung an den lateinischen Text". (Volz 1978:20) Das scandalum der lateinischen Bibel wird entweder als Fremdwort übernommen oder im Althochdeutschen mit irrido übersetzt, ein Begriff, der sonst für *Irrtum, Irrlehre* steht. (Schade 1872:456; Schützeichel 1981:92)

In der folgenden mittelhochdeutschen Zeit - etwa 1100 bis 1500 - wird scandalum durch irrot oder irrat - was ebenfalls *Irrtum* oder auch *Ketzerei* bedeutet - wiedergegeben. (Müller, W. 1854:754; Schade 1872:456)

Im 14. Jahrhundert, zur spätmittelhochdeutschen Zeit, beginnt man, sich bei der Übertragung der Bibel ins Deutsche, neben dem Lateinischen, mit dem Hebräischen und Griechischen, als den Sprachen der originalen und altkirchlichen Bibelüberlieferungen, intensiver zu befassen. Aber erst Martin Luther ist, bei seiner Übersetzung der Heiligen Schrift in ein überall in Deutschland verständliches Hochdeutsch, um eine der hebräischen und griechischen Sprache möglichst nahekommende Gestalt des Bibeltextes bemüht

Die beiden hebräischen Begriff מִכְשׁוֹל [mikschôl] = Hindernis und מוֹקֵשׁ [môqesch] = Falle und die griechischen Synonyma πρόσκομμα [proskomma] und σκάνδαλον [skandalon] werden von Luther dabei meistens mit *Anstoß, Stein des Anstoßes* und *Ärgernis, Fels des Ärgernisses* übersetzt.

Trotz seines Bemühens um philologische und theologische Exaktheit hat Luther aber selbst dort, wo in der Bibel vielfach auf eine besondere Bedeutung verwiesen ist und mit einer der in den vorherigen Abschnitten angeführten Umschreibungen hätte übersetzt werden können, auch dann nur die Begriffe *Anstoß* und *Ärgernis* eingesetzt. Das liegt daran, daß für die ursprünglichen und die mit der Zeit herausgebildeten Bedeutungsvarianten auch die deutsche Sprache keinen "besonderen, runden Ausdruck besitzt und auch jene deutschen Wörter, zumal *Ärgernis*, sehr vieldeutig sind". (Stählin 1930:377)

Seine Schwierigkeiten, Hebraismen einzudeutschen, beschreibt Luther selbst so: "Keine Sprache hat so viel verblümte figürliche Worte als die hebräische". (Kantzenbach 1978:11) "Was ist das für ein großes, beschwerliches Werk, die hebräischen Schriftsteller zu zwingen, deutsch zu reden. Wie sträuben sie sich, da sie ihre hebräische Ausdrucksweise nicht verlassen und sich dem groben Deutsch nicht anpassen wollen, gleich ob man eine Nachtigall zwänge, den Kuckuck nachzuahmen, dessen eintönige Stimme sie verabscheut, und ihren melodischen Gesang aufzugeben". (Volz 1978:113)

Das Wort *Ärgernis*, das Luther für die Übersetzung des Begriffs σκάνδαλον verwendet, soll in der Volkssprache seiner Zeit ungebräuchlich gewesen sein und seine Verbreitung im deutschen Sprachraum nahezu ausschließlich dem Einfluß der lutherischen Bibel verdanken. *Ärgernis* ist abgeleitet aus dem Verb *ärgern*, und diesem wörtlich nahe zu liegen scheint *arg, ärger.* "In vielen

Fällen kann dies *arg* gleichbedeutend sein mit *übel, böse, schlimm*". (Grimm 1854:546) *Ärgern* ist eigentlich der Gegensatz zu *bessern* und bedeutet also *verschlechtern, verschlimmern.* (Grimm 1854:548) Jemanden *ärgern* in diesem Sinne heißt demnach nicht, ihn in *ärgerliche Stimmung versetzen,* sondern ihn *ärger* machen, als er bis dahin schon war. *Ärgernis* ist dabei das, was *ärger* macht. (Schmitz 1918:8)

Die in Luthers Bibelübersetzung vorkommenden Wortverbindungen *Ärgernis geben, Ärgernis darstellen* können auf diesem Hintergrund eigentlich nur im Sinne von *zum Argen reizen* verstanden werden. Die Problematik einer solchen Sinngebung wird deutlich, sobald man *Ärgernis darstellen* mit einer der oben genannten Wendungen, z. B. *zur Sünde, zum Unglauben oder Abfall verführen, um das ewige Heil bringen* usw., identifizieren will. Eine solche Gleichsetzung entwertet den Begriff *Sünde*, der ja zunächst einen rein theologischen Sachverhalt bezeichnet. Durch das lutherische σκάνδαλον-Äquivalent *Ärgernis* gehen die etymologischen Eigenheiten der hebräischen, griechischen und lateinischen Begriffe teilweise verloren. (Müller, K. 1969:41)

Aus dem *Ärgernis* in Luthers Bibeltext kann man vor allem den Gedanken einer den Menschen psychisch erregenden, negativen Reizerscheinung heraushören. Dadurch trug er wesentlich dazu bei, daß σκάνδαλον immer mehr die Bedeutung *Anlaß zu seelischer Entrüstung, Verletzung des religiösen Empfindens* und dann ganz profan überhaupt *Ursache des Widerwillens* erhielt.

Dieser anfänglich eng mit der Sprache in Luthers Bibelversion verbundene Wortsinn hat sich dann in der Alltagssprache weiter verändert. "Zusätzlich wurde mit Ärgernis benannt, was die *Ehrbarkeit* - im Sinne bürgerlichen Anstandes - *verletzt:* das *ärgerliche Leben,* welches sich seiner Umwelt in ärgerlichen Taten kundtut und bei ihr *Verdruß* oder *Unwillen* verursacht". (Müller, K. 1969:40)

Der spätere und meistens auch heutige Wortsinn des Begriffs *Ärgernis* wird in der Regel mit *Anstoß, Verdruß* (Grimm 1854:549), *Kränkung, Verdruß, Ärger* (Mackensen 1953:59), *kleiner Ärger, Unannehmlichkeit, Anstoß erregende Handlung, Verletzung des religiösen oder sittlichen Gefühls* (Wahrig 1980:313) erläutert.

Skandal

Der bisherige Überblick über die 'Vor-Geschichte' des Begriffs *Skandal* - von den hebräischen Äquivalenten bis zum *Ärgernis* in der deutschen Sprache - zeigt eine erstaunliche Mannigfaltigkeit der Begriffsverwendungen. Die Bedeutungsentwicklung von der Entstehung und Urbedeutung über die Aufnahme und Umwandlung der Begriffsinhalte beim Hinüberwechseln aus dem einen Sprachgebiet in das andere mit den charakteristischen Einwirkungen der Übersetzung ist durch zwei Bedeutungslinien zu bestimmen. Die erste Linie führt von einer konkreten, dinglichen Grundbedeutung zu einer abstrakten und metaphorischen Verwendung der Begriffe. Die zweite Linie führt aus der profanen Sphäre zu einem ausgesprochen religiös bestimmten und von dort zu einem säkularisierten Gebrauch der Begriffe zurück. (Stählin 1930:47f)

In der hebräischen Sprache vollzieht sich bereits der Übergang aus der Dingwelt in die religiöse Terminologie. Das Bedeutungserbe der hebräischen Wörter hat die Entwicklung der griechischen und lateinischen Begriffe, die zunächst überwiegend theologischen Inhalts sind, ganz wesentlich bestimmt. Aber schon auf diesen zwei Sprachgebieten gehen, durch den Prozeß der fortschreitenden Differenzierung, die theologischen Konnotationen teilweise verloren. Auch das Wort *Ärgernis* gehört, bevor es in die Umgangssprache eingeht, in der neuhochdeutschen Sprache zum rein biblischen Vokabular.

Luther hat bei seiner Übersetzung der Bibel Fremdwörter vermieden. Erst durch den Umweg über die französische Sprache gelangt der Begriff *Skandal* ins Deutsche. Damit hat sich seine Anbindung an die Geschichte der Bibelübersetzungen gelöst. Denn aus dem lateinischen scandalum ist bereits zu Beginn des 12. Jahrhunderts im französischen Sprachgebiet das Wort scandale geworden. Dieses wurde dann erst im 18. Jahrhundert als *Skandal* in die deutsche Sprache entlehnt. Von den verschiedenen Bedeutungsvarianten, die sich seit dieser Zeit im Deutschen herausgebildet haben, können hier nur die wichtigsten aufgeführt werden.

Mit der Entlehnung aus dem Französischen scheint das Wort *Skandal* im deutschen Sprachraum zu Beginn des 18. Jahrhunderts nur in der Bedeutung *Ärgernis, schmachvolles Aufsehen erregender Vorgang* aufgetreten zu sein. (Grimm 1905:Bd.10:1306) Zu dieser Zeit sind aber auch schon die zusammengesetzten Begriffe wie Skandalzeitung - für eine von Berichten über

Skandale lebende Zeitung - und Skandalgeschichte, Skandalprozeß bekannt. (Trübners 1955:Bd.6:384)

Das zunächst nur im studentischen, später dann im allgemeinen Sprachgebrauch übliche Adjektiv *skandalös* - früher auch in den Schreibungen scandelos, scandalos, scandaleus - ist eine bereits im 17. Jahrhundert häufiger belegte Nachbildung aus dem gleichbedeutenden französischen scandaleux und wurde im Sinne von *(öffentliches) Ärgernis erregend, anstößig, ärgerlich, schändlich, unerhört, unglaublich gebraucht.* (Deutsches Fremdwörterbuch 1978: Bd.4:208)

Die Bedeutung *Lärm* hat sich allem Anschein nach auch zuerst in der studentischen Sprache entwickelt. (Grimm 1905:Bd.10:1307) Im späten 18. und besonders im 19. Jahrhundert wird *Skandal* dann zum bevorzugten Wort der Studentensprache, und zwar in den Bedeutungen *Ungelegenheit, Streit, Streitigkeit, Zweikampf, Duell.* Durch Kreuzung mit Radau oder mit mundartlich Rant (Auflauf) hat sich das ebenfalls studentensprachliche *Randal = Lärm* gebildet. (Trübners 1955:Bd.6:385)

Für das ausgehende 19. Jahrhundert sind die *Skandalmacher* für *streit- und händelsüchtige Personen sowie Subjekte mit gemeinen Seelen und schwarzen Herzen* (Deutsches Fremdwörterbuch 1978:Bd.4:207) und das Adjektiv *skandalsüchtig* in der Bedeutung *begierig, ärgerliche, öffentliches Ärgernis erregende Geschichten aufzudecken und zu verbreiten* belegt. (Grimm 1905:Bd.10:1307)

Gegen 1900 ist die Zusammensetzung *Skandal-Anzeiger* als Spottbezeichnung aufgekommen. Ursprünglich bezog sie sich auf den im Scherl-Verlag erscheinenden "Lokalanzeiger", der über einige Berliner Skandale berichtete. (Küpper 1967:Bd.V:257) Inzwischen haben sich viele weitere mit *Skandal* gebildete (umgangssprachliche) Ausdrücke durchgesetzt: z. B. die *Skandalnudel* für *eine durch aufreizende geschlechtliche Bloßstellung unliebsames Aufsehen erregende weibliche Person* (Küpper 1984:Bd.7:2645) und - da kein Bereich aus Politik, Wirtschaft und Gesellschaft von ihm verschont zu bleiben scheint - der Abhör-, Bestechungs-, Finanz-, Sex-, Theater-, Umwelt- und Verwaltungsskandal.

Daß sich in der deutschen Sprache insgesamt aber nur wenige Bedeutungsnuancen herausgebildet haben, zeigen die verschiedenen Lexika- und Wörterbuch-Artikel: *Anstoß gebende Sache, Ärgernis, Schändlichkeit* (Weigand 1910:Bd.2:875), *Ärgernis, Aufsehen, Anstoß* (Heyses 1919:805), *unerhörtes, Empörung und Aufsehen erregendes Vorkommnis; unliebsames (öffentliches) Aufsehen; Schande; Anstoß; Ärgernis; Unverschämtheit, Zumutung* (Deutsches Fremdwörterbuch 1978:Bd.4:206), *aufsehenerregendes, schockierendes Vorkommnis.* (Duden 1974:Bd.5:671)

Diese und andere Nachschlagewerke weisen einen bemerkenswerten Grad der definitorischen Übereinstimmung auf. Sie verdeutlichen, daß zu einem Skandal zumindest zwei Merkmale gehören:

- ein irgendwie sozial signifikantes Ereignis, das ein (öffentliches) *Ärgernis* darstellt,
- eine öffentliche Reaktion auf dieses Ereignis, die *Anstoß* nimmt und Aufsehen erregt.

Man erkennt, daß mit diesen Merkmalen die Wortherkunft und ursprüngliche Wortbedeutung erhalten geblieben sind und der durch den biblischen Sprachgebrauch geprägte Wortsinn ganz in den Hintergrund getreten ist.

מוֹקֵשׁ = σκάνδαλον = Falle, *Ärgernis*
מִכְשׁוֹל = πρόσκομμα = Hindernis, *Anstoß*

Literatur

Bintz, Helmut: Das Skandalon als Grundlagenproblem der Dogmatik. Berlin 1969.

Deutsches Fremdwörterbuch. Bearb. von Alen Kirkness u.a. Bd.4. Berlin 1978.

Duden. Fremdwörterbuch. Bd.5. Mannheim 1974.

Grimm, Jacob und Wilhelm: Deutsches Wörterbuch. Bd.1, Leipzig 1854.

Grimm, Jacob und Wilhelm: Deutsches Wörterbuch. Bd.10, Abt.1. Leipzig 1905.

Heyses allgemeines verdeutschendes und erklärendes Fremdwörterbuch. Hannover 1919.

Kantzenbach, Friedrich Wilhelm: Luthers Sprache der Bibel. In: Volz, Hans: Martin Luthers deutsche Bibel. Hamburg 1978.

Kluge, Friedrich: Etymologisches Wörterbuch der deutschen Sprache. Berlin 1960.

Küpper, Heinz: Illustriertes Lexikon der deutschen Umgangssprache. Bd.7. Stuttgart 1984.

Küpper, Heinz: Wörterbuch der deutschen Umgangssprache. Bd.5. Düsseldorf 1967.

Lindblom, Johannes: Skandalon. Eine lexikalisch-exegetische Untersuchung. Uppsala 1921.

Mackensen, Lutz: Neues deutsches Wörterbuch. Laupheim 1953.

Müller, Karlheinz: Anstoss und Gericht. Eine Studie zum jüdischen Hintergrund des paulinischen Skandalon-Begriffs. München 1969.

Müller, Wilhelm: Mittelhochdeutsches Wörterbuch. Bd.1. Leipzig 1854.

Schade, Oskar: Altdeutsches Wörterbuch. Erster Teil. Halle 1872-1882.

Schmitz, Otto: Vom Wesen des Ärgernisse. Eine biblische Erläuterung. Berlin 1918.

Schützeichel, Rudolf: Althochdeutsches Wörterbuch. Tübingen 1981.

Stählin, Gustav: σκάνδαλον, σκανδαλίζο. In: Kittel, Gerhard: Theologisches Wörterbuch zum Neuen Testament. Bd.7, S. 338-358. Stuttgart 1964.

Stählin, Gustav: Skandalon. Die Geschichte eines biblischen Begriffs. Gütersloh 1930.

Trübners deutsches Wörterbuch. Hrsg. von Walther Mitzka. Bd.6. Berlin 1955.

Volz, Hans: Martin Luthers deutsche Bibel. Hamburg 1978.

Wahrig, Gerhard: Deutsches Wörterbuch. Bd.1. Stuttgart 1980.

Weigand, L.K.: Deutsches Wörterbuch. Bd.2. Gießen 1910.

Bei Nacht und Nebel …

… der Freiheit eine Gasse

Die Stimme seines Ministers
Eine demokratische Farce

Ort: Bundesrepublik Deutschland
Zeit: Oktober 1962 bis August 1965

Personen:

Einige Staatsanwälte und mehrere Dutzend Polizisten	*Auf der Suche nach Verrätern und Beweisen*
Rudolf Augstein	*Herausgeber eines kritisierenden Magazins*
Conrad Ahlers	*Militärfachmann, Autor eines detailreichen Artikels*
Jaene, Schmelz, Jacobi, Engel, Becker	*Weitere "SPIEGEL"-Männer*
Josef Augstein	*Rudolfs Bruder und Rechtsbeistand*
Konrad Adenauer	*Kanzler, führt die Regierung und die CDU*
Franz-Josef Strauß	*Bundesminister der Verteidigung, befiehlt der Bundeswehr und der bayerischen CSU*
Wolfgang Stammberger	*Betrogener Bundesminister der Justiz (FDP)*
Herrmann Höcherl	*Ausweichender Bundesminister des Innern (CSU)*
Erich Mende	*Verhandelnder Vorsitzender der FDP*
Waldemar Hopf, Walter Strauß, Ludwig Adenauer	*Verschwiegene Staatssekretäre (alle CDU)*
Oberst Wicht, Oberst Martin	*Gesprächsbereite Offiziere*
Oberst Oster	*Mißbrauchter Militärattaché*
Hunderte von Studenten und ein großer Teil der Journalisten	*Der Chor der Entrüsteten*
SPD-Bundestagsabgeordnete	*Die hartnäckige Opposition*

Inhalt

Prolog

Auf der politischen Bühne der Bundesrepublik Deutschland ist seit 1962 die vierte Regierung der Nachkriegszeit unter dem Kanzler Adenauer zu sehen. Sie wird getragen von den Akteuren und Statistengruppen dreier Parteien: der CDU, ihrer Schwesterpartei CSU und der FDP. Die einzige Oppositionspartei im Bundestag ist die SPD. Der politische Zustand der Republik ist geprägt durch das strenge Regiment des bereits 85jährigen Kanzlers. Durch seine Außenpolitik ist die 13 Jahre alte Bundesrepublik fest in den Verband der westlichen Staaten aufgenommen und leistet nach der Wiederbewaffnung einen Beitrag zur Verteidigung der Demokratie gegen den Osten. Innenpolitisch hat der Staatsapparat unter der seit 1949 ununterbrochenen Kanzlerschaft Adenauers neue Autorität gewonnen, die Regierung kann sich fest auf die Mehrheit der Bevölkerung verlassen.

Vor diesem Hintergrund setzt unser Stück mit Ereignissen in der Nacht vom Freitag, dem 26., auf Samstag, den 27. Oktober, ein. Das Publikum wird über diese durch ausführliche Darstellungen in Sonntagszeitungen und in den Montagsausgaben der Tageszeitungen ins Bild gesetzt, und das Stück beginnt.

I. Akt
Der nächtliche Schlag gegen den "SPIEGEL"

Die Zeitungen heben zu Beginn vor allem die Umstände der Ereignisse, nicht die beteiligten Personen hervor. Nur zwei Männer geraten in diesem Akt - ohne eigenes Zutun - in den Vordergrund der Bühne; die eigentlichen Akteure erscheinen dem Publikum lediglich als anonyme Amtspersonen.

Die ersten Auftretenden sind Polizisten der "Sicherungsgruppe Bonn" des Bundeskriminalamtes. Sie sind am Abend des 26. Oktober in eiliger und ungewöhnlicher Sache unterwegs: Sie sollen Journalisten des Magazins "DER SPIEGEL" festnehmen und ihre Büros nach schriftlichen Beweisstücken durchsuchen. Der Einsatzbefehl kommt von den höchsten Staatsanwälten der Republik, von der Generalbundesanwaltschaft in Karlsruhe. Sie verdächtigt fünf Redakteure und den Herausgeber des Magazins des "Landesverrats": militärische Geheimnisse der Bundeswehr sollen sie durch einen Artikel in der Ausgabe vom 10. Oktober verraten haben. Außerdem soll "DER SPIEGEL", um die geheimen Informationen zu erlangen, hohe Offiziere bestochen haben.

In Bonn geht der polizeiliche Zugriff ohne große Aufregung über die Bühne. Der Leiter des "SPIEGEL"-Büros, Jaene, wird von zu Haus abgeholt, das Büro wird in seiner Gegenwart in der Nacht und am nächsten Tag durchsucht, Akten werden beschlagnahmt. Jaene selbst wird nach der Durchsuchung wieder freigelassen.

Etwas dramatischer verläuft der Einsatz gegen die Hamburger Zentrale des "SPIEGEL" . Völlig überraschend stehen die acht Mann aus Bonn mehr als 20 "SPIEGEL"-Leuten gegenüber; sie haben nicht bedacht, daß in der Nacht zum Samstag die Schlußredaktion für die Ausgabe der kommenden Woche stattfindet. Da Chefredakteur Jacobi sich weigert, die Redaktion zu räumen, telefonieren die Beamten Hamburger Bereitschaftspolizei herbei. Erst als die "SPIEGEL"-Leute auf den finanziellen Verlust hinweisen, der droht, wenn sie ihre Arbeit nicht pünktlich beenden könnten, sieht die Polizei von einer sofortigen Räumung ab. Elf Redakteure dürfen ihre nächtliche Arbeit fortsetzen; damit sie keine Unterlagen beiseite schaffen können, wird jedem ein Polizist beigesellt. Die übrigen Beamten beginnen damit, die über 100 Räume der Redaktion in Beschlag zu nehmen. Um Warnrufe nach draußen zu verhindern, werden zuerst die Telefonzentrale und der Fernschreibraum besetzt, dann werden alle einzelnen Redaktionsabteilungen, die Buchhaltung, die Anzeigenabteilung und das große Archiv verschlossen, ebenso Besenkammern und Toiletten. Auf alle Türen werden Siegel geklebt.

Der inzwischen eingetroffene Staatsanwalt aus Karlsruhe will aber nicht nur einen geschehenen Verrat aufklären, sondern auch einen neuen verhindern. Er fordert um drei Uhr morgens die Verantwortlichen auf, die Druckfahnen der neuen Ausgabe einem Ermittlungsrichter vorzulegen. Die Redaktion gibt nur unter Protest nach, schließlich verbietet das Grundgesetz eine Zensur. Der Richter seinerseits findet keine neuen geheim aussehenden militärischen Einzelheiten und gibt schließlich den Druck frei.

Während die Redaktionsräume und Unterlagen des "SPIEGEL" unzugänglich gemacht werden, versucht die Polizei, die gesuchten Männer festzusetzen. Der Bonner Redakteur Schmelz, Mitautor des inkriminierten Artikels, ist ärgerlicherweise auf Auslandsreise. Die beiden Hamburger Chefredakteure Jacobi und Engel hat die Polizei bereits; der eine saß ja noch in der Redaktion, den anderen hat sie in der Nähe des Pressehauses aufgegriffen, als er gerade zu seiner Frau nach Hause fahren wollte. Das darf er nun auch, allerdings nur in

Begleitung von Männern der Sicherungsgruppe, die sein Haus gründlich durchsuchen. Genauso ergeht es den Jacobis, in ihrem Haus werden sogar die Betten der Kinder und der Ponystall nach versteckten Papieren durchsucht. Wenig Glück haben die Fahnder bei der Suche nach den Hauptverdächtigen. Weder den "SPIEGEL"-Herausgeber Rudolf Augstein noch den stellvertretenden Chefredakteur Conrad Ahlers, den Autor des fraglichen Artikels, treffen sie zu Hause an. Augstein hält sich, so wird später berichtet, "bei einem Freund" auf und trinkt "gerade eine Flasche 59er Mosel /.../, als ihn die Nachricht von der Aktion erreicht". Er ist "nur einen Steinwurf von seiner Wohnung /.../ entfernt", die von den Bonner Polizisten durchsucht wird. (Abendzeitung München 2.11.1962) Bei Ahlers treffen sie nur eine Tante seiner Frau an, die auf die Wohnung aufpaßt; sie gibt an, das Ehepaar sei zum Urlaub nach Spanien geflogen.

Diese alarmierende Information - Ahlers könnte ja fliehen wollen - wird noch in der Nacht nach Bonn und von dort aus auch nach Spanien weitergegeben. Ahlers und seine Frau werden, obwohl es bei einem politischen Verbrechen für eine Auslieferung keine Rechtsgrundlage gibt, noch vor dem Morgen von der Polizei Franco-Spaniens in ihrem Urlaubsort bei Malaga festgenommen. Am nächsten Tag erklärt sich der Redakteur bereit, freiwillig nach Deutschland zurückzukehren; am Sonntag wird er bei seiner Ankunft auf dem Frankfurter Flughafen verhaftet.

Am Samstagmittag stellt sich auch Augstein. Noch in der Nacht hat sein Bruder, der Rechtsanwalt Josef Augstein, ihm geraten, der Durchsuchung seines Büros beizuwohnen. Vor dem Hamburger Polizeipräsidium warten auch einige Pressefotografen auf den Verleger, deren Bilder ihn in den nächsten Tagen in der Republik bekannt machen werden. Am Nachmittag desselben Tages weist der Verlagsdirektor des "SPIEGEL", Becker, die Vorwürfe der Bundesanwaltschaft zurück. Abends wird Chefredakteur Engel nach Verhören wieder freigelassen.

Am Montag sind also drei Redakteure in Haft - der vierte, Schmelz, wird sich einige Tage später ebenfalls stellen. In Hamburg hat der Staatsanwalt mit der Suche nach geheimen Papieren unter den Akten des "SPIEGEL" begonnen. Die Redaktion ist für die Mitarbeiter verschlossen, sie wird weiterhin von einem Großaufgebot uniformierter Polizisten bewacht. Die staatlichen Organe haben nach dem nächtlichen Schlag - es war der größte Polizeieinsatz der Nachkriegsgeschichte gegen ein Presseorgan - den "SPIEGEL" in der Hand.

Ein schwerer Verdacht lastet nun auf ihm: Militärische Geheimnisse soll das Nachrichtenmagazin durch einen Artikel offenbart, also "Landesverrat" begangen haben. Eine Tradition von Anklagen steht hinter diesem Begriff; mit seiner Hilfe sind seinerzeit rechte Politiker, Staatsanwälte und Richter der Weimarer Republik in über 2.000 Verfahren gegen Publizisten vorgegangen, die vor allem über die - nach dem Versailler Vertrag und der Weimarer Verfassung illegale - Wiederaufrüstung der Reichswehr berichtet hatten. Stets haben diese Verfahren unter Ausschluß der Öffentlichkeit stattgefunden, die entscheidenden Gutachten kamen aus dem Reichswehrministerium. Zum Symbol dieser auf Einschüchterung der Presse zielenden Verfahren ist im Aus- wie im Inland die Verurteilung Carl von Ossietzkys 1931 geworden.

Die entsprechenden Gesetze - einschließlich einer Ergänzung der Nationalsozialisten - sind 1951 auf dem Höhepunkt des Kalten Krieges in der Bundesrepublik wieder eingeführt worden. Wer "Staatsgeheimnisse", das sind "Tatsachen, Gegenstände oder Erkenntnisse", deren Geheimhaltung "vor einer fremden Regierung für das Wohl der Bundesrepublik Deutschland" erforderlich ist, "an einen Unbefugten gelangen läßt oder /.../ öffentlich bekannt macht", wird mit bis zu zehn Jahren Zuchthaus bestraft.

Auch im Fall des "SPIEGEL" stehen politische Instanzen hinter den Ermittlungen der Justiz. In der Presse wird von Hinweisen berichtet, die das Bundesministerium der Verteidigung der Bundesanwaltschaft gegeben habe: Über 40 Informationen und Zitate in der Titelgeschichte der Ausgabe vom 10. Oktober sollen demnach einem verstärkten Geheimschutz unterlegen haben.

Die "SPIEGEL"-Leser im Publikum holen jetzt nochmals den langen Artikel hervor, der sich unter der Überschrift "Bedingt abwehrbereit?" mit den Ergebnissen des Nato-Manövers "Fallex 62" auseinandersetzt, und suchen neugierig die verratenen Geheimnisse. Eine mühselige Lektüre erwartet sie, denn es handelt sich um einen sehr detaillierten Bericht über die militärische Lage der Nato und des Warschauer Paktes und um eine Darstellung der auseinandergehenden deutschen und amerikanischen Auffassungen über die zukünftige Strategie in Europa. Der Bericht gibt eher dem amerikanischen Präsidenten Kennedy recht, der für eine "flexible response" mehr deutsche Truppen fordert, als dem deutschen Verteidigungsminister Strauß, der lieber seine Armee mit amerikanischen Atomwaffen für einen "preemptime strike" ausrüsten möchte.

II. Akt

Die Nachrichten von der Verhaftung der "SPIEGEL"-Redakteure und der Besetzung der Redaktionsräume rufen bei vielen politisch Interessierten heftige Aufregung hervor, einige gehen als Skandalierer an die Öffentlichkeit. Ein Chor von entrüsteten Studenten, Publizisten und vor allem Journalisten anderer Zeitungen betritt die Bühne und trägt mit lauten Worten Besorgnis, Proteste und dann Forderungen an die politischen Parteien vor.

Diese öffentliche Entrüstung, die durch eine in der Bundesrepublik bisher unbekannte Heftigkeit Leser, Politiker und die Journalisten selbst überrascht, macht aus dem Vorgehen der Bundesanwaltschaft einen Skandal der Regierung Adenauer.

1. Szene
"Sie schlagen den SPIEGEL und meinen die Demokratie"

Schon am Sonntag, dem 28.10., beginnt in Stuttgart die öffentliche Unmutsäußerung; in vierzehn weiteren Universitätsstädten kommen in den nächsten beiden Wochen empörte Studenten zu Demonstrationen zusammen. 150 setzen sich am folgenden Dienstag mit Pappschildern auf einen Platz der Frankfurter Innenstadt, 2.000 nehmen eine Woche später an einer Kundgebung in Mannheim teil. In Hamburg kommt es am Mittwoch, fünf Tage nach Beginn der Besetzung, zu Tumulten, als in der Universität eine Podiumsdiskussion wegen Überfüllung des Hörsaales abgebrochen werden muß und Bereitschaftspolizei die Gänge räumt. Einige Hundert Studenten ziehen zum Untersuchungsgefängnis, in dem Augstein und Jacobi einsitzen. Sie machen mit Sprechchören wie: "Der 'SPIEGEL' ist tot - die Freiheit ist tot" und "Auf zum totalen Rechtsstaat" ihrer Entrüstung Luft, ehe der Innensenator Schmidt sie vom Trittbrett eines Polizeiwagens aus über Lautsprecher beruhigen kann.

Die Podiumsdiskussion mit drei Bundestagsabgeordneten, Verlagsdirektor Becker für den "SPIEGEL", "STERN"-Chef Nannen, dem Politologen Prof. Kogon und anderen wird am nächsten Tag vor über 4.000 Zuhörern nachgeholt. Die Teilnehmer üben scharfe Kritik an den unscharfen militärischen Geheimhaltungsvorschriften und am Vorgehen der Justiz. Diese Veranstaltung wird zum Vorbild für mehr als ein Dutzend ähnlicher Diskussionen in anderen Städten.

Die demonstrierenden Studenten sehen in dem Polizeieinsatz einen Versuch, die in der Verfassung garantierte Pressefreiheit außer Kraft zu setzen, um ein der Regierung unangenehmes Presseorgan zu treffen. Sie ziehen eine Parallele zur Verurteilung von Ossietzkys und befürchten die abermalige Zerstörung der Republik. "Sie schlagen den SPIEGEL und meinen die Demokratie" heißt es auf Plakaten. Daneben prangen aufgeklebt ältere "SPIEGEL"-Titelblätter mit Bildern von Bundeskanzler Konrad Adenauer und Verteidigungsminister Franz-Josef Strauß. Strauß wird gar verdächtigt, direkt für den Zugriff verantwortlich zu sein: "Befiehlt Strauß der Justiz?" wird gefragt.

Die Personalisierung dieses Skandals benutzt eine schon vorhandene. Gerade in den vergangenen Wochen hat "DIE ZEIT" in einer Serie die Umstrittenheit des Politikers Strauß dargestellt. Der Verteidigungsminister spalte die Deutschen, hat es geheißen, in "Ekstatische" und "Erbitterte". Der Vorsitzende der bayerischen CSU, der mit seiner körperlichen Fülle selbst gut in das Klischee der Bayern paßt, nötigt den einen Bewunderung ab für seinen planvollen Aufbau der Bundeswehr und erschreckt die anderen durch seine lauten und oft mit der Faust skandierten Reden, in denen er politische Gegner schnell als "Handlanger des Ostens" beschimpft. Für die einen symbolisiert er politisches Können, für die anderen neue deutsche Machtpolitik.

Auch der "SPIEGEL" führt seit 1957 eine scharfe Auseinandersetzung mit Strauß. Das Magazin hat sich nicht nur ablehnend zu der Verteidigungskonzeption des Ministers geäußert, sondern sich zunehmend auch gegen dic Person Strauß gewandt. In einer Titelgeschichte ist er 1961 als ein Politiker beschrieben worden, der um seiner eigenen Macht willen bereit wäre, alle demokratischen Regeln außer Kraft zu setzen. Eine Kanzlerschaft Strauß' könnte durch Wahlgesetz-Manipulation, Verfassungsänderung, geschicktes Ausnutzen der finanziellen Abhängigkeit von Abgeordneten und durch Panikmache in einer Krise zur "Herrschaft eines permanenten Chefs" gemacht werden; sein Emporkommen sei daher die entscheidende Frage für die Zukunft des westdeutschen Staates.

Um den gefährlichen Minister zu treffen, hat das Magazin vor und nach jener polemischen Titelgeschichte unkorrekte Vorgänge aus dem Verteidigungsministerium enthüllt. Bei der "Fibag"-Geschichte war es um eine mit Beteiligung eines Duzfreundes von Strauß gegründete Firma gegangen, die Wohnungen für amerikanische Soldaten in Deutschland hatte bauen wollen und von Strauß mit unkorrekten, aber amtlichen Empfehlungsschreiben an die

Amerikaner versehen worden war. Der Strauß entlastende Abschlußbericht eines Untersuchungsausschusses ist gerade erst am 25.10.1962 von der Regierungsmehrheit im Bundestag gebilligt worden. Die letzte Story des "SPIEGEL" liegt knapp vier Wochen zurück: Über "Onkel Aloys", einen alten Bekannten der Frau von Strauß, der durch indirekt von Strauß vermittelte Posten als Bevollmächtigter von Rüstungsfirmen zum Millionär wurde.
Zu den Käufern und Lesern dieser Geschichten zählen auch viele Studenten, denen der "SPIEGEL" nicht zuletzt dieser Angriffe wegen als oppositionelles Blatt gilt. Dieser Wertschätzung als Organ intellektueller Kritik an den politischen Zuständen unter Adenauer verdankt der "SPIEGEL" nun ihre Solidaritätsbekundungen. Zwar soll es den Parolen und Reden nach um die Pressefreiheit gehen, aber nur durch die große symbolische Bedeutung, die der "SPIEGEL" als Rüstung gegen die Rechten erlangt hat, ist die große Entrüstung der Studenten zu verstehen.

2. Szene
"Bei Nacht und Nebel"

Auch bei vielen Journalisten deutscher Zeitungen gilt der "SPIEGEL" etwas: Als ein Blatt, mit dessen Einfluß auf die Öffentlichkeit die bundesdeutschen Politiker zu rechnen haben. Die Tatsache, daß diese Redaktion in einer drastischen "Polizeiaktion", wie der Zugriff jetzt überall bezeichnet wird, besetzt wurde, hat bei eher liberalen Zeitungen auf einmal Angst vor dem Staat ausgelöst. Ausführlich berichten z.B. die überregional erscheinende "Frankfurter Rundschau" und die regional erscheinende "Fränkische Presse" aus Bayreuth über die Ereignisse. (Zeitungen, die sich von den Ereignissen in Hamburg nicht so aufregen lassen, z.B. die überregionale "DIE WELT" und das regionale "Bayreuther Tagblatt", verstärken ihre Berichterstattung erst, als sie wegen der politischen Folgen Angst um den Staat bekommen. Außerdem wird der Akzent der Berichterstattung hier eher auf den "Verdacht: Landesverräterische Fälschungen!" (BILD 29.10.1962) als auf den "Schlag gegen den 'Spiegel'" (Fränkische Presse 29.10.1962) gelegt.

Die Aufregung dieser Journalisten bekommen die Leser und Politiker durch die Kommentare zu spüren; selbst die gemäßigte "Frankfurter Allgemeine Zeitung" äußert sich erschrocken. Der Stil der Durchsuchungen und

Verhaftungen gemahne "an gewisse Zeiten, in denen das Ziel solcher Unternehmen war, Terror auszuüben, die Presse unter Druck zu setzen, einzuschüchtern", heißt es. (FAZ 30.10.1962) Mehrere Kommentatoren werden vor allem durch die "nächtliche Razzia /.../ leider nur zu sehr an NS-Methoden, die man bisher für überlebt hielt", erinnert (Fränkische Presse 30.10.1962), an den "Nacht-und-Nebel-Erlaß" Hitlers vom Dezember '41, der heimliche Verhaftungen bei Nacht in den besetzten Ländern erlaubte. Die meisten Kritiker der Polizeiaktion sehen weiter in der Einschränkung der gesamten Arbeit des "SPIEGEL" durch die tagelange Besetzung vor allem eine Verletzung bestimmter demokratischer Spielregeln, eine Verletzung der Balance von Pressefreiheit und Sicherheitsinteresse des Staates. Sie sind erschrocken über den "Schlag der Behörden" (Stuttgarter Zeitung 29.10.1962), entrüstet über die "Übergriffe am laufenden Band" (SZ 29.10.1962) und fordern in der Woche nach der Aktion Aufklärung von den zuständigen Ministerien. Sie wollen wissen, wer das Ganze veranlaßt hat und warum man mit so erschreckenden Methoden vorgegangen ist. Eine Klarstellung ist gefordert, ob entweder der "SPIEGEL" wirklich des Landesverrats schuldig ist, der Zugriff also berechtigt war, oder ob jemand in den Behörden oder Ministerien eines Übergriffs auf die Presse schuldig ist und zum Skandalierten gemacht werden kann.

3. Szene
Spärliche Auskünfte

Um die verlangte Aufklärung zu bekommen, beginnen die Journalisten in Karlsruhe und in Bonn nachzufragen. Aber sie erhalten nur spärliche Informationen, die die Spekulationen eher noch anheizen denn verringern.

Da wird zum einen gesagt, das Vorgehen gegen den "SPIEGEL" sei nicht von einem Ministerium ausgelöst worden , sondern durch die Bundesanwälte. Andererseits hätten diese ein Gutachten über den "SPIEGEL"-Artikel einholen müssen; ein "militärischer Sachverständiger" habe festgestellt, daß die Veröffentlichungen geheimzuhaltende Tatsachen enthalten hätten. Dieser Gutachter sei im Zuge der Amtshilfe vom Bundesverteidigungsministerium benannt worden. Und noch etwas weist auf eine Verbindung mit Strauß' Haus hin. Am Mittwoch vor der Aktion hatte der Bundespräsident auf Schloß Brühl einen Empfang für die Bundestagsabgeordneten gegeben. Zu vorgerückter Stunde und in nicht mehr nüchternem Zustande habe dort, so wird nach Gerüchten berichtet, der Verteidigungsminister bereits Andeutungen über einen Schlag gegen den "SPIEGEL" gemacht. Hat der Minister also doch seine Finger im Spiel gehabt? Die Frage: "Staatsschutz oder Rache?" (Stuttgarter Zeitung 31.10.1962) liegt in der Luft.

Auf einer Bundespressekonferenz am Montag wird allerdings jeglicher Einfluß des Ministeriums abgestritten; Pressesprecher Schmückle weist darauf hin, daß es "kein Gutachten des Bundesverteidigungsministeriums, sondern nur ein Gutachten des Gutachters" gebe, und weigert sich, dessen Namen bekannt zu geben. Außerdem verliest er eine Gegendarstellung Strauß' zu den Vorgängen auf Schloß Brühl.

So ist schon der Beginn der Affäre gekennzeichnet durch Vermutungen der Presse einerseits und durch eine Neigung der Behörden zur Geheimhaltung und stückchenweisen Information andererseits, die aber nicht das weiter hartnäckige Interesse der Presse und erst recht nicht dessen politische Folgen aufhalten kann. Die anhaltenden Demonstrationen und die publizierte Entrüstung geben zusammen Grund und Hintergrund für die Steigerung der Affäre ab.

III. Akt

Im Gegensatz zu den Studenten und Journalisten sind die meisten Bonner Politiker nicht sehr erschrocken. Die Affäre wird zwar bald auf einem Nebenschauplatz der politischen Bühne, in der Regierungskoalition, dramatisiert, es kommt aber noch zu keiner Bereinigung des Ärgernisses.

1. Szene
Keine Aufregung

Die ersten Reaktionen der Parteien sind verschieden. In der CDU hat man nicht viel übrig für den "SPIEGEL"; der Geschäftsführende Vorsitzende, Dufhues, meint: "Es ist dies keine Affäre der deutschen Presse, sondern eine Affäre des 'SPIEGEL'". Die SPD hält die "Ermittlungen und die eventuelle Strafverfolgung" wegen Landesverrats ausdrücklich für notwendig, schließlich will sie nicht wieder, wie in der Weimarer Republik, selbst als Partei von Verrätern eingestuft werden.

Nur für die FDP ist etwas merkwürdig: Der ihr zugehörige Bundesjustizminister ist von dem Verfahren gegen den "SPIEGEL" nicht unterrichtet worden, obwohl er direkter Vorgesetzter der Bundesanwälte ist. Wie berichtet wird, hat Wolfgang Stammberger erst zwölf Stunden nach den ersten Polizeimaßnahmen auf einer Tagung in München von der Aktion erfahren. Sehr ärgerlich findet er aber dieses Versäumnis zunächst nicht.

2. Szene
Der Justizminister empört sich

Doch schon bald wird dem Justizminister klar, daß ihm sein Staatssekretär Walter Strauß (CDU-Mitglied und nicht verwandt mit dem Minister) absichtlich jede Kenntnis des Verfahrens vorenthalten hat. Dies erscheint ihm umso ungeheuerlicher, als ja das Verteidigungsministerium unter dem CSU-Vorsitzenden sehr wohl Bescheid gewußt und vielleicht sogar Einfluß genommen hat. Und nach einer Unterredung mit der Bundesanwaltschaft - Staatssekretär Strauß selbst ist auf Reisen - regt sich bei Stammberger der Verdacht , die Weisung zur Geheimhaltung sei auch aus diesem Ministerium gekommen. Stammberger empfindet dies als einen Vertrauensbruch sich gegenüber. Tief empört fordert er am 31.10. vom Bundeskanzler seine Entlassung.

Aber nicht nur der Bundesjustizminister, sondern die FDP ist als ganze bewußt aus dem Spiel gelassen worden. Wohl weil sie dem "SPIEGEL" zu nahe stehen könnte, schließlich gehört der Verdächtige Augstein zu ihren Mitgliedern. In Nordrhein-Westfalen ist der von ihr gestellte, für alle Polizeieinsätze in Bonn verantwortliche Innenminister Weyer auch nicht unterrichtet worden. Wie sich herausstellt, ist auch sein Staatssekretär Ludwig Adenauer (CDU-Mitglied und verwandt mit dem Kanzler) informiert worden und hat nichts weitergegeben. Dies kann sich die FDP nicht bieten lassen. Im Wahlkampf 1961 war sie gegen den autoritären Kanzler Adenauer angetreten, aber nach der Wahl aus Angst vor einer großen Koalition von CDU und SPD umgefallen. Eine Rolle als Wahrerin der Rechtsstaatlichkeit und als Kontrollinstanz in der Regierung will sie seither spielen, und da muß die absichtliche Hintergehung als grober Affront wirken. Die FDP zieht sich kurzerhand aus der Koalition zurück, ihre Minister bleiben dem Kabinett fern, das Präsidium tritt noch am 31.10. zu einer abendlichen Beratung zusammen.

Zur Überraschung der Journalisten taucht hier gegen 22 Uhr der Staatssekretär des Bundesverteidigungsministeriums, Waldemar Hopf (CDU), auf. Wie bekannt wird, hat er Walter Strauß angewiesen, über die bevorstehende Aktion zu schweigen. Er übernimmt vor der FDP-Spitze die Verantwortung für die Nichtunterrichtung Stammbergers und gilt fortan als der Schuldige. "Der Mann, der die Bonner Koalitionskrise auslöste, bekennt: ICH WAR ES!" meldet anderntags die "BILD"-Zeitung.

Die FDP fordert Adenauer auf, Hopf und Strauß zu entlassen und dem Justizminister Vollmacht für weitere Untersuchungen zu erteilen. Die Presse unterstützt die wackere Partei, sie sieht "die Stunde der FDP gekommen" (Stuttgarter Zeitung 2.11.1962), sie soll endlich "Licht in den Dschungel" bringen. (Wiesbadener Kurier 2.11.1962)

3. Szene
Staatssekretäre werden entlassen

Adenauer erscheinen die Forderungen übertrieben. Erst brüskiert er die FDP, indem er das auf die CDU/CSU-Minister reduzierte Kabinett ein Sozialpaket verabschieden läßt, das sie zuvor abgelehnt hat; dann schreibt er am 2.11. einen beschwichtigenden Brief an ihren Vorsitzenden Mende. Die FDP stellt daraufhin dem Kanzler ein Ultimatum: Bis zum Montag, dem 5.11., soll er ihre Forderungen erfüllen, insbesondere die Entlassung des Schuldigen Hopf. Minister Strauß bestätigt auch ausdrücklich nochmals dessen Verantwortlichkeit; in einem Interview behauptet er, er habe den Vorwurf eines Racheaktes schon vorausgesehen und deshalb Hopf die Bearbeitung der "ganzen 'Spiegel'-Angelegenheit " überlassen. "Wenn Sie so wollen, dann ist in dieser Zuständigkeit Herr Hopf augenblicklich der Chef meines Ministeriums", sagt er. (8 Uhr Blatt Nürnberg 3.11.1962)

Am Wochenende geben beide Seiten schließlich nach. Adenauer gesteht die Entlassung des Staatssekretärs Strauß und die vorläufige Beurlaubung des Staatssekretärs Hopf zu (beides trifft die Geopferten nicht schlimm; Strauß ist bereits als Richter für den Europäischen Gerichtshof ernannt, und Hopf soll sich einer Nachoperation unterziehen). Dafür verzichtet Justizminister Stammberger auf seinen Rücktritt. So sind die an der Vertrauenskrise innerhalb der Koalition scheinbar Schuldigen symbolisch bestraft worden, der FDP scheint mit dieser Opfer-Dramatisierung die Situation bereinigt. Überdies ist ja der Staatssekretär Hopf auch für die Beteiligung des Verteidigungsministeriums an den Ermittlungen gegen den "SPIEGEL" zuständig gewesen, da kann man nach seiner Beurlaubung auch die Aufklärung dieses Aspektes der Affäre abwarten.

4. Szene
"Verantwortliche und Sündenböcke"

Die Kritiker in den Zeitungsredaktionen aber sind mit der Vorstellung ganz und gar nicht zufrieden. Es ist die Rede davon, "die unverantwortlichen Staatssekretäre" hätten "als verantwortliche Sündenböcke über die Klinge springen " müssen. (SZ 6.11.1962) "DIE ZEIT" nennt die Vereinbarungen "grandiose Klüngelei" und ist empört: "Stammberger mag - wie die anderen FDP-Götter - besänftigt sein durch das Sühneopfer, das die CDU dem erzürnten Partner gebracht hat. Wir sind es nicht." (9.11.1962) Zufriedene Kritiker, die in der Vereinbarung einen "Sieg der Vernunft" sehen (Saarbrücker Landeszeitung 6.11.1962), dringen kaum durch die neuerliche Entrüstung.

Das Opfer der Staatssekretäre wird angesichts all der Ungereimtheiten der Affäre nicht angenommen. Viele Kommentatoren glauben schon nicht, daß Hopf allein und von sich aus gehandelt hat. Auch die Frage, wer denn die Aktion initiiert hat, bleibt weiter unbeantwortet. Außerdem sind in Bonn die hohen Offiziere des Verteidigungsministeriums von der Sicherungsgruppe verhört worden, ein Verräter aber ist nicht gefunden worden. Geheime Protokolle des Verteidigungsausschusses des Bundestags seien beim "SPIEGEL" gefunden worden, hat die Bundesanwaltschaft mitgeteilt. Ein Verfahren gegen die - wieder durch Gerüchte - der Weitergabe verdächtigten Abgeordneten Jahn (SPD) und Döring (FDP) aber wird nicht eingeleitet.

Weiter haben die Staatsanwälte ihr umstrittenes nächtliches Eingreifen inzwischen eher fadenscheinig begründet: Ein Anzeigenvertreter des "SPIEGEL" sei versehentlich am Nachmittag des 26.10. verhaftet worden und hätte nach seiner Freilassung wenig später die Redaktion warnen können. Man habe daher wegen "Gefahr im Verzuge" gleich handeln müssen. In der "SPIEGEL"-Redaktion sind inzwischen neun Staatsanwälte mit der Durchsicht der Unterlagen beschäftigt. Am Donnerstag, fünf Tage nach der Besetzung, sind die ersten 16 Räume freigegeben worden, bis dahin hat die redaktionelle Arbeit nur in Räumen stattfinden können, die andere Hamburger Presseunternehmen großzügig zur Verfügung gestellt hatten. Material aus ihrem Archiv haben die Redakteure nur auf detaillierten schriftlichen Antrag unter Polizeiaufsicht holen dürfen.

Die meiste Aufmerksamkeit aber hat inzwischen die Frage auf sich gezogen, wie es denn zu der illegalen Verhaftung Ahlers' gekommen ist. Die spanischen Behörden haben bekanntgegeben, Interpol sei eingeschaltet gewesen, die Bundesanwaltschaft aber will keine Fahndung in die Wege geleitet haben. Das Auswärtige Amt hat ebenfalls jeden Verdacht von sich gewiesen. Einzig der Militärattaché bei der deutschen Botschaft in Madrid hat eine Beteiligung zugegeben. Der dem Verteidigungsminister unterstehende Oberst Oster hat aber nichts Näheres zu den Vorgängen sagen mögen, und auch der Sprecher des Ministeriums hat wieder nur dementieren können. Am Samstag sind dann in Fortsetzung der Merkwürdigkeiten auch noch "SPIEGEL"-Verlagsdirektor Becker und ein Bundeswehroffizier verhaftet worden, dessen Name nicht genannt wird.

Am Sonntag in der "Panorama"-Fernsehsendung der ARD und dann am Montag in der neuen Ausgabe des "SPIEGEL" (mit einer von 500.000 auf 700.000 erhöhten Auflage) ist der staatliche Zugriff noch einmal allen Interessierten vor Augen geführt worden. In "Panorama" ist u.a. ein Interview mit Frau Ahlers über die nächtliche Verhaftung in Malaga gesendet worden; der "SPIEGEL" bringt eine genaue Beschreibung der Verhaftungen und Durchsuchungen seiner Redaktion. Auch der "STERN" berichtet groß von der "POLIZEIAKTION SPIEGEL" und zeigt auf einem doppelseitigen Foto den schmächtigen, brilletragenden Augstein mit drei Bewachern in einem Bonner Dienstwagen.

Das Bild eines Behördenapparates, in dem ungeschickt oder gar ungesetzlich gehandelt wurde, für dessen unkorrekte Handlungen aber niemand die Verantwortung tragen will, ist längst auch der Regierung zugeneigten Kommentatoren zuwider. "Bild an Bonn: Endlich Farbe bekennen!" hat es laut am Samstag getönt, und das "Hamburger Abendblatt" desselben Tages hat für alle gesprochen: "Es ist unerträglich, daß die zuständigen Stellen über alle diese Vorgänge ausweichende, widerspruchsvolle und unbefriedigende Erklärungen abgeben. Die Öffentlichkeit /.../ will und muß wissen, wer für diese bedenklichen Vorgänge verantwortlich ist."

IV. Akt

Dieser Akt bringt den dramatischen Höhepunkt des Stückes. Auf höchster politischer Bühne, im Bundestag, wird nun die Auseinandersetzung um die Affäre in erster Besetzung ausgetragen. Zunächst findet eine Fragestunde statt, in der fast alle Antworten offen bleiben, dann prallen im Streit von Regierung und Opposition nochmals die gegensätzlichen Auffassungen über das Verhältnis von Staat und Presse aufeinander, die von Beginn der Affäre an Thema waren; der große alte Kanzler spricht dabei deutliche Worte. Dann wird die politische Auseinandersetzung endgültig personalisiert, geht es nur noch um einen: den Schuldigen, der durch hartnäckiges Fragen der Opposition endlich entdeckt wird.

1. Szene
Höcherls Tarnen und Täuschen

Nach ihrem anfänglichen Zögern hat sich die SPD doch für die Rolle der konsequenten Opposition im Parlament entschieden. Sie richtet am 5. November 18 Dringlichkeitsfragen an die Regierung. Justizminister Stammberger muß sich mit dem CSU-Trio Strauß, Postminister Stücklen und Innenminister Herrmann Höcherl am Dienstagabend zusammensetzen, um die Beantwortung abzusprechen. Dies strengt den Justizminister so sehr an, daß er zu Hause einen Kreislaufkollaps erleidet.

So muß nach der Geschäftsordnung Höcherl am Mittwoch für Stammberger antworten. Er tut es entweder flapsig, wie bei der Frage nach den Gründen für den nächtlichen Termin der Aktion: "Über die Motive des Ermittlungsrichters des Bundesgerichtshofes und über die Motive des Bundesanwalts kann ich mir keine Vorstellung machen, weil ich das Seelenleben dieser beiden Herren zu diesem Zeitpunkt nicht kennen kann", oder er verschanzt sich hinter der angeblich für Nachforschungen bisher zu kurzen Zeit. Auch über die Verhaftung Ahlers' erfahren die Abgeordneten von ihm nichts Neues. Die spanischen Behörden haben zwar inzwischen bekanntgegeben, das Bundeskriminalamt sei eingeschaltet gewesen, aber nach Höcherls "bisherigen Feststellungen" hat niemand von der Sicherungsgruppe in jener Nacht nach Spanien telefoniert. Als die sechzig Minuten der Fragestunde vorbei sind, hat die Opposition nichts herausbekommen.

2. Szene
Der Kanzler wird deutlich

Die weitere Plenarsitzung nimmt dann ihren vorgesehenen Verlauf, bis der SPD-Abgeordnete Ritzel das Thema "SPIEGEL" noch einmal aufgreift. Er wolle sich dagegen verwahren, sagt er, daß durch Zurufe wie in der Fragestunde die SPD mit dem Landesverratsverfahren in Verbindung gebracht werde, schließlich verurteile sie "gleich jedem anständigen Deutschen aufs schärfste Landesverrat, wo er wirklich vorliegt". Die Fragen der SPD bezögen sich nur darauf, ob das Vorgehen der Behörden bei der Untersuchung im gesetzlichen Rahmen geblieben sei. Es müsse dabei bleiben, "daß der Staatsbürger gegen Willkür im eigenen Lande geschützt ist", ruft Ritzel aus.

Das sind deutliche Worte, und nun tritt Bundeskanzler Adenauer, der bisher kaum etwas zu den Ereignissen gesagt hat, erregt ans Rednerpult. Er protestiert scharf gegen die Erklärung und spricht den Beamten von Bundesanwaltschaft und Bundeskriminalamt seinen Dank für die "Intensität" ihres Einsatzes aus. Der Sozialdemokrat aber wiederholt seine "Sorgen um die Methoden, mit denen hier gearbeitet worden ist". Die Aufregung im Plenarsaal steigert sich weiter, Zurufe gehen zwischen den Fraktionen hin und her.

Dann kommt Adenauer wieder ans Rednerpult und gerät in einen heftigen Wortwechsel mit den SPD-Abgeordneten:

Dr. Adenauer: "Meine Damen und Herren, in der Erklärung, die Herr Ritzel eben vorgelesen hat" (anhaltende Zurufe von der SPD)

"oder in dem, was er hinzugefügt hat, steht folgendes drin: einmal hier der Landesverrat, aber auch auf der anderen Seite der Schutz der Bürger hier vor den Mißgriffen der Minister, der Staatssekretäre und --" (Zustimmung bei der CDU/CSU - Lebhafte Zurufe von der SPD.)

"und dann meine Damen und Herren, hat er eben hier erklärt: Die Sorgen um die Methoden, mit denen hier gearbeitet worden ist --"(Lebhafte Zurufe von der SPD: Sehr richtig! - Abg. Seuffert: Haben Sie keine Sorgen? Hat der Justizminister keine Sorgen? Zuruf von der SPD: Warum wollte der Justizminister zurücktreten? - Abg. Hermsdorf: Er versteht es nicht mehr, er versteht es nicht mehr!)

"Nun, meine Damen und Herren," (anhaltende Zurufe von der SPD)

"wir haben" (fortgesetzte Zurufe von der SPD)

"einen Abgrund von Landesverrat im Lande." (Abg. Seuffert: Wer sagt das ?)

"Ich sage das." (Laute Rufe von der SPD: Aha ! So? - Abg. Seuffert: Ist das ein schwebendes Verfahren oder nicht?)

"Denn, meine Damen und Herren," (Zuruf des Abgeordneten Seuffert)

"wenn von einem Blatt, das in einer Auflage von 500.000 Exemplaren erscheint, systematisch, um Geld zu verdienen, Landesverrat getrieben wird --" (Erregte Zurufe von der SPD: Pfui! Huh! - Pfeifen und anhaltende Zurufe von der SPD, u.a. von den Abgeordneten Seuffert und Hermsdorf.)

Präsident Dr. Gerstenmaier: "Meine Damen und Herren, ich bitte Sie, die Ordnung zu bewahren, die erforderlich ist, um die Diskussion weiterführen zu können. Es hat keinen Zweck. - Herr Abgeordneter Hermsdorf! - Herr Abgeordneter Hermsdorf, beruhigen Sie sich!"

Nun tritt das Hohe Haus in eine polemische Debatte ein: Innenminister Höcherl stellt sich vor den Kanzler und gegen den "SPIEGEL"; der SPD-Abgeordnete Jaksch will die Motive seiner Partei nicht in Zweifel stellen lassen, "die für ihr Bekenntnis zur Rechtsstaatlichkeit Legionen von Märtyrern geopfert hat"; der Abgeordnete Wacher (CDU/ CSU) hält dagegen, die SPD ergreife "allzu stark" für den "SPIEGEL" Partei und brauche sich daher nicht über die Bezeichnung "'SPIEGEL'-Partei" zu wundern; Fritz Erler (SPD) versucht, die Debatte wieder zu den Vorgängen bei der Verhaftung von Ahlers und auf die problematische militärische Geheimhaltung zu bringen. Adenauer tritt abermals ans Mikrofon, bezeichnet Erlers Ausführungen als Versuch "abzulenken", hackt zum dritten Male auf der Erklärung Ritzels herum, klopft dabei dauernd aufs Pult, sagt über Augstein, er verdiene "am Landesverrat, und das finde ich gemein", und schließlich über die Verhaftung Ahlers':

"Auch gegen den Herrn Ahlers hatte die zuständige Stelle des Bundesgerichtes Haftbefehl erlassen wegen des Verdachts, er habe ein Verbrechen begangen, sogar ein Verbrechen von besonderer Abscheulichkeit: Landesverrat. Das hatte das Bundesgericht getan. Nun war der zufällig in Malaga. Ich habe soeben gehört, daß auch die Rede von Tanger gewesen ist. Holen Sie bitte mal einen aus Tanger raus! Ich wüßte nicht, wie wir das machen sollten." (Heiterkeit)

"Wenn der Herr Ahlers in Deutschland gewesen wäre und er wäre verhaftet worden, dann könnte kein Mensch etwas dagegen sagen." (Lachen bei der SPD.)

"Er war zufällig in Spanien und da hat ihn dasselbe Mißgeschick getroffen."

Daraufhin kommt der Abgeordnete Döring (FDP), ein Freund Augsteins, ans Pult, wirft dem Kanzler Einmischung in ein schwebendes Verfahren vor und beschreibt, wie seine Frau, "von deren 26 Familienmitgliedern 22 in deutschen Konzentrationslagern umgekommen sind, eine Frau, der es schwergefallen ist, nach Deutschland zurückzukommen", von der Affäre bewegt sei. (Seifert 1966:Bd.1:329-352)

Als "Redeschlacht" wird die dreistündige Debatte anderntags in der "Süddeutschen Zeitung" bezeichnet. Die seit Beginn der Affäre gegensätzlichen Meinungen über die Staatsautorität sind nun in eine Frontstellung der Parteipolitiker übersetzt, ihre Äußerungen werden ausführlich berichtet. Das Echo auf des Kanzlers Ausführungen in den Kommentaren ist verheerend: er habe "den Beweis dafür erbracht, daß der Zweifel an bundesrepublikanischer Rechtsstaatlichkeit begründet ist" (Hannoversche Presse 8.11.1962); er habe "die verwegensten Riesenwellen am Hochreck seiner Auffassung von Justiz vorgeturnt". (Fränkische Presse 12.11.1962) Seine Autorität bröckelt seit dieser Debatte ab. Die Verteidiger des Rechtsstaates in der Opposition bekommen dagegen viel Zustimmung zu hören.

Von dem Lärm aus der und um die Debatte wird auch die Bundesanwaltschaft übertönt. Um der wachsenden Erregung endlich handfeste Beweise für die Berechtigung ihres Zugriffes entgegenzustellen, hat sie am Dienstag der Presse folgendes mitgeteilt: Beim "SPIEGEL" gefundene Aktenvermerke hätten zur Verhaftung des Verlagsdirektors Becker und eines Obersten der Bundeswehr namens Wicht geführt. Die "SPIEGEL"-Redaktion sei durch ihn über Becker vor den Ermittlungen gewarnt worden und hätte Unterlagen beiseite schaffen können; deshalb sei auch "eine besonders gründliche Sichtung des noch vorhandenen Materials " notwendig. (Tatsächlich sitzen - zwei Wochen nach der Besetzung - noch immer Beamte in der Redaktion, wenn auch die meisten Räume wieder freigegeben sind.) Und um es noch dramatischer zu machen, haben die Bundesanwälte von einem "Exposé" berichtet, "dessen Ablichtung in dem mit einem Kombinationsschloß versehenen Panzerschrank des beschuldigten Augstein" gelegen habe und das "Staatsgeheimnisse von hohem Rang auf dem Gebiet der Landesverteidigung" enthalte. Einzig in der "BILD"-Zeitung, die am 7.11. eine große Meldung darüber bringt, machen diese Funde einen größeren Eindruck als die parlamentarische Behandlung der Affäre.

3. Szene
Die Entlarvung in der dritten Fragestunde

Auch am Donnerstag, dem 8.11., wird in der zweiten Fragestunde noch nicht klar, wer die nächtliche Verhaftung in Malaga veranlaßt hat. Innenminister Höcherl verweist wiederholt darauf, das Bundeskriminalamt habe lediglich am 27.10. tagsüber den Haftbefehl nach Madrid geschickt. Die vorherige Verhaftung kann er sich nur durch einen "kurzgeschlossenen Verkehr zwischen den Kriminalpolizeien" erklären. "Das ist, ich möchte einmal sagen, etwas außerhalb der Legalität", fügt er noch hinzu.

Auch Verteidigungsminister Strauß erklärt lediglich, in jener Nacht habe die Sicherungsgruppe von Ahlers' Spanien-Reise erfahren und davon, daß der Militärattaché Oster in Madrid, ein alter Bekannter Ahlers', von der Reise wisse. Die Beamten hätten daher beim Verteidigungsministerium und dieses wiederum bei Oster nach Ahlers' Aufenthaltsort gefragt. Oster habe diese Information auch an die spanischen Behörden weitergegeben, die bereits von dem Haftbefehl auf polizeilichem Wege unterrichtet gewesen seien. Eine Weisung an Oster selbst, Ahlers verhaften zu lassen, streitet er ab.

Am nächsten Tag nehmen die SPD-Abgeordneten sich den Minister in der dritten Fragestunde weiter vor. Er wird gefragt, wann zwischen der Weiterleitung des Gutachtens seines Ministeriums nach Karlsruhe am 19.10. und den eigentlichen Maßnahmen gegen den "SPIEGEL" am 26.10. eine Besprechung zwischen Hopf, Walter Strauß und ihm selbst stattgefunden habe. Strauß weicht aus: Nach der Rückkehr aus seinem Urlaub am 16. Oktober sei er von der Angelegenheit informiert worden und habe sie dann Staatssekretär Hopf übergeben. Er will mit der Sache nichts zu tun gehabt haben.

Aber dann kommt die Frage, welche Person in der Nacht durch das Telefongespräch mit Oster den Anstoß zur vorläufigen Festnahme Ahlers' gegeben habe. Kalkweiß im Gesicht wird der Minister, er setzt zu einer langen Erklärung an. Wieder erläutert er den Anruf über Ahlers' Reise und Osters Wissen darum. Aber diesmal geht die Geschichte ein wenig weiter:

> "Wenn nun ein Herr des Verteidigungsministeriums von der Reise weiß, diese Reise vielleicht organisiert oder vermittelt habe, dann würde der Verdacht schwer abweisbar sein, daß man, um die Informanten aus dem eigenen Dienstbereich zu schonen, einem Herrn die Ausreise ermöglicht. Aus diesem Grunde ist nachts der Anruf der

Sicherungsgruppe erfolgt. Da der Militärattaché - ich weiche dem nicht aus, das wäre eine völlig falsche Annahme oder Unterstellung - bei Anruf den Sachverhalt nicht kennen wollte, sondern sagte: 'Ich kenne nur die Stimme des Ministers', bin auch ich mit ihm verbunden worden und habe ihm das wiederholt, was vorlag /.../."
(Seifert 1966: Bd.1:402)

Für die Oppositions-Abgeordneten ist der langen Rede kurzer Sinn klar: Der Minister hat doch seine Finger im Spiel gehabt. Es nützt ihm nichts, zu beteuern, daß er vor der Nacht zum 27.10. nur gewußt habe, daß diese Angelegenheit im Laufen sei. "Mehr wußte ich nicht. Ich wußte nicht, was kommt, ich wußte nicht, gegen wen es kommt, und so weiter", versucht er sich zu retten.

Aber: "Das entscheidende Telefongespräch mit Madrid ist aufgeklärt - Strauß bekennt: Ich war es!" lautet eine Schlagzeile noch desselben Tages. (Hamburger Abendblatt 9.11.1962) Als "Geständnis" werden seine Erklärungen bezeichnet. (Bremer Nachrichten 10.11.1962) Nach zweiwöchigem Rätselraten ist nun klar, daß Franz-Josef Strauß selbst in das Verfahren gegen den "SPIEGEL" eingegriffen hat, persönlich einen Übergriff veranlaßt hat.

V. Akt

Mit der überraschenden Entdeckung im vierten Akt hat der Spannungsbogen der Affäre nach zwei Wochen seinen Höhepunkt erreicht. Nun nutzen alle Beteiligten die Konzentration der Aufmerksamkeit auf eine Person der politischen Hauptbühne zur Bereinigung der ganzen Geschichte. Nach und nach schließen sich alle, die Aufklärer und die in die Affäre Verwickelten, der Schmähung des Opfers an, das sich zwar mit Unterstützung seiner Hausmacht noch wehrt, aber dann der Überzahl erliegt.

Das zähe Ringen auf der politischen Bühne, das noch einmal drei Wochen lang dauert, läßt das weitere Verfahren gegen den "SPIEGEL" in den Hintergrund treten. Auf der Vorderbühne wird nach insgesamt fünf Wochen durch das Sühneopfer des Ministers das Drama "'SPIEGEL'-Affäre" beschlossen.

1. Szene
Ein "Verräter" wird gefunden

Der "SPIEGEL"-Verlag hat schon kurz nach der Besetzung seiner Redaktion beim Bundesverfassungsgericht eine einstweilige Verfügung gegen die Behinderung seiner Arbeit verlangt. Am 9.11. lehnt das Gericht den Antrag ab. Die Ermittlungsrichter, Staatsanwälte und bewachenden Polizisten beenden die Durchsicht der Unterlagen erst am 26.11., vier Wochen nach Beginn, und nehmen eine Menge Material gegen Quittungen mit.

Dann gelingt der Bundesanwaltschaft endlich eine spektakuläre Verhaftung: Oberst Alfred Martin aus dem Generalstab der Bundeswehr wird am 28.11. festgesetzt. Er wird beschuldigt, mit Ahlers über die Pläne seines Verteidigungsministers gesprochen zu haben. Auch ein Wahlkonsul in Bonn namens Conrad sowie Josef Augstein werden verhaftet; sie hatten den Oberst mit Ahlers zusammengebracht. Nach einigen Tagen Untersuchungshaft kommen sie wieder frei, wie inzwischen auch der Chefredakteur Jacobi und der Verlagsdirektor Becker. Anfang Dezember sitzen noch die Obersten Wicht und Martin und die "SPIEGEL"-Männer Schmelz, Conrad Ahlers und Rudolf Augstein im Gefängnis. Ob sie Landesverrat begangen haben, werden die Gerichte erst nach der Bereinigung der Affäre in Bonn feststellen.

2. Szene
Strauß wird geschmäht

Während im Hintergrund der Bühne das Verfahren gegen den "SPIEGEL" andauert, steht auf der Vorderbühne der an den "Unkorrektheiten" Schuldige allein in grellem Licht. Der Chor der Presse zeigt mit Fingern auf ihn, man schmäht ihn von links und rechts:

"Ein Mann, der das Bundesjustizministerium, die Bundesanwaltschaft, das Bundeskriminalamt, Interpol und eine fremde Regierung in ein Zwielicht drängt und das Parlament der Bundesrepublik und die deutsche Öffentlichkeit tagelang hinters Licht führt, kann nicht Minister bleiben", ruft einer (FR 13.11.1962), ein anderer: "Unentschuldbar aber ist es, wenn ein Minister /.../ nicht den Mut aufbringt, für seine Unkorrektheit - oder für seinen Mut einzustehen, sondern fast drei Wochen lang in Interviews, Parteigesprächen und sogar vor dem Bundestag versucht, der Wahrheit auszuweichen." (Westfalen-Blatt Bielefeld 17.11.1962)

Die entrüsteten Studenten sind ebenfalls wieder auf ihrer Bühne und protestieren in einigen Städten, auch in München, der Heimatstadt des Ministers, gegen ihn.

Auf dem politischen Schauplatz in Bonn geht ihn Außenminister Schröder von der CDU an. Der hat sich nämlich inzwischen Bericht aus Madrid geben lassen und erfahren, daß in Wahrheit nicht Oster die Stimme seines Ministers hat hören wollen, sondern daß Strauß ihn hat herbeiholen lassen, um ihm Anweisungen zu geben. Strauß hat also noch immer nicht die ganze Wahrheit gesagt, und er verliert nun das Vertrauen der großen Schwesterpartei. Noch wird aber nicht an seinem Stuhl gesägt, da Bundeskanzler Adenauer zum US-Präsidenten Kennedy reist und sich Burgfrieden unter den Ministern ausbedungen hat.

Am 15.11. allerdings ist es damit vorbei. Die sozialdemokratische Bundestagsfraktion bringt mit einem Antrag auf Entlassung des Verteidigungsministers die FDP in eine Zwangslage: Entweder wird sie mit der Regierung gegen den Antrag stimmen und damit ihren Anspruch Lügen strafen, oder sie wird für den Antrag stimmen und so eine neue Koalitionskrise verursachen. Die Liberalen treten die Flucht nach vorn an, auch sie fordern Strauß' Entlassung. Obwohl Adenauer seine Amerika-Reise um einen Tag verkürzt, um daheim mit Mende zu konferieren, kann er den neuerlichen Bruch nicht verhindern. Mit Blick auf die für den 25.11. anstehenden Landtagswahlen in Bayern will er den CSU-Vorsitzenden nicht gerade jetzt fallen lassen; die FDP aber bleibt hart, zieht wieder ihre fünf Minister aus der Regierung zurück und erklärt am 19.11. formell eine Regierungsumbildung für notwendig. Taktvoll wird Strauß nicht namentlich erwähnt. Mit diesem Rückzug steht Adenauer wieder ohne Regierungsmehrheit da. Weil der Verteidigungsminister noch immer nicht zurücktreten will, ist aus der "SPIEGEL"-Affäre eine Regierungskrise geworden.

In dieser Situation tritt eine neue Gruppe auf die Bühne: 54 Hochschulprofessoren aus Tübingen sehen die "innere Autorität eines freiheitlichen Staatswesens" in Gefahr und wenden sich in "tiefer Sorge" an die Politiker. Sie schreiben von einer "Vertrauenskrise in unserem Volk", die "zur inneren und äußeren Schwäche der Bundesrepublik führen kann". Sie sei hervorgerufen worden durch "ein unwürdiges und unwahrhaftiges Versteckspiel" der Regierung, und sie sei angesichts der schwachen demokratischen Tradition im Lande "nur noch durch einen unmißverständlichen Akt des politischen Anstandes" zu beheben. (Seifert 1966:Bd.2:393f) Diese Erklärung wird in der Presse viel zitiert, ebenso wie eine folgende von 63 Bonner Professoren. Strauß wird auch hier nicht genannt, aber er ist nun die Schlüsselfigur; sein Rücktritt soll das Vertrauen von Volk und Ausland in die deutsche Regierung wiederherstellen, ihre erschütterte Autorität wieder festigen. Die CDU/CSU greift zu einer vorläufigen Schutzmaßnahme: Auch ihre Minister treten alle zurück, und Adenauer wird aufgefordert, eine neue handlungsfähige Regierung zu bilden.

Wenig später erhebt dann Stammberger im bayerischen Wahlkampf, den die FDP ausdrücklich gegen den CSU-Vorsitzenden führt, zwei Tage vor der Wahl die spektakuläre Beschuldigung, Strauß habe in der Affäre "die Dinge bis ins Letzte in der Hand gehabt". In Wahrheit habe nämlich nicht der Staatssekretär Hopf die Anweisung gegeben, ihn nicht zu unterrichten, sondern sein Minister Strauß.

3. Szene
Gegenwehr aus Bayern

Verteidigungsminister Strauß aber denkt noch immer nicht daran, sich zu beugen, und seine Partei hat sich im Wahlkampf hinter ihn gestellt. Strauß ist für sie Opfer einer Verleumdungskampagne, hat er doch mit dem nächtlichen Anruf in Madrid nur legitime Amtshilfe geleistet. "Verrat oder Sicherheit" ist für diese Partei die Alternative, die sich mit der "SPIEGEL"-Affäre stellt. Sie setzt eine Symbolisierung gegen die andere: In großen Wahlanzeigen wird Strauß als Staatsmann dargestellt, der für Deutschlands Zuverlässigkeit in der Nato steht. "Für jeden, der es genau wissen will!" druckt die Partei zwei Tage vor der Wahl einen langen Artikel als Wahlanzeige im "Münchner Merkur" ab. Eine "bedenkenlose Attacke" gegen die Regierung habe denjenigen Kräften im östlichen und westlichen Ausland "Waffen und Munition geliefert", die Deutschlands "lebenswichtigen Interessen" entgegenstehen, heißt es darin. An den "gesunden Hausverstand der bayerischen Bundesbürger" wird appelliert, der "in der Ruhe, Abgeschiedenheit und dem Ernst der Wahlzelle" wieder sprechen werde.

Am 25.11. begeben sich die Bayern in die Wahlzellen, und heraus kommt für die CSU zum ersten Male die absolute Mehrheit im Landtag. Franz-Josef Strauß kehrt mit der neugewonnenen Unterstützung seiner Hausmacht nach Bonn zurück.

4. Szene
"Gut für uns alle" - Der erzwungene Rücktritt

Am selben Tag, als in Hamburg die letzten Räume des "SPIEGEL" freigegeben werden, ziehen die CSU-Männer wieder in Bonn ein und konferieren mit Adenauer, der alte Kanzler äußert sich aber noch nicht. Am Dienstag hält Strauß vor der CDU/CSU-Bundestagsfraktion eine lange Selbstverteidigungsrede, aber er merkt, daß die CDU-Abgeordneten ihn nicht mehr stützen wollen. Vor dem Fraktionsvorstand, der am Mittwoch ohne den Kanzler tagt, versucht er, sich zu retten, indem er behauptet, Adenauer selbst habe ihn vor der Aktion gegen den "SPIEGEL" zur Geheimhaltung gegenüber Stammberger verpflichtet. Das ist zuviel für die Autorität des Kanzlers; am selben Nachmittag läßt Adenauer erbost erkennen, daß er Strauß fallen gelassen hat, und dementiert dessen Erklärungen.

Strauß hat nun keinen Rückhalt mehr, auch der CSU-Vorstand will ihn nicht gegen die Schwesterpartei halten. Am 30.11. gibt der Parteivorstand offiziell bekannt, daß Strauß einem neuen Kabinett Adenauer "nach den Vorkommnissen der letzten Wochen, insbesondere der Haltung der FDP" nicht mehr angehören könne.

Damit ist es endgültig, der geschmähte Minister verläßt die Bühne. Ein Chormitglied, die "BILD"-Zeitung, stellt den Wert des Rücktritts für das Publikum fest:

> "Die Entscheidung ist gefallen, Strauß geht. Die Entscheidung ist gut für die CDU/CSU, sie ist gut für Strauß - sie ist gut für uns alle. Auch die unerfreulichen Begleitumstände der 'Spiegel'-Affäre scheinen geklärt. /.../ Mit der in Deutschland einmaligen Mischung von bayerischem Temperament und preußischer Gründlichkeit hat Strauß die Aktion durchgeführt. Dabei sind ihm zwei entscheidende Fehler unterlaufen. /.../ Fest steht: Durch Straußens ungeschicktes, vielfach unmögliches Verhalten haben die unrichtigen Behauptungen all derer Auftrieb bekommen, die von einem politischen Racheakt gegen den 'Spiegel' sprachen. /.../" (BILD 1.12.1962)

Strauß, der Mann mit der einmaligen Charaktermischung, die für alles verantwortlich gemacht wird, ist gegangen. Die Opposition im Parlament, der Chor der Entrüsteten, sie haben ihr Sühneopfer bekommen, sie müssen beruhigt sein. Der Beweis der Selbstreinigung hat die Autorität der Bonner Regierung wiederhergestellt. Alles weitere, die Neubildung der Regierung, das juristische Verfahren gegen den "SPIEGEL", mag zwar noch ein wenig aufregen, aber die erschütternden, dramatischen Auseinandersetzungen der "SPIEGEL"-Affäre sind damit ausgestanden.

Nachgeschichten

Die "Redeschlacht" war auch der Anfang vom Ende der Ära Adenauer. Zum ersten Male nach dem Krieg sind zahlreiche Bürger ausdrücklich auf Distanz zur staatlichen Obrigkeit gegangen. Und vor allem der alte Kanzler selbst hat erheblich an Autorität verloren. Nach einer kurzen Fühlungnahme mit der SPD, die aber nicht mit ihm regieren will, wird er auch von der FDP und schließlich von der eigenen Partei zu einem Rücktrittsversprechen für den nächsten Herbst gedrängt.

Nach seinem Zugeständnis sind die Koalitionsverhandlungen mit der FDP schnell beendet, und am 11.12. steht die neue Regierung; auf der Ministerliste tauchen die Namen Strauß und Stammberger nicht wieder auf. Damit ist auf der politischen Bühne wieder Ruhe eingekehrt.

Am 4. Februar des neuen Jahres wird auch noch ein ausführlicher "Spiegel-Bericht der Bundesregierung" vorgelegt. In einem ersten Teil über die Amtshilfe für die Bundesanwälte vor dem polizeilichen Zugriff wird bestätigt, daß Minister Strauß tatsächlich Staatssekretär Strauß angewiesen hat, seinem Minister nichts zu sagen. In einem zweiten Teil geben die vier berichterstattenden Ministerien zum Teil voneinander abweichende Darstellungen über die Festnahme von Ahlers. Trotz der Differenzen, vor allem zwischen dem Verteidigungs- und dem Außenministerium, wird deutlich, daß der Minister Strauß die Initiative bei der Verhaftung übernommen hatte. Seine Aussage, es habe sich um Amtshilfe gehandelt, wird im Bericht widerlegt. Diese und noch fünfzehn andere wesentliche "Unwahrheiten" in den Ausführungen der Regierung während der Fragestunden im November letzten Jahres zählt die SPD in einem eigenen Bericht vom 11. März auf. Allein neun "unwahre Aussagen" werden Strauß angelastet.

Unterdessen geht das juristische Verfahren gegen den "SPIEGEL" weiter. Nachdem die beschuldigten Offiziere und Redakteure aus der Untersuchungshaft entlassen sind (zwischen 30 Tagen bei Alfred Martin und 103 Tagen bei Augstein sind es gewesen), dauern die gerichtlichen Voruntersuchungen beim Bundesgerichtshof bis zum Januar 1965 an. In ihrem Verlauf widerlegt der ehemals ranghöchste deutsche Nato-Offizier jenes Gutachten aus dem Verteidigungsministerium über die 41 Staatsgeheimnisse in dem "Fallex"-Artikel. Er findet kein einziges darin. Auch jenes im Safe von Augstein gefundene Exposé des Artikels ist kein Beweis mehr, da Conrad Ahlers die meisten Einzelheiten daraus eben nicht übernommen hat. Damit ist die Anklage zusammengefallen, im Mai 1965 lehnt der Bundesgerichtshof die Eröffnung eines Hauptverfahrens gegen Augstein und Ahlers ab. Auch die Ermittlungen gegen die Obersten und die anderen Redakteure werden eingestellt. Das Verfahren gegen den "SPIEGEL" endet mit einer Abfuhr für die Bundesanwälte und das Bundesverteidigungsministerium.

Sonderliche Aufregung erhebt sich nicht angesichts des Mißverhältnisses zwischen diesem Ende und den lauten Beschuldigungen durch Staatsanwälte und Politiker vom Anfang der Affäre. Die Polizeiaktion und die "Redeschlacht" liegen schon so weit zurück, daß sich die "Frankfurter Allgemeine Zeitung" veranlaßt sieht, auf etwas mehr als einer halben Seite eine Chronik von Ereignissen und Äußerungen ins Gedächtnis zu rufen. Erhalten geblieben ist dagegen die Erinnerung an die Figur Franz Josef Strauß. Im Wahlkampf für die Bundestagswahl 1965 versucht die FDP, sich auf seine Kosten als Retterin des Rechtsstaates zu zeigen; sie macht die einstigen "Strauß-Lügen" noch einmal zum Thema. Als Strauß dagegen vor Gericht geht, greift auch der "SPIEGEL" gegen den alten Feind mit ein; drei Ausgaben wird jeweils eine 20seitige Dokumentation beigeheftet, die Strauß' Aussagen und Ausflüchte während dreier Affären mit den späteren Erkenntnissen über die Vorgänge konfrontieren. So hilft das Magazin selbst mit, das Tabu, mit dem Strauß belegt worden ist, zu erhalten. (In der großen Koalition wird es scheinbar aufgehoben werden, als Strauß wieder Minister werden kann, allerdings wird die Union dafür Conrad Ahlers als Regierungssprecher akzeptieren müssen. Wie stark aber das Tabu ist, wird bei der klaren Niederlage Strauß' als Kanzlerkandidat gegen Helmut Schmidt 1980 deutlich werden.)

Eine andere Nachgeschichte hat die Affäre noch ab Januar 1966 vor dem Bundesverfassungsgericht. Der "SPIEGEL"-Verlag will feststellen lassen, daß der nächtliche Zugriff, die lange Besetzung und die Durchsicht aller Unterlagen gegen den Artikel 5 der Verfassung verstoßen haben. Als Zeugen müssen nun die damaligen Ankläger und die Beamten des Verteidigungsministeriums über das Verfahren aussagen. Vor allem die Rolle des damaligen Staatssekretärs Hopf (er ist mittlerweile Präsident des Bundesrechnungshofes) wird in den Vernehmungen deutlich. Er hat damals die Bundesanwälte über Gebühr beeinflußt, hat er ihnen doch - entgegen der Wahrheit - erzählt, die Amerikaner hätten mit Erschrecken auf den "SPIEGEL"-Artikel reagiert. Außerdem hat er ihnen das dürftige Gutachten seines Ministeriums als fundiertes dargestellt. Der Gutachter selbst sagt aus, daß er es in nur drei Tagen erstellt habe, "vorläufig" habe er extra darübergeschrieben.

Vier der acht Verfassungsrichter sehen am Ende den Zugriff als verfassungswidrig an. Die anderen vier Richter erachten die Begründungen als ausreichend, die Beschwerde ist durch dieses Unentschieden abgelehnt. In dem Grundsatzurteil wird aber nun die Freiheit der Presse festgeschrieben. Die sie beschränkenden Gesetze seien selbst in ihrer Wirkung einzuschränken, schließlich sei es der freiheitlich-demokratischen Grundordnung "eigen, daß die Staatsgeschäfte, einschließlich der militärischen, zwar von den hierfür zuständigen staatlichen Organen geführt werden, aber der ständigen Kritik oder Billigung des Volkes unterstehen." (Löffler 1963:178) Parallel zu dem Verfahren ist auch die Diskussion um die gesetzliche Bestimmung des "Landesverrats" in Gang gekommen. Sie endet 1968 unter der Großen Koalition mit einer Einengung des Begriffs durch die Unterscheidung zwischen "Landesverrat" und "Offenbaren von Staatsgeheimnissen", also zwischen dem, was Spione beabsichtigen, und dem, was Journalisten tun können.

Zwei Dinge sind also nach der "SPIEGEL"-Affäre deutlich festgestellt und können als Moral des Stückes gelten: Die Bundesrepublik ist ein demokratischer Staat, ihre Regierung hat sich journalistische Kritik und Angriffe gefallen zu lassen; ein "SPIEGEL"-Redakteur, der über die Bundeswehr schreibt (oder den Verteidigungsminister angreift), ist nicht gleich ein Vaterlandsverräter. Und Franz Josef Strauß, der seinen Mann in Madrid anrief, gilt als gefährlicher Politiker.

Darüber hinaus wird die "SPIEGEL"-Affäre insgesamt zu einem Symbol für bundesrepublikanische Demokratie. Zum ersten Mal sind viele Skandalierer gemeinsam auf die politische Bühne getreten. Die Abwehrreaktion der Politiker auf den Protest, die Dramatisierung und Personalisierung des politischen Konflikts, hat nicht verhindert, daß hier die aktive Beteiligung der liberalen Öffentlichkeit an einer demokratischen Politik beispielhaft vorgeführt wurde.

Literatur

Löffler, Martin: Der Verfassungsauftrag der Presse. Modellfall Spiegel. Karlsruhe 1963.

Seifert, Jürgen (Hrsg.): Die Spiegel-Affäre. 2 Bde. Olten/Freiburg i. Br. 1966.

Schoenbaum, David: Ein Abgrund von Landesverrat. Wien-München-Zürich 1968.

Schöps, Joachim (Hrsg.): Die SPIEGEL-Affäre des Franz Josef Strauß. Reinbek b.H. 1983.

SOHO STRENG SIND DA DIE BRÄUCHE ...

„DU RIECHST NACH PORFUMO, MAC!“

No Sex please, we are British

Eine Boulevardkomödie

Ort: London

Zeit: 1963

Die Personen:

John Dennis Profumo	*Eine Lüge beendet die bis dahin untadelige Karriere des Kriegsministers*
Christine Keeler	*Die junge, langbeinige, rotblonde Schönheit bringt eine Regierung ins Wanken*
Stephen Ward	*Massage-Heilpraktiker, Portraitmaler, Salonkommunist, Liebhaber und Vermittler junger Mädchen*
Eugen Iwanow	*Der spionierende Russe verschärft die Lage*
Harold Macmillan	*"Supermac" stürzt vom Podest*
Harold Wilson	*Der kommende Mann nutzt seine Chance*
George Wigg	*Der verdiente Soldat behält Profumo im Auge und bringt die Sache ins Rollen*
Lord Astor	*Alter Landadel, er hält den Masseur und Maler für die High Society aus*
Johnnie Edgecombe, "Lucky" Gordon	*Sie bringen Christine in die Schlagzeilen und die Gerüchteküche zum Kochen*
Lord Denning	*Der große Unparteiische vertreibt die Giftwolke*
Die Presse	*Zwei ungleiche Schwestern, die TIMES und NEWS OF THE WORLD trauen sich erst sehr spät, ihre Meinung kundzutun*
MI 5	*Die Geheimdienstleute wissen schon früh Bescheid*

Inhalt

Life, liberty, and the pursuit of happiness

Das Bühnenbild

Zu Beginn der fünfziger Jahre entwickelten sich in Großbritannien Elemente der Wohlstandsgesellschaft. Vollbeschäftigung, wirtschaftliches Wachstum und steigender Konsum kennzeichneten diese Phase. In dieser "liberalminded business society" (Thomson 1981:260) zählte der Erfolg. Toleranz und Großzügigkeit wurden offiziell verkündet, doch die Ausgaben im öffentlichen Sektor hielten mit der Privatwirtschaft nicht Schritt.

Diese Wohlstandsperiode war auch die erfolgreichste Zeit für Harold Macmillan, der 1957 nach dem Rücktritt Anthony Edens das Amt des Premierministers übernommen hatte. "Supermac" (SPIEGEL 25/1963) gewann 1959 für die Konservativen die fast aussichtslos erscheinende Wahl nach der Suez-Krise. Den Wahlkampf prägte er mit dem Slogan "You've never had it so good". Die Tories fühlten sich wieder stark. Unter Macmillan emanzipierten sich die Staaten des Commonwealth, der sich für ihre Unabhängigkeit besonders einsetzte. Gleichzeitig wurden aber Gesetze erlassen, die eine Einwanderung in das britische Mutterland erheblich erschwerten.

Als sich Ende der fünfziger Jahre das wirtschaftliche Wachstum verlangsamte und die Inflation stieg, versuchte die Regierung, mit unpopulären Maßnahmen wie einem Lohnstopp und höheren Zinsen die Auseinanderentwicklung von sinkendem Wachstum und steigenden Preisen aufzuhalten. Katastrophal war der Anstieg der Arbeitslosigkeit von 500.000 auf 810.000 innerhalb des Jahres 1963. Macmillans Glanz verblaßte, und er verlor nach einer - wie er später selbst zugab - unüberlegten Regierungsumbildung, bei der sieben Minister gehen mußten, an innenpolitischer Glaubwürdigkeit. Auch in der Außenpolitik waren ihm keine Erfolge mehr beschieden. Im Dezember 1962 gab Macmillan in Nassau einem Vorschlag des amerikanischen Präsidenten Kennedy nach und akzeptierte das "Polaris"-Programm sowie die Einbindung in die NATO. Er verzichtete damit auf eine eigene britische Atommacht.

Am Veto de Gaulles scheiterte 1963 sein Lieblingsprojekt, der Anschluß Großbritanniens an die Europäische Gemeinschaft. Die Abhängigkeit von den beiden aufrüstenden Supermächten offenbarte sich einem kleinen Land wie dem Vereinigten Königreich, dem die USA den Schritt zur Atommacht verwehrt hatten, während der Kuba-Krise im Oktober 1962. "'Wer hat den Finger auf dem Knopf?'" (Thomson 1981:27) fragten besorgt Journalisten und Bürger und meinten damit den legendären "roten Knopf", der den Start der ersten Atomrakete und damit den 3. Weltkrieg auslöst.

Auch der moralische Standard begann sich in diesen Jahren zu wandeln. Die private, freiwillige Homosexualität wurde nach langer Diskussion 1956 nicht mehr unter Strafe gestellt. Trotz des Verbots der Prostitution, dem "Sexual Offences Act" (1956), schossen Clubs und Bordelle wie Pilze aus dem Boden. Die Richtlinien des "Obscene Publications Act" wurden 1959 erweitert, und "Lady Chatterley's Lover" (1928) durfte jetzt ungekürzt erscheinen.

Zwischen Fleetstreet - der Londoner Zeitungsmeile - und Whitehall - dem Regierungszentrum - kam es im Zuge der "Vassall-Affäre" zum "Krieg". Mit Vassall war der dritte schwerwiegende Spionagefall in 18 Monaten aufgedeckt worden. Der homosexuelle Admiralitätsbeamte war mit gestellten Photos zur Spionage erpreßt worden, seinem vorgesetzten Minister Galbraith wurden enge Beziehungen zu Vassall unterstellt, und er trat zurück. Zwei Reporter vom "Daily Mail" und "Daily Telegraph" hatten sich vor dem Untersuchungsausschuß zur "Vassall-Affäre" geweigert, ihre Informanten anzugeben. Sie hätten ein ungeschriebenes Gesetz brechen müssen, wonach Informationen aus Whitehall nur "off the record", das heißt mit der Umschreibung "aus Regierungskreisen", zitiert werden dürfen. Sie wurden wegen Mißachtung des Gerichts (Contempt of Court) im Frühjahr 1963 mit Gefängnisstrafen belegt. Ein Aufschrei ging durch die Redaktionsstuben, der Leitartikler der "Times", Sir William Haley, beschwor die Presse als Basis der politischen Freiheit und Essenz der Demokratie. Die Journalisten kamen bald frei. Im Abschlußbericht des Untersuchungsausschusses erwiesen sich die Vorwürfe gegen den ehemaligen Minister Galbraith als völlig unbegründet. Als dann noch die Amerikaner den Briten gewisse Geheiminformationen während der Kuba-Krise vorenthielten, war die Regierung im In- und Ausland endgültig blamiert.

I. Akt

1. Szene
Törichte Abenteuer

Die laue Sommernacht im Juli 1961 lädt zum Feiern und zu nächtlichen Vergnügungen ein. Eine ausgesuchte Gesellschaft der lebensfrohen englischen High Society diniert im Schloß von Lord Astor. Der Lord, alter englischer Adel, nicht mehr allzu aktives Mitglied des Oberhauses, Direktor der liberalen Sonntagszeitung "Observer" und Besitzer eines berühmten Renngestüts, führt die gastfreundliche Tradition seiner Familie fort: Feste auf dem Landsitz Cliveden, wohltätige Auftritte in der Öffentlichkeit.

Nach dem Essen schlendert er in Begleitung einiger Gäste den Hügel des Schloßgartens hinab zum Sommerhaus. Dort feiert sein Freund und Nachbar, der Massage-Heilpraktiker Dr. Stephen Ward, dem das Haus für die symbolische Summe von einem Pfund im Jahr zur Verfügung steht. Außerdem hat er einen großzügigen Kredit beim Lord und braucht sich um ein eigenes Bankkonto nicht zu bemühen. Das Geld ist für seine Massagedienste an den Gästen Lord Astors und andere Gefälligkeiten für den Cliveden-Set gut angelegt.

1912 wurde Ward als Sohn eines Geistlichen geboren und zeigte schon in seiner Jugend Interesse für Geld, schnelle Autos und hübsche Mädchen. Er war kein Mensch von Verstand, aber er wollte weit nach oben. In den USA machte er innerhalb von fünf, statt der üblichen drei Jahre, sein Diplom als Chiropraktiker. Er arbeitete als Übersetzer in Hamburg, als Fremdenführer und Portraitmaler in Paris. Während des Krieges kam er nach Indien und dort bald wegen seelischer Störungen in Behandlung. Er erholte sich rasch und reüssierte zum gern gesehenen Gast im britisch-indischen Gesellschaftsleben. Nach Kriegsende arbeitete er in einer Londoner Klinik und empfahl sich bei günstiger Gelegenheit selbst an die amerikanische Botschaft. Mit der erfolgreichen Behandlung stieg er als Modearzt in die High Society ein. Sein Zeichentalent führte ihm unter anderen die Königliche Familie als Kunden zu; er massierte Elizabeth Taylor, Paul Getty und Winston Churchill. Richtig interessant war für die Upper Ten aber sein drittes Talent. "Speisen von Fortnum & Mason, Getränke von Justerini und Brooks, Mädchen von Stephen Ward" (Rehmann 1967:187) war das Rezept für eine gelungene Party. Mr. Ward organisierte auch Abende für Leute mit etwas ausgefalleneren Neigungen und lieferte die passenden Mädchen. Seine "bush-babies" (Rehmann 1967:187) fand er in Nachtlokalen, nahm sie zu sich und "zähmte" sie.

Seinen starken Geltungsdrang befriedigte er schließlich auch in den Sphären des internationalen Krisenmanagements. Über einen russischen Freund, Eugen Iwanow, versuchte der Sowjetfreund sowohl während der Berlin- als auch während der Kuba-Krise, vermittelnd tätig zu werden. Aber die angesprochenen Politiker und die Leute vom MI 5, dem britischen Geheimdienst, die ihn schon länger beobachteten, nahmen ihn nicht ernst. Ein Freund und Psychiater charakterisierte Ward als unreifen Psychopathen, dessen Lebensziel Anerkennung sei. (Rehmann 1967:189)

An diesem Abend tummelt sich eine kleine Auswahl seiner Mädchen am Swimmingpool. Als die Gäste näherkommen, wird einem von ihnen, dem Kriegsminister - Secretary of State for War - John Dennis Profumo, ein rothaariges Nymphchen vorgestellt, das sich, nur in ein Handtuch gehüllt, eigentlich entfernen wollte.

2. Szene
Der Russe und das Mädchen

Der Mittvierziger hat sein Urteil schnell gefällt und bittet Stephen Ward am nächsten Tag, als man sich wieder am Pool trifft, um ihre Telefonnummer. Das Mädchen ist in Begleitung des stellvertretenden sowjetischen Militärattachés und Angehörigen des russischen Geheimdienstes, Eugen Iwanow, erschienen.

Christine Keeler kam 1942 in einem Eisenbahnwaggon, dem Heim ihrer Eltern, 50 Kilometer östlich von London zur Welt. Mit 15 verließ sie die Schule und ging mit "einem unersättlichen Appetit auf männliche Bewunderung" (Rehmann 1967:82) nach London. In Soho begann sie ihre Karriere als Verkäuferin, bald war sie im Bikini im Magazin "Tit-Bits" (Leckere Häppchen) abgebildet. Schließlich arbeitete sie in einem geregelten Etablissement, dem Murray-Cabaret-Club. Hier lernt sie einen der Stammgäste, Dr. Stephen Ward, näher kennen. Er nimmt die Siebzehnjährige zu sich und - selbst "kein sexueller Supermann" (Rehmann 1967:166) - stellt sie seinen Freunden vor. Für Volkes Meinung wird ein Mädchen mit Christines Qualitäten wie den langen Beinen, den roten Haaren, der süßen Haut und ihrer großen Unbekümmertheit die "böse Lust" (Rehmann 1967:166) verkörpern.

Ihr Begleiter, Kapitän Iwanow, ist für den MI 5 kein Unbekannter. Er steht unter ständiger Beobachtung und dem Verdacht, in Großbritannien einen

Spionagering aufzubauen. "Alles, was Sie sagen, geht nach Moskau" (Denning 1964:27), scherzt er auf Parties. Der Salonkommunist und Hobbyspion Ward versucht, sich den umgänglichen, gut englisch sprechenden Agenten als Freund zu erhalten. Der Sowjetbürger verläßt zusammen mit Christine die nachmittägliche Party.

3. Szene
Der Minister und das Mädchen

Erst am Tag darauf macht John Dennis Profumo von der Telefonnummer Gebrauch und geht ein Verhältnis mit dem neunzehnjährigen Mädchen ein.

> Profumo hat seit 1960 das Amt des Kriegsministers inne und ist als Mitbesitzer einer Versicherungsgesellschaft Millionär. Der Nachkomme eines italienischen Barons wurde 1915 geboren und hatte nun die Karriere vollendet, die ihm durch Herkunft und Fähigkeit vorgezeichnet war. Mit dem Landsitz Aron Carrow gehörte seine Familie der Oberschicht an, sein Vater war ein angesehener Anwalt und überzeugter Konservativer. Denken sei nicht seine Stärke, urteilte ein Freund. (Rehmann 1967:180) Sport, Charme, Elastizität und gute Verbindungen ermöglichten die politische Karriere. Die Eliteschule in Harrow, das Studium der Land- und Volkswirtschaft in Oxford und die in diesen Kreisen üblichen Weltreisen führten ihn mit den richtigen Leuten zusammen. Es war eine steile Musterkarriere: Mit 25 Jahren wurde er als jüngster Abgeordneter ins Parlament gewählt, im Krieg mit 29 Jahren Oberstleutnant und Sprecher der Truppe, ein Jahr später jüngster Brigadegeneral und Chef des britischen Verbindungsstabes in Japan. Im nächsten Jahr nahm er Abschied von der Armee und kandidierte ein Jahr darauf, 1948, erneut für das Unterhaus. 1952 heiratete er die beliebte Schauspielerin Valerie Hobson, die für ihn ihre Karriere aufgab. Als Staatssekretär im Heeresministerium organisierte er 1959 die Kampagne für das neugeschaffene Berufsheer.

Der Partylöwe Ward, der bereits vor einem Monat im Juni von einem Sicherheitsbeamten auf seinen Freund Iwanow hin angesprochen worden war, hatte versprochen, die Abwehr sofort über Vorstöße des Agenten zu unterrichten. Nach der sommerlichen Party auf Cliveden erstattet Ward wie verabredet Bericht und erzählt, Iwanow sei an Informationen über die Absicht der Amerikaner, in Westdeutschland Atomwaffen zu stationieren, interessiert. Der Unterhaltungskünstler Ward ist wie immer sehr gesprächig, ein Talent, das vom MI 5 als Sicherheitsrisiko bewertet wird, und erzählt noch ein wenig von der Party und seinen Gästen. Die Beamten nehmen seine Plaudereien von dem Mädchen Christine, dem betrunkenen Iwanow und dem Kriegsminister Ihrer Majestät sehr ernst. Sie weisen die Sonderabteilung der Polizei in London am 31. Juli 1961 an, über Ward und Christine Ermittlungen anzustellen. Diese Sonderabteilung für Terrorismusbekämpfung und Spionageabwehr kann aber, wie sie 10 Tage später berichtet, nichts Auffälliges feststellen.

Trotzdem soll der Kriegsminister vor dem Umgang mit Ward gewarnt werden. Der Kabinettssekretär, Sir Norman Brook, spricht im Auftrage der Abwehr am 9. August mit Profumo. Obwohl es nur um Belange der Sicherheit geht, fühlt der Minister sich ertappt und schreibt am gleichen Tag einen Brief an Christine, seinen "Darling", und teilt ihr mit, daß sie sich eine Weile nicht sehen können.

Ihr Liebesnest ist bald wieder - bis zum Dezember 1961, als die Liaison im Sande verläuft - Wimpole Mews 17 in London, Wards geräumiges Appartement. Auch der russische Kapitän ist weiterhin häufig dort zu Gast. Ende Juli 1962 ist im Magazin "Queen" folgendes über den lebhaften Verkehr von Profumo und Iwanow vor und hinter dem Domizil angedeutet: "alarmierte MI 5, weil jedesmal, wenn der von einem Chauffeur gefahrene CI 5 vor ihrer Haustür hielt, durch die Hintertür /.../ in den von einem Chauffeur gefahrenen Humber schlüpfte". (Rehmann 1967:193)

II. Akt

1. Szene
Welt- und Beziehungskrisen

Christine Keeler kehrt nach der Affäre zu ihrem Beschützer Ward zurück und besorgt für ihn auch neue Mädchen. So lernt sie im Oktober 1962, als er eine Farbige verlangt, den westindischen Jazzmusiker, Zuhälter und Rauschgiftdealer "Lucky" Gordon und seinen Kumpanen Johnnie Edgecombe kennen. Mit beiden lebt sie abwechselnd zusammen, wird von ihnen mit Marihuana versorgt und von beiden als ihr Eigentum betrachtet. Meinungsverschiedenheiten werden milieugemäß gelöst. Nachdem Edgecombe Gordons

Gesicht so zugerichtet hat, daß es mit 17 Stichen genäht werden muß, taucht er eine Weile mit Christine unter.

Während der Kuba-Krise im Oktober 1962 sieht Ward seine Chance, Weltgeschichte zu machen, und versucht zusammen mit Freund Iwanow, Großbritannien in eine Vermittlerrolle zwischen den Supermächten zu drängen. Das Außenministerium und mehrere Politiker werden bemüht, aber am 28. Oktober ist die Krise auch ohne die Hilfe des emsigen Doktors überstanden. Schon während der Berlin-Krise hatte das Gespann versucht, der Geschichte eine bestimmte Richtung zu geben. Man war auf sie aufmerksam geworden, machte sich aber keine Illusionen. In einem Bericht des Sicherheitsdienstes heißt es über Ward, er sei nicht vertrauenswürdig, "ein gesprächiger Extrovertierter", der für einflußreiche Freunde zufriedenstellende Liebhaberinnen besorgt. (Denning 1964:158)

Ward beurteilt seine Fähigkeiten anders und weist in einem Brief an den Abgeordneten der Labour Partei, Harold Wilson, stolz auf seine Tätigkeit als Mittelsmann während der Weltkrisen hin. Doch Wilson läßt sich nicht beeindrucken und heftet das Schreiben nur ab.

Christine aber bleibt Ward treu und beschließt, im Dezember 1962 endgültig zu ihrem Protektor zurückzukehren. Nebenbuhler Edgecombe versucht am 14. Dezember, mit eigenen Methoden das Mädchen aus der Wohnung des Masseurs zu holen. Es fallen mehrere Schüsse, und wenig später ist das Domizil des bekannten Modearztes von Reportern und Polizisten umlagert. Edgecombe wird noch am gleichen Tag verhaftet und soll wegen der Schießerei und des Angriffes auf Gordon angeklagt werden. Dem jungen Mädchen ist bei dem Gedanken, als Zeugin aufzutreten, gar nicht wohl.

2. Szene
Christine wird gesprächig

Christine erzählt von ihren Sorgen auf einer Party. Sie holt sich Rat bei einem befreundeten Rechtsanwalt, der auch von ihrem Verhältnis zu Profumo weiß.

Neun Tage später versucht John Lewis, ehemaliges Labour-Parlamentsmitglied, der auf jener Party gut zugehört hatte, mehr Details zu erfahren. Die Informationen aus mehreren Gesprächen mit Christine gibt er seinem Parteifreund Colonel Wigg, dem Militärexperten der Opposition, der sich sehr für

John Dennis Profumo, seinen Gegner im Parlament, interessiert. Die Boulevardpresse freut sich über eine spannende Story aus dem Milieu, und Freunde raten dem Callgirl, ihre Geschichte gut zu verkaufen.

Anfang des neuen Jahres, am 22. Januar 1963, schließt Christine Keeler mit der Boulevardzeitung "Sunday Pictorial" einen Vorvertrag über 1.000 Pfund (12.000 Mark) ab. Bei den Gesprächen stellt sie ihre Naivität und die ihr von Ward nachgesagte "monumentale Indiskretion" (Rehmann 1967:194) unter Beweis. Sie erzählt nicht nur ihre Lebensgeschichte und von ihrem Verhältnis mit dem Kriegsminister, sondern erklärt den erblassenden Zeitungsleuten, sie sei von Ward beauftragt worden, Profumo Informationen für seinen russischen Freund zu entlocken. Sie soll etwas über die Absicht der Amerikaner, in Westdeutschland Atomwaffen zu stationieren, in Erfahrung bringen. Als Bonbon übergibt sie der Zeitung den Brief Profumos vom August vergangenen Jahres, der mit "Darling" beginnt.

Am 26. Januar erzählt sie dieselbe Geschichte einem Polizeibeamten, als er ihr die Vorladung zum Prozeß übergibt. Die Polizei und die Sonderabteilung halten dessen Bericht für so wichtig, daß Ward und Christine zum Verhör geladen werden. Durch ein polizeiinternes Mißverständnis wird, nachdem Ward nicht erschienen war, gar nichts mehr unternommen.

Stephen Ward erfährt als erster am 26. Januar von der bevorstehenden Veröffentlichung im "Sunday Pictorial" und bricht in fieberhafte Aktivität aus. Gleich am nächsten Tag, einem Sonntag, sucht er seinen Anwalt auf. Am Montag unterrichtet er Lord Astor und dieser wiederum seinen Anwalt. Der Generalstaatsanwalt (erster Kronanwalt) und der zweite Kronanwalt werden von Astors Rechtsberater informiert. Der Lord stattet noch am Montagabend dem Kriegsminister einen Besuch ab. John Dennis Profumo läßt den Leiter des Sicherheitsdienstes zu sich kommen, der während des Gesprächs den Eindruck gewinnt, der Minister habe die Absicht, eine "D-Notice" - Publikationsverbot für sicherheitsgefährdende Informationen - zu erwirken. Dazu kommt es aber nicht, sondern am Ende dieses hektischen Montags steht eine Unterredung mit dem Generalstaatsanwalt, dem höchsten Anwalt des Königreiches. Dieser ist mit wehendem Mantel von der Verhandlung der Untersuchungskommission in der "Vassall-Affäre" zu Profumo geeilt, in der Absicht, diesem im Falle einer Verleumdungsklage Hilfe anzubieten. Im Fall Vassall ist schon jetzt abzusehen, daß der Ministerrücktritt eine Fehlentscheidung war. Der Anwalt will keinen zweiten Skandal und ermahnt den Minister, absolut aufrichtig zu sein.

Falls auch nur "ein Körnchen Wahrheit" (Denning 1964:79) an der Sache sei, müsse er zurücktreten.

Profumo aber kann ihn beruhigen, die Freundschaft zu Christine Keeler sei völlig harmlos gewesen. Man habe sich ein paarmal getroffen, und der "Darling"-Brief sei lediglich die Absage für eine Cocktailparty gewesen. Als Mann einer Schauspielerin habe er sich an diese in solchen Kreisen übliche Anrede so sehr gewöhnt, daß sie keine besondere Bedeutung mehr habe. Außerdem habe er gehört, daß Christine rauschgiftsüchtig sei und vielleicht Geld brauche. Daraufhin empfiehlt der Generalstaatsanwalt, die besten Anwälte zu konsultieren, um bei einer Veröffentlichung die nötigen Schritte einleiten zu können.

Während der folgenden Tage reißt die hektische Betriebsamkeit derer, die fürchten, daß ihre Namen genannt werden, nicht ab. Kapitän Iwanow zieht die Konsequenzen und verläßt Großbritannien am 29. Januar. Profumo bekräftigt seine Version verschiedenen Personen gegenüber: am 1. Februar vor dem Privatsekretär des Premierministers, am 3.2. erneut mit seinem Anwalt vor dem Generalstaatsanwalt, am 4.2. vor dem Parlamentarischen Staatssekretär "Chief Whip", den er mit der Antwort "Ja, ich weiß, es würde mir niemand glauben, aber es ist nun einmal wahr, daß ich nicht mit ihr geschlafen habe" (Denning 1964:86) entwaffnen kann; am gleichen Abend erneut vor dem Generalstaatsanwalt im Beisein des zweiten Kronanwalts. Er kann sie mit seiner Entschlossenheit, Christine wegen Verleumdung zu verklagen, beeindrucken, da er in diesem Fall unter Eid aussagen müßte.

Den Anwälten Profumos gelingt es nicht, sich mit Christine über eine finanzielle Regelung zu verständigen. Durch ein Mißverständnis kommt eine Summe von 5.000 Pfund (56.000 Mark) ins Gespräch, die von den Juristen empört als Erpressung abgelehnt wird. Dazu Christine: "Wenn ich hätte erpressen wollen, so hätte ich 50.000 Pfund verlangt."(Denning 1964:74)

Der Direktor der Öffentlichen Anklagebehörde - Director of Public Prosecutions - rät einstweilen von einer Klage ab.

3. Szene
Ward wird nervös

Aber dafür, daß die Sache nicht im Sande verlaufen kann, sorgt der rührige Massage-Heilpraktiker. Er meldet am 4. Februar Photos, die auf der Party im Juni gemacht wurden, bei der Polizei als gestohlen. Seine Ausführungen scheinen durch den Hinweis, daß ein Photo, auf dem der Kriegsminister John Dennis Profumo mit Christine Keeler abgebildet ist, die Regierung stürzen könnte, für den MI 5 interessant. Der aber ist nur an dem Sicherheitsaspekt und nicht am Lebenswandel des Ministers interessiert, an dessen Loyalität nicht gezweifelt wird. Der russische Spion ist wieder in Moskau, also besteht keine Gefahr und keine Notwendigkeit, den Premier oder den Innenminister zu unterrichten.

Wenige Tage später zeichnet das Callgirl die Manuskriptfahnen ab. Ihr Bikinibild aus "Tit-Bits" ist in der Zeitung "News of the World" zu sehen, für andere Blätter posiert sie im knielangen Wildledermantel vor der Zeugenvernehmung. Während des Prozesses um Schläger Edgecombe darf nichts veröffentlicht werden, und die Journalisten lassen sich von Stephen Ward überzeugen, diese heikle, nach seinen Worten unwahre Geschichte, nicht zu bringen. Statt dessen akzeptieren sie seine Gegenversion, die von dem Namen Profumo gereinigt ist: "Das Modell, MI 5, der russische Diplomat und ich, von Stephen Ward" erscheint im "Sunday Pictorial" nach dem Schießereiprozeß ab dem 17. März 1963.

Einige Mädchen von Mr. Ward haben inzwischen angefangen, ihre Geschichten zu verkaufen. Dabei taucht auch ein Brief auf, geschrieben auf dem Briefpapier des Kriegsministers. Darin behauptet ein Mädchen, eine Beziehung zu einem Minister zu haben, der mit einer Schauspielerin verheiratet ist, und gleichzeitig mit einem sowjetischen Militärattaché liiert zu sein. Das bringt ein kleines maschinengeschriebenes Blättchen, das "Westminster Confidential" mit 200 Abonnenten, auf eine direkte Frage, die im Text leicht verschlüsselt wird: "Wer benutzt wohl das leichte Mädchen, um von wem Informationen zu 'melken'? Der K+s-Minister oder der sowjetische Militärattaché? Das fragen sich diejenigen, die für die Sicherheit zu sorgen haben." (Denning 1964:86) Die Meldung schürt zwar das Feuer in der Gerüchteküche, aber die Zeitungen, die es wissen, halten sich zurück. Die schlechten Erfahrungen aus der "Vassall-Affäre" wirken noch nach. Sie ziehen es vor, durch Andeutungen zu wirken. Der "Daily Express" erregt Aufsehen mit der Titelseite vom 15. März, auf der neben der Schlagzeile "Kriegsministerschock" und der Meldung über ein angebliches Rücktrittsgesuch des Ministers eine andere Nachricht montiert wurde. Die Schlagzeile "Verschwundene Old-Baily-Zeugin" ist auf der Titelseite und vier Bilder von Christine in aufreizenden Posen sind auf der Innenseite zu sehen.

Wie kommt es zu dieser Verbindung? Die Hauptzeugin im Edgecombe Prozeß hatte es vorgezogen, sich eine Woche vor Verhandlungsbeginn, am 8. März, nach Spanien abzusetzen. Das gibt Nahrung für neue Gerüchte. Es wird gemunkelt, daß eine Zeugin aus politischen Gründen außer Landes geschafft wurde. Glück für den Schläger Edgecombe: Er erhält nur sieben Jahre Gefängnis und wird von der Anklage des Mordversuchs freigesprochen.

In der "Times" erscheint einen Tag später ein Leitartikel zur Pressefreiheit, in dem die Rolle der Presse als ein wirksames Kontroll- und Informationsinstrument beschworen wird, das es zu nutzen gelte. Aber trotz dieses Windstoßes bleibt der Blätterwald unbewegt.

4. Szene
Eine ereignisreiche Nacht

Die Initiative zur Aufklärung geht vom Parlament aus. Unter dem Schutz seines parlamentarischen Privilegs fordert der Labour-Abgeordnete Colonel Wigg am 21. März um 23 Uhr den Innenminister auf, zu Gerüchten um einen Minister und Fräulein Christine Keeler Stellung zu nehmen.

Der Militärspezialist Colonel Wigg ist nicht unvorbereitet in dieser Sache. In einer Parlamentsdebatte im Juli 1962 über eine Truppenübung war der Kriegsminister bohrenden Fragen Wiggs und seiner Forderung, einen Bericht über unzumutbare Zustände für die Soldaten zu erläutern, zum zweiten Mal geschickt ausgewichen. Seitdem hatte der langgediente Soldat seinen Gegenspieler genau beobachtet. Schon im November 1962, noch vor den aufsehenerregenden Schüssen, hatte Wigg einen anonymen Anruf "Vergessen Sie die Vassall-Affäre, befassen Sie sich mit Profumo" (Rehmann 1967:178) erhalten und erfuhr dann im Dezember von seinem Parteifreund John Lewis weitere interessante Einzelheiten aus dessen Gesprächen mit Christine.

Der Innenminister lehnt es ab, Stellung zu nehmen. Der parlamentarische Geschäftsführer schaut noch einmal bei Mr. Profumo im Abgeordnetenhaus rein und will es wissen: "Haben Sie oder haben Sie nicht?" und erhält zur Antwort: "Ich habe nicht." (Denning 1964:109)

Das Ehepaar Profumo hofft, trotz der lauernden Reporter vor ihrem Haus mit Hilfe einiger Schlaftabletten zur Ruhe zu kommen. Aber schon zwei Stunden später ist der Schlaf gestört: Profumo wird abgeholt und zu einem nächtlichen Treff von fünf Ministern gefahren. Diese halten eine persönliche Erklärung für das beste, um die Gerüchte zu entkräften. Auch sie stehen noch unter dem Eindruck der "Vassall-Affäre". Von der Unschuld ihres Kollegen überzeugt, fühlen sie sich verpflichtet, ihn zu beschützen. Gegen 4.30 Uhr trennt man sich.

Sechseinhalb Stunden später, am 22. März um 11 Uhr, hören die Abgeordneten und der Premierminister im Unterhaus die Erklärung des Kriegsministers Ihrer Majestät: "Fräulein Keeler und ich standen auf freundschaftlichem Fuße. Es gab in meiner Bekanntschaft mit ihr nichts Unkorrektes./.../ Ich werde nicht zögern, Anklage wegen Verunglimpfung oder Verleumdung zu erheben, falls anstößige Bemerkungen außerhalb des Hauses gemacht oder wiederholt werden." (Denning 1964:120) Auch den Vorwurf der Entführung und der Spionage weist er weit von sich. Seine Ministerkollegen nehmen seine Äußerungen erleichtert mit viel Beifall auf. Mr. Ward sekundiert ihm am gleichen Abend in einem Fernsehinterview "/.../ es ist eine schreckliche Sache, wenn ein Mann durch unbegründete Gerüchte und Unterstellungen der Presse in die Situation gebracht wird, etwas derartiges zu tun. Ich weiß, daß die Gerüchte unbegründet sind, weil ich dabei war /.../". (Stemmle 1967:210)

5. Szene
Ward wird es zu eng

Zwei ausländische Zeitungen, die Profumo später weiterhin mit dem Verschwinden des Mädchens in Verbindung bringen, werden verklagt und zu je 50 Pfund (600 Mark) Strafe verurteilt, die Profumo einem Wohltätigkeitsfonds der Armee stiftet. Auch der "Sunday Telegraph" erhält eine Verleumdungsklage, als er Dr. Wards Verbindung zu einem sowjetischen Beamten mit: "Das Geschwür ist geplatzt" (Denning 1964:123) kommentiert. Der Doktor hat kein

Glück mit seinem Engagement in der großen Politik und seiner Zuneigung zur Sowjetunion. Die Patienten, die bisher seine Einstellung nicht sonderlich erst genommen hatten, bleiben nun aus. Statt 60 Kunden habe er jetzt nur noch vier pro Woche, beschwert er sich bei Colonel Wigg. Nachdem der Labour-Abgeordnete seine Anfrage im Fernsehen mit der Sorge um die nationale Sicherheit gerechtfertigt und dabei Iwanow als Gefahr hingestellt hatte, bat Ward ihn um ein Gespräch. Ward verteidigt, wie es so seine Art ist, weitschweifig den russischen Freund und ihre gemeinsamen Unternehmungen, von denen er auch Mr. Wilson in einem Brief Kenntnis gegeben habe. Ward hat in Wigg einen aufmerksamen Zuhörer gefunden, der sich von diesem Gespräch sogar ausführliche Notizen macht und seinen Parteiführer auf jenen Brief vom November anspricht.

Inzwischen, zwei Tage nach der Erklärung im Unterhaus, haben Reporter die Frau, die alles ausgelöst hatte, in Spanien gefunden. Gegenüber den Journalisten bestätigt sie die Richtigkeit der Erklärung von John Dennis Profumo und verkauft die Story über ihr "Verschwinden" für 2.000 Pfund (23.000 Mark) an den "Daily Express", der daraus eine Urlaubsgeschichte mit ihrem Bild im hautengen Pullover und hohen Lederstiefeln macht. Kaum ist sie am 28. März wieder in London, sorgt sie für Schlagzeilen. Ein ganzes Polizeiaufgebot muß die Reporter am Flughafen fernhalten. Als sie die 40 Pfund Strafe für ihr Nichterscheinen beim Prozeß zahlt, will sich ein tobender "Lucky" Gordon auf sie stürzen: "Sie hat nichts im Gesicht als ein großes Lächeln. Aber ich habe siebzehn Stiche in meinem", schreit er. (Rehmann 1967:213)

Um Ward, den "Vermittler von Puppen für reiche Leute", (Denning 1964:157) zieht sich der Ring immer enger. Zahlreiche anonyme Hinweise, die seine Zuhältertätigkeit betreffen, bewegen die Polizei, seit April sein Privatleben näher zu betrachten. Christine Keeler und Mandy Rice-Davies, ihre Nachfolgerin bei Ward für die Edgecombe-Zeit, werden vernommen. Insgesamt werden in zwei Monaten 200 Mädchen befragt, ein Dossier von 600 Seiten entsteht. Von Christine Keeler erscheint eine Biographie in "News of the World". Sie erregt erneut Aufsehen, als ihr ehemaliger Liebhaber "Lucky" Gordon sie angreift, niederschlägt und verhaftet wird.

Auch der Premierminister muß sich, nachdem ihm am 9. April ein Memorandum von Wigg und eine Kopie von Wards Brief an Wilson vorliegt, mit der Angelegenheit beschäftigen. Der Sicherheitsdienst kann aber nichts feststellen.

Da sich die Untersuchungen für Wards Geschäfte schmerzlich bemerkbar machen, führt er mit dem Privatsekretär von Macmillan Anfang Mai ein Gespräch, in dem er die Unrichtigkeit von Profumos Aussage andeutet. Dieser Hinweis wird als ein Ablenkungsmanöver von seinen eigenen Schwierigkeiten gewertet, und Macmillan teilt Wilson mit, daß er nicht die Absicht habe, weitere Schritte zu unternehmen.

"Mr. busy-body" (TIMES 19.6.63) geht zum Angriff über und schickt am 19. und 20. Mai Briefe an den Innenminister, an Harold Wilson und an mehrere Zeitungen, die seine Zeilen aber nicht veröffentlichen. Er ist gekränkt und finanziell am Boden: "Ich habe nicht die Absicht, länger den Schuldigen zu spielen. /.../ Offenbar haben meine Bemühungen, deutlich zu machen, daß Mr. Profumo dem Parlament nicht die Wahrheit gesagt hat, den Anschein erweckt, als hätte ich selbst etwas zu verbergen. Ich bin überzeugt, daß das Parlament den Wunsch hat, die wirklichen Tatsachen zu erfahren, und ich werde dafür sorgen, daß dies geschieht." (Denning 1964:130)

Von diesem Brief erhält Harold Macmillan eine Abschrift. Der Kriegsminister, der ins Haus der Admiralität - No.10 wird gerade renoviert - zitiert wird, bleibt gelassen: "Wer wird der Keeler mehr Glauben schenken als mir?" (Denning 1964:135)

Das tut zum Beispiel ein Labour-Abgeordneter, der im Parlament den Innenminister fragt, zu welchen Ergebnissen er hinsichtlich Stephen Ward gekommen sei und was er zu tun gedenke, um das Anwachsen luxuriöser Call-girl-Organisationen zu verhindern. (Rehmann 1967:216) Der zweite Teil der Frage wird später zurückgenommen, der Labour-Stratege Wilson will nur den Sicherheitsaspekt thematisieren.

In den letzten Tagen vor den Pfingstferien, als das gesamte Material über den Fall auf Drängen Wilsons erneut überprüft wird, stößt ein Beamter auf Christines Aussage vom Januar und Wards vom Februar. 123 Tage später, am 29. Mai 1963, erhält endlich auch der Premierminister Kenntnis von der Aufforderung zur Spionage. Macmillan gibt seine Zurückhaltung auf und beauftragt den Justizminister - Lord Chancellor - mit der Untersuchung der Vorgänge. Das Vorhaben wird im Parlament nicht angekündigt, der Premier, der seine Koffer schon für den alljährlichen Golfurlaub in Schottland gepackt hat, unterrichtet nur Labour-Führer Wilson von seiner Initiative.

Macmillan und Frau fahren in den Norden Großbritanniens und das Ehepaar Profumo gen Süden nach Venedig. Zuvor sind dem Kriegsminister in zwei weiteren Gesprächen mit dem Ersten Sekretär und dem "Chief Whip" die unabsehbaren Folgen im Fall einer Lüge erneut vor Augen gehalten worden. Er bleibt bei seiner Aussage. Ein Gespräch mit dem untersuchenden Justizminister wird ihm in Aussicht gestellt.

III. Akt

1. Szene
Entscheidung in Venedig

Am Abend der Ankunft im Land seiner Vorväter hält der bisher so standhafte Lügner den Druck nicht mehr aus und gesteht seiner Frau alles. Sie entscheidet: "Wir müssen die Verantwortung auf uns nehmen und sobald wie möglich nach Hause fahren." (Denning 1964:130)

Zwei Tage später, am Pfingstsonntag, kommt das Ehepaar auf dem Seeweg - von Reportern unbemerkt - in einem englischen Hafen an und fährt sofort zu Freunden aufs Land. Am Dienstag spricht der Minister mit dem "Chief Whip" und dem Ersten Sekretär: "Ich muß Ihnen mitteilen, daß ich tatsächlich mit Christine Keeler geschlafen habe und meine Erklärung in dieser Beziehung also nicht der Wahrheit entsprach." (Denning 1964:136) Er übergibt sein Rücktrittsgesuch, das auch dem Premier übermittelt wird: "'Sehr geehrter Herr Premierminister! Sie werden sich daran erinnern, daß ich am 22. März infolge einiger im Parlament gemachter Behauptungen eine persönliche Erklärung abgab. /.../ Ich sagte in meiner Erklärung, es habe nichts Unkorrektes in meinen Beziehungen zu ihr gegeben. Zu meinem tiefsten Bedauern muß ich zugeben, daß dies nicht der Wahrheit entspricht, und daß ich Sie sowie meine Kollegen und das Unterhaus irregeführt habe. /.../ Ich bin mir im klaren, daß ich mich durch diese Täuschung eines schweren Vergehens schuldig gemacht habe und daß ich, obwohl die anderen Beschuldigungen nicht im geringsten der Wahrheit entsprechen, nicht länger Mitglied Ihrer Regierung oder des Unterhauses bleiben kann. /.../'." Aus Inverness, Schottland, kommt die Antwort: "'Sehr geehrter Herr Profumo! Es ist für Sie, Ihre Familie und Ihre Freunde ein großes Unglück. Trotzdem bin ich sicher, Sie werden unter den gegebenen Umständen verstehen, daß ich keine andere Möglichkeit habe, als der Königin vorzuschlagen, Ihr Rücktrittsgesuch anzunehmen, /.../'." (Denning 1964:136f)

Jede Zeitung macht mit der Sensation auf: "Mr. Profumo Resigns: I Mislead The House". (TIMES 6.6.63) Eine Ungeheuerlichkeit: Ein hoher Politiker hat nicht nur ein außereheliches Verhältnis, sondern alle, die ihm vertraut hatten, getäuscht. Für den konservativen Lord Hailsham ist die Lüge der eigentliche Skandal: "Es ist unerträglich /.../, daß er gelogen hat, gelogen und gelogen. Er belog seine Freunde, er belog seinen Anwalt, und er belog das Parlament. Ich kann mir keinen größeren Schlag gegen die öffentliche Moral und Integrität vorstellen als diesen." (TIMES 12.6.63) Eine Lüge vor dem Unterhaus, das hat es in der jahrhundertelangen Tradition des Hauses noch nicht gegeben. Entsprechend sind die Konsequenzen.

Der Minister reicht seinen Abschied ein, verliert mit sofortiger Wirkung seinen Wahlkreis; das Parlament wird ihm seine Mißachtung aussprechen, und sein Name wird aus dem "Privy Council" gestrichen werden. Der Ausschluß aus diesem exklusiven Beraterstab der Königin, dem Rat Recht Ehrenwerter Männer ("Right Honourable"), dem auserwählte Richter und Minister angehören, ist der erste, den die englische Geschichte je gekannt hat. (SPIEGEL 26/1963) Ein Grundstein zu einem Kasernenbau, der seinen Namen trägt, wird durch einen neutralen ersetzt. Er gibt sein Dienstsiegel der Königin nicht persönlich zurück und erspart ihr damit eine peinliche Situation.

Vor der Öffentlichkeit in Ungnade gefallen, fangen ihn einzig seine Kreise wieder auf. Am Wochenende verkündet Randolph Churchill - der Sohn -: "Jack Profumo bleibt mein Freund". (SPIEGEL 26/1963) Valerie und John Dennis Profumo werden beschützt und abgeschirmt. Sie können sich zu Freunden aufs Land, nach Leeds Castle in Kent, zurückziehen. Auch sein Wahlkreis trägt ihm nichts nach. (TIMES 14.6.63)

2. Szene
Ward wird abgeschoben

Dr. Stephen Ward wird nicht so liebevoll umsorgt, sondern am 8. Juni verhaftet. Er bleibt während der Untersuchungshaft und beim Prozeß völlig allein; für ihn gibt es keine Entlastungszeugen. Man läßt ihn fühlen, daß er nie mehr war als ein "gehobener Lakai". (Rehmann 1967:188) Die Anklage lautet: "Bestreiten des Unterhaltes ganz oder teilweise aus unmoralischen Einkünften und die Verkuppelung von Mädchen." Die Aussagen der jungen Damen über den "Zuhälter für Anspruchsvolle" (Klose 1971:12) sind eindeutig:

Ankläger: "Was haben denn er und die Mädchen gemacht ?"

Christine: "Davon habe ich keine Ahnung. Wenn sie sich geliebt hatten, dann sagte er vielleicht: 'Das war sehr gut.' Oder auch: 'Die war nicht so besonders.' "

Ankläger: "Haben Sie selbst mit mehreren Männern geschlafen, während Sie dort wohnten ?"

Christine: "Nur jedesmal mit einem." (SPIEGEL 28/1963)

Christine Keeler, die sich, wie ihre Kollegin Mandy Rice-Davies, nicht für eine Prostituierte hält, fällt während der Verhandlung vor allem durch ihr Äußeres auf. Ihr enganliegendes, goldgelbes Kleid, das ihre Figur aufs günstigste zur Geltung bringt, findet Beachtung.

Auch die Spuren des geächteten Arztes werden getilgt. Eine Ausstellung seiner Portraits, die in einem Nebenraum des Gerichts stattfindet, erhält gleich bei der Eröffnung Besuch von einem unauffällig gekleideten Herrn mit Bowler. Er kauft die Portraits der Königlichen Familie für 5.000 Pfund (56.000 Mark) auf, bezahlt bar und verschwindet mit den einst so bewunderten Bildern.

Am letzten Verhandlungstag, dem 30. Juli, fühlt sich auch der Richter voller Mitgefühl zu einer Bemerkung über die Verlassenheit des Angeklagten veranlaßt. Er spricht am 31. Juli in Abwesenheit des Angeklagten das Schlußwort. Ward war am morgen bewußtlos mit einer Überdosis Schlaftabletten im Magen in seiner Zelle aufgefunden worden. Er stirbt am 3. August. Der Urteilsspruch, in dem er der Zuhälterei für schuldig befunden wird, wurde nie verkündet.

Christine Keeler steht noch ein wenig länger im Rampenlicht. Sie hat in dem Prozeß gegen "Lucky" Gordon ihre letzten Triumphe. In einem chauffeurgesteuerten Rolls Royce fährt sie vor, "ganz in Mauve". (Rehmann 1967:221) "News of the World" veröffentlicht ihre Geschichte für 23.000 Pfund (253.000 Mark). Doch im Dezember schließen sich hinter ihr für neun Monate die Gefängnistore. Sie wird wegen Meineids verurteilt, als sich im Berufungsprozeß herausstellt, daß der vermeintliche Angreifer "Lucky" Gordon unschuldig ist.

IV. Akt

1. Szene
Morals and Manners

Nach dem Rücktritt Profumos steht die Presse Kopf. Das ist es, worauf die Skandalblätter schon lange gewartet haben. Der "Sunday Mirror" - ehemals "Sunday Pictorial" - veröffentlicht am 9.6. den "Darling"-Brief auf der Titelseite.

Eine wahre Flutwelle an Gerüchten schwemmt die bis dahin recht intakte moralische Fassade der konservativen Partei hinweg. Die gesamte Regierung und die Parteispitze scheinen den Feierabend nur noch auf wilden Parties in Gesellschaft junger Mädchen zu verbringen. Berühmt wird "Der Mann mit der Maske" (Denning 1964:192), der es liebt, nur mit einem Schürzchen bekleidet auf Dinner-Parties wie ein Sklave zu servieren und dabei ausgepeitscht zu werden. Die Maske, so heißt es, soll das Inkognito eines hohen Regierungsmitgliedes wahren.

Jene Zeitungen, die sich anders definieren, nehmen ihre nun wieder viel beschworene Rolle als Garant einer freiheitlichen Gesellschaft - "One of the watchdogs of freedom" (TIMES 10.6.63) - und als Bollwerk gegen politische Manipulation durch Aufklärung wahr. Sie machen und publizieren Meinungen, zum Beispiel die des Rechtsanwaltes Michael Eddowes. Sein Brief, der sich auf das vertrauliche Gespräch mit Christine nach der Schießerei bezieht, wird im "Evening Standard" abgedruckt. Darin erinnert er an die Spionageaufforderung an das Callgirl, zieht diese Behauptung aber plötzlich zurück und reist nach Amerika ab. Am gleichen Tag bringt das Wirtschaftsmagazin "The Economist" - mit Christine Keeler auf dem Titelblatt - die sinkenden Aktienpreise mit der Affäre in Verbindung. Die Nation befindet sich in einer Krise.

Die "Times" steckt einen der beiden beherrschenden Themenkreise mit der Überschrift zu einem Leitartikel ab. "It Is A Moral Issue", meint Sir William Haley und wirft den Konservativen vor, moralische Werte vernachlässigt und die Nation nach elf Jahren Regierungszeit seelisch und geistig an den Rand des Ruins gebracht zu haben.

Innerhalb der Konservativen Partei bildet sich eine Gruppe um den Gesundheitsminister Enoch Powell. Er verlangt, über die Klärung der Sicherheitsfragen hinaus, eine Diskussion über das moralische Bewußtsein der

Minister und ihre Prinzipien. Damit befindet er sich in Übereinstimmung mit denen, die in jener Lüge ein allgemeines Krisensymptom der Konservativen Partei und der britischen Nation sehen. Nichts wird für die Tories und Großbritannien mehr sein, wie es war. (TIMES 11.6.63) Ein neuer Anfang ist gefordert.

Noch während der ersten Kabinettsitzung am Mittwoch, dem 12. Juni, scheint ein Sturz Macmillans durch den Rücktritt von drei Ministern um Powell nicht unwahrscheinlich. Doch der Sturm im Wasserglas legt sich schon am Wochenende. "Ich werde am Montag meinen Platz auf der Regierungsbank einnehmen, um für ihn zu stimmen." (SPIEGEL 26/1963), erklärt Powell in einer Rede.

2. Szene
Safety and Security

Der zweite Themenkreis wird von der Opposition abgegrenzt: "Sofortige Debatte über die Sicherheit" meldet die "Times" am 8. Juni. Eine Diskussion um die Moral und den Politiker als Vorbild hätte auch die Labour-Partei nicht führen können. (SPIEGEL 25/1963) Außerdem könnte ein solcher Angriff eher den Zusammenhalt unter den Tories stärken, fürchtet der Taktiker Wilson.

Entscheidend ist Montag, der 17. Juni 1963, an dem das Parlament über die Affäre debattiert und Macmillan sich den Angriffen der Opposition und einer Vertrauensabstimmung stellen muß. Zwei Seiten in der "Times" zeichnen den Verlauf der Debatte auf:

Mr. Wilson greift den ersten Mann im Staate an: "Wir sind nicht hier, um über die Moral zu richten /.../. Nach der Vassall-Affäre meinte er, er könne nicht noch einen Fall durchstehen, der ernsthafte Sicherheitsrisiken und einen Ministerrücktritt in sich birgt, und er setzte verzweifelt auf die Hoffnung, daß nichts herauskommen würde. Aus politischem Kalkül spielte er mit der nationalen Sicherheit." Danach forderte der Oppositionsführer in fünf Punkten Aufklärung über das Vorgehen der Sicherheitskräfte und über Macmillans Verantwortung als oberste Instanz.

Der alternde Premier zeigt sich in seiner Antwort sichtlich persönlich getroffen und verletzt. Er spricht von einer tiefen, bitteren Wunde. "Ich kann mich nicht erinnern /.../, daß ein Minister Ihrer Majestät vorsätzlich seine Frau, seine Rechtsberater, seine Ministerkollegen belogen hat. Nicht nur einmal, sondern immer und immer wieder, und der diese Lüge vor dem Unterhaus in Form einer persönlichen Erklärung wiederholt hat." Ein größeres moralisches Verbrechen, als die zu täuschen, die natürlicherweise geneigt sind, einem zu vertrauen, kann er sich nicht vorstellen. Ebenso unfaßbar ist für ihn die Falschheit, die es selbst auf eine gerichtliche Verfolgung hätte ankommen lassen. Aber an seiner eigenen Handlungsweise hat er keine Zweifel: "Ich weiß, daß ich ehrenhaft gehandelt habe. Ich glaube, daß ich gerecht gehandelt habe. Und ich hoffe, daß die Mitglieder des Hauses, wenn sie meinen Bericht gehört haben, zu der Überzeugung kommen, daß ich mit der angemessenen Wachsamkeit und Vorsicht gehandelt habe." Seine zögernde Reaktion rechtfertigt er damit, daß er nicht rechtzeitig und umfassend informiert worden sei. So habe er nichts von der ersten Warnung des Kabinettsekretärs Sir Norman Brook an Profumo gewußt und gibt zu, aus Angst, einen Unschuldigen zu verurteilen, gezögert zu haben. Seine hilflos wirkenden Ausführungen quittiert die Opposition wiederholt mit Gelächter. "Keiner sagt mir was", tönt es aus den Labour-Reihen.

3. Szene
Loser or Leader?

Die anschließende Abstimmung fällt trotz der satten Tory-Mehrheit von 69 Abgeordneten mit 27 Enthaltungen nicht gut für den Premier aus. Er scheint als Regierungschef und Parteiführer erledigt. Schon wird sein Rücktritt gefordert. "Mac - das Ende" verkündet "Daily Mail" am 18. Juni. Mit ihm sei kein Blumentopf mehr und schon gar nicht die nächste Wahl zu gewinnen.

Dem Kommentator des Wochenblattes "The Spectator" stehen die Tränen in den Augen. Er trauert schon um den großen Staatsmann, der die Partei wieder hochgebracht hatte, den Autor der "wind of change"-Rede, mit der die zweite Entkolonialisierungsphase eingeleitet worden war, den großen Anhänger der Idee der europäischen Gemeinschaft, den Gesprächspartner Chruschtschows und einen der integersten Politiker. "Es hat wohl nie einen traurigeren Anblick in der Geschichte der britischen Politik gegeben als den Abgang des Premiers Montagnacht aus dem Unterhaus. Den Kopf gebeugt, sein Schlurfen betonter als sonst, weiß wie ein Geist /.../." (The Spectator 27.6.63)

Ein neuer Kandidat soll auf dem nächsten Parteitag im Oktober gekürt werden. Bis dahin hoffen die Konservativen, einen solchen gefunden zu haben, und rechnen mit einem freiwilligen Rücktritt Macmillans. Die schon lange schwelende Krise innerhalb der Partei hatte sich unter anderem an der kleinen Verschwörung um Minister Powell gezeigt. Aber eine solche Partei darf nicht durch eine Frau mit leichtem Lebenswandel und einen erwiesenen Lügner stürzen, verkündet Lord Hailsham während der Aussprache. Die Presse kommt wieder zu neuen Ehren, man erinnert sich ihrer als notwendiger Kritikerin in einer freien Demokratie.

Die Schaukämpfe der Politiker können den "Mann auf der Straße" nicht mehr beeindrucken. Er glaubt an den Politiker als moralisches Vorbild schon lange nicht mehr. "/.../ man weiß doch, daß solche Dinge passieren /.../. Es würde mich nicht in meiner Wahlentscheidung beeinflussen." (Meinungsumfrage in Leeds: TIMES 14.6.1963)

Am 21. Juni legt der Premier den Charakter der Untersuchung der Affäre - gegen den Widerstand der Opposition, die eine gemeinsame Untersuchungskommission fordert - fest. Wieder soll mit Lord Denning, einem der obersten Richter des Landes, ein Mann aus der Justiz den Skandal aufklären, und zwar allein. Sein Stand genießt in Großbritannien ein ungebrochen hohes Ansehen, und in seiner Person ist vor allem für jüngere Juristen lebendiges Recht verkörpert.

Den Konservativen gelingt es nicht, einen Nachfolger zu nominieren, so daß Macmillan schon zwei Wochen später wieder zuversichtlich verkündet, wenn es seine Gesundheit erlaube, werde er die nächste Wahl anführen. Eine Meinungsumfrage gibt ihm recht: Zwar liegt Labour einerseits in der Beliebtheitsskala mit 51 Prozent klar vor den Konservativen, andererseits befürworten über 50 Prozent der Befragten eine Weiterführung der Regierung durch Macmillan und geben Profumo die alleinige Schuld an der Affäre. (TIMES 15.6.63)

V. Akt

1. Szene
Der Richter

In 49 Tagen befragt der Richter 160 Zeugen. Seine Aufgabe ist: "Im Lichte der Umstände, welche zum Rücktritt des früheren Kriegsministers, Mr. J. D. Profumo geführt haben, die Tätigkeit des Sicherheitsdienstes und die Wirksamkeit seiner Zusammenarbeit mit der Polizei in Sachen der Sicherheit nachzuprüfen; jede Nachricht und alles Material, welches in diesem Zusammenhang zu meiner Kenntnis gelangen sollte, zu untersuchen, wie auch jedes Beweismaterial, das annehmen lassen könnte, daß die Staatssicherheit gefährdet war oder ist, sowie darüber zu berichten." (Denning 1964:17) Die Aussagen dürfen in keinem anderen Zusammenhang verwendet werden. Diese absolute Vertraulichkeit im fast privaten Zweiergespräch und die moralische Integrität des Richters öffnen ihm alle Türen. Keiner der Zeugen verweigert die Aussage. Lord Denning ist der einzige, der den Mann mit der Maske kennenlernt. Das Wagnis glückt.

2. Szene
Das Urteil

In der Nacht vom 25. auf den 26. September um 0.30 Uhr öffnen die "shops", die den Report, der vollständig veröffentlicht wird, verkaufen. 4.000 Stück gehen schon in der ersten Stunde über die Ladentheke, der Bericht wird zum Superseller. Viele interessiert vor allem der letzte Teil, der Gerüchte in indirektem oder direktem Zusammenhang mit der Profumo-Affäre umfaßt (wie: "Der Mann mit der Maske", "Der Mann ohne Kopf" etc.). Andere beeindruckt neben den sachlichen Informationen der Stil. Er sei so formbewußt und klar, daß der Report es wert sei, allein wegen dieser 60.000 Worte gelesen zu werden, schreibt "DIE ZEIT" am 4.10.1963.

Aber auch das Ergebnis ist beruhigend. "'Diese üble und giftige Wolke der Gerüchte und Verunglimpfungen über Minister und andere in hohen Stellungen hat sich völlig aufgelöst, /.../'" stellt Lord Hailsham aufatmend fest. (TIMES 27.9.63) Der Report stelle die umfassende Integrität, den Anstand und die Ehre des britischen öffentlichen Lebens unter Beweis, meint die "Times" am 27. September. Der Richter liefert mit seinem Bericht auch ein ausdrückliches Bekenntnis zum englischen Rechtssystem und zur englischen Form der Demokratie ab.

Die Hauptschuld liegt beim Kriegsminister: "Es bleibt also die Tatsache bestehen, daß außer Mr. Profumo niemand die Schuld trägt, auch keine Regierungsstelle." (Denning 1964:175) Auf diesen Ausnahmefall sei der Regierungsapparat nicht eingestellt. "Wenn also das moralische Verhalten eines Ministers zu wünschen übrig läßt und sich skandalöse Gerüchte verbreiten, dann kann es nur Sache dieses Ministers und seiner Kollegen sein, sich mit diesen Gerüchten zu befassen. Es ist ihre und keines anderen Verantwortung." (Denning 1964:176) Denning will keinen Polizeistaat, der Sicherheitsdienst habe sich ausschließlich um die Verteidigung des Königreiches zu kümmern. "Ohne Zweifel werden die meisten Bürger dieses Landes diesen Grundsatz uneingeschränkt anerkennen, weil es für uns unerträglich wäre, etwas wie eine Gestapo oder einen Geheimdienst in alles, was wir tun, hineinschnüffeln zu lassen, am wenigsten in unser sittliches Verhalten." (Denning 1964:145) Als es im Januar 1963 erste Informationen über das Verhältnis des Kriegsministers gegeben habe, sei Iwanow bereits außer Landes, somit die Affäre eine Privatsache und der geschwätzige Ward nicht weiter gefährlich gewesen. (Denning 1964:160f) Die Polizei habe allerdings den Fehler gemacht, Christine nicht erneut zu verhören. Die Beamten hätten zwar dem Sicherheitsdienst Bericht erstattet, Macmillan habe die Gerüchte aber für nicht so gravierend gehalten. Die Minister und der Premierminister seien ihrer Aufgabe nicht gewachsen gewesen. Sie hätten nur wissen wollen, ob der Minister unmoralische Beziehungen zu Christine unterhalten habe. Die richtige Frage hätte aber lauten müssen: "War sein Betragen, bewiesen oder zugegeben, dazu angetan, den normalen Menschen vernünftigerweise annehmen zu lassen, er habe Ehebruch begangen?" (Denning 1964:178) Da das der Fall gewesen sei, hätten sich seine Kollegen den "Darling"-Brief zeigen lassen und andere Schlüsse ziehen müssen.

Allerdings sei ein Ehebruch oder homosexuelle Beziehungen oder ähnliches nicht an sich ein Erpressungsgrund und Sicherheitsrisiko, sondern hänge von den besonderen Umständen ab. Da aber Skandale ein Verkaufsartikel geworden seien, sei es mehr denn je die Pflicht der Minister, einen solchen zu vermeiden. Die Nation ist erleichtert.

3. Szene
Die Folgen

Als man sich im Dezember zu einer Diskussion über den Denning-Report erneut zusammensetzt, hat sich die personelle Konstellation der Regierung geändert. Harold Macmillan hatte nach einem längeren Krankenhausaufenthalt sein Amt aufgegeben; sein Prostataleiden habe ihn von der Notwendigkeit befreit, wegen der "Profumo-Affäre" zurückzutreten, mutmaßen politische Beobachter. Im Parlament hielt Macmillan im Oktober eine Abschiedsrede, die angesichts seines angeschlagenen Gesundheitszustandes die Atmosphäre einer fürsorglichen Familienrunde hatte. Seine Rede wird in der "Times" als einfach und würdevoll charakterisiert. Stellen, in denen er sich selbst als vielleicht zu vertrauensselig bezeichnet, die vor Wochen noch johlend von der Opposition kommentiert worden wären, werden jetzt schweigend hingenommen. "Mr. Macmillan hat oft zu diesem Thema gesprochen; nie hat er sich zu solch warmem und einmütigem Beifall wieder setzen können. Als er die Kammer fünf Minuten später verließ, ging er Arm in Arm mit Mr. Wilson. Sicherlich hatte nichts so /.../ definitiv das Ende der Affäre anzeigen können." (TIMES 11.10.63)

Für die Parlamentarier hat der Report noch eine überraschende Erkenntnis gebracht. Der Sicherheitsdienst untersteht nicht, wie alle annahmen, dem Premierminister. In einer wenig beachteten Anordnung des damaligen Innenministers waren die Sicherheitsbeamten seinem Ressort zugeordnet worden, und der Premier sollte nur noch in Ausnahmefällen hinzugezogen werden. Die Entscheidung über die Einrichtung einer speziellen Sicherheitskommission wird verschoben; es wird nie eine eingerichtet.

Für Unruhe sorgt Macmillan nochmals bei der Nominierung seines Nachfolgers. Er kann seinen Kandidaten Lord Home durchsetzen, der eigentlich die geringsten Aussichten auf das Amt hat. Der exzentrische Graf vom rechten Parteiflügel hatte sich als Außenminister unter Macmillan einen Namen gemacht und stellte für viele innerhalb und außerhalb der Partei einen Rückschritt ins 18. Jahrhundert dar. Die Aussprache kurz vor Weihnachten soll Konsequenzen für die Arbeit der Sicherheitskräfte erbringen. Drei Monate nach der Herausgabe des Denning-Reports klingt der Name Profumo schon so fremd wie der eines Schurken aus einem fiktiven Melodram, schreibt die "Times" am 17. Dezember.

A look back

Sir Alec Douglas-Home - seinen Adelstitel hatte er für das Amt des Premiers ablegen müssen - erklärte 1963 in der Dezember-Debatte, daß "es am besten wäre, die Vergangenheit zu vergessen, und daß das öffentliche Leben, in einer Atmosphäre des gegenseitigen Vertrauens, nun so weitergehen könne wie zuvor." (TIMES 17.12.63)

1986 zitierte die "ZEIT" im Zusammenhang mit dem Skandal um den Verkauf der britischen Helikopterfirma Westland die Profumo-Affäre - in etwas verkürzter Weise - als einen Skandal, "über den einst die konservative Macmillan-Regierung stürzte." (DIE ZEIT 31.1.86)

Der Jahrhundertskandal sei der Tropfen gewesen, der das Faß der krisengeschüttelten Konservativen zum Überlaufen gebracht hätte, meint ein späterer Kommentator. (Klose 1971:8) "Die konservative Führungselite sei verfallen", meinte der "SPIEGEL" 1963. Diese These wurde damals selbst von Tories geäußert. (TIMES 11.6.63) Der drohende Sturz Macmillans durch eine Gruppe rebellierender Minister zeigte das ebenso deutlich wie das Ergebnis der nächsten Wahl im Oktober 1964, als der Premierminister Harold Wilson hieß. Sir Douglas-Home, ein Eton-Schüler, war nicht der Typ des fortschrittlichen, kämpferischen Politikers, der damals gefragt war. Ein angeschlagenes und zusammengeflicktes Schlachtschiff gegen einen modernen Zerstörer, urteilte ein England-Chronist. (Sampson 1965:75) Der Skandal war das Signal zur Ablösung.

Weitere personelle oder institutionelle Konsequenzen gab es nicht. Aus dem 600-Seiten-Dossier mit den Aussagen der Ward-Mädchen konnten weitere Skandale, wie der des Bauspekulanten Peter Rachmann, dessen Geliebte die damals 15 jährige Mandy Rice-Davies gewesen war, aufgedeckt werden.

Die Bundesrepublik rang zu diesem Zeitpunkt mit der SPIEGEL-Äffäre und blickte mit Bewunderung auf die saubere und klare Lösung in England. "In England muß ein Minister gehen, weil er mit einem Callgirl Beziehungen unterhalten hatte. In Deutschland wird ein Minister nach einer 'Übergangszeit' mit Großem Zapfenstreich und allen Ehren entlassen." (Leserbrief im SPIEGEL 28/1963).

Christine Keelers Hoffnungen auf eine Filmkarriere erfüllten sich nicht. Sie stieg ab in Arbeitslosigkeit, Alkohol und Armut. Sie lebt heute in London von der Sozialhilfe. (Süddeutsche Zeitung 21.7.1985)

Ihre damalige Kollegin Mandy Rice-Davies dagegen schaffte es, beim Film Fuß zu fassen. Prinzessin Anne begrüßte sie im April 1986 bei der Premiere zu "Absolute Beginners" persönlich. (Hamburger Morgenpost 5./6.4.1986)

John Dennis Profumo hatte für sich einen ganz neuen Weg gewählt. Anstatt sich mit seinen Millionen einen ruhigen Lebensabend zu gestalten, widmete er sich den Arbeitslosen im Londoner East End. Viermal in der Woche arbeitete er unentgeltlich im Sozialzentrum Toynbee Hall. Zwölf Jahre nach seinem Sturz wurde er von höchster Stelle rehabilitiert. Königin Elisabeth verlieh ihm 1975 für sein Engagement den Orden "Commander of the British Empire", eine der höchsten Auszeichnungen des Königreiches. (Stuttgarter Zeitung 20.6.1975)

Im Jahr 1987 erscheint dann die Rolle von Stephen Ward in einem völlig anderen Licht. Das Autorenehepaar Philipp Knightly und Caroline Kennedy stellt Ward in ihrem Buch "An Affair of the State. The Profumo Case and the Framing of Stephen Ward" als ein Opfer des Geheimdienstes dar. Nach ihren Recherchen, die sich auf Aussagen ehemaliger Geheimdienstmitarbeiter stützen, hatte Ward die Aufgabe, den Russen Iwanow durch die Liebesaffäre zu Christine Keeler in eine "honey-trap" zu locken. Doch der Plan - so die Autoren - schlug durch die Doppelbeziehung des Mädchens fehl, und Ward wurde fallengelassen, als der Skandal um Profumo publik wurde.

Eine endgültige Aufklärung des Falles wird erst am 1. Januar 1994 möglich sein. Erst dann werden die geheimen Akten des Lord Denning freigegeben werden.

Literatur

Lord Dennings Report zum Fall Profumo oder Die funktionierende Demokratie. Der offizielle Bericht der britischen Regierung Im Auftrag Ihrer Majestät durch den Premierminister dem Parlament vorgelegt im September 1963. Kommentiert von Ulrich Sonnemann und Martin Löffler. München und Eßlingen 1964.

Klose, Werner: Skandal und Politik. Ein Kapitel negativer Demokratie. Tübingen 1971.

Rehmann, Ruth: Das Playgirl und der Minister. In: Robert A. Stemmle (Hrsg.): Skandale. Der Fall Oscar Wilde und vier weitere internationale Kriminalfälle. (Der Neue Pitaval Bd. 14) München 1967, S. 165-245.

Sampson, Anthony: Anatomy of Britain Today. London 1965.

Thomson, David: England in the Twentieth Century (1914-79) with additional material by Geoffrey Warner. (The Pelican History of England). Harmondsworth 1965.

Der Kanzler nimmt den Hut

Kanzlerdämmerung

Ein deutsch-deutsches Agentenspiel

Ort: Bonn, die Hauptstadt

Zeit: Frühsommer 1974

Personen:

Willy Brandt	*Das Opfer wider aller Willen*
Horst Ehmke	*Der pragmatische und mit dem Machtspiel vertraute, aber auch getäuschte Gehilfe*
Hans-Dietrich Genscher	*Schlitzohriger Politiker und Innenminister*
Günter Guillaume	*Ein arbeitsamer Langzeitagent und Stellhölzchen in der Falle*
Christel Guillaume	*Unscheinbare, aber hilfreiche Agentengattin*
Günter Nollau	*Professioneller Agentenheger und -jäger*
Herbert Wehner	*Ein "Trotz-alledem-Stratege", Onkel der Partei und politischer Kanzlerbetreuer*
Das Heer der Sicherheitsbeamten	*aller Dienstränge und von unterschiedlicher politischer Couleur*
Erster Chor	*Oppositionspolitiker, innenpolitische Feinde, die die Gelegenheit nutzen wollen, aber schließlich doch leer ausgehen. Als Vorsänger tritt auf: Walter Wallmann*
Zweiter Chor	*Die Presse, zugleich getreuer und ungetreuer Repetitor der laufenden Ereignisse*
Als Publikum	*Die Bevölkerung, empört und erschüttert, steht ständig bedrohlich im Hintergrund*

Inhalt

Prolog

In der Skandalgeschichte, die hier erzählt werden soll, erfahren alle Akteure und Zuschauer die Ereignisse und damit das Stück vom Zeitpunkt der Verhaftung des Spions bis zu seiner Verurteilung mit nur unwesentlicher Zeitverschiebung. Zuvor ist es ein Spiel der Geheimdienste hinter den Kulissen.

Der Skandal um den Agenten Guillaume allein hätte schon als größter Spionageskandal in die Annalen der bundesrepublikanischen Geschichte eingehen können, wenn nicht der Rücktritt Willy Brandts vom Amt des Bundeskanzlers der Geschichte einen weiteren Höhepunkt gegeben hätte. So hat sich ins kollektive Gedächtnis und die Geschichtsbücher die Formel eingeprägt: Brandt tritt am 6. Mai 1974 wegen des Agenten Guillaume zurück. In einer Werbeanzeige für die "Süddeutsche Zeitung" wurde der Skandal im Dezember 1985 gleichrangig mit dem Flick-Skandal wieder aufgegriffen. Es heißt dort kurz und knapp in großen Lettern: "BRANDT WG. GUILLAUME" und "LAMBSDORFF WG. FLICK". (SPIEGEL 48/1985)

Der Skandal ist geprägt durch eine lange Vorgeschichte, eine kurze "heiße" Phase und ein zähes Nachspiel vor Untersuchungsausschüssen und Gerichten.

1. Akt

1. Szene
Der Spion wird gemacht

Günter Guillaume wurde am 1.2.1927 in Berlin geboren. Sein Vater war Musiker, seine Mutter war als Friseuse und später bei der Post beschäftigt. Von 1933 bis 1941 besuchte er in Berlin die Volksschule und machte danach eine Lehre als Fotograf, eine Tätigkeit, die er bis 1944 ausgeübt hat. Dann traf ihn das übliche Schicksal seiner Altersgruppe, er wurde zum Reichsarbeitsdienst und nach 3 Monaten zur Wehrmacht eingezogen. Im April 1944 wurde Guillaume Mitglied der NSDAP. Er geriet nach Kriegsende in britische Gefangenschaft und arbeitete bis zu seiner Rückkehr nach Berlin 1946 in Schleswig-Holstein in der Landwirtschaft. Der sozialpsychologisch wohl bedeutungsvollste Teil für sein späteres Wirken, der Wandel seiner Überzeugung und die

Motivation für die Agententätigkeit, liegt weitgehend im Dunkeln. Eine wichtige Rolle spielte dabei wohl Paul Laufer, Mitarbeiter der Stasi, der nach dem Selbstmord von Guillaumes Vater im Jahr 1948 zum Ausbilder, Gefährten und Vorbild des jungen Mannes wurde. (SPIEGEL 52/1988)

In dieser Zeit beginnt auch seine Tätigkeit im Ostberliner Verlag "Volk und Wissen", wo er erst als Photograph, dann als technischer Redakteur tätig ist. Wie sich später herausstellt, ist dieser Verlag eine Tarnfirma des DDR-Ministeriums für Staatssicherheit. Guillaume erhält hier das handwerkliche Rüstzeug für seine spätere Agententätigkeit. Unklarheit herrscht über die Motive und Hintergründe, die ihn dazu veranlassen, sich - wenn auch ohne großen inneren Antrieb - zum Spion machen zu lassen. Am Anfang seiner Agentenkarriere stehen kleinere Aufträge. Er unternimmt Reisen in den Westen, bei denen er Kontakte mit Personen, Verlagen und Druckereien aufzunehmen versucht, um sie zur Mitarbeit für seine Auftraggeber zu bewegen. (Drucksache 7/3083:10f) Im Jahr 1951 heiratet Günter Guillaume Christel Boom, die später für die Agentenarbeit unentbehrlich sein wird.

2. Szene
Der Spion etabliert sich

Günter Guillaume und seine Frau Christel melden sich am 13. Mai 1956 als Flüchtlinge in West-Berlin, von dort werden sie nach Frankfurt ausgeflogen. Wie Zehntausende anderer DDR-Flüchtlinge können die beiden ohne besonders strenge Kontrollen in die Bundesrepublik gelangen (SPIEGEL 18/1974). Sie lassen sich in der Mainmetropole nieder, dort geht Günter Guillaume in den folgenden Jahren verschiedenen Tätigkeiten nach. Er ist Inhaber eines Schreibbüros, kaufmännischer Angestellter bei einer Baufirma und Betreiber der Kaffeestube seiner Schwiegermutter. (Baring 982:723f) Guillaume hält dort auch Kontakt zu zwei SPD-Politikern, die noch aus dem antifaschistischen Widerstand Verbindungen nach Ost-Berlin haben und die ihm Internes aus der Partei berichten.

Ende der 50er Jahre kommt man dem Ziel, die SPD auszuspähen, näher. Im September des Jahres 1957 wird Günter Guillaume Mitglied der SPD. Christel wird Sekretärin beim Bezirk Hessen-Süd der Sozialdemokratischen Partei. Anfang der 60er Jahre erhält Günter von eben diesem SPD-Bezirk des öfteren Aufträge als frei-beruflicher Werbefotograf und Journalist. (Baring 1982:724) Er beschäftigt sich in seinem Parteibezirk voller Eifer mit verschiedenen örtlichen Aufgaben und gewinnt als "stets freundlicher Jung-Genosse" (SPIEGEL 18/1974) schnell die Sympathien seiner Parteikollegen. Guillaume orientiert sich zum rechten Flügel der Sozialdemokraten hin. (FAZ 2.9.75)

Das DDR-Ministerium für Staatssicherheit hält Funkkontakt zu seinen Leuten, an dem jedoch auch der Bundesnachrichtendienst (BND) teilhat. Die aufgefangenen Funksprüche enthalten konkrete Anweisungen an die Agenten im Westen, was zu erforschen sei: von der Saar- und Amnestiefrage über NATO-Tagungen, den Prozeß gegen den Kollegen John und natürlich auch über die Ansichten von Präsidium, Parteivorstand und Jungsozialisten der SPD soll berichtet werden. Hinweise auf den Agenten Guillaume liefern zwei Funksprüche aus dem Jahr 1956. Da wird einem "Georg" einmal "zum zweiten Mann", ein anderes Mal demselben zu seiner neuen Arbeit gratuliert. Der "zweite Mann" ist der gerade geborene Sohn Guillaumes, die gefundene Arbeit ist die bei einer Baufirma. Noch wissen die Geheimdienstleute des BND aber nicht, wer sich hinter dem Tarnnamen "Georg" verbirgt.

Der emsige Parteiarbeiter avanciert im März 1964 zum Geschäftsführer des Unterbezirks Frankfurt. Er führt die Bücher mit großer Sorgfalt und hat erste Verbindungen zur Bonner Parteizentrale der Sozialdemokraten. (SPIEGEL 18/1974) Guillaume ist gegen eine Anerkennung der DDR und mahnt Parteifreunde zur Vorsicht vor Funktionären aus jenem Teil Deutschlands, weshalb er von einigen Mitgliedern als "Kommunistenfresser" bezeichnet wird. (SZ 26.4.1974)

Eine weitere Sprosse auf der Parteileiter erklimmt Guillaume 1968, er wird Geschäftsführer der Frankfurter SPD-Stadtratsfraktion. Im selben Jahr erhält er auch ein Mandat für die Stadtverordnetenversammlung. Verkehrsminister Georg Leber lernt den gegenüber seinen Kollegen immer umgänglichen Parteisekretär kennen und ist durch "seine Zuverlässigkeit und sein verantwortungsvolles Geradestehen für die freiheitliche Lebensart und die Demokratie" beeindruckt, wie er später Horst Ehmke in einem Brief mitteilen wird. (Dokumentation 1974) Er macht Guillaume 1969 zu seinem Wahlkampfbeauftragten, und dieser engagiert sich stark für den Bundestagswahlkampf Lebers. Guillaumes Organisationstalent verhilft dem SPD-Präsidiumsmitglied zu einem guten Ergebnis im Frankfurter Wahlkreis. (Baring 1982:724)

Als sich gegen Ende des Jahres 1969 in Bonn die SPD/FDP-Koalition unter Bundeskanzler Willy Brandt und Außenminister Walter Scheel konstituiert, öffnen sich für Guillaume die Türen in der Bundeshauptstadt.

3. Szene
Prüfung: Auf Herz oder Nieren?

Günter Guillaume fragt in Bonn bei seinen Parteifreunden um eine Anstellung nach. Herbert Ehrenberg, Abteilungsleiter im Bundeskanzleramt, der Guillaume in Frankfurt als wackeren Funktionär kennengelernt hat, ist interessiert. Er möchte ihn gerne zum Verbindungsmann zu den Gewerkschaften machen, denn er weiß um dessen gute Kontakte zu den Zentralen der Arbeitnehmerorganisationen. Als Hilfsreferent im Kanzleramt soll Guillaume die Meinungsströmungen innerhalb der Gewerkschaften beobachten und auswerten. (SPIEGEL 18/1974) Ehrenberg drängt den Chef des Kanzleramtes, Horst Ehmke, zur baldigen Einstellung. Ehmke, der seine Behörde mit bewährten Parteimitgliedern besetzen will, ist nicht abgeneigt, und so einigen sich die beiden, daß der neue Mann zum 1.1.1970 beginnen soll.

Guillaume, anfänglich von Zweifel geplagt, ob der angebotene Posten für ihn nicht eine Nummer zu groß sei, macht die für die Einstellung notwendige Sicherheitserklärung und erwähnt darin, daß er für den Ostberliner Verlag "Volk und Wissen" tätig war. Der Sicherheitsreferent des Kanzleramtes beschließt deshalb - sicher ist sicher - eine Karteiüberprüfung auf die Stufe 'geheim' zu veranlassen, obwohl dieses für die Einstellung eines Hilfsreferenten nicht vorgeschrieben ist. Die Überprüfung beginnt, durchgeführt wird sie wie üblich in Amtshilfe vom Bundesamt für Verfassungsschutz (BfV).

Der Personalrat des Bundeskanzleramtes lehnt eine Einstellung Guillaumes mit der Begründung ab, daß dieser mit einer Volksschulbildung nicht die nötige Qualifikation besitze und so der Verdacht bestehe, daß er nur wegen seiner Parteiarbeit diesen Posten erhalten solle. (Baring 1982:726)

Zweifel kommen auch durch ein Fernschreiben auf, das das Kanzleramt aus Berlin erhält. Beim dortigen Verfassungsschutz existiert eine Karteinotiz: Guillaume soll während seiner Arbeit beim Verlag "Volk und Wissen" einen geheimen Lehrgang absolviert haben und in den Westen Berlins gekommen sein, um dort Agentenarbeit zu leisten. Diese Nachricht hatten die Berliner 1955 vom 'Untersuchungsausschuß freiheitlicher Juristen', einer "spionageähnlichen Kampforganisation gegen die DDR" (SPIEGEL 19/1974), erhalten. Aus deren umfassender Karteinotiz wird auf dem Wege ins Bonner Kanzleramt jedoch eine reduzierte Fassung, und so unterbleiben vorerst weitere Nachforschungen in dieser Richtung.

Der BND in Pullach stößt ebenfalls auf einen dunklen Punkt in der Vergangenheit des zukünftigen Hilfsreferenten. Es findet sich in den Karteikästen eine Notiz aus dem Jahre 1954, deren Inhalt lautet: Guillaume soll versucht haben, verschiedene Personen zur Agentenarbeit in West-Berlin und der BRD zu verleiten. Aber auch diese Nachricht klingt vage und ist nicht mehr zu überprüfen.

Abteilungsleiter Ehrenberg nimmt die Anschuldigungen gegen Guillaume nicht so ernst, "es waren ja nur Karteiüberprüfungen, also nichts Massives". (FAZ 2.9.1975) Er ist sowieso der Meinung, daß der Apparat die ganze Angelegenheit verschleppe und hier versucht werde, den Aufstieg eines Mannes aus dem Volke schikanös zu behindern. Immerhin wird beschlossen, wegen der Sicherheitsbedenken die Einstellung zurückzustellen. Ehmke läßt sich vom Präsidenten des BND, Wessel, über die dortigen Erkenntnisse genauer informieren. Dieser betont in seinem Brief, daß die Quelle zuverlässig sei und rät dem Amtschef, Guillaume gezielt zu den Verdachtsmomenten zu befragen. Die Karteinotiz von 1954 allein sei jedoch kein ausreichender Grund, Günter Guillaume nicht einzustellen.

Am 30.12.1969 informiert der noch schwankende Ehmke den Staatssekretär im Kanzleramt, Egon Bahr, über die Belastungsmomente gegen den zukünftigen Mitarbeiter. Bahr spricht sich ebenfalls für eine persönliche Befragung aus und fügt der Akte Guillaumes eine Notiz bei, in der er von einer Einstellung abrät. (SPIEGEL 19/1974)

Die Befragung findet am 7.1.1970 statt. Ehmke, ehemals Staatsanwalt, übernimmt persönlich und "qualifiziert" (Ehrenberg nach FAZ 2.9.1975) die Führung des 'Einstellungsgespräches'. Guillaume bestätigt freimütig seine Tätigkeit für den Verlag "Volk und Wissen" und seine Mitgliedschaft in FDJ und FDGB, er widerspricht jedoch vehement dem Vorwurf, als Agent tätig gewesen zu sein. Zwar sei er schon vor seiner Flucht in den Westen gereist, allerdings nur, um seine Umsiedlung vorzubereiten. Da er "in dem scharfen Frage- und Antwort-Spiel" (Guillaume 1988) zu allen weiteren Fragen selbstbewußt

Stellung nehmen kann, neigt man dazu, die Verdächtigungen als haltlos abzutun.

Kanzleramtschef Ehmke bleibt dennoch skeptisch und versucht, von anderer Seite Beweise für die Unbescholtenheit Guillaumes zu erhalten. Er unterrichtet Minister Georg Leber und fragt nach, ob dieser für die Vertrauenswürdigkeit seines ehemaligen Mitarbeiters gutstehen könne. Leber antwortet, daß er keine Bedenken gegen eine Einstellung des Mannes habe, der "sich stets durch Fleiß und Hingabe bei der Erfüllung seiner Aufgaben" bewährt habe. (WELT 2.8.1975)

Der Verfassungsschutz erklärt am 27.1.1970 die Überprüfung für beendet: Es gebe nach Abschluß der Nachforschungen keine Beweise dafür, daß Guillaume einer nachrichtendienstlichen Tätigkeit nachgegangen sei, und damit bestünden keine Einwände gegen eine Einstellung ins Kanzleramt, einschließlich Umgang mit Verschlußsachen bis 'Geheim'.

Kurze Zeit später trifft im BfV noch die ausführliche Berliner Karteinotiz ein, doch berücksichtigt wird sie nicht mehr. Auch entgeht den Verfassungsschützern, daß Guillaume bereits 1966 bei einem Spionagefall in Erscheinung trat. Er hatte sich damals in Frankfurt als Freund des Ehepaares Siebert um deren Sohn gekümmert, nachdem die Eltern wegen nachrichtendienstlicher Beziehungen zur DDR verurteilt worden waren und ihre Haftstrafe verbüßten. Er war es ebenfalls, der Frau Siebert eine Stelle als Stenotypistin in der Pressestelle der SPD besorgt hatte. Ebenso unberücksichtigt bleiben Erkenntnisse des BND, weil sie unter "Guiome" und nicht unter "Guillaume" abgelegt wurden. (Schell 1978:121)

Doch da ist noch die Weigerung des Personalrates. Horst Ehmke setzt sich jedoch flott über das Votum der Mitarbeitervertretung hinweg und begründet sein Vorgehen damit, Guillaume bringe für diesen Job "aufgrund seiner bisherigen Tätigkeit und seines Lebensalters mehr und bessere Erfahrungen mit, als ein Hilfsreferent nach abgeschlossenem Studium und nach einigen Jahren Tätigkeit bei einer Bundesbehörde auch bei großer persönlicher Eignung haben kann". (Ehmke nach Baring 1982:726) So profitiert Günter Guillaume von der "Rücksicht auf innersozialdemokratische Konstellationen" (Brandt 1989:332) und erhält am 28.1.1970 seinen Arbeitsvertrag, der ihn rückwirkend zum 1.1.1970 zum Hilfsreferenten im Bundeskanzleramt macht.

4. Szene
Der Spion macht sich

Auch im Bundeskanzleramt steigt Guillaume wie in seinen Frankfurter Tagen schnell die Karriereleiter hinauf, und sechs Monate nach seiner Einstellung wird er zum Referenten befördert. (Dokumentation 1974) Auf Betreiben seines Chefs Herbert Ehrenberg soll er im Spätsommer desselben Jahres auch die Erlaubnis zum Zugang zu Verschlußsachen bis zum Grad "Streng geheim" erhalten. (WELT 2.8.1975) Das BfV übernimmt wieder die notwendige Prüfung und teilt im September 1970 nach Abschluß der Nachforschungen mit, daß keine Bedenken bestünden. (Dokumentation 1974)

Günter Guillaume verfolgt seinen bewährten Arbeitsstil, eine "Mischung aus Servilität und Kumpelhaftigkeit". (Brandt 1989:332) Zuverlässig und erfolgreich erledigt er die ihm übertragenen Aufgaben. So wird er als Kollege geschätzt, ohne daß ihm besondere Beachtung geschenkt wird. Als graue Maus, die sich auch nicht zu schade ist, "die Küche zu wischen und zu fegen" (SPIEGEL 19/1974), wird er zu einer schwer entbehrlichen Figur. Die offensichtliche Loyalität läßt keine Zweifel an seiner Integrität aufkommen.

Im Herbst 1972 wird "der kleine Mann" in das Persönliche Büro des Bundeskanzlers versetzt. Der bisherige Inhaber dieser Stelle ist bei der Bundestagswahl ins Parlament gewählt worden, und der Hausordnung des Kanzleramtes entsprechend übernimmt Guillaume am 30.11.1972 diese Position. Zu seinen Aufgaben als persönlicher Referent Willy Brandts gehört es von nun an, die Verbindungen zu Partei und Fraktion zu halten sowie Tagesgeschäfte und Reisen des Kanzlers zu organisieren. Er nimmt an vielen wichtigen Sitzungen teil und begleitet den Regierungschef auf dessen häufigen "Deutschland-Tourneen". (SPIEGEL 18/1974)

Er ist auch gelegentlich Gast in der Privatwohnung des Kanzlers, begleitet ihn und seine Familie bei sonntäglichen Spaziergängen und im Urlaub, sein Sohn Pierre geht gemeinsam mit den Kindern Brandts zum Angeln. Für Brandt ist Guillaume "ein, in technischer Hinsicht, guter Adjutant", der allerdings für ihn "wegen einer /.../ oft als peinlich empfundenen Enge seiner geistigen Interessen" kein "politischer Gesprächspartner" ist. (Brandt 1975:169)

II. Akt

1. Szene
Der Verdacht

In den Jahren 1972 und 73 werden von den bundesdeutschen Sicherheitsbehörden die DDR-Agenten Gersdorf, Gronau und Kunert enttarnt. (Drucksache 7/3083:19) Einer von ihnen soll ein Duzfreund Guillaumes gewesen sein, andere kennt er, besucht er oder trifft mit ihnen zusammen. Einem rasterfahndungserprobten Mitarbeiter des BfV dünkt, daß dieses mehr als ein Zufall sein könnte, und er bemüht erneut die verschiedenen Archive. Diesmal bezieht man auch Dokumente mit ein, die bei der Einstellung nicht berücksichtigt wurden. Der erste konkrete Verdacht gegen Guillaume ist geschaffen, und die Beamten erinnern sich, daß vor Jahren Funksprüche auf einen Spion in der SPD hingewiesen haben.

Nun kann man auch mit den Funksprüchen aus dem Jahr 1956 an "Georg" etwas anfangen. Beim Vergleich der Inhalte mit den Lebensdaten Guillaumes stellen sich Übereinstimmungen heraus, die es wahrscheinlich machen, daß Guillaume und "Georg" dieselbe Person sind.

Es entsteht ein Bericht, in dem auf 20 Seiten insgesamt 30 Verdachtsmomente gegen Guillaume aufgeführt werden. Die Akte wandert die Geheimdienstschreibtische hinauf, und am 28. Mai 1973 ist der Präsident des Amtes, Günther Nollau, überzeugt, "einen Spion im Kanzleramt" entdeckt zu haben. (Nollau 1978:254)

Es stellt sich nun die Frage, was zu tun sei. Wahrscheinlichkeit ist nicht Wissen, überführen kann man den Spion noch nicht. Die Verantwortung liegt bei Nollau, der die politische Brisanz des Falles besser als seine Agentenjäger beurteilen und die Folgen abschätzen können müßte. Es bliebe bei einer Verhaftung jedoch das Restrisiko der Blamage, falls sich der Vorwurf des Landesverrats trotz der gesammelten Indizien als haltlos erweisen sollte. So führt Nollaus Weg aus dieser vermeintlichen Zwickmühle nicht geradewegs zum Generalbundesanwalt, um einen Haftbefehl zu erwirken, sondern zu seinem nächsten Vorgesetzten, dem Innenminister Hans-Dietrich Genscher.

2. Szene
Die Jagd beginnt

Am 29.5.1973 trägt Nollau - die Akte in der Tasche, in der Hand lediglich einen Spickzettel - seinem Chef die Verdachtsmomente vor. Wie exakt dieser Vortrag die ermittelten Sachverhalte wiedergibt, darüber werden die beiden später unterschiedliche Darstellungen geben. Nollau schlägt vor, Guillaume in seiner Position zu belassen und ihn zu observieren, um ihn überführen zu können. (Baring 1982:728) Was Genscher von dem Verdacht hält, weiß nur dieser allein, denn er erklärt später, ob der Möglichkeit eines Spions im Kanzleramt "elektrisiert" gewesen zu sein, während sein Büroleiter Kinkel vor dem Untersuchungsausschuß sagt, daß Genscher die Angelegenheit vielmehr für einen "Spielball des BfV-Präsidenten" gehalten habe. (WELT 10.9.75) Der Untersuchungsausschußbericht gibt Genschers differenzierte Meinung später so wieder: "In einem solchen Fall bewerte man auch einen geringen Verdacht höher als einen schweren Verdacht bei einem weniger schwerwiegenden Delikt /.../." (Drucksache 7/3246:85)

Das Weiterreichen der Verantwortung für die nächsten Schritte beginnt. Hans-Dietrich Genscher kann mit seinem Wissen nicht allein bleiben und sucht nunmehr - gegen den Rat Nollaus - seinen Vorgesetzten Willy Brandt auf.

Genscher informiert den Kanzler noch am selben Tag relativ flüchtig über den Verdacht, und so, wie er die Sache vorträgt, hält Brandt die Sache "für nicht nur nicht wahrscheinlich, sondern für ganz abwegig". (FAZ 25.9.1975) Er hatte schon früher beiläufig von den Bedenken gegen seinen Referenten gehört; da der Fall jedoch geprüft worden war, glaubt er, daß an der Sache auch diesmal "nichts dran" sei. Gegen eine Observation hat er keine Einwände, er betrachtet auch derlei Entscheidungen als nicht zum Aufgabenbereich eines Bundeskanzlers gehörig. (Brandt 1989:335)

Und schon passiert die erste Panne, denn die Verfassungsschützer wissen zu Beginn der Observation weder, daß Guillaume nicht mehr nur Hilfsreferent, sondern Referent ist, noch, daß das Ehepaar in Bonn und nicht mehr in Frankfurt wohnt. So postieren sich die Fahnder vor der falschen Wohnung. Eine Beschattung bei seiner Arbeit im Kanzleramt ist darüber hinaus nicht möglich, weil dies Guillaume auffallen würde. (Nollau 1978:263) Zwei Monate vergehen, aber die Observatoren haben nichts zu vermelden.

Im Juli 1973 bahnt sich ein neues Ärgernis an. Brandt macht Urlaub in Norwegen - der einzige Referent, der ihn begleitet, ist Günter Guillaume. Der Kanzler geht davon aus, daß sein Mitarbeiter, wie angekündigt, auch hier observiert wird. Bestärkt wird er in dieser Annahme, wie er im Prozeß aussagt, durch die Anwesenheit von "Herren des Bundesnachrichtendienstes und der Sicherungsgruppe Bonn des Bundeskriminalamtes". (WELT 25.9.75) Doch hier irrt der Kanzler. Die Sicherheitsbeamten gehören nur zum gewöhnlichen Troß bei einer Reise. Und wo sind die Observanten? Sie sind aufgrund einer Panne daheim in Bonn geblieben. Der Grund für dieses Malheur soll nie geklärt werden. BfV-Chef Nollau sagt, er sei erst am 6. Juli, nach dem Reisebeginn, von Genscher über den Norwegen-Urlaub in Kenntnis gesetzt worden. Dieser hingegen bestreitet das energisch und behauptet, Nollau telefonisch schon früher informiert zu haben. (Drucksache 7/3246:82)

Guillaumes Aufgabe in Norwegen ist es, den Kontakt zur Regierungszentrale in Bonn zu halten. Zu diesem Zwecke pendelt er täglich zwischen der Jugendherberge, in der der BND die Nachrichtenzentrale errichtet hat, und dem Kanzler-Ferienhaus. So gehen während des vierwöchigen Urlaubs sämtliche Akten des Regierungschefs wie auch die Fernschreiben, die von Mitarbeitern des BND zuverlässig entschlüsselt werden, durch seine Hände. Darunter befand sich auch ein Brief des amerikanischen Präsidenten Nixon ("Geheim" und "Persönlich") sowie ein ausführlicher Bericht über vertrauliche Gespräche zwischen Außenminister Scheel, dem US-Präsidenten und dessen Sicherheitsberater Kissinger. Hatte Guillaume bereits im Kanzleramt, als er noch nicht unter Verdacht stand, Zugang zu vertraulichen Papieren, so hat er jetzt noch ungestörteren Einblick in als geheim eingestufte Unterlagen. Obwohl er auf der Liste der Verdächtigen bei den bundesdeutschen Sicherheitsdiensten ganz oben steht, wird ihm in Norwegen die Arbeit eher leichter als schwerer gemacht. Um die geheimen Schriftstücke seinem Verbindungsmann zugänglich zu machen, bedient sich Guillaume aus der Klamottenkiste des Spionagegeschäfts: Während ein Leibwächter Brandts - "Da sind wichtige Papiere drin" - einen Koffer mit Krimskrams und Souvenirs dienstbeflissen nach Bonn zurückbefördert, trifft sich Guillaume mit seiner Kontaktperson in einem schwedischen Hotel - die heiße Ware hat er in einem äußerlich fast identischen Koffer. "Das 'Allerheiligste' aus den Bonner Sakramenten, das war jetzt in unserem Allerheiligsten in Berlin!" (Guillaume 1988) Regelmäßige Observationen finden erst wieder nach der Rückkehr in Bonn statt. Doch auch die nächsten Monate verlaufen ohne spektakuläre Ergebnisse. Der Erfolgsdruck auf die Geheimdienste wächst.

Die Guillaumes fühlen sich beobachtet, wobei sie aber davon ausgehen, daß ihr die Aktivitäten gelten, da sie sich für eine Stelle im Verteidigungsministerium beworben hatte. Trotz des Verdachts, erreicht es der 'Leichtfuß' im Oktober 1973 Brandt auf einer Urlaubsreise an die Côte d'Azur begleiten zu können. Guillaume gelingt zwar kein Coup wie in Norwegen, doch immerhin ein Treffen mit einem "Hohen Mann"; dieser bietet ihm an, ihn sofort abzuziehen, aber Guillaume will auf seinem Bonner Ansitz bleiben. Für ihn scheint der Aufenthalt an der sonnigen Mittelmeerküste auch ein Urlaub von seinen Observanten zu sein - weder der Verfassungsschutz noch der französische Geheimdienst haben hier ein Auge auf ihn. Die Zeit verrinnt, und der vermeintliche Verräter verrät sich nicht. Einige Male informiert Nollau den Innenminister über den mageren Verlauf der Aktion. So können auch dem Kanzler, der durch seinen Amtschef Grabert einige Male bei Genscher nachfragen läßt, keine Ergebnisse präsentiert werden.

3. Szene
Die Verhaftung

Ende Januar 1974 treffen Nollau und Genscher zu einem Gespräch zusammen und beschließen, die Observation Guillaumes zu beenden, weil ihrer Meinung nach Willy Brandt die Ungewißheit über seinen Referenten nicht mehr zugemutet werden könne. (Nollau 1978:264) Der Champingwagen vor Guillaumes Haus wird abgezogen, und der oberste Verfassungsschützer läßt von seiner Behörde einen Bericht erstellen, den er am 1.3.1974 Brandt und seinem Innenminister vorlegt. Das Ergebnis der Bemühungen ist sehr mager. Nollau legt nun am 7. März den Bericht dem Generalbundesanwalt in Karlsruhe vor; dieser hat die spärlichen Beweismittel zu prüfen und über eine Anklage zu entscheiden. (van Bergh 1975:82) Brandt vertraut dem Vorgehen von Verfassungsschutz und Bundesanwaltschaft, er geht "selbstverständlich davon aus, daß die Sicherheitsbehörden tun würden, was ihres Amtes ist". (Brandt 1974:168) Er beeinflußt das weitere Vorgehen nicht durch eigene Entscheidungen, soll nun bisweilen aber doch beunruhigt sein.

Über Ostern will Guillaume eine Ferienreise nach Südfrankreich unternehmen. In der Hoffnung, an der Côte d'Azur, einem bekannten Agententummelplatz, auf Verbindungsleute des Referenten zustoßen, organisieren die Staatsschützer des BKA, unterstützt von ihren französischen Kollegen, eine gigantische Beschattungsaktion. Hunderte von Ohren und Augen verfolgen jeden Schritt des vermeintlichen DDR-Agenten. Guillaume trifft sich nun auch unter geheimnisvollen Umständen mit einem Unbekannten, der von den BKA-Spezialisten als Verbindungsmann angesehen wird. Als der Urlauber zwei Tage nach Ostern, am Dienstag, die französische Mittelmeerküste verläßt und nonstop nach Bonn zurückkehrt, schließen die Sicherheitsexperten: Der Spion hat entdeckt, daß er observiert wird, und will seinen Stützpunkt in der Bundeshauptstadt auflösen, um sich in die DDR abzusetzen. Das ist der Zeitpunkt, zuzuschlagen und Günter Guillaume zu verhaften. (SPIEGEL 18/1974)

Im Morgengrauen des nächsten Tages, es ist der 24. April 1974, rückt ein knappes Dutzend Beamten der Sicherungsgruppe Bonn vor dem Haus in Bad Godesberg an, wo die Guillaumes im ersten Stock, links, zur Miete wohnen. Vier Herren in grauen Anzügen ersteigen das Treppenhaus und klingeln, die Pistolen im Schulterhalfter, an der Wohnungstür des spät in der Nacht zurückgekehrten Agenten. Sohn Pierre öffnet und ruft den Vater herbei. Dieser läßt sich widerstandslos festnehmen und wird zu intensiven Verhören geschafft. Auch Christel Guillaume wird festgenommen. Ein Möbelwagen fährt vor, um kistenweise mögliches Beweismaterial sicherzustellen. Im Arbeitszimmer werden dabei 900 Seiten mit vertraulichem und geheimem Material des BfV, das für den SPD-Vorstand bestimmt war, aufgefunden. (SPIEGEL 26/1975)

Nicht die westdeutschen Geheimdienste, sondern der Spion selbst zerschlägt nun den gordischen Knoten des Zweifels und der Ungewißheit: Er erklärt spontan, "Bürger und Offizier der DDR" zu sein. (Guillaume 1988) Fürs erste ist die lästige Beweislast erheblich leichter geworden. Die Geheimdienstakteure atmen auf.

Willy Brandt kehrt an diesem Tag von einer Nahost-Reise zurück. Er erfährt noch auf dem Flughafen durch seinen aufgeregten Amtschef Grabert von der Festnahme des DDR-Spions. Der bestätigte Verdacht löst beim Regierungschef "erheblichen Zorn" (Brandt 1974:168) aus: wie ist es möglich, daß ihm, der sich so redlich um eine Verbesserung der innerdeutschen Beziehungen bemüht hat, von der anderen Seite auf diese heimtückische Weise begegnet wird? Nicht, daß er nicht von solchen Praktiken der SED-Führung ausgegangen wäre, aber "dieses Ausmaß der Verstellung und Vertrauensmißbrauch" (Brandt 1974:170) gegenüber dem Vorsitzenden der SPD kommt ihm ungeheuerlich vor. Am Abend dieses Tages sickern die ersten Gerüchte über die Verhaftung des Kanzler-Spions hinaus in die Bonner Parteien- und Presselandschaft.

III. Akt

1. Szene
Vorhang auf

Die Bundesanwaltschaft in Karlsruhe gibt am Donnerstagmorgen, dem 25.4.1974, einen Tag nach der Verhaftung, eine kurze Presseerklärung ab. Nüchtern wird mitgeteilt, daß ein höherer Angestellter des Bundeskanzleramtes festgenommen wurde und sich als Mitarbeiter des Ministeriums für Staatssicherheit zu erkennen gegeben habe. In einer Ergänzung hierzu läßt die Bundesregierung mitteilen, daß Guillaume zwar Mitarbeiter im Kanzlerbüro, aber mit der Bearbeitung von amtlich geheimgehaltenen Vorgängen nicht beauftragt gewesen sei. Im übrigen wird begrüßt, daß die Sicherheitsbehörden so erfolgreich gearbeitet haben. Das Vertrauensmännergremium des Deutschen Bundestages wird von Kanzleramtschef Grabert unterrichtet. (Bulletin 27.4.1974)

Noch am gleichen Tag erscheinen in den Blättern des Springer-Verlages erste Nachrichten über die Verhaftung eines Spions im Kanzleramt. Die Spätausgabe des "Hamburger Abendblatt" meldet auf der ersten Seite, die noch von der Debatte um den § 218 dominiert wird: "Spionageverdacht: Brandt-Berater festgenommen".

Im Bundestag geht die Nachricht wie ein Lauffeuer durch die Reihen der Abgeordneten, in Bonn herrschen "Entsetzen und Betroffenheit" (SZ 26.4.1974), in der SPD-Fraktion macht sich "tiefe Niedergeschlagenheit" (Brandt 1974:169) breit. Selbst die "Frankfurter Allgemeine Zeitung" scheint gerührt, wenn sie schreibt: "Das hat die Regierung, hat der Kanzler nicht verdient". (FAZ 26.4.1974)

Während an diesem ersten Tag nach der Verhaftung Regierung und SPD im Eiltempo versuchen, dem ertappten Agenten eine höchst untergeordnete Rolle in ihrem Bonner Apparat zuzuschreiben, richtet sich das Interesse von Opposition und Medien auf die Frage, zu welchen Dokumenten Guillaume nun wirklich Zugang hatte. Ein Spion im Kanzleramt, das will nicht so recht zur Rolle des subalternen Kalfaktors passen, zu dem er jetzt von Politikern der SPD und FDP gemacht werden soll.

Am Freitag, dem 26.4.1974, findet morgens auf Antrag der CDU eine Aktuelle Stunde im Bundestag statt, die das Fernsehen direkt überträgt.

Noch schlägt Oppositionsführer Carstens moderate Töne an:

> "/.../ Das Ausmaß des entstandenen Schadens ist gewiß noch nicht zu übersehen. Aber wir möchten nachdrücklich vor dem Versuch warnen, die Stellung des Herren Guillaume als unbedeutend oder harmlos hinzustellen. (Beifall bei der CDU/CSU) /.../."

Er äußert Genugtuung über den Erfolg der Geheimdienste und fordert lediglich eine Liste aller Dokumente, die durch Guillaumes Hände gelaufen sind. Nach ihm gibt Justizminister Jahn weitere Einzelheiten zum Fall Guillaume bekannt und erklärt:

> "/.../ Die Bearbeitung amtlich geheim gehaltener Vorgänge fiel nicht in seinen Aufgabenbereich. (Lachen bei der CDU/CSU. - Abg. Dr. Barzel: Bearbeitung? Der Zugang! - Zuruf von der CDU/CSU: Augenwischerei! /.../"

Widerspruch erntet auch Herbert Wehner, als er erklärt:

> "Nur eines ist nicht in Ordnung Herr Carstens /.../: daß der Eindruck erweckt wird oder werden soll, als ob die braven Sicherheitsorgane sozusagen gegen eine sie hindernde Regierung und gegen Regierungsressorts gehandelt hätten. (Widerspruch bei der CDU/CSU) /.../ (Abg. Rawe, CDU: Sie müssen ein schlechtes Gewissen haben, denn das hat hier niemand behauptet!). Wehner: Ich bitte Sie um Entschuldigung. Ich streite mit Ihnen über mein Gewissen nicht, Herr Rawe. (Beifall und Heiterkeit bei den Regierungsparteien. - Abg. Dr. Marx CDU: Wie sollte er auch!)."

Im Rahmen dieser Debatte steigt auch Innenminister Genscher, zugleich oberster Dienstherr von BfV und BKA, in den Ring. Lobend stellt er sich vor seine Behörden und spricht ihnen seine Anerkennung für ihre erfolgreiche Arbeit aus. Die von Carstens geäußerten Zweifel, ob es richtig gewesen sei, Guillaume so lange zu beschatten, versucht er schlitzohrig aus dem Weg zu räumen:

> "Meine Damen und Herren, aus der Verantwortung meines Amtes heraus erkläre ich, ich hätte die Sicherheitsorgane rügen müssen, wenn sie sich nicht so verhalten hätten". (Das Parlament 18/1974)

Damit wird die Verantwortung für die lange Observation von Genscher auf den Bundesverfassungsschutz verlagert, vor den er sich jetzt in großer Geste schützend stellen kann, auf dessen Arbeit er aber keinen Einfluß gehabt haben will. Möglichen Angreifern wird signalisiert, daß alles bestens gelaufen sei und es keinen Anlaß zu Beanstandungen gäbe. Aber wenn denn schon jemand angegriffen werden solle, dann nicht er.

Schließlich erklärt ein von Enttäuschung gezeichneter Kanzler Willy Brandt, daß sein Referent von ihm nicht mit Geheimakten befaßt worden sei - ein folgenschwerer Irrtum. Später muß er zugeben, daß er zu diesem Zeitpunkt nur an die normale Arbeit im Kanzleramt dachte, nicht jedoch an den verhängnisvollen Norwegenurlaub. (Brandt 1974:171)

Einig sind sich alle Parteien darüber, daß ein schneller Austausch in diesem Fall nicht stattfinden darf. Es ist eine Debatte ohne große Attacken, da alle wissen, daß keine Regierung vor Spionagefällen sicher ist. Lediglich einige Hinterbänkler, also nichts Massives, exponieren sich. So der CSU-Abgeordnete Niegel, der eine Ankündigung Brandts für notwendig hält, daß er zurücktreten werde, wenn Guillaume doch an Geheimakten herangekommen sein sollte. (FAZ 27.4.1974)

Die Presse ist bemüht, mehr Licht in die noch als dunkel und verworren empfundene Angelegenheit zu bringen. Zu widersprüchlich sind die verschiedenen Aussagen über die Entdeckung und Observierung des Spions, sein Aufgabengebiet und den Schaden, den er angerichtet haben soll. Einige Journalisten sind betrübt, daß der unscheinbare Guillaume so wenig medienwirksam ist: "Wenn das doch wenigstens ein James-Bond-Typ wäre. Aber dieser kleine Dicke /.../." (SZ 26.4.1974)

2. Szene
Der Sturm bricht los

Bis zum Ende der Woche sind sich in Bonn alle in der Empörung einig: der schmähliche Verrat durch die DDR trifft alle gleichermaßen und wird verurteilt. Noch wird der gemeinsame Feind auf der anderen Seite der Mauer ausgemacht, der der Bundesrepublik auf hinterhältige Weise Schaden zugefügt habe. Das außenpolitische Moment dieses Skandals dominiert, doch die innenpolitische Kontroverse bahnt sich schon an. Diese "bundesdeutsche Geschlossenheit" beginnt während des Wochenendes 27./28.4.1974 zu bröckeln.

Durch ihre Ostpolitik hat die SPD Profil gewonnen, und die damit erlangte Wählergunst läuft nun Gefahr, sich in ihr Gegenteil zu kehren. Der CDU-Vorsitzende Helmut Kohl vermeint denn auch nicht versäumen zu dürfen, darauf hinzuweisen, daß es sich hier um ein Wiederaufleben des Kalten Krieges handele. Allgemeines politisches Nahziel sind die Landtagswahlen in Niedersachsen, die in sechs Wochen stattfinden. Eine Auswirkung des Skandalgeschehens hierauf ist nicht mehr auszuschließen, und so wird die Affäre in die taktischen Überlegungen der Parteien einbezogen. (SPIEGEL 18/1974) Die Suche nach den Verantwortlichen und Schuldigen beginnt, Koalition und Opposition heben zu einem Streit über das Ausmaß der Katastrophe an.

Während Herbert Wehner die Opposition beschuldigt, die Regierung zu verleumden, weil sie zwar die Sicherheitsorgane lobe, deren politische Vorgesetzte aber diffamiere, unterstellt Werner Marx (CDU) Kanzler Brandt eine "erschreckende" Naivität, die ihn nicht mehr dazu qualifiziere, in diesen Zeiten sein Amt weiter zu führen. (FAZ 29.4.1974)

Häufiger und hartnäckiger wird jetzt in der Presse und von der Opposition die Frage gestellt, wie Guillaume ins Kanzleramt und dort in eine so wichtige Stellung gelangen konnte. Das BfV läßt dazu in einer Erklärung verlauten, daß die von ihm durchgeführte Sicherheitsüberprüfung Guillaumes keine Bedenken gegen eine Einstellung zu Tage gebracht hätte. (Brandt 1974:174)

Am Montag, dem 29.4.1974, zeigt sich eine erste Folge der Spionageaffäre für die innerdeutschen Beziehungen: das für den nächsten Tag geplante Treffen zwischen Staatssekretär Gaus und dem stellvertretenden DDR-Außenminister Nier wird ohne Angabe von Gründen abgesagt. (FAZ 30.4.1974) Die Regierung beabsichtigt aber keine tiefgreifenden Veränderungen im deutsch-deutschen Verhältnis.

Die SPD verfolgt weiterhin die Strategie, die Agentenängste zu zerstreuen und die aufgewühlte Öffentlichkeit zu beruhigen. (SZ 30.4.1974) Hierfür ist es jedoch bereits zu spät, und so bewirkt dieses Vorgehen genau das Gegenteil dessen, was ursprünglich beabsichtigt war: anstatt verlorenes Vertrauen wiederzugewinnen, droht ein neues Ärgernis in Form des Vertuschungsverdachtes. Die Opposition kann sich mit der Strategie begnügen, die "Affäre auf kleiner Flamme langsam kochen" zu lassen. (SZ 30.4.1974)

Als genauere Informationen über die Einstellung Guillaumes und die Pannen von der Entdeckung bis zur Festsetzung bekannt werden, gerät der damals zuständige Kanzleramtschef und jetzige Minister Horst Ehmke in den Mittelpunkt der Kritik. Sein Rücktritt wird im "Hamburger Abendblatt" und von Richard Stücklen in der "BILD" gefordert. (30.4.1974) Innenminister Genscher wird ebenfalls kritisiert: sein Verhalten, die Sicherheitsorgane zu loben und sie von jeder Schuld freizusprechen, wird auch von der linksliberalen Presse als Verdummung der Öffentlichkeit empfunden. (SZ 30.4.1974) Die Opposition will den Fall im Verteidigungsausschuß behandeln, die CSU fordert umfassende Informationen und droht mit der Einsetzung eines parlamentarischen Untersuchungsausschusses.

Die Ermittlungsbehörden durchforsten auf der Suche nach sicherheitsrelevanten Begebenheiten, bei denen Guillaume als Augen- und Ohrenzeuge eine Rolle gespielt haben könnte, wie auch schon in den vergangenen Tagen fleißig den Terminkalender des Bundeskanzlers. Da Guillaume bei den Verhören beharrlich schweigt, müssen sie auf diese Weise rekonstruieren, welche Informationen durch seine Hände gegangen sein könnten. Sie stellen fest, daß er, wenn man den gesamten Schriftverkehr der Norwegenreise außer acht läßt, seit seiner Entdeckung nur zwei als vertraulich gezeichnete Dokumente in die Finger bekam. (SPIEGEL 20/1974)

Brandt führt in den Nachtstunden dieses Montags Gespräche mit seinen Vertrauten Ehmke und Grabert. Erstmals taucht in diesem Zirkel die Frage seines Rücktritts auf. Für die Öffentlichkeit ist dieses noch kein Thema. Die Opposition fordert vielmehr vehement den Rücktritt Horst Ehmkes. Dieser bietet seinem Chef auch einen solchen Schritt an, Brandt ist damit aber nicht einverstanden, weil er selbst dadurch von seiner Verantwortung noch nicht entlastet wäre. (Baring 1982:737) Die Diskussion um ein hinreichendes Opfer bleibt im Regierungslager unentschieden.

3. Szene
Sexus! - Nexus?

Während die öffentliche Diskussion noch auf die Erfassung eines vermeintlichen Schadens und die Zuordnung von Verantwortung gerichtet ist, hat sich hinter den Kulissen jener Teil des Dramas entwickelt, ohne den kein großer Skandal auszukommen scheint. Die Sicherheitsbeamten hatten auf dem Schreibtisch in der Wohnung des Agenten persönliche Briefe entdeckt, aus denen hervorging, daß er Verhältnisse mit zwei Bonner Sekretärinnen hatte, von denen eine als Vorzimmerdame des Chefunterhändlers der Bundesregierung mit der DDR, Günter Gaus, tätig gewesen war. Es gab jedoch keine Anhaltspunkte dafür, daß sie wissentlich Dienstgeheimnisse an ihren Liebhaber weitergegeben hatte. Sie bestätigte denn auch gegenüber den Sicherheitsbehörden ihre Liaison; mehr noch, sie erzählte den Beamten, daß ihr Verhältnis schon zu der Zeit bestand, als sie noch für den damaligen Ost-Unterhändler Bahr gearbeitet hatte. (SPIEGEL 19/1974) Die graue Maus, ein Casanova?

Schon am 26. April hatte ein Abteilungsleiter der Sicherungsgruppe Bonn des BKA seinen Chef Herold im Zuge der weiteren Ermittlungen um die Aussagegenehmigung für das ständige Personal der Bewachungsmannschaft, das unweigerlich Beobachtungen hätte machen müssen, gebeten. Dieses darf geschehen, und so wurde auch der Chef-Bewacher Willy Brandts, Ulrich Bauhaus, befragt. Dieser plauderte nicht nur über Guillaumes Verhältnisse, sondern erzählte, wenn auch wohl eher unbeabsichtigt, über Damenbesuche, die der Kanzler hin und wieder im Wahlkampf-Sonderzug oder im Hotel empfangen hatte. Er fragte, ob diese denn auch von Interesse seien? Bisher waren sie es nicht, aber sie werden es. Die ermittelnden Beamten sehen eine neue Spur, und die lautet: wenn der Agent Guillaume Zeuge von privaten Beziehungen Brandts geworden ist, die diesem bei öffentlichem Bekanntwerden schaden könnten, so wäre dies ein Mittel, den Kanzler unter Druck zu setzen. Denn Verfehlungen gegen die herrschende Moral wiegen bei hochrangigen Politikern schwer. Sie haben eben in jeder Hinsicht Vorbild zu sein. BKA-Chef Herold unterrichtete seinen Chef Genscher von den Aussagen des Bewachers und den möglichen Amouren. Auch der Innenminister zeigte sich interessiert und wollte auf dem Laufenden gehalten werden. (SPIEGEL 37/1974)

Die brisanten Ermittlungsergebnisse des BKA verlassen am 30. April die Zimmer der Kölner Behörde. Über die Bundesanwaltschaft gelangen sie zu Justizminister Gerhard Jahn, der Brandt am Abend die ersten Informationen zu diesem heiklen Thema übermittelt. Der Kanzler nimmt diese Gerüchte nicht ernst und läßt den Dingen ihren Lauf. Innenminister Genscher erhält vom obersten Kriminalisten des BKA, Herold, einen schriftlichen Bericht zum Spionageskandal, der nun auch das Kapitel "Amouren" enthält.

Ungesichert, aber sehr wahrscheinlich ist es, daß diese Nachrichten auf etwas weniger offiziellen Wegen auch die Opposition erreichen. Am kommenden Donnerstag soll der jetzige Chef des Kanzleramtes, Grabert, das Vertrauensmännergremium unterrichten. Die Fragensteller der Opposition scheinen jedoch über die neuesten Entwicklungen besser im Bilde zu sein als dieser. Noch während der Sitzung muß er beim BND nachfragen, um antworten zu können. Dem BND in Pullach ist nun einmal München näher als Bonn.

Willy Brandt selbst ist zwar ob der "Aufschlüsse" schockiert, kann aber an den abendlichen Besuchen von Journalistinnen und weiblichen Bekannten, wie er später in seinen Erinnerungen schreibt, nichts Ehrenrühriges finden. Er sieht, nachdem ihm eine Liste der Bekanntschaften noch am 1. Mai präsentiert wird, seine sexuelle Potenz überschätzt.

Unabhängig vom ihrem Wahrheitsgehalt sind die Amouren in die Ermittlungen gezogen, die Spur soll weiter verfolgt werden. Weitere Befragungen des Brandt-Bewachers Bauhaus werden in Aussicht gestellt.

4. Szene
Windstärke 10

Willy Brandt ist zum 1. Mai 1974 nach Hamburg aufgebrochen, wo er an einer DGB-Kundgebung teilnimmt. Ein anschließender Abstecher nach Helgoland beginnt mit einer stürmischen Überfahrt. Den Abend verbringt die Kanzlercrew mit der örtlichen SPD, ein äußerlich normaler Ablauf läßt nichts von den Überlegungen für ein Revirement des Kabinetts ahnen, die in den nächsten Tagen die Gespräche des Kanzlers mit Vertrauten bestimmen werden. Daß hier etwas geschehen soll, ist nicht erst durch die Spionageaffäre virulent. Walter Scheel, der Bundespräsident werden soll, muß als Außenminister ersetzt werden, andere Positionen sollen ebenfalls neu besetzt werden. Möglicherweise lassen sich jetzt zwei Fliegen mit einer Klappe schlagen. Die im Zusammenhang mit Guillaume ins Schußfeld der Kritik geratenen Minister könnten ersetzt werden. Im Rahmen einer Kabinettsumbildung wäre dies weniger spektakulär als die Entlassung eines Einzelnen, die den Eindruck eines demonstrativen Opfers hervorrufen könnte.

In Bonn beginnt - ausgerechnet - am "Tag der Arbeit" ein Schlagabtausch. Innenminister Genscher hat nichts dagegen, daß BfV-Chef Nollau an diesem Tag seine langersehnte Kur antritt, und schlägt zu, kaum daß sich der Verfassungsschützer zu Fango und Massage gen Süden aufgemacht hat. Er läßt im Namen des Kölner Amtes eine Erklärung veröffentlichen, in der dem Kanzleramt und seinem damaligen Leiter Ehmke die alleinige Verantwortung für die

Sicherheitsüberprüfung bei der Einstellung Guillaumes zugeschoben wird. Nollau, der seine kaum begonnene Kur sofort abbricht, als ihm diese Meldungen zu Ohren kommen, und Brandt beschweren sich aufs Schärfste bei Genscher und erreichen, daß am nächsten Tag seine Aussagen vom BfV als "mißverständlich" hingestellt und teilweise zurückgenommen werden. (SZ 3.5.1974) Ehmke wehrt sich und behauptet demgegenüber, daß das BfV von seiner Behörde mit allen bekannten Tatsachen versorgt worden sei und als Ergebnis seiner Recherchen erklärt habe, daß gegen eine Einstellung keine Bedenken bestünden. (Brandt 1974:174)

Die Verwirrung in der Hauptstadt ist komplett: "Der Verfassungsschutz widerspricht dem Kanzleramt, Innenminister Genscher widerspricht seinem Kabinettskollegen Ehmke, der Kanzler widerspricht Genscher". (SPIEGEL 19/1974)

Der 2. Mai, ein Donnerstag, bringt neben der Sitzung des Vertrauensmännergremiums neue Entwicklungen. Der Bewacher von Brandt, Bauhaus, ist aus Helgoland nach Bonn zurückbeordert und dort von der Bundesanwaltschaft, die inzwischen die Ermittlungen an sich gezogen hat, vor Probleme gestellt worden. Er steht loyal zu seinem Kanzler und sträubt sich, weitere Enthüllungen über dessen Privatleben zu machen. Dennoch muß er über alles, was er als Leibwächter gesehen und gehört hat, berichten, auch über Dinge, die, wie er meint, "andere Ziele als den Vernehmungsgegenstand" haben. (SPIEGEL 37/1974) Brandt ist empört über die Schnüffeleien, die in seinem Privatleben durchgeführt werden und gelangt zu der Ansicht, daß die Aufklärer des Innenministers sich stärker um seine Intimsphäre als um die Überführung des Spions kümmern.

Am 2. Mai meldet sich auch erstmals die DDR im "Neuen Deutschland" zu Wort. Sie hatte bisher, immerhin 10 Tage lang, über Guillaume geschwiegen. Als einen indirekten Kommentar kann man einen bereits am 27. April erschienenen Artikel werten, dessen Überschrift lautete: "Worauf unsere Erfolge in der Außenpolitik beruhen". (ND 27.4.1974) Zurückgeführt wird dieser Erfolg auch auf die eigenen "Organisationen mit internationaler Aufgabenstellung". Im heutigen Artikel kann man die bundesdeutsche Aufregung nicht verstehen. Schließlich, so wird argumentiert, sei die gegenseitige Infiltration mit Agenten allgemeine Praxis, die DDR könne auch eine Reihe von westdeutschen Spionen nennen, die kürzlich in der DDR entlarvt und verhaftet worden seien. In der intensiven Beschäftigung der westdeutschen Presse mit dem Fall

Guillaume sieht man in Ost-Berlin eine Kampagne rechtskonservativer Kräfte, die die Ostpolitik zu Fall bringen wollen. Damit mag man zwar partielle, heimliche Interessen erkannt haben, die allgemeine Reaktion der Medien ist jedoch eine andere. Denn die westdeutschen Zeitungen aller politischen Richtungen berichten ausführlich über die Bescherung, wenn auch mit unterschiedlichem Engagement.

Erste Publikumsreaktionen werden veröffentlicht. Das Institut für Demoskopie in Allensbach versucht in einer Blitzumfrage zu ermitteln, was die bundesdeutsche Öffentlichkeit über die Spionageaffäre denkt. 63% meinen, daß ein größerer Schaden für die BRD entstanden sei, nur 20% halten die Sache für nicht so schlimm. Gefragt wird auch, ob die Bundesregierung die Öffentlichkeit wahrheitsgemäß informiert habe: wiederum 63% vermuten, daß sie einiges verschleiert habe, 15% fühlen sich richtig unterrichtet, und 12% meinen, daß sie zumindest überwiegend richtig in Kenntnis gesetzt wurden. Interessant sind auch die Angaben zu den Ursachen, die die Bundesbürger für den Skandal sehen: 41% geben ihre Zustimmung zur Hypothese vom Versagen des Abwehrdienstes, 40% meinen, daß die Berater Brandts versagt hätten. 22% führen den vermeintlichen Schaden auf eine zu große Gutgläubigkeit des Bundeskanzlers zurück. 29% können sich mit dem Gedanken anfreunden, den Spion einmal gegen andere Gefangene auszutauschen, 62% dagegen plädieren für eine konsequente Bestrafung. Es wird auch nach möglichen Konsequenzen für die Ostpolitik gefragt, wobei 16% meinen, man solle die Verhandlungen jetzt abbrechen, 59% wollen, daß die Ostverträge noch einmal überprüft werden und schärfere Bedingungen gestellt werden. (FAZ 2.5.1974) Die Regierung beläßt es jedoch bei der Absage des in Ost-Berlin geplanten Gespräches zwischen Günther Gaus und seinem Gegenüber Nier aus der DDR.

Ans Licht der Öffentlichkeit dringen jetzt die erotischen Abenteuer des Agenten. Sein Liebesleben beherrscht an diesem Freitag, dem 3. Mai, die Schlagzeilen der Presse. Der Regierungssprecher muß die intimen Beziehungen Guillaumes zu zwei Sekretärinnen in Bonn bestätigen. (SZ 4.5.1974) Horst Ehmke steht weiterhin im Dauerfeuer der Kritik, das inzwischen nicht mehr nur aus den Reihen der Opposition, sondern auch aus der eigenen Partei kommt. Doch Ehmke hat in Brandt, Wehner und Helmut Schmidt eine starke Lobby, die seine "Schlachtung" nicht für angebracht hält. (SPIEGEL 19/1974)

Von Brandt selbst wird berichtet, daß er, zurückgekehrt von Helgoland, auf viele den Eindruck mache, daß er "alles schleifen lasse, am Ende angelangt sei". (Baring 1982:747) Der Bundeskanzler deutet seinem Finanzminister Helmut Schmidt an, "er müsse damit rechen, daß die Kanzlerschaft plötzlich auf ihn zukomme". (Brandt 1974:176) Resigniert hat der Kanzler aber noch nicht. Am Abend dieses Tages trifft er sich mit seinen Vertrauten Bahr und Gaus, und sie reden lange über den Fall Guillaume und das anstehende Revirement. Personelle Konsequenzen der Spionageaffäre zu berücksichtigen, erweist sich als zunehmend schwierig. Als mögliche Opfer für den Skandal kommen BfV-Präsident Nollau, der ehemalige Kanzleramtschef Ehmke und Innenminister Genscher in Frage, wobei die Letzteren auch einer Kabinettsumbildung zum Opfer fallen könnten. Könnte dies mit Ehmke noch praktiziert werden, so ist es nahezu ein Ding der Unmöglichkeit, Genscher zu expedieren, denn er ist "als einziger der in Bonn handelnden Politiker /.../ für die Regierungskoalition restlos unentbehrlich", wie Rudolf Augstein schrieb. (SPIEGEL 19/1974) Er ist als designierter Nachfolger von Walter Scheel im Außenministerium fest verplant. Ein solcher Schritt, ein Kabinett ohne Genscher, hätte nicht nur die Regierung, sondern auch die FDP in eine schwere Krise gestürzt, an der das Bündnis mit der SPD wohl zerbrochen wäre. (Baring 1982:736)

5. Szene
Der Rücktritt

Während des nun folgenden Wochenendes spitzt sich die Lage weiter zu. Der CDU-Abgeordnete Reddemann läßt verlauten, daß die Opposition über mehr Informationen verfüge, als bisher von Regierungsseite bekanntgegeben worden seien. Gemeint sind damit vermutlich die Aussagen über die Kanzler-Amouren, über die die Opposition scheinbar trefflich auf dem laufenden ist. Es ist zu erwarten, daß die CDU/CSU die für den nächsten Mittwoch geplanten Haushaltsberatungen zu einer Debatte über die Spionage-Affäre nutzen wird. Aus Sicht der Koalition droht die Gefahr, daß die Privatsphäre Willy Brandts öffentlich ausgeschlachtet wird.

Die Schlagzeilen der Presse sind am Samstag noch beherrscht von den Angriffen der CDU auf Ehmke und dessen Rolle bei der Einstellung Guillaumes ins Kanzleramt sowie Guillaumes Beziehungen zu den Sekretärinnen. Die "Frankfurter Allgemeine Zeitung" spekuliert jedoch schon über "Konsequenzen der Affäre Guillaume für die Regierungsumbildung" und berichtet über Äußerungen von Carstens, der die CDU-Strategie weiterverfolgt, den Vertuschungsverdacht zu schüren. (4.5.1974)

Brandt trifft an diesem Tag in Bad Münstereifel ein, wo eine Tagung mit Gewerkschaftlern auf dem Programm steht. Diese Zusammenkunft bietet ihm die Gelegenheit, mit seinen Parteikollegen über den Fall Guillaume zu beraten. Nun tritt Herbert Wehner auf die Bühne. Dem Chefstrategen der SPD wird spätestens seit seinen Moskauer Attacken gegen Brandt vom Sommer 1973 nachgesagt, er wolle einen Kanzlerwechsel von Brandt zu Schmidt. Damals hatte Wehner dem Kanzler Führungsschwäche und mangelndes Engagement in der Parteiarbeit vorgeworfen. Als Fraktionsvorsitzendem kommt seiner Stimme hohes Gewicht zu, und so ist es geradezu unvermeidlich, daß Brandt mit ihm ein Einzelgespräch führt. Wehner weiß von den brisanten Ermittlungsergebnissen, die das BKA und die Bundesanwaltschaft im Laufe der Woche zusammengetragen haben. Er war am Freitag - wie vermutlich auch während der gesamten Affäre - von seinem Freund Nollau, der ihm viel verdankte, mit dem frischen, heiklen Material versorgt worden. (Baring 1982:748) Es zeichnet sich im Laufe der Unterredung ab, daß die öffentliche Diskussion über einen Zusammenhang von Brandts Privatleben und dem Spionagefall schwerwiegende Folgen für den Kanzler und die Partei haben könnte. Ob der einflußreiche Wehner in diesem Gespräch Willy Brandt den Rücktritt nahelegt oder ihn dazu drängt, wissen nur die beiden. Eine klare Rückendeckung, wie er sie anderen Parteigenossen, etwa dem Abgeordneten Wienand, trotz offensichtlichen Fehlverhaltens bis zuletzt gewährt hatte, gibt er Brandt allerdings nicht. (SPIEGEL 37/1974) Brandt ist deprimiert und fühlt sich im Stich gelassen. In der Tat ist seine Position in der Partei ohne die Unterstützung Wehners geschwächt.

Am späten Abend teilt der Bundeskanzler seine Entscheidung zum Rücktritt den Vertrauten Börner und Ravens mit, die ihn noch umzustimmen versuchen. Die Frage, "Muß einer vom Schlitten?", wie sie Rudolf Augstein im SPIEGEL am nächsten Montag formulieren wird, ist offenbar bereits an diesem Samstagabend entschieden.

Am Sonntagnachmittag tritt die engere Parteiführung zusammen, und Brandt teilt seinen unumstößlichen Entschluß mit. Er schlägt Helmut Schmidt als seinen Nachfolger vor (BRANDT 1974:177); dieser widerspricht heftig und versucht den Kanzler umzustimmen.

Am Abend dieses Tages entwirft Brandt sein Rücktrittsgesuch an den Bundespräsidenten. Er informiert den FDP-Außenminister Walter Scheel, der ihm, wie fast alle anderen auch, nachdrücklich von diesem Schritt abrät.

Auch am nächsten Tag, dem 6.5.1974, wird noch versucht, den Kanzler von seiner Entscheidung abzubringen, doch als dieser nicht mehr umzustimmen ist, wenden sich die Koalitionspolitiker den Präliminarien seiner Nachfolge und den tagespolitischen Problemen zu. (ZEIT 10.5.1974) Dazu treten die Spitzen von Regierung und Koalition im Laufe des Tages mehrmals zusammen. Im Kanzleramt macht sich aufgeregte Betriebsamkeit breit, ungewöhnlich viele Politiker der beiden Regierungsparteien gehen ein und aus, Scheel sagt seine Reise zum Europa-Rat nach Straßburg ab.

Die Bonner Journalisten merken, daß etwas los sein muß. Worum es sich jedoch handelt, weiß keiner. Es geht das Gerücht um, daß noch heute eine Bombe platzen würde. Tritt Genscher zurück? An einen Rücktritt des Bundeskanzlers denkt zu diesem Zeitpunkt kaum jemand, denn als Opfer ist und bleibt weiter Horst Ehmke erste Besetzung. Von CDU-Politikern wird aufs neue ausgestreut, daß mehr Informationen vorhanden seien, als bisher das Licht der Öffentlichkeit erblickt haben.

Während am Abend letzte Gespräche der Koalitionsrunde mit Willy Brandt als Kanzler stattfinden, tritt Horst Ehmke vor die Fernsehkameras und weist alle Schuldzuweisungen gegen Sozialdemokraten in dem Spionagefall zurück. Brandt verläßt das Kanzleramt gegen 21.00 Uhr. Zurück bleiben erschütterte und betroffene Berater, bewegte Gemüter begegnen sich auf den Fluren. Egon Bahr trifft vor dem Arbeitszimmer des Regierungschefs auf Helmut Schmidt, der ihn spontan umarmt. Horst Ehmke befürchtet gar eine Selbstmordgefahr für den Kanzler. (Baring 1982:759)

Nachfolger Schmidt und Amtschef Grabert fliegen nach Hamburg, um dem Bundespräsidenten, der dort zu einem Besuch weilt, das Rücktrittsschreiben zu überbringen. Darin übernimmt der Regierungschef "die politische Verantwortung für Fahrlässigkeiten im Zusammenhang mit der Agentenaffäre Guillaume".

Während in der Hansestadt Gustav Heinemann das Schreiben erhält, platzt gegen Mitternacht in der Hauptstadt die Bombe. NDR und Südwestfunk verbreiten die Meldung vom Rücktritt Willy Brandts. Es beginnt "die heißeste Nacht, die Bonn bisher erlebt hat". (Hamburger Abendblatt 7.5.1974) Zu groß ist die allgemeine Überraschung, es machen wilde Gerüchte und Verschwörungstheorien die Runde, in denen je nach Gusto Wehner, Schmidt oder Genscher als Drahtzieher gehandelt werden. Mythen und Legenden werden geschaffen, Brandt wird zum Retter der Demokratie erklärt, weil er sich uneigennützig geopfert habe. (ZEIT 10.5.1974)

Vor dem Haus des Bundeskanzlers auf dem Venusberg versammeln sich in dieser Nieselnacht junge Leute mit Kerzen und fordern "ihren" Kanzler auf, nicht zurückzutreten. Sie singen "Brüder zur Sonne, zur Freiheit", aber Willy Brandt kommt nicht vor die Tür.

IV. Akt

1. Szene
Nachbeben

Spätestens am Dienstag morgen ist die Nachricht von Willy Brandts Rücktritt in der Bundesrepublik flächendeckend bekannt. Die Aufräumarbeiten setzen ein. Mit Brandts Übernahme der Verantwortung für die "Fahrlässigkeiten" im Fall Guillaume sind vorerst alle Spekulationen über weitere Rücktritte verstummt. Niemand will es gewesen sein, der die Tat vollbracht hat, den Bundeskanzler und Friedensnobelpreisträger zu stürzen. Die Opposition beeilt sich zu versichern, daß die weiteren Informationen, die sie mitzuteilen gedroht hatte, sich auf keinen Fall auf Brandts Privatleben bezogen hätten. (WELT 9.5.1974) Um die Mittagszeit dieses 7. Mai findet sich die SPD-Fraktion zusammen. Als Willy Brandt den Saal betritt und erstmals wieder in der Öffentlichkeit zu sehen ist, stürzen sich die Fotografen auf ihn, und seine Parteifreunde empfangen ihn mit stürmischem Applaus. Herbert Wehner überreicht ihm einen Strauß roter Rosen und erklärt mit einer "dem Überschlagen nahen Stimme, /.../: Wir fühlen Schmerz über das Ereignis, Respekt vor der Entscheidung und zur Persönlichkeit Willy Brandts miteinander". (ZEIT 10.5.1974)

Dieser Rücktritt ist nicht das allgemein erwartete Ende des Skandals, und so begründet Brandt seinen Entschluß öffentlich. Er bedient sich dazu jenes Mediums, das die schnellste und unmittelbarste Verbreitung garantiert, des Fernsehens. Am Mittwochabend, es ist der 8. Mai, nennt er dort drei Gründe, die seine Entscheidung bestimmt hätten: 1. das Norwegen-Desaster, 2. sein durch den Spionageskandal getrübtes Verhältnis zu den Staaten des Warschauer Paktes, insbesondere zur DDR, und 3. die Tatsache, daß man sein Privatleben in die Diskussion ziehen wollte. (WELT 9.5.1974) Die ersten beiden Punkte sind der Öffentlichkeit schon bekannt, daß Brandts Privatleben eine Rolle gespielt hat, erfährt sie zu diesem Zeitpunkt das erste Mal. Die innerparteilichen Differenzen werden von ihm geflissentlich übergangen, ebenso die politischen Konstellationen, die andere, auch mögliche Opfer verhinderten.

Der erste Eindruck, der durch Brandts Demission erweckt wird, ist der eines großen Selbstopfers. Die Kommentare der Presse sind ohne hämische Genugtuung, sondern getragen von einer Mischung aus Verblüffung und Respekt. Allerdings weisen die meisten Blätter sogleich auf einen möglichen Zusammenhang zwischen seinem Rücktritt und dem erlittenen Popularitätsverlust hin. Denn vom Dezember 1972 bis März 1974 war in der Bevölkerung die Zustimmung zu seiner Politik von 72% auf 33% gefallen. (FAZ 9.5.1974) Gleichwohl finden Solidaritätskundgebungen für Brandt statt, in West-Berlin sind es 3.000 Anhänger, 4.000 in Hamburg, 10.000 in Bonn, und einige Tausend in Frankfurt, die zusammenkommen. (NZZ 8.5.1974)

Auch in der Auslandspresse wird auf den Ansehensverlust sozialdemokratischer Politik hingewiesen und die Frage gestellt, ob sich die Bundesrepublik nun auch in die Reihe der Staaten mit krisengeschüttelten Regierungen einreihen werde. Insbesondere Nixons Verwicklungen in den Watergate-Skandal und die damit verbundene Regierungskrise werden als Vergleich herangezogen. (NZZ 12.5.1974) Ein Hauptthema der innenpolitischen Auseinandersetzungen wird nunmehr die Rufmordkampagne, der sich Brandt wegen der Spekulationen über sein Privatleben ausgesetzt sieht. Mit seiner Fernseherklärung war Brandt einem möglichen Vertuschungsverdacht geschickt zuvorgekommen. Denn im Laufe dieser Woche nimmt sich die Presse dieses Themas an, und Schlagzeilen über Amouren des Ex-Kanzlers werden produziert. Die "BILD" will es genau wissen: "Wilde Gerüchte um Brandt. Was stimmt daran?" (9.5.1974) In diesem Konflikt präsentiert sich die SPD wieder als geschlossene Partei, die sich den "Giftköchen" der Opposition und ihren "publizistischen Hilfstruppen" kämpferisch entgegenstellt. (FR 13.5.1974)

Von der Bühne, auf der die alltäglichen politischen Entscheidungen getroffen werden, tritt Brandt mit dem 6. Mai vorläufig ab. Hier steht jetzt die Frage im Vordergrund, wie das neue Kabinett unter einem Kanzler Helmut Schmidt aussehen soll. Erwartungsgemäß wird ihm Hans-Dietrich Genscher wieder angehören, dann als Außenminister. Horst Ehmke erhält kein neues

Ministeramt. Insgesamt werden durch den Rücktritt Brandts sieben Positionen in der Regierungsmannschaft umbesetzt. (Böhret/Jann 1982:39)

Im Guillaume-Skandal herrscht derweil die Ruhe nach dem Opfer. Erste zusammenfassende Rückblicke und Analysen über den jüngsten Skandal werden veröffentlicht. "DIE ZEIT" bringt schon am 10. Mai einen betont distanzierten Artikel, in dem die einzelnen Ereignisse vom 4. bis zum 7. Mai als "Das Drama von Bonn" festgehalten werden.

Gleichwohl hält die Attraktivität der Vorgänge in Bonn - auch wenn die Entscheidungen schon gefallen sind - an. Schließlich geht es nicht um so etwas Nüchternes wie Rentenpolitik oder Fernstraßenausbau, sondern um Entscheidungen jenseits institutioneller Regelungen. Denn für das persönliche Verhalten von Abgeordneten, Regierungsmitgliedern und ähnlichen Verantwortungsträgern gibt es trotz der "ungeschriebenen Regeln" und der häufigen Beschwörung derselben keine verbindlichen Handlungsnormen. Daraus resultiert Spannung, die über den Tag hinaus erhalten bleibt, wenn nicht alle Vorgänge öffentlich werden. Noch Jahre später wird es über die tatsächlichen Rollen Wehners, Nollaus und Genschers Spekulationen geben. Darin liegt auch eine mögliche Erklärung für den publizistischen Erfolg derjenigen, die als unmittelbar Beteiligte ihre Erlebnisse dem Buchmarkt anvertrauen.

Bevor der Vorhang sich endgültig schließt, wird dieser Skandal politisch weiter im Rahmen der Untersuchungsausschüsse, juristisch mit dem Prozeß mehr oder weniger erfolgreich verarbeitet.

2. Szene
Die Untersuchungsausschüsse

Nachdem die Spionageaffäre Guillaume die Öffentlichkeit so lange erregt hat und zum offiziellen Rücktrittsgrund eines Bundeskanzlers geworden ist, gilt es für die Nachwelt festzuhalten, wie denn alles gekommen sei. Am 14. Mai 1974 beschließt die Bundesregierung, eine Untersuchungskommission einzurichten, und am 6. Juni macht die Opposition von ihrem Recht Gebrauch, einen Untersuchungsausschuß zu fordern. Beide Kommissionen nehmen ihre Arbeit auf. Der Grund für die doppelte Untersuchung ist parteipolitischer Natur. Während die Regierung der Kommission "Vorbeugender Geheimschutz" den Auftrag erteilt, neben dem Fall Guillaume auch die Arbeit der Geheimdienste zu CDU-Regierungszeiten zu berücksichtigen, um Empfehlungen für eine zukünftige Geheimdienstorganisation zu erstellen, soll - so die Intention der Opposition - der zweite Ausschuß den Skandal bewußt halten. Nachdem Brandt zurückgetreten ist und Ehmke in der Regierung Schmidt kein neues Ministeramt erhält, können auf diese Weise weitere Attacken gegen Skandalbeteiligte gefahren werden.

Entsprechend der Interessenlage kommt der erste Ausschuß, die sogenannte Eschenburg-Kommission, bereits am 18. November 1974 zur Übergabe des Berichts an die Bundesregierung, der zweite Ausschuß legt seine Ergebnisse am 19. Februar 1975 vor.

Die Eschenburg-Kommission schlägt zur Vorbeugung neuer Pannen vor, im Bundeskanzleramt einen Beauftragten für die Koordination der Geheimdienste im Bundeskanzleramt zu schaffen. Diese Aufgabe übernimmt als erster der Chef des Kanzleramtes, Schüler. Er will erreichen, daß alle den verschiedenen Behörden zur Verfügung stehenden Erkenntnisse zentral im Computer der BfV-Zentralkartei in Köln gespeichert werden, um schneller alle wichtigen Informationen zu bekommen. An diese Datensammlung sollen die Landesämter für Verfassungsschutz, BKA und die Nachfolgeorganisation des Bundes Freiheitlicher Juristen, das Gesamtdeutsche Institut in Berlin, angeschlossen werden.

Verändert werden soll auch die Kommandostruktur zwischen der Regierung und den Geheimdiensten. War es bisher gang und gäbe, daß sich die Aufklärer selbst Objekte und Aufträge suchten und diese dann im nachhinein durch die Bonner Bürokratie legitimieren ließen, sollen nun sämtliche Ermittlungsaufträge dem Kanzleramt gemeldet und von dort genehmigt werden. Als weitere Maßnahme sollte der BND in die Nähe von Bonn verlegt werden. Dieser Schritt ist bis heute nicht durchgeführt worden, wird aber regelmäßig diskutiert. (SPIEGEL 20/1975) Klargestellt ist mit diesen Maßnahmen im Grunde nur, wer im Wiederholungsfalle zu gehen habe: der Koordinator.

Im Rahmen der Untersuchungen des zweiten Ausschusses treten die Personen dieses Stückes, mit Ausnahme der Guillaumes, als Zeugen auf. Der Vorsitzende des Gremiums, Walter Wallmann (CDU), sieht in Herbert Wehner eine Schlüsselfigur. Die Version der Geschichte, die er konstruiert, ist folgende: Günther Nollau habe Wehner als Sicherheitsbeauftragten der SPD noch vor Innenminister Genscher über die Verdachtsmomente informiert. Dieser habe dann das weitere Vorgehen so bestimmen wollen, daß Nollau darauf bestehen sollte, Brandt nicht zu informieren. Nollau trage zwar die Verantwortung für das Ausbleiben der sofortigen Verhaftung, er wird aber nur als ein besserer Erfüllungsgehilfe des SPD-Fraktionsvorsitzenden betrachtet. So bekommt die Opposition Wehner ins Visier und schürt Konflikte im gegnerischen Lager. Wallmann wirft die rhetorische Frage auf, warum Wehner mit Brandt nicht ein einziges Mal über Guillaume gesprochen habe? Das hätte zwar an dem Ablauf der Spionagegeschichte nichts geändert, nährt aber die in der Presse auch durch die Brandt-Erinnerungen aufgekommenen Verdächtigungen, daß Wehner der eigentliche "Königsmörder" sei.

Der Bericht des Ausschusses, der am 27. Februar 1975, dem Tag der Entführung von Peter Lorenz, im Bundestag diskutiert wird, teilt das übliche Schicksal der Abschlußberichte parlamentarischer Untersuchungsausschüsse: es gibt ein Minderheits- und ein Mehrheitsvotum. Die Ergebnisse hätten auch von den Pressereferenten der Parteien verfaßt sein können. Weder in den Untersuchungskommissionen noch in der abschließenden Parlamentsdebatte werden die dem Spionagefall zugrunde liegenden gesellschaftlichen Bedingungen der beiden deutschen Staaten erörtert. So werden aus der Behandlung des Spionagefalls Guillaume keinerlei Konsequenzen für die aktuelle Ostpolitik gezogen. Zwar endet die aktive Phase der Ostpolitik mit dem Rücktritt Brandts, eine negative Folge der Affäre ist dieses jedoch wohl nicht. Der Sozialpsychologe Horst-Eberhard Richter hält es sogar für möglich, daß sich die Existenz eines Spions im Kanzleramt positiv auf das Gelingen der Ostpolitik ausgewirkt habe. Die DDR habe, so seine Überlegungen, über die Aufrichtigkeit der westdeutschen Entspannungsbemühungen von Guillaume unterrichtet, diesen leichter entgegenkommen können. (SPIEGEL 21/1974)

3. Szene
Nachharken

Genau 14 Monate nach der Verhaftung beginnt in Düsseldorf der Prozeß gegen das Ehepaar Guillaume. Dieses ist ein Anlaß für die Medien, die Affäre noch einmal aufzugreifen und Berichte sowohl über die damaligen Ereignisse als auch den jetzigen Prozeßverlauf zu bringen. Die "Frankfurter Rundschau" berichtet von einer Umfrage, in der 9% der Befragten den Namen Guillaume mit einer französischen Zigarettenmarke verwechseln, und nimmt dies als Indiz dafür, daß der Skandal langsam in Vergessenheit gerät. (21.8.1975) Daß es dem "STERN" gelingt, die mit dem Stempel "Streng geheim" versehene Anklageschrift noch vor Prozeßbeginn in Auszügen zu drucken, wird nicht mehr als Sensation empfunden. Günter Guillaume wird schwerer Landesverrat und Bruch wichtiger Dienstgeheimnisse, seiner Frau Christel Landesverrat und Beihilfe zum Bruch von Dienstgeheimnissen vorgeworfen. Die Anklage gegen Günter stützt sich vorwiegend auf den Vorwurf, während des Norwegenurlaubs in den Besitz der geheimen NATO-Unterlagen gekommen zu sein und diese verraten zu haben. (SPIEGEL 26/1975)

Die Presse berichtet besonders ausführlich über die Verhandlungstage, an denen die bundesdeutsche Politikerelite, von Brandt über Ehmke bis Genscher, als Zeugen einvernommen wird. Weil den Politikern scheinbar größere Aufmerksamkeit zuteil wird als den Angeklagten und ihrer Tat, wird DER SPIEGEL später von einem "Guillaume-Effekt" sprechen, der darin bestehen soll, Staatsinteresse vor Strafinteresse gehen zu lassen. (SPIEGEL 44/1976) Ob dieses im Prozeß wirklich der Fall ist, bleibt Spekulation, denn die Beweisaufnahme zu vielen Punkten findet unter Ausschluß der Öffentlichkeit statt. Zwar kennt der Gegner sämtliche Geheimnisse, die verraten wurden, er würde also auf diesem Wege nichts Neues erfahren, aber um Rückschlüsse auf den Wissensstand der westdeutschen Behörden zu verhindern, muß auch leider nicht mehr Geheimes geheimgehalten werden.

Günter Guillaume erscheint im extra hergerichteten, abhörsicheren Verhandlungssaal mit Sonnenbrille und beständigem Lächeln, bei dessen Bewertung sich die Korrespondenten schwer tun zu entscheiden, ob es denn nun hintergründig, heimtückisch oder spöttisch sei. An Christel Guillaume fällt den Berichterstattern die selbstgehäkelte Kleidung auf. Auch während der Haft ging sie ihrem Hobby nach, das schon der Agentenwohnung durch zahlreiche Häkeldeckchen zu angemessener Biederkeit verholfen hatte.

Sowohl Günter als auch Christel Guillaume hatten während der Vernehmungen Teilgeständnisse abgelegt, die sie zwar später widerriefen, durch die die Aufklärer jedoch wertvolle Hinweise erhielten. (FR 21.6.1974) Während die Behörden bei seiner Festsetzung nur über sehr schwache Indizien gegen den Spion verfügten, soll es ihnen danach in monatelanger Kleinarbeit gelungen sein, eine Reihe von Beweisen zusammenzutragen. Darunter befanden sich auch Kameras und Tonbänder, die für die speziellen Bedürfnisse von Agenten hergerichtet waren. Eine besondere Rolle spielt dennoch sein Geständnis, Offizier der DDR zu sein, weil die Zahl der Beweise nicht übermäßig groß ist. Die Bundesstaatsanwaltschaft, vertreten durch Generalbundesanwalt Buback und Bundesanwalt Träger, möchte erreichen, daß von dem Urteil gegen die Guillaumes eine abschreckende Wirkung ausgeht und deutlich wird, daß das Betreiben von Landesverrat nicht risikolos sei. Der Prozeß soll in die Annalen der Spionageabwehr eingehen, man habe es hier schließlich mit dem abscheulichsten, weil vermeintlich erfolgreichsten Fall von Landesverrat zu tun. Die Anklagevertreter lassen es sich nicht nehmen, die beiden Angeklagten massiv herabzuwürdigen und ihnen niedrige Gesinnung, Skrupellosigkeit und Mangel an Schuldeinsicht zuzuschreiben. (SPIEGEL 49/1975) Die Guillaumes machen während der Verhandlungstage keine neuen Aussagen, und so kommt es zu keinen spektakulären Enthüllungen.

Der Prozeß endet im Dezember 1975. Das Gericht verurteilt Günter zu 13 Jahren und Christel Guillaume zu 8 Jahren Gefängnis. Damit schließt sich die Akte Guillaume, und der Fall wird zukünftig nur noch als Maßstab für andere Spionagefälle herhalten.

Die erstmals unmittelbar nach der Verhaftung aufgetauchten Spekulationen über einen baldigen Austausch leben auch während des Prozesses wieder auf. Es wird vermutet, daß das Urteil letztlich nur auf dem Papier Bestand haben würde. (SPIEGEL 26/1975) Hier jedoch täuscht man sich. Erst im Oktober 1981 wird Günter Guillaume, nachdem seine Gesundheit während der Haftzeit gelitten hatte, in die DDR ausgetauscht. Christel hatte schon kurz zuvor nach Verbüßung ihrer Strafe in die DDR übersiedeln können. Ihn ortet man 1984 als Bewohner einer Villa mit Seeblick in Gesellschaft einer jüngeren Frau. Ein guter Stoff für eine Meldung in der VIP-Berichterstattung der Zeitungen, als politische Figur ist der Spion Guillaume jedoch mit dem 27. Februar 1975 gestorben.

Epilog

Nachdem nun der Vorhang gefallen ist, bleibt noch die Frage: Was machte den Skandal aus?

Die Affäre um den Spion Guillaume führte zum Rücktritt des Bundeskanzlers, der als Regierungschef das zweithöchste Amt im Staate bekleidet. Auch wenn einiges dafür spricht, daß der DDR-Agent nicht der alleinige

Grund für diesen Schritt Willy Brandts war, das auslösende Moment bildete er auf jeden Fall. Der Skandal entwickelte sich, wie so viele Affären, im Geheimdienstmilieu, um erst danach zu einem Skandal der Regierung zu werden. Für das Opfer Brandt bedeutete der Skandal zwar den Verlust des Amtes, sein Ruf als Politiker mit hoher Integrität wurde damit jedoch nicht angetastet. Als besonders ärgerlich wurde die Nähe des Spions zum Regierungschef gewertet. Wäre er in untergeordneter Position fernab des Kanzleramtes entlarvt worden, hätte dies als plausibler Rücktrittsgrund sicherlich nicht ausgereicht.

Die meisten Hauptakteure dieses Agentenspiels, ob Betroffene oder Gegenspieler, stehen auch heute noch auf der politischen Bühne. Bei einigen führten die Ereignisse von 1974 zu einem Knick in der Karriere, anderen gelang es, sich durch die Affäre zu profilieren. Brandt selbst verließ zwar die Bühne als gestürzter Kanzler, blieb aber der bundesrepublikanischen und internationalen Politik als Hauptdarsteller erhalten.

Gefördert hat den Skandal zweifellos das Zusammentreffen von Geheimdienstpannen und der Entlarvung des Spions mit der Regierungskrise. So entwickelte sich die Frage nach personalpolitischen Konsequenzen rascher als die Diskussion des dem Skandal zugrundeliegenden deutsch-deutschen Verhältnisses. Trotz der Ostpolitik war und ist die Infiltration mit Agenten der Normalfall geblieben. Grundsätzliche Lösungen sind gleichwohl nicht beliebt, denn man hatte in einem Fall der geheimdienstlichen Nullösung auch auf die Vorteile zu verzichten, die die eigene Aufklärungsarbeit bringt. Im Spannungsfeld zwischen der Radikallösung des Verzichts auf Geheimdienstarbeit und der selbstverständlichen Hinnahme der Ereignisse, die sich aus ungezügelter Geheimdienstarbeit ergeben, wird bei Skandalen um diese Organisation das Ärgernis formuliert.

Im Guillaume-Skandal war das erste Ärgernis das gestörte innerdeutsche Verhältnis. Fortlaufend wechselt der Skandal dann die Ebene, auf der er als Skandal gehandelt wird. Von einem außenpolitischen Thema wird er zu einem innenpolitischen, dann zu einem parteipolitischen und schließlich zu einem personalpolitischen. Ausgeprägt zeigte sich das Bedürfnis, der eigenen Sache zu dienen, indem man politischen Flurschaden beim Gegner anrichtet. Dieses Bedürfnis fand sich auch in den ersten Büchern, die die Ereignisse zusammenfassend behandelten. So erschien 1974 von einem den Geheimdiensten verbundenen Autoren, der es vorzog, anonym zu bleiben, das Buch "Sein Freund, der Spion". Während ein Untersuchungsausschuß noch tagte, wurde hier versucht, die ostpolitischen Bemühungen und die Repräsentanten der Ostpolitik der frühen 70er Jahre als Hindernisse für eine gelungene Geheimdienstarbeit zu entlarven. Willy Brandt klage erfolgreich gegen diesen Titel, "Sein Freund" mußte geschwärzt werden.

Die Tendenz, den Skandal auf einer eher privaten Ebene zu bewältigen, setzte sich, nachdem sich ein Opfer recht frühzeitig gefunden hatte, auch auf der entscheidungspolitischen Ebene durch. Für die Diskutanten des Abschlußberichtes des Untersuchungsausschusses ist im Bundestag nurmehr die korrekte Einstufung Guillaumes in die richtige Besoldungsgruppe das Ärgernis:

> Arndt (SPD, Hamburg): "/.../ wobei natürlich auch berücksichtigt werden muß, daß Herr Guillaume sich ja bereits im öffentlichen Dienst befand, als er in das Bundeskanzleramt übernommen wurde, und genau in der gleichen Besoldungsgruppe --
> (Pfeffermann, CDU/CSU: Wo war der denn im öffentlichen Dienst?)
> - Bei der Stadtverordnetenversammlung der Stadt Frankfurt -
> (Pfeffermann, CDU/CSU: Ist das öffentlicher Dienst?)
> - Jawohl. Gucken Sie ins Beamtengesetz, dann werden Sie sehen, daß das anrechnungsfähiger öffentlicher Dienst ist. -
> (Zurufe von der CDU/CSU: Anrechnungsfähig! - Gerster, Mainz CDU/CSU: Er war nicht im öffentlichen Dienst, Herr Arndt! -
> Pfeffermann, CDU/CSU: Machen Sie hier doch keine Witze! Sie wissen doch besser, wie es war!)
> - Nein, das ist nicht etwas anderes!
> (Weitere Zurufe von der CDU/CSU)
> - Lesen Sie das Beamtengesetz nach! Dann werden Sie das feststellen. Dort wurde er nach genau der gleichen Besoldungsgruppe besoldet. Sein Umsteigen in das Bundeskanzleramt hat für ihn infolgedessen hinsichtlich seiner Besoldungsgruppe nicht einen Pfennig Verbesserung gebracht, wenn man von der Ministerialzulage absieht. -
> (Stücklen, CDU/CSU: Werden in Frankfurt solche Leute immer so hoch bezahlt? - Haase, Kassel CDU/CSU: Diplom-Bonze!)."
>
> (Das Parlament 11//1975)

Literatur

Anomym: Guillaume, ... der Spion. Landshut: Verlag Politisches Archiv 1974.

Baring, A.: Machtwechsel - Die Ära Brandt-Scheel. Stuttgart: Deutsche Verlags Anstalt 1982.

Bergh, H. van: Bonner Krankheiten. Ein Bericht zur Lage der Republik. Landshut: Verlag Politisches Archiv 1975.

Böhret, C./Jann, W.: Verwaltungsskandale, in: Aus Politik und Zeitgeschichte, B27 (Beilage zur Wochenzeitung "DAS PARLAMENT"), 1982, S. 35-52.

Brandt, W.: Über den Tag hinaus - Eine Zwischenbilanz. Hamburg: Hoffmann und Campe 1974.

Brandt, W.: Erinnerungen. Zürich: Ferenczy 1989.

Bulletin: Mitteilung der Bundesregierung am 27.4.1974.

Dokumentation: Dokumentation der Bundesregierung zur Einstellung Günter Guillaumes. Bonn, 7.5.1974.

Drucksache 7/3083: Bundestagsdrucksache. Bonn 1975.

Drucksache 7/3246: Bundestagsdrucksache. Bonn 1975.

Guillaume, G.: Die Aussage (protokolliert von Günter Karau) 1988 (bisher nicht offiziell publiziert).

Nollau, G.: Das Amt. München: Bertelsmann 1977.

Das Parlament: 11 (1975), Jg. 25, S. 1-8.

Richter, H. E.: Brandts Sturz - ein Gruppenproblem, in: Der Spiegel, Nr. 21/1974, S. 132f.

Schell, M.: Der Fall Guillaume, in: Schell, M./Vielain, H.: Verrat in Bonn. Berlin/Frankfurt (M.)/Wien: Ullstein 1978, S. 97-177.

Zons, A.: Das Denkmal. Bundeskanzler Willy Brandt und die linksliberale Presse. München: Olzog 1984.

Digger Nixon »... Gooold!«

Stil-Blüten

Eine nationale Schmierentragödie

Ort: Die Vereinigten Staaten von Amerika

Zeit: Juni 1972 bis August 1974

Personen:

Richard Nixon	*Tricky Dick, entschlossen, unentschlossen*
John Mitchell	*Vaterfigur und Mann fürs Grobe*
Bob Haldeman und John Ehrlichman	*Die Statthalter*
Ron Ziegler, Dwight Chapin, Gordon Strachan, Egil Krogh, David Young, Donald Segretti	*Die USC-Mafia, Handlanger und ehrgeizige Amateure*
Jeb Magruder, Herbert Kalmbach und Maurice Stans	*Die Korruptionsmanager*
Charles Colson	*Der "hatchetman"*
John Dean	*Der Musterknabe*
Howard Hunt, Gordon Liddy, James McCord und vier Exil-Kubaner aus Miami	*Gescheiterte Agenten und staatlich geförderte Kriminelle*
Patrick Gray und Richard Kleindienst	*Mitwisser und Kriecher*
Die Medien, allen voran das Team von der "Washington Post"	*Korruptionsschnüffler*
John Sicira und Sam Ervin	*Die alten Herren, Gallionsfiguren der Aufklärung*
Peter Rodino	*Der leise Arbeiter*
Elliot Richardson, Archibald Cox und Leon Jaworski	*Die Juristen aus dem Establishment*
Die Abgeordneten	*Gegner, spät Bekehrte und Wahlkämpfer*
Das Publikum	*Eine lethargische, langsam erwachende und wieder einschlafende Masse*

Inhalt

Vorspiel

1. Szene
Metamorphosen

Am 5. November 1968 erringt Richard Nixon, 1953 bis 1960 schon einmal Vizepräsident unter Eisenhower, Mitinhaber einer New Yorker Anwaltskanzlei und 1960 Kandidat der Republikanischen Partei um die Präsidentschaft, im zweiten Anlauf mit dem Wahlslogan "Nixon's the one" einen knappen Wahlsieg über Hubert Humphrey. Seine Wahlhelfer, die ihn teilweise schon seit 1960 unterstützen, macht er zu Regierungsmitgliedern.

John Mitchell, seinen Wahlkampfleiter und wie er Teilhaber der gemeinsamen New Yorker Anwaltskanzlei, befördert er zum Justizminister. Darüber hinaus will dieser eine aktive Rolle in der Exekutive spielen. Aus Gründen der nationalen Sicherheit läßt er Telefone anzapfen, führt Hausdurchsuchungen durch und setzt Vorbeugehaft ein, alles ohne richterliche Genehmigung. Besonders rigoros ist sein Vorgehen für Gesetz und Ordnung gegen Vietnamkriegsgegner, die er Verschwörer gegen die USA nennt.

Die beiden wichtigsten Mitglieder in Nixons Team sind Bob Haldeman und John Ehrlichman, "zwei der feinsten Diener des Staates, die zu kennen mir (Nixon) vergönnt war." (Zuelzer 1975:191) Beide kennen sich vom Studium an der University of Southern California und waren schon 1960 bei Nixons Kandidatur um die Präsidentschaft gegen John F. Kennedy aktiv.

Haldeman arbeitete bis 1969 in einer großen Werbeagentur, Ehrlichman als Rechtsanwalt in Seattle mit den Spezialgebieten Versicherungsrecht und Immobilien.

Haldeman wird Nixons Stabschef: "Jeder Präsident braucht seinen Prügelknaben und Kanalarbeiter /.../ und ich bin nun mal der von Nixon" (Chester u.a. 1974:10), sagt er von sich selbst. Er überwacht und lenkt den Informationsfluß und den Personal- und Besucherstrom im Weißen Haus.

Ehrlichman avanciert zum innenpolitischen Chefberater des Präsidenten. Die beiden "Schäferhunde", wegen ihrer deutschsprachigen Namen auch "Fritz and Hans" oder "The Berlin Wall" genannt, können aufgrund ihres Einflusses auf Nixon ehemalige Kommilitonen von der University of Southern California, die sogenannte USC-Mafia, zu Regierungsmitgliedern machen: Ron Ziegler, vorher Touristenführer durch Disneyland und rhetorisches Talent, wird Pressesprecher, Dwight Chapin und Gordon Strachan, zuvor in der gleichen Werbeagentur wie Haldeman beschäftigt, werden Berater, desgleichen Egil Krogh und David Young als Günstlinge Ehrlichmans, vorher ebenfalls in der Anwaltsfirma in Seattle.

Nicht zu dieser Clique von jungen Kaliforniern gehört Jeb Magruder, bis 1968 Vertreter für Kosmetika, Gesichtstücher und Damenunterwäsche. Haldeman befördert ihn zum stellvertretenden Leiter der Abteilung Kommunikation im Weißen Haus.

Charles "Chuck" Colson, ehemaliger Marineoffizier und Sonderberater des Präsidenten, ist wohl der übelste Charakter innerhalb dieser "neuen Elite". Er, der gerne mit seiner Brutalität prahlt - "Ich würde (für Nixon) über die Leiche meiner Großmutter gehen." (Chester u.a. 1974:27) - ist der "hatchetman" im Team, also die Person, die sich darauf spezialisiert, im Auftrage diskriminierende Texte über andere Personen zu verfassen. 1971 legt er beispielsweise eine sogenannte Feindliste an, auf der 200 Personen und 18 Organisationen aus dem öffentlichen Leben verzeichnet sind und die er an John Dean weiterleitet. Gleichzeitig versucht er, illegal Auskünfte von der obersten Steuerbehörde über ihm unliebsame Personen zu bekommen.

John Dean, der Musterknabe, findet nach seinem Rauswurf aus einer Washingtoner Anwaltsfirma wegen "unethischen Verhaltens" (Zuelzer 1975:209) ausgerechnet im Rechtsausschuß des Repräsentantenhauses eine Anstellung.

Richard Kleindienst, ehemaliger Provinzpolitiker, 1964 Verlierer der Gouverneurswahlen in Arizona und seit 1969 Vertreter von Justizminister Mitchell, holt Dean ins Justizministerium. Dieser verhält sich so loyal, daß er im Jahr darauf zum Rechtsberater des Präsidenten aufsteigt.

Da der Präsident seit Amtsantritt davon überzeugt ist, daß sein Regiment von "leaks", undichten Stellen, bedroht wird, versucht man im Weißen Haus, eine Spionagezentrale einzurichten. Dieses unter dem Titel "Houston Plan" bekannte, "unzweifelhaft illegale" Vorhaben, so jedenfalls die Meinung der geistigen Urheber, beinhaltet nicht nur eine Fusion der einzelnen Sicherheitsorgane, die bisher alle streng getrennt voneinander arbeiteten, sondern erlaubt auch weitreichende polizeistaatliche Methoden wie geheime Briefzensur, illegale Hausdurchsuchung und Anbringen von Abhörgeräten.

Edgar Hoover, Gründer und legendärer Chef des FBI, widersetzt sich der Durchführung, und das Unternehmen scheitert. Daraufhin wird am 6. Juli 1971 die "Special Investigation Unit", eine Sonderermittlungsstelle eingerichtet, die im Weißen Haus Berater Egil Krogh unterstellt wird. Unter der Tarnbezeichnung "Berater" stellt dessen Vorgesetzter, Ehrlichman, für diese Einheit Howard Hunt und Gordon Liddy für $ 100 pro Tag ein.

Hunt, an den sich Colson aus der Studienzeit erinnert, ist ehemaliger CIA-Agent, Autor von Kriminalromanen und seit 1970 Mitarbeiter in einer Washingtoner Werbeagentur. Liddy ist ehemaliger FBI-Agent und zuletzt Angestellter im Finanzministerium. Dort war er gerade entlassen worden, nachdem er vor der "National Rifle Association" eine von seiner Dienststelle nicht genehmigte Rede gehalten hatte, in der er den Waffenbesitz in geradezu lyrischen Tönen pries.

Mit Exil-Kubanern, die Hunt seit der gescheiterten Invasion von Kuba 1960 kennt, komplettiert er das später unter dem Namen "Klempner" bekannte Einbrecherteam.

Zum Aufspüren der undichten Stellen erhalten Hunt und Liddy Informationen von John Mitchell aus dem Justizministerium, Ehrlichman verschafft Hunt eine geheime Verbindung zum stellvertretenden Direktor der CIA.

Als Resultat der vermuteten undichten Stellen ergibt sich die Veröffentlichung der "Pentagon Papers" in der "New York Times" ab dem 13. Juni 1971, einer geheimen Dokumentation, die die seit langem bekannte Aussichtslosigkeit des Vietnamkriegs beschreibt. Daniel Ellsberg hatte sich als Angestellter einer Computerfirma Zugang zu den Pentagon Papers verschafft und sie der Presse übergeben.

Da es der Regierung auf dem Rechtsweg nicht gelingt, deren Veröffentlichung in der "New York Times" zu unterbinden, strengt sie einen Prozeß gegen Ellsberg wegen Diebstahls an. Um endlich belastendes Material über ihn zu finden, billigt Ehrlichman den Einbruch der Klempner in die Praxis von Ellsbergs Psychiater am 3. September 1971.

Anfang 1972 gründen Mitchell, Haldeman, Colson und Herbert Kalmbach, Nixons persönlicher Anwalt, das "Citizens Committee for the Re-Election of the President" (CRP), ein angeblich von der Republikanischen Partei unabhängiges und von der Öffentlichkeit nicht zuletzt wegen des neutralen Namens kaum beachtetes Wahlkampfkomitee. Herbert Kalmbach treibt bei den großen Wirtschaftsunternehmen für das CRP die Gelder ein, die in Mexiko "gewaschen" werden, da Wahlkampfspenden aus der Wirtschaft in den USA ungesetzlich sind. Insgesamt sind es mehr als $ 60 Mio. Der bekannteste Spender ist der Elektronikkonzern ITT. Nachdem dieser Konzern $ 400.000 an das "Republican National Committee", ein Koordinationsgremium, das den Präsidentschaftskandidaten auswählt und den Wahlkampf organisiert und finanziert, gezahlt hat - das in San Diego tagt, wo ITT mehrere Hotels besitzt -, hebt die Anti-Trust-Abteilung des Justizministeriums ihr Veto gegen den Ankauf verschiedener Firmen durch ITT wieder auf.

Als am 29. Februar 1972 der Fall in der Öffentlichkeit bekannt wird, tritt Mitchell tags darauf als Justizminister zurück und übernimmt den Vorsitz im CRP. Maurice Stans, bis dahin Handelsminister, tritt ebenfalls zurück und übernimmt die Finanzverwaltung im CRP.

Der eigentliche Zweck des CRP ist die Sabotage des Wahlkampfes von Nixons Konkurrenten, wofür die Riesensummen verwendet werden. Für die Durchführung wird der USC-Mafiosi Donald Segretti, Playboy, dumm und pleite, angeheuert. Geradezu stümperhaft wirbt er im ganzen Land Leute an. Chuck Colson unterstützt ihn noch eifrig mit Ideen. Die als "dirty tricks" bezeichneten Aktivitäten, die Segretti selbst dagegen mit James-Bond-Aktionen vergleicht, gehen weit über das übliche Maß an Wahlkampfpropaganda hinaus: nicht nur, daß Gerüchte über sexuelles Fehlverhalten von Gegnern ausgestreut und ihnen diskriminierende Äußerungen über Minderheiten nachgesagt werden, sondern auch gezielte Sabotage gegen Kandidaten der Demokratischen Partei. Gefälschte Rundschreiben auf gestohlenem Briefpapier werden verbreitet, Provokateure treten als Homosexuelle oder Randalierer für einen Gegenkandidaten auf, Veranstaltungen werden abgesagt, Bankette bestellt, und afrikanische Diplomaten erhalten Einladungen zu Wahlkampfveranstaltungen mit rassistischem Publikum.

All dies führt schon bald zum Erfolg: Am 27. April 1972 zieht Ed Muskie, aussichtsreichster Präsidentschaftskandidat der Demokratischen Partei, seine Kandidatur zurück, nachdem er vor Publikum völlig entnervt zu weinen beginnt und damit politisch erledigt ist.

2. Szene
Wildwuchs

Monate davor, am 27. Januar 1972 trafen sich Mitchell, Liddy, Magruder und Dean. Liddy unterbreitete seine Vorschläge für die Wahlkampf-Sabotage gegen die Demokratische Partei, die aber von den übrigen Teilnehmern als "unrealistisch" abgelehnt wurden. Bei einer zweiten Besprechung am 4. Februar bestimmte Mitchell das Hauptquartier des "Democratic National Committee" im Watergate-Gebäude als Gegenstand der Überwachung. Die endgültige Form des Sabotageplans wurde am 30. März von Mitchell mit einem Budget von $ 235.000 gebilligt. Dean war der einzige, der beim Treffen fehlte.

Liddy spannt für sein Vorhaben James McCord ein. Die Beraterfirma des treusorgenden Familienvaters und ehemaligen Leiters des Sicherheitsdienstes des CIA steht beim Republikanischen Nationalkomitee unter Vertrag, während McCord selbst als Sicherheitsexperte für das CRP arbeitet. Der Hinweis auf eine angebliche kommunistische Unterwanderung von Gegnern Nixons genügt ihm, um sich über die wirklichen Ziele täuschen zu lassen. Da er als einziger unter den Klempnern mit dem Einsatz von elektronischen Abhörgeräten vertraut ist, wird er losgeschickt, um solche einzukaufen.

Nach zwei mißglückten Einbruchsversuchen am 26. und 27. Mai ist man endlich am 28. Mai erfolgreich. McCord installiert die Abhörgeräte.

Da Mitchell aber die nun einlaufenden Telefon-Transkripte für ungenügend erklärt, müssen die Klempner am 17. Juni, einem Samstag, ein weiteres Mal einsteigen. Wie bei den Einbrüchen zuvor quartieren sie sich auch dieses Mal vorher im Watergate-Hotel ein. Nach einem fürstlichen Mahl und leicht angesäuselt begibt man sich an die Arbeit. Ein Nachtwächter stößt bei seinem zweiten Kontrollgang wie beim ersten Mal auf ein mit einem Klebestreifen versehenes Türschloß, der dessen Einschnappen verhindern soll. Er alarmiert die Polizei ...

Liddy, der neben Hunt gerade noch entwischen kann, sucht am nächsten Tag Justizminister Kleindienst in dessen Golf-Club auf und verlangt die Freilassung seiner Komplizen. Kleindienst ruft Magruder an, der seinerseits Mitchell und die anderen informiert.

Zum gleichen Zeitpunkt erholt sich der Präsident auf einer kleinen Insel der Bahamas, die einem seiner reichen Freunde gehört. Am Sonntagmorgen, den 18. Juni, liest er flüchtig im "Miami Herald" folgende Schlagzeile: "Einwohner von Miami in Washington unternehmen Abhörversuch im Demokratischen Hauptquartier" (Nixon 1978:417), und abends noch die letzten Kapitel von Churchills "Triumph and Tragedy". In seinem Tagebuch notiert er: "Auf dem Rückweg erhielt ich die beunruhigende Nachricht von Bob Haldeman, daß bei dem Einbruch im Nationalkomitee der Demokraten jemand beteiligt war, der auf der Lohnliste unseres Komitees zur Wiederwahl des Präsidenten

(CRP) steht /.../ ich sagte Bob, ich hoffe, keiner unserer Leute würde darin verwickelt sein. Und dies aus zwei guten Gründen: erstens, weil die Art der Handlung einfach idiotisch war und zweitens, weil ich nicht den geringsten Grund sehen konnte, warum man in aller Welt ausgerechnet das DNC abhören wollte. Bob erzählte mir, einer von Chotiners Mitarbeitern (Nixons Ratgeber seit 1946) hätte gesagt, ein McGovern-Mann habe ihm erzählt, daß unsere Komiteeräume abgehört werden." (Nixon 1978:418f)

I. Akt

1. Szene
"Cover up"

Nach dem Bekanntwerden des Einbruchs beginnt sogleich der "cover up", die Vertuschung. Ein Rücktritt, Beseitigung von Beweismaterial und die damit verbundene Behinderung der Justiz, Meineide, Pressemitteilungen und die Zahlung von Schweigegeldern sind die Mittel, die eingesetzt werden. Pressesprecher Ron Ziegler lehnt es zwei Tage nach dem Einbruch sogar ab, sich über "diesen drittrangigen Einbruchsversuch" auch nur zu äußern. Ebenfalls noch am 19. Juni erhält Gordon Strachan von Haldeman den Auftrag, die Akten zu "säubern".

Völlig unabhängig von diesen Ereignissen und ohne die Brisanz der Entscheidung zu erkennen, erklärt der Oberste Gerichtshof am gleichen Tag die Telefonüberwachung von US-Bürgern, soweit sie nicht gerichtlich angeordnet wird, für illegal.

Am 1. Juli tritt Mitchell "aus persönlichen Gründen" als Vorsitzender des CRP zurück, Maurice Stans vernichtet "aus reinem Zufall" die Geschäftsbücher des CRP. Dean entfernt auf Anweisung von Ehrlichman aus dem Büro von Hunt, der inzwischen im Gefängnis sitzt, im Weißen Haus Geheimpapiere und elektronische Geräte. Am 26. Juli fordert er von Patrick Gray die geheimen Unterlagen des FBI über dessen Watergate-Untersuchung. Für sein Stillschweigen war Gray von Nixon am 3. Mai als Nachfolger des verstorbenen Hoover als amtierender Direktor des FBI eingesetzt worden.

Von den drei FBI-Agenten, die der Wahrheit allmählich auf die Spur kommen, werden zwei von Gray versetzt, von einem dritten, der sich dem widersetzt, nimmt er den Rücktritt entgegen. 333 FBI-Agenten kommen in 1.551

Interviews mit Aufwand von 14.098 Arbeitstunden bis zum 16. September zu keinem nennenswerten Ergebnis. Gray selbst verbrennt am 25. Dezember Dokumente aus Hunts Safe "aus Versehen" mit seinem eigenen weihnachtlichen Hausmüll.

Präsident Nixon selbst erklärt am 29. August in einer Pressekonferenz: "Unter meiner Leitung hat Mr. Dean, der Berater des Präsidenten, eine vollständige Untersuchung durchgeführt, die sämtlichen Hinweisen auf die Beteiligung eines der derzeitigen Mitarbeiter des Weißen Hauses, oder irgendeiner anderen Person in der Regierung, nachgegangen ist. Ich kann kategorisch erklären, daß seine Untersuchung ergeben hat, daß niemand in der Verwaltung des Weißen Hauses, daß niemand in der gesamten Verwaltung der gegenwärtigen Regierung, an diesem sehr bizarren Ereignis beteiligt gewesen ist." (Congressional Quarterly 1975:XVI) Die "vollständige Untersuchung", die Dean angestellt haben soll und von der der Präsident spricht, wurde jedoch niemals durchgeführt.

Beim Versuch, die Untersuchungen auf die "Watergate-Seven", die Klempner, beschränkt zu halten, müssen an diese Schweigegelder gezahlt werden. Lediglich McCord erweist sich als etwas begriffsstutzig. Er wird von Mrs. Hunt, der Geldbotin und Ehefrau von Howard Hunt, belehrt, daß er sich schuldig bekennen muß, wenn er Schweigegelder erwartet. Hunt ist derjenige, der Nixons Helfer mit Forderungen nach Begnadigung und weiteren Geldern zunehmend in Bedrängnis bringt. Die Mittel dafür stammen aus dem Fonds des CRP. Vor der Grand Jury, die am 15. September unter Vorsitz von Richter John Sicira, dem ältesten Bundesrichter im District of Columbia, zusammentritt, und im Prozeß, der am 8. Januar 1973 beginnt, leugnen die Angeklagten, Schweigegelder erhalten zu haben.

2. Szene
"The caper"

Die treibende Kraft bei den Nachforschungen der verschiedenen Aspekte der Story ist in der Anfangsphase die "Washington Post".

Ben Bradlee, einer der "Typen des Establishments" (Nixon 1978:646), die der Präsident so sehr haßt, Harvard-Absolvent mit den Schwerpunkten griechische Klassik und amerikanische Literatur, zudem Freund von John F. Kennedy, ist seit 1965 Herausgeber der "Post". Aufgrund des Wettstreits mit der "New York Times" hat er genauso wie Haldeman sein persönliches Team aufgebaut. "Wenn ihr in einer Geschichte keine Frau findet, dann sucht nach dem Geld", treibt er seine jungen ehrgeizigen Reporter an. (White 1975:227) Was Bradlee an Nixon vor allem stört, ist dessen persönlicher Stil: "Der Mann hatte keinen Stil, nicht die Spur von Stil." (White 1975:226)

Unter der Schlagzeile "Die unglaubliche Mission" nennt die "Washington Post" am 21. Juni den Vorfall "ein Beispiel dafür, daß manchmal das Leben die Kunst imitiert, bis zu den verklebten Schlössern, den Gummihandschuhen, den Tränengas-Füllern, der Ansammlung von elektronischem Gerät, und den knisternden neuen Hundert-Dollar-Scheinen in den Händen von fünf Männern, die sich im Schutz der Dunkelheit und einiger getarnter Identitäten in das Hauptquartier der Demokratischen Partei geschlichen haben." (Lang 1983:38)

Von insgesamt 433 Reportern, die von den 16 führenden Zeitungsbüros für Washington zugeteilt sind, beschäftigen sich weniger als 15 Reporter ausschließlich mit den Entwicklungen im Fall Watergate. Der Präsident behauptet später in seinen Memoiren: "All dies wurde ausgebreitet, verewigt, beschlossen und dann analysiert von einer relativ kleinen, aber ungeheuer einflußreichen Gruppe von Journalisten, die in der raffinierten Umgebung des von Watergate besessenen Washington lebten und sich von den eigenen Ideen ernährten." (Nixon 1978:643)

Die Fernsehanstalten schließen sich von Anfang an der Berichterstattung der "Washington Post" an und geben dem sich entwickelnden Skandal von Anfang an viel Sendezeit. Eine NBC-Reportage endet am 18. Juni mit den prophetischen Worten: "I don't think that's the last we're going to hear of this story." (Lang 1983:29) Das Fernsehen hilft Zeitungen, ihre Nachforschungen national bekannt zu machen. Post-Mitarbeiter bezeichneten die CBS-Stories im Nachhinein sogar als "Lebensretter". (Lang 1983:31)

Am 1. August berichtet die "Post", ein Scheck über \$ 25.000 aus dem Fonds des CRP sei auf dem Konto des Watergate-Einbrechers Barker, einem der Kubaner, deponiert worden. In der Ausgabe vom 10. Oktober stellen Carl Bernstein und Bob Woodward fest, daß Watergate Teil eines vom Weißen Haus und CRP geleiteten und finanzierten Sabotageplans ist, woraufhin das Weiße Haus die beiden Reporter als Paranoiker und Verleumder hinstellt.

Der Fall entwickelt sich aber nicht zu einer wichtigen Streitfrage im Wahlkampf und hat auch keine sichtbare Wirkung auf die Wahl am 7. November. 71,4% aller Zeitungen unterstützen Nixon, was niemanden verwundert, da Verleger und Besitzer von Fernsehanstalten zumeist Republikaner sind, 23,3% verhalten sich neutral und nur 5,3% stärken McGovern den Rücken. (Lang 1983:28) Die Mehrheit der Bevölkerung betrachtet McGoverns Versuch, Watergate zu einem Wahlkampfthema zu machen, einfach als eine politische Anklage eines verzweifelten Politikers, der in der Wählergunst hinten liegt.

Lakonisch stellt Nixon später in seinen Memoiren fest: "In der Woche vor den Wahlen, als ich Blakes 'Disraeli' wieder las, war ich beeindruckt von Disraelis Beschreibung Gladestones und seines Kabinetts als 'erloschene Vulkane'." (Nixon 1978:504) Senator Robert Dole, Vorsitzender der Republikanischen Partei, meint sogar, McGovern "scheint den Herausgebern der Washington Post seine Wahlkampf-Kampagne überlassen zu haben." (Congressional Quarterly 1975:XXI)

Nixon erringt einen Erdrutschsieg in 49 von 51 Staaten und verliert lediglich in Massachusetts und im District of Columbia. Er erscheint als der glaubwürdigere Kandidat, um Frieden in Vietnam zu erreichen und mit den sich verschlechternden wirtschaftlichen Bedingungen fertig zu werden. Folgt jetzt Ruhe ?

Am 8. Dezember machen Bernstein und Woodward die Existenz der Klempner-Truppe bekannt.

3. Szene
"Stonewalling"

Der Prozeß gegen die Klempner findet am 30. Januar 1973 ein vorläufiges Ende. Außer McCord und Liddy, die vor Gericht für schuldig befunden werden, legen die Angeklagten ein " freiwilliges" Geständnis ab. Hunt gesteht sogar den Einbruch bei Ellsbergs Psychiater.

Richter Sicira, auch "Maximum John" genannt, zeigt sich wegen der nach seiner Ansicht schlechten Arbeit der Verfolgungsbehörden und der Unglaubwürdigkeit der meisten Zeugen aus dem Regierungslager unbefriedigt über den Ausgang und vertagt die Aburteilung.

Auch auf der politischen Ebene wird mehr vermutet, als bisher an die Öffentlichkeit gedrungen ist. Ein Mitglied des Senats beantragt anonym die

Schaffung eines Untersuchungsausschusses (Congressional Quarterly 1975:3), dem sich der Senat am 7. Februar einstimmig (70:0) anschließt. Den Vorsitz dieses "Select Committee", auch Watergate-Komitee genannt, übernimmt Senator Sam Ervin aus North-Carolina, Dixiekrat, d.h. ein konservativer Demokrat in den Südstaaten, Jahrgang 1896 und bibelfest. Insgesamt sind aufgrund des Senioritätsprinzipes fünf der sieben Mitglieder des Ausschusses Konservative aus dem Süden.

Unter diesen Voraussetzungen macht sich unter Nixons Helfern erstmals Krisenstimmung breit. Haldeman, Ehrlichman und Berater Moore treffen sich am 28. Februar geheim in La Costa und verabreden ihr weiteres Vorgehen: Öffentlich will man mit dem Watergate-Komitee kooperieren, hinter den Kulissen aber gegen dessen Untersuchungen arbeiten und die Mitglieder diskreditieren.

An die Mitarbeiter der "Washington Post" und deren Eigentümerin Katherine Graham ergehen jetzt gerichtliche Vorladungen mit dem Ziel, ihre Informationen und Informanten preiszugeben. In gleicher Weise geht man vor gegen Reporter von "Star-News", "New York Times" und "Time". Sie werden aber schon am 21. März mit den überraschenden Enthüllungen von Patrick Gray wieder erlassen werden.

Ohne es zu merken, sind die Verschwörer im Zusammenhang mit dem Bestätigungsverfahren von Gray als Direktor des FBI in arge Bedrängnis geraten, obwohl noch am 6. März Ehrlichman ganz ehrlich zu Dean meint: "Nun, ich denke, wir sollten ihn da hängen lassen. Laßt ihn hängen, und sich ganz langsam im Wind drehen." (Congressional Quarterly 1975:XIX)

Am 7. März muß Gray vor dem Senat zugeben, die Geheimakten des FBI Dean überlassen zu haben. Im Verlauf der Anhörungen sodann alles übrige, soweit es ihn betrifft.

Vor dieser Kulisse entbrennt Mitte März ein offener Streit zwischen Nixon und dem Watergate-Komitee darüber, ob Regierungsmitglieder, in diesem Fall sein Rechtsberater Dean, vor den Ausschuß zitiert werden dürfen. Nixon beruft sich bei seiner Verweigerung auf das "executive privilege", eine Art Gewohnheitsrecht, nach dem der amerikanische Präsident seinen Mitarbeitern untersagen kann, vor Gericht oder vor parlamentarischen Ausschüssen auszusagen.

In großen Lagebesprechungen am 21. und 22. März, angesetzt wegen der weiteren Geldforderungen von Howard Hunt, gibt Nixon seine Devise aus:

"Es ist mir scheißegal, was passiert. Ich möchte, daß ihr Wände aus Stein aufbaut. Sollen sie sich doch auf die Verfassung berufen, versteckt alles, was den Plan rettet. Das ist der ganze Punkt." (Zuelzer 1975:191)

II. Akt

1. Szene
Ein Stein gerät ins Rollen...

James McCord, der sich nach wie vor als nicht-schuldig bekennt und nicht einsehen will, warum sein ehemaliger Arbeitgeber CIA für die Vertuschung herhalten soll - und wogegen sich dieser aber schon längst verwahrt hat, was McCord nicht bemerkt zu haben scheint -, schreibt am 23. März einen Brief an Richter Sicira. Man habe die bisher Angeklagten mit politischem Druck dazu gebracht, sich schuldig zu bekennen und ansonsten zu schweigen. Andere Beteiligte seien weder genannt noch als Zeugen vorgeladen worden.

Mit seiner Aussage bringt McCord einen Stein ins Rollen, der im weiteren Verlauf eine Lawine auslöst.

Zunächst eröffnet am 5. April Sicira den Prozeß erneut, gewährt McCord, aber dann auch den übrigen Klempnern "Immunität", d.h. Straffreiheit. Einer nach dem anderen packt daraufhin aus. Noch am selben Tag zieht Gray seine Bewerbung als Direktor des FBI zurück. Zwei Tage später stattet Dean dem Staatsanwalt den ersten Besuch ab und fängt an auszuplaudern. Ende des Monats wird er vom Weißen Haus entlassen werden.

Erst jetzt, am 15. April, erfährt die Staatsanwaltschaft aus dem Justizministerium von dem Einbruch der Klempner in die Praxis von Ellsbergs Psychiater. Liddy hatte sich in triumphierender Pose vor dem Gebäude fotografieren lassen und Hunt hatte den Film der CIA zum Entwickeln gegeben.

Nun muß Nixon seinen Mitarbeitern erlauben, vor dem Watergate-Komitee "freiwillig" auszusagen: "Ich habe es bereits früher gesagt, und sage es seit Beginn der ganzen Geschichte: von allen Regierungsmitarbeitern und insbesondere von den Mitarbeitern des Weißen Hauses wird erwartet, daß sie bei der Aufklärung dieser Angelegenheit rückhaltlos mitarbeiten. Ich verurteile alle Versuche, irgend etwas bei dieser Sache zuzudecken, völlig egal, wer darin verwickelt ist." (Congressional Quarterly 1975:XVII) Sein

Pressesprecher Ziegler bezeichnet alle bisherigen Erklärungen des Weißen Hauses als "ungültig". Die nach langer Zeit im Justizministerium durchgesickerten Informationen werden am 27. April an die Öffentlichkeit weitergegeben. Daraufhin treten Haldeman, Ehrlichman und Kleindienst drei Tage später zurück, der Prozeß gegen Ellsberg wird am 11. Mai wegen "Fehlverhalten der Regierung" ausgesetzt.

Die Enthüllungen zeigen sofort öffentliche Wirkung. Die öffentlichen Hearings des Watergate-Komitees werden vom 17. Mai 1973 an im Fernsehen "live" übertragen. Der Nachfolger von Kleindienst im Amt des Justizministers, Elliot Richardson, Vertreter des "Establishments" und zuvor schon bewährt als Minister für Gesundheit, Unterricht und Wohlfahrt und als Verteidigungsminister, ernennt am 18. Mai seinen Mentor und Harvard-Professor Archibald Cox, den "langjährigen und engsten Vertrauten der Familie Kennedy" - so jedenfalls nach Ansicht von Nixon -, zum Sonderstaatsanwalt. (Nixon 1978:606) Cox ist beauftragt, nach Abschluß der Vernehmungen vor dem Senatsausschuß alle Vorgänge strafrechtlich zu verfolgen und aufzudecken.

Im Mittelpunkt der Hearings des Watergate-Komitees stehen die Vernehmungen John Deans, demzufolge Nixon spätestens seit dem 15. September 1972 über den Einbruch und die Vertuschung Bescheid wußte, nach Aussage anderer Zeugen jedoch erst am 21./22. März 1973. In seinem 1977 veröffentlichten Buch "Blind Ambitions" schreibt er: "Das Weiße Haus baute darauf, daß Millionen von Bürgern einem Mann nicht würden glauben wollen, der den Präsidenten einen Lügner nennen würde. Es waren starke Gefühle, mit denen ich spielte: niemand mag einen Petzer, einen Judas, einen Denunzianten, einen Schwätzer, und schon gar nicht einen, der selber schuldig ist. Jedes gemeine Motiv wurde mir nachgesagt: ich hatte mich gegen den Präsidenten gewandt wegen des Geldes, wegen der Publicity, aus Bosheit, oder weil ich einen perversen Charkater hatte. Normalerweise wurde über mich gesagt, daß ich meine Lügen über den Präsidenten deswegen verbreitete, um meine eigene Haut zu retten." (Lang 1983:74f.)

Zu diesem Zeitpunkt ist laut dem Umfrageinstitut Gallup der Skandal Watergate zu 96% der Öffentlichkeit bewußt geworden. Im September 1972 hatte das Umfrageinstitut nur 52% festgestellt. (Lang 1983:44)

Im Watergate-Komitee fragt am 28. Juni ein führender Republikaner und eifriger Anhänger Nixons, Senator Howard Baker: "*Was* genau wußte der Präsident, und *ab wann* wußte er es?" (Lang 1983:73)

2. Szene
Außer Kontrolle

In der Medienberichterstattung über den Skandal ist seit der Aussage von McCord die ursprüngliche Sonderstellung der "Washington Post" vorbei. Am 8. Mai hatten ihr die Kuratoren der Columbia University "für ein ausgezeichnetes Beispiel verdienstvoller Arbeit für die Öffentlichkeit" den Pulitzer-Preis verliehen (Congressional Quarterly 1975:51).

Eine neue Zuspitzung bringt die Aussage des ehemaligen Assistenten von Haldeman im Weißen Haus, Alexander Butterfield, am 16. Juli vor dem Watergate-Komitee. Dessen Befragung war erst aufgrund einer Nachfrage der "Washington Post" vorgenommen worden.

Rein zufällig wird ein Exzerpt aus Deans Aussage über dessen Zusammentreffen mit Nixon am 15. April verlesen: "Nixon stand aus seinem Sessel auf, ging um ihn herum in eine Ecke des Zimmers und flüsterte /.../." (Bernstein/Woodward 1974:393) Daraufhin berichtet Butterfield zum Erstaunen der Senatoren von der Existenz eines Tonbandaufnahmesystems im Weißen Haus, installiert im Februar 1971. Laut Butterfield hätten nicht einmal Kissinger oder Ehrlichman von dem Abhörsystem gewußt, obwohl Kissinger "praktisch alles wußte". (Bernstein/Woodward 1974:394)

Diese Enthüllung bringt eine entscheidende Wende im Skandal: Wurde bisher nur im Umfeld von Nixon nach der Wahrheit gesucht, rückt jetzt der Präsident selbst ins Zentrum des öffentlichen Interesses. Jedenfalls glauben jetzt 76% der Bevölkerung an Nixons Komplizenschaft gegenüber 56% im Mai. Seit April stieg die Zahl derer, die Watergate als "ernst" einstufen von 31 auf 53%. (Lang 1983:310) In einer Fernsehansprache am 15. August versucht Nixon, den Skandal zu bagatellisieren und lenkt auf "wichtigere" Themen ab: "Wir dürfen nicht derart im Sumpf von Watergate versinken, daß wir es darüber versäumen, auf jene Herausforderungen von weitaus übergeordneter Bedeutung zu reagieren, die auf Amerika und die ganze Welt zukommen. Wir dürfen es nicht zulassen, daß eine Besessenheit von der Vergangenheit, unsere Hoffnungen auf die Zukunft zerstört." (Congressional Quarterly 1975:277f) Senator Edward Brooke, ein liberaler Republikaner, reagiert verärgert: "Das Volk will die Fakten. Der Präsident gab uns Rhetorik." (Lang 1983:82)

Cox, Ervin und Sicira verlangen nun die Herausgabe der Tonbänder. Nixon widersetzt sich zwar hartnäckig, leitet dabei aber nur unentschlossen halbherzige Maßnahmen ein, um des Skandals Herr zu werden. "Unglücklicherweise hatte ich damals nicht den richtigen Instinkt" (Nixon 1978:601), deutet er später in seinen Memoiren an und meint damit vermutlich die Vernichtung der Bänder.

Kurzfristig verschafft der Fall Agnew dem Präsidenten eine publizistische Atempause. Spiro Agnew, Sohn eines Obsthändlers griechischer Abstammung und bis 1969 Gouverneur von Maryland, hatte 1968 seinen Einfluß für die Nominierung Nixons als Präsidentschaftskandidat geltend gemacht und war dafür mit dem Amt des Vizepräsidenten belohnt worden. Als Kandidat der "schweigenden Mehrheit" der Bevölkerung führte er den Kampf der Regierung gegen ihre Feinde: regierungskritische Medien, denen er bei "voreingenommenen" Kommentaren mit Lizenzentzug drohte, und liberale Republikaner. Ein Verfahren wegen Bestechlichkeit und Steuerhinterziehung zwingt ihn am 10. Oktober zum Rücktritt. Neuer Vizepräsident wird "Mr. Middle America" Gerald Ford aus Michigan, seit 25 Jahren ein Hinterbänkler im Repräsentantenhaus und späterer Präsident.

Am 20. Oktober - wieder ist es ein Samstag - verlangt Nixon die Entlassung von Sonderstaatsanwalt Cox. Richardson, der dies verweigert, tritt zurück, und sein Stellvertreter Ruckelshaus wird von Nixon ebenfalls entlassen. Sicira: "Allmählich sah es wie ein Obristen-Putsch in irgendeinem lateinamerikanischen Land aus. Nach meiner Ansicht brach der Präsident das Recht." (Lang 1983:103) Später wird darüber spekuliert, daß Cox erfahren habe, Nixon hätte Kleindienst im Februar 1971 dazu aufgefordert, das Anti-Trust-Verfahren gegen ITT niederzuschlagen. Jedenfalls löst dieses "Samstagnacht-Massaker" einen "Feuersturm" in der öffentlichen Meinung aus, wie General Alexander Haig, Haldemans Nachfolger, es charakterisiert.

Daraufhin erklärt Nixon sich am 23. Oktober bereit, die Tonbänder an das Gericht herauszugeben, attackiert aber im Gegenzug drei Tage später die Medien: "Noch nie, in den 27 Jahren meines politischen Lebens, habe ich eine derart abscheuliche, bösartige und verzerrte Berichterstattung gehört oder gesehen." (Congressional Quarterly 1975:XXI) Er fühlt sich als deren Opfer und weiß in seinen Memoiren von Presseschlagzeilen zu berichten wie "Nixon Staatsstreich", "schwerste Verfassungskrise in der Geschichte des Landes" und "Nacht der langen Messer". (Nixon 1978:624) Am 31. Oktober teilt das Weiße Haus mit, daß zwei der nun angeforderten Tonbänder nicht existieren, wohl nicht mehr wissend, daß sie am 9. Juli, also eine Woche vor der Enthüllung durch Butterfield, Haldeman überlassen worden waren.

In einer von Radio und Fernsehen übertragenen Rede am 17. November sieht sich Nixon genötigt, seine Beteiligung zu dementieren: "Ich möchte dem Fernsehpublikum sagen: Die Menschen haben zu unterscheiden gelernt, ob ihr Präsident ein Gangster ist oder nicht. Ich jedenfalls bin kein Gangster. Alles was ich habe, habe ich ehrlich verdient" (Lang 1983:119), und bietet damit dem Zuschauer einen Vergleich seiner Person mit der des Gauners Agnew an.

Am 21. November läßt es sich nicht mehr verschweigen. Eines der Bänder, und zwar jenes vom 20. Juni 1972, auf dem ein Gespräch zwischen Nixon, Haldeman und Ehrlichman festgehalten ist, weist eine Lücke von 18 1/2 Minuten auf.

Über das Zustandekommen dieser Lücke entbrennt wieder einmal ein Streit, bei dem Nixons loyale Sekretärin Rose Mary Woods behauptet, sie versehentlich verursacht zu haben. Richter Sicira wendet sich zur Überprüfung an Experten, die ein Versehen ausschließen. Dazu Nixon im Rückblick: "Ich glaube, die Geschichten dieser Experten stellten einen der größten und am wenigsten bekannten Skandale dar, die mit Watergate verbunden sind. Es war sicherlich auch unsere Schuld, weil wir diesen 'Experten' zustimmten. Hätten wir Nachforschungen gemacht, wäre es klar gewesen, daß es sich zwar um akustische Experten handelte, aber solche, die keine Erfahrung mit Tonbandgeräten hatten." (Nixon 1978:635)

Am Ende - mittlerweile ist es der 20. Januar 1974 - läßt das Weiße Haus ein Gegengutachten erstellen.

Damit endet der Streit um die 18 1/2-Minuten-Lücke formal zwar unentschieden, aber die Zeit arbeitet gegen Nixon. Wenn er am 30. Januar erklärt, "One year of Watergate is enough" (Congressional Quarterly 1975:XXI), so hofft er noch, die Bevölkerung würde des Skandals überdrüssig.

"Time" hatte aber schon im November 1973 festgestellt, Nixon hätte "hoffnungslos seine moralische Autorität verloren, das Vertrauen des Landes, und somit die Fähigkeit, wirkungsvoll zu regieren." (Lang 1983:114) Zudem kürte das Magazin Anfang des Jahres Richter Sicira zum "Mann des Jahres" 1973. Im Polit-Souvenirhandel sind T-Shirts mit dem Bild des Idols Senator Sam Ervin schon nicht mehr gefragt. Der neue Renner sind Poster mit dem Fingerabdruck von Richard Nixon.

Ein neues Ärgernis erregt Nixon mit der Veröffentlichung seiner Steuererklärung für die Jahre 1970 und 1971, derzufolge er jeweils weniger als $ 1.000 an Steuern gezahlt hat. Die Steuerbehörde stellt demgegenüber am 3. April eine Steuerschuld von $ 432.787,13 plus Zinsen fest, zu deren Zahlung sich Nixon sofort bereit erklärt. "Ich mußte unbedingt diese Angelegenheit stoppen, um meiner persönlichen Integrität nicht denselben Schaden zufügen zu lassen, wie er bereits mit meiner politischen Integrität geschehen war /.../ Nachdem Watergate wie ein Schneeball rollte und die Reporter anfingen, mir die Haut Stück für Stück abzuziehen, führte dieses unschuldige Geschäftsgeheimnis zu Verdächtigungen, die ich nicht zerstreuen konnte." (Nixon 1978:637)

Am 6. Februar stimmt das Repräsentantenhaus 410 : 4 für die Einleitung des Verfahrens zur Amtsenthebung des Präsidenten (Impeachment) und erteilt dem Rechtsausschuß des Repräsentantenhauses zur Durchführung weitgehende Vollmachten. Der Vorsitzende, der Demokrat Peter Rodino aus New Jersey, teilt der Presse mit, sein Komitee werde trotz Nixons Weigerung, alle angeforderten Tonbänder herauszugeben, unverändert weitermachen: "volle Kraft voraus" (Lang 1983:106)

Bemühungen dazu laufen im Repräsentantenhaus bereits seit dem 23. Oktober 1973 als Reaktion auf das "Saturday Night Massacre". Es entsprach laut Umfrageergebnissen in zunehmendem Maße der Ansicht vieler Amerikaner, daß Nixon entweder werde zurücktreten müssen oder das Impeachment-Verfahren zu erwarten habe.

Ein Impeachment-Verfahren gab es bisher erst einmal in der amerikanischen Geschichte. Der Versuch, Präsident Jackson 1876 seines Amtes zu entheben, scheiterte an einer einzigen Stimme im Senat.

3. Szene
Die Helfer vor Gericht

Nachdem am 27. April 1973 der Einbruch in die Praxis von Ellsbergs Psychiater bekannt geworden war, standen Ehrlichman, Colson und Krogh seit dem 4. September 1973 in Los Angeles vor Gericht. Ehrlichman wird am 12. Juli 1974 zu 20 Monaten Haft verurteilt werden. Colson und Krogh bekennen sich schon lange vor Prozeßende für schuldig, so daß ihre Strafen wesentlich milder ausfallen.

Mit dem gleichen Ziel der Strafmilderung sind seit Juni 1973 Dean, Magruder, La Rue, Porter, Chapin, Segretti, Kleindienst und Kalmbach der Verschwörung, der Justizbehinderung, des Meineides oder des Betrugs an den Vereinigten Staaten geständig, wobei die einzelnen Mitglieder aus Nixons ehemalig diszipliniertem und arrogantem Team sich gegenseitig belasten. Jeb Magruder hält dies für "eine der größten Tragödien von Watergate, daß es eine Generation von Männern zerstört, die durch ihre Begabung und ihre Gesinnung dazu befähigt waren, zukünftige Führer der republikanischen Partei zu werden." (Zuelzer 1975:208)

Mitchell und Maurice Stans, angeklagt wegen Verhinderung einer Untersuchung der Geschäftspraktiken des Finanzschwindlers Robert Vesco, wofür sie im Gegenzug 1972 $ 200.000 Wahlkampfgelder erhalten hatten, werden im April 1973 zu ihrer eigenen Überraschung freigesprochen. Stans, der Älteste im Team, hatte sich, eine längere Haftstrafe erwartend, vorsorglich schon nach Costa Rica abgesetzt.

Mitte April sitzen also nur noch Haldeman, Ehrlichman und Mitchell wegen Verschwörung auf der Anklagebank. Sie geben nach wie vor nichts zu. Die Grand Jury, die wieder unter der Leitung von Richter Sicira steht, bezeichnet zudem in einem geheimgehaltenen Bericht, der am 23. April an den Rechtsausschuß weitergeleitet wird, Präsident Nixon als "unindicted co-conspirator" (Congressional Quarterly 1975:XXIV), da dieser in seiner Funktion als Präsident nicht vor Gericht gestellt werden kann.

Noch am gleichen Tag fordert der Rechtsausschuß 42 weitere Tonbänder. Leon Jaworski, der neue Sonderstaatsanwalt, den Nixon bei dessen Ernennung noch für seinen Anhänger gehalten hatte, verlangte schon am 16. April 64 weitere Bänder.

4. Szene
Ein dreister Bluff

Nixon befindet sich im Zugzwang. In einer Fernsehansprache am 29. April 1974 verspricht er der Nation: "materials I make public tomorrow will provide all the additional evidence needed to get Watergate behind us /.../ in these folders that you see over here on my left are more than 1.200 pages of transcript of private conversations I participated in between September 15, 1972 and April 27th of 1973, with my principal aides and associates with regard to Watergate." (Lang 1983:117,123)

Nixon läßt also am Tag darauf statt der Original-Tonbänder nur redigierte Transkripte veröffentlichen. Er rechnet damit, daß nicht viele Leute die Transkripte lesen werden.

Wieder einmal hat er die Situation völlig falsch eingeschätzt. Sowohl die "New York Times" als auch die "Washington Post" machen aus den Transkripten eine Serie. Außerdem werden sie als Buch veröffentlicht, das schnell zu einem Bestseller wird.

Da im Buch Bilder fehlen, die Fernsehanstalten aber trotzdem an dieser neuen dramatischen Stufe des Skandals teilnehmen wollen, läßt CBS erstmals am 1. Mai die Transkripte von Reportern in den Rollen von Dean, Nixon und Haldeman verlesen. NBC setzt dafür in einer 90minütigen Sendung sogar professionelle Schauspieler ein. Die anfangs positive Reaktion auf Nixons scheinbar guten Willen ist damit schnell verpufft. Immer mehr Menschen neigen jetzt dazu, Deans Version zu glauben, wie er sie im Mai 1973 vor dem Ervin-Komitee kund tat. Da außerdem Diskrepanzen zwischen den Transkripten und den bereits im Besitz des Ausschusses befindlichen Tonbändern entdeckt werden und zudem die Öffentlichkeit von der vulgären Sprache "ihres" Präsidenten überrascht und zugleich erschrocken ist, erneuern Jaworski und der Rechtsausschuß ihre Forderungen. Da Nixon dies, wie nicht anders zu erwarten ist, ablehnt, wendet sich Jaworski am 24. Mai an den Obersten Gerichtshof. Der läßt sich zwar Zeit für seine Entscheidung, aber am 24. Juli ordnet er einstimmig die Herausgabe der Tonbänder an.

Noch einmal schlüpft der Präsident in die Rolle des Außenpolitikers. Wie im Juni 1973, als wegen des Besuchs von Breschnew die Watergate-Hearings eine Woche lang unterbrochen waren, versucht er, mit seinen außenpolitischen Erfolgen Watergate vergessen zu machen. Doch ein zweites Mal geht die Rechnung nicht auf: Zwar erwartet ihn Mitte Juni in Kairo ein jubelnder Empfang, dem sich ein Gipfeltreffen in Moskau anschließt, aber zu Hause findet seine Eigeninszenierung als "Friedensstifter" kaum noch Anklang.

III. Akt

1. Szene
Die Anklage

Gleichzeitig mit der Entscheidung des Obersten Gerichtshofs eröffnet der Rechtsausschuß als "Anklage"-Instanz am 24. Juli die Debatte über das Impeachment-Verfahren.

Die meisten Kongreßmitglieder, aber besonders jene des Rechtsausschusses, 21 Demokraten und 17 Republikaner, stehen bei ihrer Stellungnahme zum Impeachment-Verfahren unter starkem Erwartungsdruck ihrer Wähler, zumal für November Neuwahlen bevorstehen. Nixon gibt nicht auf: "Das Impeachment würde eine Übung öffentlicher Überredungskunst sein: während ich versuchte, das öffentliche Vertrauen in meine Führungsfähigkeit wiederherzustellen, werden meine Gegner versuchen, die Öffentlichkeit auf den Gedanken meiner Entfernung aus dem Amt einzuspielen." (Nixon 1978:648)

Das Verfahren ist aber kein Tauziehen mehr zwischen Republikanern und Demokraten. Einen Tag vor Eröffnung hatte das Komiteemitglied Lawrence Hogan aus Maryland, ein republikanischer Hardliner, verkündet, er werde für Impeachment stimmen, da der Präsident das amerikanische Volk "wiederholt belogen" habe. Auch Charles Wiggins aus Kalifornien, ebenfalls Nixon-Anhänger, hatte seine bis dahin strikte Ablehnung des Impeachments aufgrund von Meinungsumfragen geändert.

Schon im Vorfeld hatte der Vorsitzende Peter Rodino die Übertragung durch das Fernsehen durchgesetzt. Bei den Hearings des Watergate-Komitees waren die Kameras frontal auf die Zuschauer und Zeugen gerichtet gewesen, so daß nach seiner Ansicht das Ansehen der Zeugen geschmälert worden war. Um den Blick des Fernsehpublikums auf die politische Bühne des Senats zu erweitern und es damit direkt an der Verhandlung teilnehmen zu lassen, hatte er bereits im Mai einen zusätzlichen Raum an der Seite des Verhandlungsraumes bauen lassen, um dort die Fernsehkameras unterzubringen. Akteure, Impeachment-Befürworter und -Gegner müssen sich unabhängig von ihrer Parteizugehörigkeit entscheiden und auf mögliche Reaktionen der Zuschauer Rücksicht nehmen.

Wie nicht anders zu erwarten ist, fällt der Rechtsausschuß am 30. Juli seine Entscheidung für die Amtsenthebung des Präsidenten. Von den 38 Senatoren stimmen:

27:11 wegen Justizbehinderung,
28:10 wegen Machtmißbrauch,
21:17 wegen Mißachtung des Kongresses,
12:26 wegen der Bombardierung Kambodschas und
12:26 wegen der Einkommenssteuerhinterziehung.

Kommentar Nixon: "Während ich die Gründe für das Urteil (in Sachen Vereinigte Staaten gegen Nixon) verstehen konnte, war ich eher der Meinung, die Vereinigten Staaten hatten verloren. Mehr noch: ich hatte das Gefühl, daß die Institution der Präsidentschaft selbst das Opfer dieses Urteils war." (Nixon 1978:696)

2. Szene
"The smoking gun"

Drei Tage, nachdem der Rechtsausschuß die Anklage erhob, wird diese von den Ereignissen eingeholt. Das Weiße Haus übergibt mit Einwilligung des Obersten Gerichtshofes drei Tonbänder an Richter Sicira, womit der Skandal an seinen ersten Verhandlungsort zurückkehrt. Am 5. August berichtet die "Washington Post" von ihrem höchst inkriminierenden Inhalt. Nixon gibt auf Drängen seines Stabes von den Behörden Transkripte frei. Aus ihnen geht hervor, daß er bereits am 23. Juni 1972, also sechs Tage nach Watergate, von dem Einbruch wußte und sich an der Planung des cover up beteiligt hatte. Die Tonbänder hatten die Tat konserviert.

3. Szene
Der Rückzug

"Jetzt, da die Rücktrittsentscheidung getroffen war (1. August), meinte ich, die schmerzlichen Pflichten der nächsten Tage leichter durchstehen zu können, wenn ich mich jetzt schon auf die Einzelheiten konzentrierte. Ich zog meine

Anzugsjacke aus und legte meine geliebte, alte blaue Sportjacke an." (Nixon 1978:701)

Nach wie vor bestreitet aber das Weiße Haus Gerüchte über den bevorstehenden Rücktritt des Präsidenten. Die "New York Times" zitiert Nixon am 7. August: "Für mich wäre ein Rücktritt wie etwas, das außerhalb der Verfassung liegt." (Lang 1983:185) Im Weißen Haus werden zwei Reden vorbereitet: die eine für den Rücktritt, die andere für den Fall, daß Nixon seine Beteiligung am cover up bekennt, sich verteidigt und das amerikanische Volk um Vergebung bittet.

Am Abend des 8. August ist es endlich soweit. In seinen Memoiren schreibt Nixon über seinen Entschluß: "Es war mir ja gleichgültig, was die Leute sonst dachten, aber das eine sollten sie nicht denken - daß ich wegen Schwierigkeiten zurückgetreten sei." (Nixon 1978:717)

Der Präsident bereitet sich auf seinen Fernsehauftritt vor, der eine neue Einschalthöchstquote in der amerikanischen Fernsehgeschichte erreichen wird: "Ich rasierte mich, duschte, dann wählte ich denselben Anzug und Schlips, die ich in Moskau getragen hatte anläßlich meiner Fernsehansprache an das sowjetische Volk. Der Anzug war schieferblau und sehr leicht, infolgedessen sehr geeignet unter dem heißen Licht der Fernsehlampen." (Nixon 1978:717)

In der Ansprache bekennt er sich, trotz der Anklage des Rechtsausschusses, für "nicht schuldig" und gibt allenfalls einige "Fehleinschätzungen" zu. Er habe immer nur versucht, "das zu tun, was das Beste für das Land war." (Lang 1983:192) Ein letztes Mal feiert er sich als Friedensstifter in der Welt und verabschiedet sich dann ins "Exil".

Bevor er am nächsten Tag zu seinem Privatsitz "La Casa Pacifica" in San Clemente, Kalifornien fliegt, spricht er im Weißen Haus vor den Fernsehkameras noch einmal zu Personal und Freunden. Trotz des Versuchs, gelassen zu wirken, rollen ihm Tränen über die Wangen: "Gib immer dein Bestes. Laß dich nie entmutigen. Sei nie kleinlich. Und denk immer dran: die anderen können dich hassen, aber die, die dich hassen, werden erst dann gewonnen haben, wenn du sie auch haßt. Und dann würdest du dich selbst zerstören." (Congressional Quarterly 1975:XV)

Mit seinem Rücktritt hat der Präsident das Zusammentreten des Senats als "Gerichts"-Instanz, das ihn formal aus dem Amt jagen würde, doch nicht mehr abgewartet. Ungefähr 15 Monate Skandal enden plötzlich ohne ernsthafte politische Zusammenstöße und ohne freudige Demonstrationen in den Straßen.

Nachspiel

1. Szene
Begnadigung

"Meine amerikansichen Landsleute! Unser langer Alptraum ist vorüber.", beginnt am 9. August 1974 der neue Präsident Gerald Ford seine Antrittsrede. "Unsere Verfassung funktioniert. Unsere große Republik ist eine Regierung der Gesetze und nicht die von Menschen. Hier herrscht das Volk." (Congressional Quarterly 1975:XV)

Obwohl laut einer Gallup-Umfrage die meisten Amerikaner ein gerichtliches Nachspiel für notwendig halten, begnadigt Ford seinen Vorgänger bereits am 8. September. So erregt die Begnadigung, wie nicht anders zu erwarten ist, einen Sturm der öffentlichen Entrüstung, der sich aber schnell wieder legt. Weder die Mehrheit der Bevölkerung noch die Presse noch der Kongreß sind nach der langen Watergate-Schlacht bereit, die Integrität des neuen Präsidenten zu hinterfragen. Diese stillschweigende Übereinkunft gilt aber weniger dem Amtsinhaber als dem Amt selbst, das, wie man befürchtet, kein zweites Watergate überleben wird.

Der Wahlkampf für die Kongreß- und Gouverneurswahlen am 5. November steht noch ganz im Schatten von Watergate. Unter den Wahlhelfern der Republikanischen Partei hatte inzwischen Apathie um sich gegriffen. Spenden waren versiegt, Amtsinhaber der Partei, die nicht mehr an ihre Wiederwahl glauben, hatten sich ins Privatleben zurückgezogen. Da nützt auch Fords persönliche Wahlkampagne, die ihn durch 20 Staaten führt, nichts mehr.

Die Republikanische Partei verliert 43 Sitze im Repräsentantenhaus, drei im Senat und vier Gouverneursämter.Die Wähler sind aber nicht nur über Politiker enttäuscht, sondern auch über das politische System und seine Institutionen.

2. Szene
Verdrängungen

Den Wahlkampf um die Präsidentschaft 1976 entscheiden nicht die Ansichten der Kandidaten zu politischen Streitfragen, sondern ihr persönliches Image in der Öffentlichkeit. Der wortkarge Präsident Ford hatte sich nicht aus dem

Schatten von Watergate zu lösen vermocht. Einen knappen Sieg trägt ein Erdnußfarmer und Baptistenprediger aus dem Süden davon: der ein Jahr zuvor landesweit noch völlig unbekannte Jimmy Carter, Demokrat und Gouverneur von Georgia.

Da dieser Präsident einer Geiselnahme von US-Bürgern in Teheran hilflos zusehen muß und damit dem amerikanischen Volk nach Vietnam und Watergate ein weiteres Trauma hinzugefügt wird, hat die Werbeagentur des republikanischen Gegenkandidaten von 1980, Ronald Reagan, leichtes Spiel. Um dem Schauspielerimage des Kandidaten entgegenzuwirken, entwirft sie das Bild eines "nice man", der als Gouverneur den komplexen Staat Kalifornien sehr erfolgreich geführt hat. Mit Reagan, der noch 1968 als Rechtsaußen gegen "Tricky Dick" bei der Nominierung des republikanischen Präsidentschaftskandidaten unterlegen war, erhoffen sich die Wähler, endlich wieder einen "starken" Präsidenten zu bekommen.

Nicht zuletzt verdankt Reagan aber seinen Wahlsieg der Tatsache, daß die Wahlbeteiligung der Gruppe von unter 35 Jahren einen neuen Tiefstand erreicht. Gleichzeitig werden bei den Kongreßwahlen viele liberale Demokraten, die erstmals 1974 gewählt worden waren, wieder aus ihren Ämtern verdrängt. (Lang 1983:237)

Nach erfolgreicher Wiederwahl gelingt dem von den Medien als "Great Communicator" gekennzeichneten Reagan 1987 die Bewältigung seines "Irangate". Die Chronologie dieses Skandals beginnt, im Vergleich zu Watergate, zu einem späteren Zeitpunkt in der laufenden Legislaturperiode, im August 1985, und klingt lautlos aus mit dem Gerangel um die Präsidentschaftskandidaturen, nur knapp ein Jahr vor der Kür eines neuen Präsidenten: George Bush, bisher Vizepräsident oder Michael Dukakis, Gouverneur von Massachusetts.

Literatur

Bernstein, Carl / Woodward, Bob: Die Watergate-Affäre. München 1974.

Chester, Lewis u.a.: Watergate oder die Arroganz der Macht. München 1974.

Lang, Gladys Engel: The Battle for Public Opinion. New York 1983.

Nixon, Richard Milhouse: Memoiren. Köln 1978.

Watergate. Chronology of a Crisis. Congressional Quarterly. Washington 1975.

White, Theodor H.: Breach of Faith. The Fall of Richard Nixon. New York 1975.

Zuelzer, Wolf W.: Selbstzerstörung der Demokratie ? Ein amerikanisches Lehrstück. München 1975.

Behörden-Schlaf auf dem Vulkan

Ein bürokratisches Trauerspiel

Ort: Die Freie und Hansestadt Hamburg,
ein Betriebsgrundstück in ihrem Westen
und das Rathaus

Zeit: Herbst 1979 bis Frühjahr 1980

Personen:

Hans-Ulrich Klose	*Die Sphinx im Rathaus*
Frank Dahrendorf	*Ein persönlich zurechenbarer Gentleman*
Dr. Hugo Stoltzenberg	*Ein Chemiker aus Leidenschaft*
Martin Leuschner	*Biedermann oder Brandstifter ?*
Oliver, Stefan und Thomas	*Jugend forscht*
Oberst Piepgras	*Räumungskommando*
Peter Rabels	*Saubermann Nummer Eins*
Gerd Weiland	*Saubermann Nummer Zwei*
Jürgen Echternach	*Frühstarter*
Ulrich Hartmann	*Heimlicher Bürgermeister*
Manfred Bissinger	*Schwört auf sein Gehör*
Dieter Kosslick	*Mitschreiber*
Die Senatoren der Freien und Hansestadt Hamburg	*Mithörer und Weghörer*
Die Hamburger Presse	*Klagt an*

Inhalt

I. Akt

1. Szene
Tödliche Experimente

Am frühen Abend des 6. September 1979 sitzen im Keller eines Hauses am Lüdersring 137 im Hamburger Stadtteil Lurup drei Jungen bei einem gefährlichen Experiment zusammen. Der dreizehn Jahre alte Thomas Ludwig ist in der Nachbarschaft als ambitionierter Jung-Chemiker und für seinen Entdeckerdrang bekannt. Seitdem ihm sein Vater gegen die Bedenken von Frau Ludwig einen Chemie-Experimentierkasten geschenkt hat, glänzt er auch in der Schule mit guten Noten in diesem Fach. Vater Karl-Heinz Ludwig besitzt selbst ein gewisses Faible für Explosivstoffe. Wegen der Beteiligung an Sprengstoffanschlägen des Kommandos "Sigurd Debus" ist er 1975 zu fünfeinhalb Jahren Gefängnis verurteilt worden und seit zwei Jahren wieder auf freiem Fuß. Neben Thomas und seinem acht Jahre alten Bruder Oliver ist an diesem Donnerstagabend auch der zwölfjährige Stefan Behrmann im provisorischen Labor des Ludwig-Hauses mit dabei. Die drei füllen Phosphor und Schwarzpulver in eine Propangasflasche.

Kurz vor 19 Uhr hört ein Anwohner einen "kurzen schnellen Schlag". "Wie aus einer 10,5cm-Haubitze" wird er später dem "Hamburger Abendblatt" berichten. (HA 7.9.1979) Die Folgen der Explosion sind verheerend. Oliver Ludwig ist tödlich verletzt. Ihm wird der Bauch aufgerissen und eine Vene am Herzen durchtrennt. Stefan verliert eine Hand und den Zeigefinger der anderen. Thomas hat Verbrennungen an Oberkörper und Armen. Trotzdem kann er Hilfe herbeiholen. Mutter Ludwig, die hinzueilt, erleidet einen schweren Schock. Kurz darauf fliegt ein Rettungshubschrauber den schwerverletzten Stefan in das Allgemeine Krankenhaus Boberg, in dem Hamburgs beste Mikrochirurgen arbeiten.

Am nächsten Morgen lesen die Hamburger von dem tragischen Unglück in der Zeitung. Als Skandal gilt das Verhalten von zahlreichen Schaulustigen, die die Rettungsarbeiten am Lüdersring behindert haben. Auch am Samstag berichten die Blätter nochmals über den Vorfall und das Schicksal der Familie Ludwig, das nicht einzigartig ist, da jugendlicher Leichtsinn in den letzten Jahren in Hamburg mehrmals zu ähnlichen Unfällen geführt hat. Lediglich die "Hamburger Morgenpost" fragt nach der Herkunft der brisanten Chemikalien, die womöglich nicht zur Grundausstattung von Thomas Ludwigs Experimentierkasten gehört haben. Stammen die Stoffe aus dem Lager einer im Stadtteil Eidelstedt gelegenen Chemiefabrik, fragt das Boulevard-Blatt und präsentiert seinen Lesern das Foto von mehreren Stapeln alter Fässer, ohne jedoch den Namen des Unternehmens zu nennen.

Weitere Schlagzeilen macht das Unglück an diesem Wochenende nicht mehr. Die Hamburger Presse interessiert anderes: Bürgermeister Hans-Ulrich Klose, der Hamburg 1979 mit absoluter SPD-Mehrheit regiert und zur Zeit mit dem ebenfalls aus Hamburg stammenden Bundeskanzler Schmidt im Clinch liegt, hält auf einem SPD-Kongreß im fernen Nürnberg eine mit Spannung erwartete Rede. Der amtierende deutsche Fußballmeister, der HSV, verliert in Duisburg 0:3 und muß die Tabellenführung der Bundesliga an die Frankfurter Eintracht abgeben.

2. Szene
Fundsachen

Am Montag, dem 10. September beichtet Thomas Ludwig der Polizei, woher er sich die Zutaten für seine verhängnisvollen Versuche besorgt hatte. Tatsächlich waren die Jungen durch ein Loch im Zaun wiederholt auf das Gelände einer nahegelegenen Chemie-Fabrik gelangt. Von den dort in großen Mengen gelagerten Stoffen habe man sich ungeniert bedient.

So erhält am Dienstag die Firma "Dr. Hugo Stoltzenberg" Besuch von Polizei und Fachleuten der Baubehörde. Ihnen bietet sich ein Bild des Chaos. Auf dem 2.000 qm großen und von dem schadhaften Zaun nur notdürftig gesicherten Gelände stapeln sich tonnenweise Chemikalien und Munition, Fässer, Kisten und Kanister unbekannten Inhalts. Das Areal rund um die Bretterbuden und Lagerschuppen macht einen völlig verwahrlosten Eindruck. Die Liste der an diesem Tag vorgefundenen Stoffe umfasst 61 Positionen. Darunter sind 50 Tonnen britische Nebelkerzen, Mörsermunition aus dem 2. Weltkrieg und eine Vielzahl von Behältern. Unter anderem werden Phosphor, Brom, Bromaceton, Zinkverbindungen und Chloroform gefunden. (Rabels 1979: Anlage 1) Eine Reihe von Stoffen kann nicht sofort identifiziert werden. Die Beamten sind von ihren Funden so beeindruckt, daß Bausenator Volker Lange noch am Dienstagabend das Bundesministerium für Verteidigung alarmiert. Chef auf der Bonner Hardthöhe ist zu dieser Zeit der Sozialdemokrat Hans Apel, Bundestagsabgeordneter für den Wahlkreis Hamburg-Nord.

Am Mittwochmorgen trifft eine Spezialeinheit des Kampfmittel-Beseitigungsdienstes der Bundeswehr unter dem Kommando eines Oberst Piepgras aus Munster in Hamburg ein. Eine erneute Untersuchung des Geländes ergibt, daß die gefundenen Stoffe eine akute und ernste Gefahr für die Umgebung darstellen und daher schleunigst abtransportiert werden müssen. Am Abend kommt es auf der Autobahn A7 zu gespenstischen Szenen. Der Elbtunnel wird für den übrigen Verkehr gesperrt, und unter dem Schutz einer Polizeieskorte rollt noch in dieser Nacht eine Kolonne Bundeswehr-LKWs mit 75 Tonnen Munition und Giften nach Süden zum Truppenübungsplatz Munster. Zu diesem Zeitpunkt vermag niemand abzusehen, welche Überraschungen der Eidelstedter Munitions-Friedhof noch bereit hält.

3. Szene
Böses Erwachen

Die Hamburger erfahren erst am nächsten Morgen, dem 13. September, von der gefährlichen Fracht, die da über die Autobahn gerollt ist, und die offenbar seit Jahren mitten im Stadtgebiet unentdeckt geblieben war. "Todes-Arsenal" nennt das "Hamburger Abendblatt" den Chemie-Betrieb und kritisiert den Amtsschimmel, der seit Jahren seinen Schlaf über dieser Zeitbombe gepflegt habe. Bausenator Lange muß eingestehen: "Wir wissen nicht, wann die Stoffe in Eidelstedt eingelagert wurden, ob etwas davon angemeldet und ob die Lagerung genehmigt wurde." (HA 13.9.1979) Unklar ist auch, ob außer den Ludwig-Söhnen andere Kinder aus der Nachbarschaft bei Stoltzenberg auf Entdeckungstour gegangen sind, und so weitere Stoffe das Gelände unkontrolliert verlassen haben. "Liefern Sie alles ab", rät die Polizei den verunsicherten Hamburger Eltern, die ihrem Nachwuchs den Sprengstoff abnehmen sollen. Das "Hamburger Abendblatt" argwöhnt sogar, das nun entdeckte Depot habe möglicherweise Terroristen als Selbstbedienungsladen gedient. Die Bundeswehr dagegen, da ist sich Oberst Piepgras völlig sicher, habe nicht zu den Stoltzenberg-Kunden gehört.

Um das seit Jahren schwelende Unheil nun endlich administrativ in den Griff zu bekommen, richtet Gesundheitssenatorin Helga Elstner - als Zweiter

Bürgermeister vertritt sie ihren "Ersten", Hans-Ulrich Klose, der seine Urlaubstage auf Sylt verbringt - einen Krisenstab ein. Sie spricht schon jetzt von einem "unfaßbaren Skandal". (HA 14.9.1979) Bausenator Volker Lange soll weiterhin die Aufräumungsarbeiten leiten, und auch seine Kollegen Werner Staak (Inneres) und Jan Ehlers (Arbeit und Soziales) lassen es sich nicht nehmen, an diesem Donnerstag in Eidelstedt nach dem Rechten zu sehen. Mit der Untersuchung der Frage, wie es überhaupt zu den Mißständen bei Stoltzenberg kommen konnte, wird Peter Rabels beauftragt. Der Staatsrat in der Behörde für Bezirksangelegenheiten, Naturschutz und Umweltgestaltung (BBNU) übt als höchster Beamter und zweiter Mann hinter dem Senator die Funktion eines Staatssekretärs aus. Daß der frühere Verwaltungschef der Hamburger Universität als fähiger Mann gilt, erkennt man auch daran, daß er gleichzeitig in der Justizbehörde den Posten des Staatsrates inne hat.

Wer eigentlich ist dieser Dr. Stoltzenberg, und wie ist die explosive Lage in Eidelstedt entstanden, muß sich Staatsrat Rabels, wie alle anderen Hamburger auch, fragen, als er sich an das Aktenstudium macht.

II. Akt

1. Szene
Dr. Stoltzenberg und wie er lernte, das Gas zu lieben

Hugo Stoltzenberg wurde 1883 geboren, beendete ein erfolgreiches Studium als Doktor der Chemie und avancierte im 1. Weltkrieg, in dem er verwundet und zu 80% kriegsbeschädigt wurde, zum Experten für Kampfgase. Im Auftrag des Heereswaffenamtes hatte er Produktionsanlagen für das Giftgas "Lost" eingerichtet. Nach Kriegsende betrieb die "Kampfstoffverwertung Dr. Stoltzenberg" den Abbau von Gas- und Sprengmunition auf dem Truppenübungsplatz Munsterlager in der Lüneburger Heide. Das eigentliche Betriebsgelände der 1923 in das Hamburger Handelsregister eingetragenen Firma befand sich jedoch im Stadtteil Veddel, in der Nähe des Hafens. Auch im Ausland war Dr. Stoltzenberg zu dieser Zeit aktiv: Für Brasilien, Jugoslawien, Spanien und die Sowjetunion errichtete er Fabriken zur Herstellung von Kampfstoffen.

1928 explodierte auf dem Hamburger Werksgelände ein Tankwagen mit Phosgen-Gas, das auch als "Grünkreuz" bekannt ist. Die dabei entstandene Giftwolke tötete zwölf Menschen und führte bei 300 weiteren zu schweren Erkrankungen. Dem Unglück folgte eine Debatte in der Hamburger Bürgerschaft und die Einsetzung eines parlamentarischen Untersuchungsausschusses. Hugo Stoltzenberg, den Carl v. Ossietzky in der "Weltbühne" anläßlich dieses Vorfalls verächtlich einen "Kriegschemiker" nannte, gab jedoch nicht auf. 1929 erwarb er das Grundstück an der Schnackenburgallee 167, das ihm fortan als Firmensitz diente. In den dreißiger Jahren wurden an dieser Stelle Tränengas, Gasmasken und die dazugehörigen Filter produziert. Mit den nationalsozialistischen Machthabern lief das Geschäft für Hugo Stoltzenberg nicht ganz so gut wie mit dem kaiserlichen Heer. Seit dem Phosgen-Unglück war er ein wenig ins geschäftliche Abseits geraten. Bekanntlich verzichtete Hitler, im 1. Weltkrieg selbst gasverletzt, auf den Einsatz von Kampfgas, zumal er damit rechnen mußte, daß die deutsche Bevölkerung den Gasangriffen alliierter Bomber schutzlos ausgeliefert gewesen wäre. Trotzdem war der Stoltzenberg-Betrieb auch für das Reichsluftfahrtministerium tätig.

Mehrmals ausgebombt und nur notdürftig wieder aufgebaut, gab es nach Kriegsende für die Spezialfirma erst recht jede Menge Arbeit. Die Beseitigung von Kampfmitteln, jetzt im Auftrag der britischen Besatzungsbehörden, blieb ein Schwerpunkt der Stoltzenberg-Aktivitäten. Daneben widmete sich die 52 köpfige Belegschaft der Produktion von Schädlingsbekämpfungsmitteln und pharmazeutischen Erzeugnissen. So wurde etwa Körperpuder hergestellt. In den 50er und 60er Jahren gingen die Geschäfte dagegen eher schlecht. Die Anlagen waren veraltet, die Liquidität fehlte, die Belegschaft schrumpfte. Schon 1969, fünf Jahre vor seinem Tod, mußte Hugo Stoltzenberg die Leitung seiner Firma aus gesundheitlichen Gründen abgeben. Nachfolger wurde sein langjähriger Prokurist, der Kaufmann Martin Leuschner, der seinem Chef seit 1925 als eine Art Faktotum zu Diensten war.

1979, zur Zeit des Explosionsunglücks, bei dem Oliver Ludwig den Tod findet, ist die Firma offensichtlich am Ende und der 66 Jahre alte Martin Leuschner sein eigener und einziger Angestellter. Lediglich seine Frau geht ihm bei der Arbeit zur Hand. Wie Hugo Stoltzenberg, der mitunter im Labor auf einem Feldbett übernachtete, um wichtige Experimente nicht länger als nötig aus den Augen lassen zu müssen, ist auch Leuschner ein passionierter Tüftler. In dem kleinen, primitiven Labor ist er mit Besessenheit bei der Sache. Dabei guckt er schon einmal zu tief in das Reagenzglas, wovon seine fehlende Nasenspitze zeugt. Wenn der kleine Mann im grauen Kittel mit Hut und Spazierstock nun ungläubig den Kopf schüttelnde Kampfstoff-Experten und ängstlich um sich blickende Politiker über sein Betriebsgelände führt, wirkt er wie eine seltsame Mischung aus "Mad Scientist" und pensioniertem Schrebergärtner. "Mehr Biedermann als Brandstifter, eher liebenswürdiger Rentner als eiskalter Geschäftsmann", wundert sich das "Hamburger Abendblatt". (17.9.1979) Der nette Herr Leuschner muß sich in den nächsten Tagen mehrfach vorwerfen lassen, seinen Laden nicht mehr unter Kontrolle gehabt zu haben.

2. Szene
Schuldfragen

Während Staatsrat Rabels in den Aktenkellern der Hamburger Behörden nach den Spuren des Dr. Stoltzenberg fahndet, kommen erste Ungereimtheiten an das Licht der Öffentlichkeit. Bereits im März 1979, so berichtet das "Hamburger Abendblatt", habe ein Anwohner aus dem angrenzenden Stadtteil Lurup bei der Leitstelle für Umweltschutz angerufen und berichtet, daß auf dem Stoltzenberg-Gelände Chemikalien vergraben worden scien. Die Leitstelle erklärte sich für nicht zuständig und leitete den Hinweis der Bauprüfabteilung im Ortsamt Stellingen zu, das dem Bezirksamt Eimsbüttel untersteht. Die Beamten dort sahen sich jedoch nicht in der Lage, dem Hinweis nachzugehen, da die falsch angegebene Hausnummer nicht existierte. "Wo keine Hausnummer, da auch kein Gift", karikiert das "Hamburger Abendblatt" den amtlichen Entscheidungsmaßstab.

Am Samstagmorgen, es ist der 15. September, können sich die Hamburger ein erstes Bild von den offensichtlichen Versäumnissen der Behörden machen. Unter der drohenden Schlagzeile "Wir klagen an!" nennt das "Hamburger Abendblatt" den Senator für Arbeit und Soziales (Jan Ehlers), Gesundheitssenatorin Helga Elstner, den Chef der Leitstelle für Umweltschutz, den Leiter des Bezirksamts Eimsbüttel, die Geschäftsleitung der Firma Stoltzenberg sowie den Oppositionsführer in der Hamburger Bürgerschaft und den Hamburger Oberstaatsanwalt. Während das Blatt den Senatoren und Behördenvertretern vorwirft, schon früh - zum Teil bereits 1977 - von den Mißständen Kenntnis gehabt zu haben, kritisiert die wichtigste Hamburger Regionalzeitung den CDU-Fraktionsvorsitzenden Jürgen Echternach, weil der seiner verfassungsmäßigen Kontrollpflicht nicht nachgekommen sei. Dem Hamburger Oberstaatsanwalt schließlich nimmt das "Hamburger Abendblatt" seine zurückhaltende Informationspolitik der letzten Tage übel. Mehrfach sei er für Journalisten nicht erreichbar gewesen. Bereits jetzt wird ein Dilemma deutlich: Helga Elstner und Jan Ehlers sind erst seit 1978 im Amt. Stellvertretend für ihre Vorgänger, die dem Senat nicht mehr oder aber inzwischen in anderer Position angehören, geraten jetzt Elstner und Ehlers in die Schußlinie.

Ganz woanders ortet dagegen der Kommentator der "Welt" die Schuldigen. Er rügt die "mangelnde Aufsicht", die die Ludwigs ihrem Nachwuchs zuteil werden ließen, und fordert alle Hamburger Eltern auf, besser auf ihre Kinder aufzupassen. Längst sind in einem weiteren Luruper Keller von Kindern gehortete Stoltzenberg-Chemikalien sichergestellt worden. Die "Hamburger Morgenpost" dagegen sorgt sich um das Trinkwasser der Stadt, das verseucht sein könnte.

Auch Bürgermeister Klose studiert in seinem Ferien-Domizil auf der Insel Sylt die Wochenendausgaben der Hamburger Zeitungen. Von den Angriffen gegen die Hamburger Behörden alarmiert, kehrt er noch am gleichen Tag in die Hansestadt zurück und setzt eilends eine spätabendliche Krisensitzung des Senats an.

Eine Sonderkommission hat auch der Staatsschutz gebildet, da man Verstöße gegen das Kriegswaffenkontrollgesetz durch Stoltzenberg vermutet. Auf dem Firmengelände gehen unterdessen die Aufräumungsarbeiten weiter. Bausenator Volker Lange muß zugeben, daß im Boden Rückstände der Giftgase Gelb-, Grün- und Blaukreuz gefunden worden sind.

Während Bürgermeister, Senat und Behörden bemüht sind, ein vollständiges Bild der Lage zu erhalten und zu einer Bewertung der Gefahren zu gelangen, haben die Hamburger Grund zur Freude. Im Volksparkstadion, etwa 500 Meter vom Stoltzenberg-Betriebsgelände entfernt, beklatschen 40.000 Zuschauer ihren HSV, der, diesmal deutlich besser aufgelegt als eine Woche zuvor, den 1. FC Kaiserslautern mit 1:0 besiegt. Und noch andere spektakuläre Ereignisse sind dazu geeignet, die Aufmerksamkeit von den Hamburger Vorfällen, die längst auch die überregionalen Zeitungen gemeldet haben, abzulenken. In Gorleben demonstrieren 3.000 Menschen gegen ein geplantes Endlager für atomaren Müll. Einige hundert Kilometer weiter südlich überfliegen die

Familien Strelzyk und Wetzel die deutsch-deutsche Grenze in einem selbstgebauten Ballon mit dem Wind nach Westen und werden so buchstäblich über Nacht weltbekannt. Eier und Tomaten schließlich fliegen an diesem Wochenende im Ruhrgebiet. Der Kanzlerkandidat der CDU/CSU für die kommende Bundestagswahl, Franz Josef Strauß, wirbt - einstweilen noch wenig erfolgreich - um die Sympathien der Wähler. Leser der "Welt am Sonntag" haben allen Grund, beunruhigt zu sein. Zwischen 10.000 und 50.000 Menschen sollen aus der Gefahrenzone rund um die Stoltzenberg-Fabrik evakuiert werden, so will das Sonntags-Blatt erfahren haben.

3. Szene
Gas-Alarm

Am Montag, dem 17. September, scheinen die Hamburger Zeitungszusteller endgültig in die Rolle der gewohnheitsmäßigen Hiobsboten geschlüpft zu sein. Der Verdacht, bei Stoltzenberg könnten noch weitaus gefährlichere Substanzen als die bisher gefundenen verborgen sein, hat sich bestätigt. "Jetzt auch noch Giftgas!", empört sich das "Hamburger Abendblatt". Auf der Toilette des Betriebsgeländes sind acht Tabun-Granaten entdeckt worden, einige bereits beschädigt. Mit dem lebensgefährlichen Nervengift gewinnt das Geschehen eine neue Dimension. "Hitlers Todesgas" (Morgenpost 18.9.1979) ist ein Ultra-Gift. Ein Kilogramm Tabun genüge, um 200.000 Hamburger umzubringen, erklärt der Gift-Spezialist Professor Axel Döhnhardt vom Barmbeker Krankenhaus in der Wochenzeitung "DIE ZEIT". (21.9.1979)

Der Tabun-Fund stellt selbst die Spezialisten der Bundeswehr vor große Probleme. Der Abtransport der Granaten muß unter strengsten Sicherheitsvorkehrungen ablaufen. Tatsächlich wird nun die Evakuierung der Nachbarschaft in einem Umkreis von 500 Metern notwendig. Mehr als 200 Anwohner und Angestellte mehrerer Gewerbebetriebe müssen ihre Häuser, Wohnungen und Arbeitsplätze an allen Tagen dieser Woche von 10 bis 16 Uhr verlassen. Um die Evakuierten zu beschwichtigen, lädt das Bezirksamt Eimsbüttel zu kostenlosen Ausflugsfahrten nach Helgoland und zum Elbe-Seitenkanal ein. Vom Rand des Sperrgebietes können die Zurückgebliebenen die Räumungsarbeiten beobachten. Wie in einem Science-Fiction-Film erscheinen Bundeswehrsoldaten in Schutzanzügen auf dem Gelände, und auch für die eingesetzten Polizisten wird die Gasmaske zur unverzichtbaren Kopfbedeckung der nächsten Tage. Vergessen hat man allerdings die Wirkungen dieser Schutzmaßnahmen auf die Eidelstedter Bevölkerung. Die steht teils verständnislos, teils verstört hinter der Absperrung, sieht dem vermummten Treiben zu und hört den Rat, sofern nicht evakuiert, in die Häuser zu gehen und die Fenster geschlossen zu halten.

In Begleitung von Umweltsenator Wolfgang Curilla und Oberst Piepgras läßt sich Bürgermeister Hans-Ulrich Klose an diesem Montag erstmals über das verseuchte Areal führen. Der BILD-Zeitung gegenüber fühlt er sich an seine Bundeswehrzeit erinnert. Als Trümmerkind will er kurz nach Kriegsende ähnliche Szenen schon erlebt haben.

Der unermüdliche und aufopferungsvolle Einsatz von Oberst Piepgras und seinen Leuten kann es allerdings nicht verhindern, daß in diesen Tagen die Rolle, die die Bundeswehr in der Affäre einnimmt, kritisch diskutiert wird. War sich Piepgras wenige Tage zuvor noch sicher, daß die Streitkräfte keine Beziehungen nach Eidelstedt unterhalten haben, so überrascht es um so mehr, daß jetzt eine Munitionskiste der Bundeswehr nach der anderen gefunden wird. Aus Köln meldet sich der Journalist Günter Wallraff zu Wort. In der Zeitschrift "KONKRET" hatte er bereits 1970 von der angeblichen Giftgasproduktion bei Stoltzenberg berichtet und auf die Verbindung zur Bundeswehr hingewiesen. Eine diesbezügliche Anfrage der FDP-Bürgerschaftsabgeordneten Helga Schuchardt hatte der Senat damit beantwortet, daß über Gas bei Stoltzenberg nichts bekannt sei und daß der Betrieb regelmäßig kontrolliert werde. Im übrigen sei die Produktion von Kampfgas verboten.

Um weiteren Enthüllungen zuvorzukommen, tritt die Bundeswehr die Flucht nach vorn an und legt ihre Kontakte zu Stoltzenberg offen. Zwischen 1957 und 1963 sind Aufträge in Höhe von 2,3 Millionen Mark an die Firma gegangen. Geliefert wurden Nebelpräparate und Tränengaspatronen. Auf das Glanzstück seiner Lieferungen an das Heer war Martin Leuschner ganz besonders stolz: die "Atomdetonation mit farbiger Explosionswolke für Demonstrationszwecke". Als 1962 von 90.000 gelieferten Tränengaswurfkörpern 18.000 Mängel aufwiesen, kühlten sich die Geschäftsbeziehungen rasch ab - um 1966 nochmals aufzuleben. Für 2.000 Mark wurden 15 Kilogramm Stickstoff-Lost nach Munster geliefert.

Dort hat man mit den im Herbst 1979 gelieferten, aber diesmal nicht bestellten Giften aus Hamburg Probleme. Die Stoffe müssen erst einmal zwischengelagert werden. Ein Verbrennungsofen, der die gefahrlose Vernichtung der Hamburger Altlasten ermöglichen könnte, ist gerade im Bau und kann erst im folgenden Jahr in Betrieb gehen. Den bei Stoltzenberg gefundenen Zink-Schlamm nimmt dagegen die ebenfalls in Niedersachsen gelegene Sondermülldeponie Münchehagen auf.

Bereits am Wochenende hat Firmenchef Martin Leuschner an seinem Wohnsitz in Hasenmoor bei Bad Segeberg eine Hausdurchsuchung hinnehmen müssen. Diese Dependance der "Giftküche von Eidelstedt" birgt ebenfalls ein ganzes Sammellager von Sonderabfällen. Gefunden werden dort eine Tonne Brom, 70 Kilogramm Cyanide und 110 Kilogramm andere Stoffe. Als besonderes Knallbonbon entdecken die Beamten unter einem von Leuschners Hüten eine scharfe Handgranate. Ein Fund, der den alten Herrn offenbar so nachhaltig erschreckt, daß er - ausgelöst durch eine Herzattacke - von Dienstag an nicht mehr vernehmungsfähig ist.

Während die gefahrvollen Räumungsarbeiten in Eidelstedt nur schleppend vorangehen, wird nach wie vor über die Frage der politischen Verantwortung für den Schlamassel spekuliert.

4. Szene
Im Dickicht der Bürokratie

Staatsrat Rabels, der in den vorangegangenen Tagen seiner Ermittlungstätigkeit zum Hamburger Saubermann Nummer Eins aufgerückt ist, meldet sich vom Aktenstudium zurück und legt einen ersten Zwischenbericht vor. Bereits am Tag zuvor sind Gerüchte durchgesickert, nach denen sich die Untersuchungen auf das Amt für Arbeitsschutz bei der Arbeits- und Sozialbehörde konzentrieren sollen. In Wirklichkeit jedoch, so stellt Rabels fest, hatten sämtliche Hamburger Behörden mit Ausnahme der für Schule und Kultur zuständigen mindestens einmal mit der Chemiefirma zu tun gehabt.

Die Verwaltungsstruktur der Freien und Hansestadt Hamburg ist eigentümlich, kompliziert und läßt die Zuordnung von Aufgabenbereichen und Ämtern zum Puzzlespiel werden. Im Unterschied zu anderen Bundesländern kennt die Verfassung des Stadtstaates keine Trennung zwischen staatlicher und kommunaler Verwaltung. Alle Verwaltungseinheiten üben so zugleich staatliche und gemeindliche Aufgaben aus. Zugelassen ist jedoch eine regionale Differenzierung. War 1937 unter nationalsozialistischer Herrschaft mit dem Groß-Hamburg-Gesetz ein Höchstmaß an Zentralisierung und Konzentration erreicht, bemühten sich nach 1945 britische Besatzungsmacht und die Autoren der jüngsten Hamburger Verfassung von 1952 um die Dezentralisierung des administrativen Apparates.

Die von der Bürgerschaft, dem Hamburger Parlament, gewählten Senatoren bilden die Landesregierung. Dieser Senat bestimmt die Richtlinien der Politik und beaufsichtigt die Verwaltung. Den einzelnen zentralen Fachbehörden stehen die Senatoren vor. Aus seiner Mitte wählt der Senat seinen Präsidenten. Dieser leitet als primus inter pares und Erster Bürgermeister die Geschäfte der Landesregierung, ohne jedoch die persönliche Richtlinienkompetenz, vergleichbar der des Bundeskanzlers für die Bundesregierung, zu besitzen.

Zudem ist Hamburg in sieben Bezirke eingeteilt. Für jeden Bezirk - mit einer Ausnahme erreicht jeder die Bevölkerungszahl einer bundesdeutschen Großstadt - ist ein Bezirksamt eingerichtet worden. In weiter abgelegenen Teilen des Bezirks kann das Bezirksamt seine Verwaltungsaufgaben durch die Einrichtung von Ortsämtern wahrnehmen, um vor allem die geographische Bürgernähe zu sichern.

Gegenüber Behörden, Bezirks- und Ortsämtern besitzt der Senat ein uneingeschränktes "Evokationsrecht" und kann daher jede Verwaltungsaufgabe an sich ziehen. Eine Aufgabe wie die Genehmigung und Überwachung eines Chemie-Betriebs kann so auf eine Vielzahl von Dienststellen verteilt sein. Zwischenbehördliche und interne Kooperationsmängel führen dann leicht zu Vollzugsdefiziten.

"Wer ist schuldig?", fragt daher auch am 19. September 1979 die Hamburg-Ausgabe der "BILD-Zeitung" und präsentiert unter dieser Überschrift Fotos von Bürgermeister Klose, Gesundheitssenatorin Elstner, Innensenator Staak, Umweltsenator Curilla, Justizsenator Dahrendorf und Wirtschaftssenator Steinert. Mit einem weiteren Foto greift das Boulevard-Blatt einen Beamten weit unterhalb der Senats-Ebene an. Günter Rust, Leiter des Amtes für Arbeitsschutz, hat angeblich Hinweise auf die Brisanz der Firma Stoltzenberg übergangen.

III. Akt

1. Szene
Die Stunde des Parlaments

Während die Anklagebank im "Hamburger Giftskandal", wie das Ereignis inzwischen allgemein genannt wird, im Rotationsverfahren besetzt wird, auf dem Eidelstedter Firmengelände zwei Kilogramm Zyankali gefunden werden, sich Phosphor entzündet und ein Polizist unter der Einwirkung giftiger Dämpfe kurzzeitig zu Boden geht, tritt am Mittwoch, dem 19. September die Hamburger Bürgerschaft im Rathaus zu einer Sondersitzung zusammen. Es ist die erste außerordentliche Versammlung, seitdem zehn Jahre zuvor die Parlamentarier wegen einer Erhöhung der Rundfunkgebühren aus dem Sommerurlaub zurückgerufen wurden.

Bürgermeister Klose, die Fraktionsvorsitzenden Hartmann (SPD) und Echternach (CDU), sind sich zumindest darin einig: Dies ist die Stunde des Parlaments. Die Aufklärung der Vorgänge um die Stoltzenberg-Giftküche soll von der gewählten Hamburger Bürgerschaft geleistet werden. Einstimmig wird daher die Einsetzung eines parlamentarischen Untersuchungsausschusses beschlossen. Je drei Abgeordnete der SPD und CDU gehören dem Gremium an. Die FDP ist seit ihrer Niederlage bei der Bürgerschaftswahl 1978 nicht mehr im Hamburger Parlament vertreten. Ausschußvorsitzender wird der SPD-Parlamentarier Gerd Weiland, Rechtsanwalt und Vorsitzender im Haushaltsausschuß der Bürgerschaft. Ulrich Hartmann, der schwarzbärtige Fraktionschef, gilt als Zuchtmeister der Hamburger Sozialdemokraten, will die Arbeitsergebnisse des Ausschusses abwarten, bevor Schuldzuweisungen erfolgen. Dagegen ist sich Debattenredner Willich (CDU) bereits sicher: Er sieht in der Stoltzenberg-Affäre Bürgermeister Kloses "persönliches ökologisches Waterloo". (Plenarprotokolle 1980:1584)

Am folgenden Tag wird endlich auch das Volksparkstadion gesperrt, da man nun auch amtlicherseits die Gefahren, die von der in unmittelbarer Nähe gelegenen Giftmüllkippe für den HSV-Anhang ausgehen, erkannt zu haben glaubt. Am Abend des gleichen Tages muß sich Bürgermeister Klose, der mit einer Abordnung seiner Senatoren eine Bürgerversammlung in Eidelstedt besucht, heftige Vorwürfe aufgebrachter Anwohner gefallen lassen. Er gibt zu, Stoltzenberg sei "eine schreckliche Schweinerei, milde ausgedrückt." (DIE

WELT 21.9.1979) Einen weiteren Tag später demonstrieren im Stadtteil Eimsbüttel 850 Menschen, die die Aufklärung der Affäre fordern. Zu diesem Zweck wird das Betriebsgelände von zwei Phantom-Maschinen der Bundesluftwaffe überflogen und fotografiert: Die Luftaufnahmen sollen Auskunft über im Boden vermutete Giftstoffe geben. Firmenchef Martin Leuschner - "Wenn einer weiß, was Tabun ist, dann ich." (HA 22./23.9.1979) - erhält ein Hausverbot für den eigenen Betrieb.

Am Freitag, dem 21. September, übergibt Staatsrat Rabels dem Bürgermeister seinen Untersuchungsbericht. Das Papier wird vom Senat zunächst unter Verschluß gehalten. Zu einer "Giftkonferenz" im Rathaus treffen sich an diesem Tag die Senatoren und die Mitglieder von SPD-Partei- und Fraktionsvorstände. Ein offizieller Beschluß ergeht nach vierstündiger Sitzung nicht. Doch auch Bürgermeister Klose soll jetzt angeblich gewillt sein, auf Senatsebene Köpfe rollen zu lasen. Dagegen spricht sich am Abend eine Versammlung des SPD-Bezirks Nord, der mit 6.500 Mitgliedern der zweitgrößte der sieben Hamburger SPD-Kreise ist und als eher "links" gilt, gegen schnelle Konsequenzen aus: Bei der Aufarbeitung der Versäumnisse dürfe es "kein leichtfertiges Kopf-abhacken" (HA 22./23.9.1979) geben. Als potentielle Opfer gelten dem "Hamburger Abendblatt" in seiner Wochenendausgabe die Senatoren Ehlers und Staak. Einen Tag zuvor hatte "BILD-Hamburg" um den Kopf von Umweltsenator Curilla gefürchtet.

Während Politiker, Journalisten und Bürger die Veröffentlichung des Berichts erwarten, den Staatsrat Rabels angefertigt hat, und mit Spannung der Arbeit des parlamentarischen Untersuchungsausschusses entgegensehen, startet Oppositionsführer Jürgen Echternach an diesem Wochenende durch. Der als ebenso farb- wie glücklos geltende CDU-Landesvorsitzende, der bei der letzten Bürgerschaftswahl nicht einmal die Spitzenkandidatur für seine Partei übernehmen durfte, faßt sich ein Herz und fordert den Rücktritt von Bürgermeister Klose. Die Rücktrittsforderung erfolgt zu einem Zeitpunkt, da die Frage nach der Verantwortung für die Behördenversäumnisse noch gänzlich ungeklärt ist. Klose stand bisher nicht im Zentrum der Schuldzuweisungen und läßt bekanntgeben, daß er an einen Rücktritt nicht denke. Prompt handelt sich Echternach, der mit seinem Frühstart sein Pulver frühzeitig verschossen zu haben scheint, Kritik von den eigenen Parteifreunden ein. Alt-Bürgermeister Sieveking und der christdemokratische Spitzenkandidat der letzten Bürgerschaftswahl, Erik Blumenfeld, sind mit Echternachs Timing nicht einverstanden. Auch Werner Titzrath, Chefredakteur beim "Hamburger Abendblatt", ist der Meinung, daß Echternach besser die Veröffentlichung des Untersuchungsberichts abgewartet hätte.

Unterdessen wird das Stoltzenberg-Gelände zur Festung ausgebaut. Das Areal wird mit einer drei Meter hohen und 260 Meter langen Wand aus Stahlblechen gesichert. Zwei 14 Meter hohe Wachtürme vervollständigen das martialische Bild. Zum wiederholten Male entzünden sich Nebeltöpfe, so daß Angehörige des Räumungskommandos ins Krankenhaus eingeliefert werden müssen.

2. Szene
Einer muß vom Schlitten

Am Montag, dem 24. September, wird der Rabels-Bericht veröffentlicht. Auf 65 Seiten hat der "Untersuchungsführer gemäß Senatsauftrag" die Aktenlage zum Stoltzenberg-Komplex zusammengefaßt. Demnach ist seit 1949 immer wieder vermerkt worden, in welch desolatem Zustand sich Anlagen und Lager befanden. Im selben Zeitraum registrierte man auf dem Firmengelände mindestens 21 Brände. Bereits 1959 bestand der Verdacht, daß im Erdboden Giftgas vergraben worden sei. 1970 war sicher, daß zumindest kleine Mengen von Kampfgasen produziert wurden oder bei Stoltzenberg zur Verfügung standen. Mehrfach hatten sich Anwohner über das Austreten von ätzenden und giftigen Dämpfen beschwert. Rabels nennt namentlich die Arbeits- und Sozialbehörde, das Bezirksamt Eimsbüttel, die Baubehörde, die Innenbehörde, die Wirtschaftsbehörde und die Leitstelle für Umweltschutz als jene Stellen, die auf die Lage bei Stoltzenberg nicht angemessen reagiert haben. Er kommt zu dem Ergebnis, "daß die beteiligten Behörden ihre Aufgaben unzureichend erfüllt haben und daß die Gefahrenlage durch Fehleinschätzungen, mangelhafte Prüfungen, unterlassene oder unzureichende Abwehrmaßnahmen entstanden ist und bis zum September 1979 angedauert hat. Das gilt auch für die Zusammenarbeit unter den beteiligten Behörden." (Rabels 1979:65)

Das "Hamburger Abendblatt" druckt den penibel aufgelisteten Versäumnis-Katalog in voller Länge in seiner Dienstags-Ausgabe ab. Nach Durchsicht des brisanten Dossiers spricht die SPD-Bürgerschaftsfraktion alle Senatoren von der Verantwortung für die dokumentierten Mißstände frei. Nach Bürgermeister Kloses Einschätzung habe der Rabels-Bericht keinen Hinweis auf "persönlich zurechenbares Fehlverhalten" eines Mitglieds des Senats ergeben (HA 26.9.1979). Das "Hamburger Abendblatt" sieht in dieser Formel den ersten "Persilschein", der in der Affäre ausgestellt worden ist. Jürgen Echternach präzisiert seinen Vorwurf an den Bürgermeister. Er sieht ein "Organisationsverschulden" des Senats-Primus. Die General-Absolution, die dem "Pattex-Senat" erteilt wird, hat nur kurzzeitig Bestand. Bereits zwei Tage später meldet das "Hamburger Abendblatt": "CDU deckt neuen Skandal auf, Seeler und Dahrendorf schwer belastet" Gleich zwei kompromittierende Schriftstücke werden von der christdemokratischen Opposition präsentiert. Im März 1971 war die Forderung einer "Arbeitsgemeinschaft Giftgas Eidelstedt" auf Verlegung des Chemie-Unternehmens nach Stellungnahme sowohl des Bezirksamts Eimsbüttel als auch der Innenbehörde abgelehnt worden. Dort war man der Meinung, daß der Betrieb "nach den Ergebnissen fachkundiger Beurteilungen für die Umgebung durchaus ungefährlich ist." (HA 26.9.1979) Das Schriftstück trägt die Unterschrift des damaligen Staatsrates der Innenbehörde, Frank Dahrendorf. Im September 1979 ist der jüngere Bruder des bekannten Soziologen und FDP-Politikers Ralf Dahrendorf Justizsenator der Freien und Hansestadt Hamburg. Hans-Joachim Seeler, Europa-Abgeordneter und davor langjähriger Senator in verschiedenen Ressorts, hatte 1971 bereits als Präses der Gesundheitsbehörde eine Unbedenklichkeitsbescheinigung unterschrieben. Er glaubte, "daß kein Anlaß besteht, den Betrieb zu verlegen" (HA 26.9.1979). Im Rabels-Bericht war lediglich das Votum der Innenbehörde, allerdings ohne Namensnennung des verantwortlichen Staatsrates, erwähnt worden. Die Hamburger Staatsanwaltschaft hat unterdessen ein Ermittlungsverfahren gegen die Ludwig-Eltern eröffnet. Der Vorwurf gegen sie lautet auf Verletzung der Aufsichtspflicht und fahrlässige Tötung. FDP-Bundesschatzmeister Heinz Herbert Karry bietet den Eltern daraufhin 3.000 Mark als Beitrag zur Rechtshilfe an.

Für den Nachmittag des 26. September, des Tages, an dem die Vorwürfe gegen Dahrendorf und Seeler die Schlagzeilen der Hamburger Zeitungen beherrschen, ist eine planmäßige Sitzung der Bürgerschaft angesetzt. Mittags tagen bereits Senat, Fraktions- und Landesvorstand der SPD. Auf den Rathausfluren warten Journalisten auf eine mögliche Personalentscheidung. Kurz nach 15 Uhr verläßt ein sichtlich nervöser Hans-Ulrich Klose das Beratungszimmer und eilt ins Bürgermeisterbüro. Nacheinander folgen ihm Landesvorsitzender Paulig und Fraktionschef Hartmann. Unter den Pressevertretern wird über einen Sturz des Bürgermeisters noch an diesem Nachmittag spekuliert. Zu Beginn der Bürgerschaftssitzung um 16 Uhr erscheinen alle Senatoren mit Ausnahme von Klose und Dahrendorf. Als der Justizsenator während der Rede eines CDU- Abgeordneten zum Haushaltsplan auf der Senatoren-Bank Platz nimmt, muß Sitzungspräsident Peter Schulz aufgeregte Journalisten und zudringliche Fotografen zur Ordnung rufen. Begehrtestes Fotomotiv an diesem Nachmittag ist neben Frank Dahrendorf der leere Stuhl des Bürgermeisters. Mehrmals verläßt der Justizsenator im Laufe der Debatte den Sitzungssaal und verschwindet im Klose-Büro.

Um 19 Uhr, noch während der Parlamentssitzung, tritt Dahrendorf im Phönix-Saal des Rathauses vor die Presse und gibt den wartenden Journalisten seinen Rücktritt bekannt. Er gesteht ein, seinen Bürgermeister nicht ausdrücklich auf die Unterschrift aus dem Jahre 1971 aufmerksam gemacht zu haben. Die Presse-Leute zeigen sich beeindruckt von der honorigen Haltung, mit der sich Dahrendorf, der auch beim politischen Gegner Ansehen genießt, von ihnen verabschiedet. Kritisiert wird dagegen die Abwesenheit von Hans-Ulrich Klose. Nur Senatssprecher Manfred Bissinger hat den demissionierenden Senator, der in der eigenen Partei ohne Hausmacht war, zu diesem Auftritt begleitet. Kurz vor 20 Uhr unterbricht Parlamentspräsident Schulz die Bürgerschaftssitzung und verliest das Rücktrittsschreiben. Oppositionsführer Echternach bekundet daraufhin seinen Respekt für die Entscheidung Dahrendorfs und erneuert - im übrigen muß Karthago zerstört werden - die Rücktrittsforderung an den Bürgermeister. Schon am vergangenen Montag sei der SPD und dem Senat die Verwicklung Dahrendorfs in die Affäre bekannt gewesen. Ulrich Hartmann weist diese Behauptung zurück und erklärt, von der Dahrendorf-Unterschrift erst durch die Zeitung erfahren zu haben.

Nach Ende der Bürgerschaftssitzung treffen sich Senatoren und SPD-Fraktion noch zu einer spätabendlichen Krisensitzung bei heißer Bockwurst, gelockerten Krawatten und hochgekrempelten Hemdsärmeln. Der Rücktritt des Senators steht ganz offensichtlich im Gegensatz zum Votum der Fraktion, den Senat geschlossen zu entlasten. Die Parlamentarier fühlen sich übergangen. Erst nach Mitternacht glätten sich die Wogen. Hans-Ulrich Klose, der sich den Nachmittag über in seinem Büro eingeigelt hatte, verabschiedet seinen Ex-Senator mit Handschlag. Unter den ausharrenden Journalisten ist man sich einig: Dahrendorf mußte über die Klinge springen. So urteilt die "Frankfurter Allgemeine Zeitung": "In Wirklichkeit geht es darum, daß ein eklatanter Fehler nach einem Personenopfer verlangt, weil die Verlegenheit einer regierenden Partei zu groß geworden ist. Wen es trifft, ist beinahe ein Lotteriespiel." (FAZ 28.9.1979)

3. Szene
Die Sphinx im Rathaus

Wenn Hans-Ulrich Klose geglaubt hatte, mit dem Rücktritt seines Justizsenators einen Befreiungsschlag erzielt zu haben, wird er bereits am folgenden Morgen von der örtlichen Presse eines Besseren belehrt. HA-Chefredakteur Titzrath gibt seinem unüblicherweise auf der Titelseite plazierten Kommentar die Form eines offenen Briefes. Unter der Überschrift "Herr Bürgermeister, machen Sie reinen Tisch" nimmt er den Ersten Bürger der Stadt direkt an: "Sie haben also offenbar den Glauben daran verloren, daß Sie Hamburg noch regieren können. Damit, Herr Bürgermeister, der Sie der Bürgermeister aller Hamburger sein wollen und sein müssen, haben sie zugleich etwas sehr wichtiges verloren: die Glaubwürdigkeit. Wer soll Ihnen und Ihren Senatoren noch vertrauen. /.../ Treten Sie jetzt mit Ihren Senatoren geschlossen zurück." (HA 27.9.1979)

Warum mußte ausgerechnet Dahrendorf, der vielen als besonders fähiger Senator galt, den Hut nehmen? Und warum hat Hans-Ulrich Klose noch einen Tag vor dem Rücktritt betont, daß keinem Senatsmitglied persönliche Verantwortung im Stoltzenberg-Skandal anzulasten sei? Vor allem diese Fragen sind es, die den Hamburger Zeitungen Gelegenheit zur Spekulation geben.

Offenbar ist Frank Dahrendorf nicht ganz so freiwillig, wie es seine Rücktrittserklärung suggeriert, aus dem Amt geschieden. Laut "Hamburger Abendblatt" war der Druck, den Bürgermeister und Fraktionschef Hartmann auf den Senator ausgeübt haben, immens. "Eine Kugel hat Klose noch frei" (HA 29./30.9.1979) orakelt das "Hamburger Abendblatt".

Schon 1974 als Innensenator habe Klose den damaligen Bürgermeister Peter Schulz mit der Drohung des eigenen Rücktritts zur Aufgabe gezwungen. Der damals 37 Jahre alte Klose war als jüngster Bürgermeister der Hamburger Geschichte auch von den Springer-Blättern, die mit dem "Hamburger Abendblatt" und den Lokalteilen von "BILD" und "WELT" den Hamburger Zeitungsmarkt dominieren, freundlich begrüßt worden. Von den Medien mit den Attributen des jungenhaften, unkonventionellen Managertyps ausgestattet, konnte er bei den Bürgerschaftswahlen 1978 mit 51,5 % der Stimmen einen beeindruckenden Wahlsieg erzielen. Mit einer Reihe unerwarteter Kursänderungen zog er sich jedoch gleich nach der Wahl den Unmut der meisten Hamburger Zeitungen und von Teilen der eigenen Partei zu. Eine Initiative zur Lockerung der Überprüfungspraxis von Bewerbern im öffentlichen Dienst, ein umstrittenes Interview zu wirtschaftspolitischen Fragen mit der linken Monatszeitschrift "Konkret" und seine sukzessive Abkehr von der Hamburger Beteiligung am Kernkraftwerk Brokdorf ließen den Bürgermeister in den Augen vieler Beobachter auf Links-Kurs einschwenken. Kloses Image erfuhr auf diese Weise eine bemerkenswerte Wandlung. (Smeddinck 1986:100 ff.,119-122) Frank Dahrendorf habe gerade nicht zu den Klose-Getreuen im Senat gehört, so ist jetzt zu lesen. In Zweifel steht damit auch Kloses persönliche Integrität, wenn er als ein rücksichtsloser Machtpolitiker geschildert wird, der kritische, aber loyale Mitarbeiter kaltblütig meuchelt, um sich selbst im Amt zu halten. Klose, der zu den Vorwürfen, schon frühzeitig von Dahrendorfs Belastung gewußt zu haben, schweigt, wird für Wochen zur "Sphinx im Rathaus". (HA 18.10.1979)

Als starker Mann gilt nunmehr Ulrich Hartmann. Der unnachgiebige Fraktionschef, der einen bereits zum Rücktritt entschlossenen Klose zum Durchhalten überredet und Front gegen Dahrendorf gemacht hat, wird von manchen bereits als "heimlicher Bürgermeister" (HA 23.10.1979) gesehen.

4. Szene
Hörspiel

Bei der Basis seiner Partei jedoch steht Bürgermeister Klose zu dieser Zeit immer noch hoch im Kurs. Der SPD-Landesparteitag, der am Wochenende nach dem Senatoren-Opfer im Hamburger Congress-Centrum stattfindet, beschließt, vorerst keine weiteren personellen Konsequenzen zu ziehen. Offen bleibt jedoch die Frage, wann Klose von Dahrendorfs Lapsus aus dem Jahre 1971 erfahren hat. Angeblich schon auf der "Giftkonferenz" im Rathaus soll der Name "Dahrendorf" gefallen sein. Senatssprecher Bissinger glaubt, bei dieser Gelegenheit mehrere Namen registriert zu haben. Belastet wird Klose durch die Aussage, die Staatsrat Rabels vor dem parlamentarischen Untersuchungsausschuß am 4. Oktober macht. Rabels will den Bürgermeister tatsächlich an jenem 21. September auf Dahrendorf aufmerksam gemacht haben. Kloses persönlicher Referent und Büroleiter Dieter Kosslick habe den Namen sogar mitgeschrieben. Bis auf Dahrendorf, der zu diesem Zeitpunkt noch im Südfrankreich-Urlaub weilte, hatten alle Senatoren an der "Gift-Konferenz" teilgenommen.

Das Lager der Hamburger SPD-Politiker teilt sich in solche, die Dahrendorfs Namen bei dieser Gelegenheit gehört haben wollen, und solche, die das weit von sich weisen. Klose-Intimus Kosslick teilt der Presse mit, daß seine persönlichen Aufzeichnungen Privatsache seien, der ehemalige "Stern"-Chefredakteur Bissinger schwört, den Namen nicht gehört zu haben, und Fraktionschef Hartmann will sich gar "zerstückeln" lassen, sollte der Name doch gefallen sein. Das Schlüsselwort "Dahrendorf" ganz deutlich gehört haben wollen Fraktionsvize Voscherau sowie die Senatoren Apel und Nölling. Schon am 18. September, so wird wenig später bekannt, hat die von Dahrendorf unterschriebene Unbedenklichkeitserklärung auf dem Tisch des Bürgermeisters gelegen. Nach nur flüchtigem Durchblättern hatte Klose das Papier an Rabels weiterleiten lassen. Selbst der muß sich jetzt öffentliche Kritik gefallen lassen. Sozialsenator Ehlers moniert, daß der Bericht ungenau formuliert sei und das Problem persönlicher Verantwortung ausgespart habe. Das ehemals gute Verhältnis zwischen Klose und Rabels gilt längst als gestört.

Am 10. Oktober lehnt die SPD-Mehrheit der Bürgerschaft einen von der CDU eingebrachten Mißtrauensantrag gegen den Bürgermeister ab.

IV. Akt

1. Szene
Vor dem Parlamentsgericht

Nachdem Staatsrat Rabels den Bürgermeister vor dem parlamentarischen Untersuchungsausschuß "zur Überprüfung der Ursachen und Konsequenzen des Giftgas- und Munitionsskandals in Hamburg" belastet hat, sind Hans-Ulrich Klose und Frank Dahrendorf die nächsten Zeugen, die vor das "Parlamentsgericht" (HA) geladen werden.

Das Untersuchungsrecht der Bürgerschaft ist ein in Hamburg besonders geschärftes und häufig genutztes Instrument der parlamentarischen Kontrolle. Es ist als Minderheitenrecht ausgestaltet. Wie im Deutschen Bundestag und anderen Länderparlamenten auch, kann ein Viertel der Abgeordneten die Einsetzung eines Untersuchungsausschusses verlangen. Darüber hinaus, und das ist eine Hamburger Spezialität, kann dasselbe Quorum, ein Viertel der Ausschußmitglieder, die Erhebung von Beweisen und Aktenvorlage fordern. Sogar die Ausstattung des Gremiums mit Hilfskräften wird von der Hamburger Verfassung garantiert. Mehr als 25 Untersuchungsausschüsse wurden von der Bürgerschaft seit 1946 eingesetzt. Die Schwerpunkte der Untersuchungstätigkeit lagen in den Bereichen der Justiz, des Gesundheitswesens, des Umweltschutzes und der Wirtschaft. (Pumm 1984:195 f.)

Bürgermeister Klose zeigt sich am 11. Oktober, einen Tag nach dem abgelehnten Mißtrauensantrag gegen ihn, gut vorbereitet und agiert vor dem Gremium sicher und überlegt. Die Behörden für Inneres, Umwelt und Arbeit und Soziales werden von ihm wegen unterlassenen Eingreifens bei Stoltzenberg kritisiert. "Man muß für das geradestehen, unter dem die eigene Unterschrift steht." (HA 12.10.1979), lautet sein lakonisches Fazit in der Dahrendorf-Affäre. Von dem verhängnisvollen Senatoren-Signum will er erst aus der Presse erfahren haben. "Englisch fein und unterkühlt" (HA 17.10.1979) weist fünf Tage später Frank Dahrendorf an gleicher Stelle die Vorwürfe zurück: "Ich wehre mich gegen aus der Hüfte geschossene Schuldsprüche. Ich habe ein reines Gewissen," sagt der Senator a.D., der sich 1971 auf die Auskünfte kompetenter Stellen verlassen haben will. Die Brisanz der Eidelstedter Gas-Küche sei zu diesem Zeitpunkt noch nicht sichtbar gewesen.

73 weitere Zeugen - überwiegend Bedienstete Hamburger Behörden - werden zwischen dem 4. Oktober 1979 und dem 14. Mai 1980 vor den Ausschuß zitiert. Der tagt in dieser Zeit in 21 öffentlichen und 31 nicht-öffentlichen Sitzungen. Zusätzlich werden Lokaltermine in Eidelstedt durchgeführt. Bereits am 29. September wird das Firmengelände nach vorläufigem Abschluß der Räumungsarbeiten planiert. Die chemische Fabrik Dr. Hugo Stoltzenberg existiert von diesem Punkt an nurmehr auf dem Papier.

Während der Tätigkeit des Untersuchungsausschusses wird sein Vorsitzender Gerd Weiland zum Hamburger Saubermann Nummer Zwei. Der Rechtsanwalt kann sich durch souveräne und zielsichere Verhandlungsführung auszeichnen. Im November kommt es zu einer Auseinandersetzung zwischen

Ausschuß und Senat. Das Untersuchungsgremium fordert die Herausgabe von Akten, die die Stellungnahmen von Staatsräten und Behörden zum Rabels-Bericht enthalten. Bürgermeister Klose verweigert die Herausgabe "aus Gründen des Staatswohls". (HA 16.11.1979) Die CDU-Minderheit im Ausschuß droht daraufhin mit einer Normenkontrollklage vor dem Hamburger Verfassungsgericht, sollte der Senat die umstrittenen 1000 Seiten nicht freigeben. Klose kommt der Forderung daraufhin nach. Unklar bleibt, worin die Brisanz der so gut gehüteten Dokumente liegt.

Erst Mitte November wird der immer noch vakante Posten des Justizsenators neu besetzt. Eva Leithäuser (SPD), Präsidentin der Oberpostdirektion Hamburg, tritt die Nachfolge Frank Dahrendorfs an.

2. Szene
Der Schlußstrich

Mitte Mai 1980 beendet der Untersuchungsausschuß seine Arbeit und legt einen Abschlußbericht vor. Der "Stoltzenberg-Skandal" ist seit dem vergangenen Herbst nur noch sporadisch in den Schlagzeilen der Hamburger Zeitungen aufgetaucht. Nachdem auf dem Höhepunkt der öffentlichen Auseinandersetzungen vor allem für die Springer-Blätter daraus ein "Klose-Skandal" geworden war, hat der damals nach eigenen Angaben zum Rücktritt entschlossene Bürgermeister sein öffentliches Ansehen wieder stabilisieren können. Im Frühjahr 1980 ist es längst ein anderes großes Thema, das die Hamburger Gemüter erregt. Der Ausbau des Rathausmarktes, für den sich der Bürgermeister stark macht, soll 45 - 50 Millionen Mark kosten. Der Opposition, den Springer-Blättern und vielen Hamburgern gelten die Baupläne als unsolide und dem zentralen architektonischen Symbol Hamburger politischer Kultur als nicht angemessen.

450 Schreibmaschinenseiten, die schließlich zu gut 150 Druckseiten komprimiert werden, (Bericht des Parlamentarischen Untersuchungsausschusses 1980) umfaßt das "Dokument des Schreckens" (HA 17.5.1980), das den Giftskandal nochmals auf die tagespolitische Agenda bringt. Der Bericht, der in seinen überwiegenden Teilen von SPD und CDU gemeinsam getragen wird, faßt noch einmal die Versäumnisse der Hamburger Bürokratie zusammen. Mehr als 600 Bedienstete Hamburger Behörden haben demnach zwischen

1945 und Juli 1979 das Stoltzenberg-Gelände bei mehr als 230 Besichtigungen und Einsätzen besucht. Die Mißstände sind einzelnen Ämtern bereits frühzeitig bekannt gewesen. 1970, spätestens 1976, hätte die Arbeits- und Sozialbehörde nach Auffassung des Ausschusses den Betrieb stillegen müssen. Auch die Behörden für Gesundheit, Wirtschaft und Verkehr, das Bezirksamt Eimsbüttel, die Baubehörde sowie der Senat werden im Abschlußbericht ausdrücklich kritisiert. Dagegen sind der Innenbehörde und ihrem ehemaligen Staatsrat Frank Dahrendorf keine gravierenden Versäumnisse nachzuweisen. Allerdings gehörte zu den langjährigen Stoltzenberg-Kunden auch die Hamburger Polizei, die Tränengas aus Eidelstedt bezog.

Nach Einschätzung der Ausschußmitglieder haben sich Martin Leuschner und der verstorbene Hugo Stoltzenberg einer ganzen Reihe von Verstößen gegen einschlägige Bestimmungen des Immissionsschutzes, des Arbeitsschutzes und der Abfallbeseitigung schuldig gemacht und auf kriminelle Weise Angestellte, Anwohner und Umwelt gefährdet. Die strafrechtliche Würdigung der Tatbestände soll jedoch den Gerichten überlassen bleiben.

Uneinigkeit herrscht im Ausschuß lediglich in der Beurteilung der Rolle, die Bürgermeister Klose beim Rücktritt von Justizsenator Dahrendorf spielte, und in der Frage seiner politischen Verantwortung für das Versagen der Hamburger Behörden. Es sei den "Besonderheiten der konkreten Sitzungsituation" (Bericht des Parlamentarischen Untersuchungsausschusses 1980:128) zuzurechnen, daß Klose bei der "Giftkonferenz" den Rabels-Hinweis auf Dahrendorf überhört habe, vermutet die SPD-Mehrheit. Daher entbehre die Behauptung, daß der Bürgermeister im Zusammenhang mit dem Rücktritt des Justizsenators die Unwahrheit gesagt habe, jeglicher Grundlage. Die Klose-Formel vom "persönlich zurechenbaren Fehlverhalten" sei allerdings zu eng gefaßt. In einer parlamentarischen Demokratie müsse vielmehr die politisch zurechenbare Verantwortung entscheiden. Die CDU-Minderheit wird in ihrem abweichenden Votum deutlicher und greift Klose direkt an. Nach ihrer Einschätzung verantwortet der Bürgermeister "Konzeptionslosigkeit und schwere Mängel bei der Organisation des Umweltschutzes in Senat und Verwaltung sowie schwere Kommunikations- und Koordinationsmängel zwischen den zuständigen Behörden." Außerdem gehen die christdemokratischen Ausschußmitglieder davon aus, "daß der Rücktritt von Senator Dahrendorf lediglich Opferfunktion besaß". Die Ausschuß-Minorität fordert daher den Rücktritt des Ersten Bürgermeisters.

Gestützt auf den Untersuchungsbericht bringt die CDU-Opposition in der Bürgerschaft einen erneuten Mißtrauensantrag gegen Klose ein. Nach einer an neuen Argumenten armen Parlamentsdebatte lehnt die SPD-Mehrheit die Vorlage ab. Vom Spielplan der politischen Bühne Hamburgs wird der Stoltzenberg-Skandal damit endgültig gestrichen.

Unabhängig von der Frage der politisch-personellen Konsequenzen kommt dem Stoltzenberg-Skandal nach Einschätzung von Verwaltungswissenschaftlern für die Aufdeckung und Illustration grundlegender Mängel im Verwaltungshandeln exemplarische Bedeutung zu. (Damkowski 1981, Böhret/Jann 1982) Demnach haben Probleme im Bereich der Verwaltungsstruktur, Normenperfektionismus und Normenvollzugsdefizite, mangelnde Qualifikation von Bediensteten und Probleme bei der politischen Lenkung der Verwaltung zu den katastrophalen Zuständen bei Stoltzenberg geführt.

Unter dem Eindruck des Untersuchungsberichts beauftragt der Senat im Juni 1980 eine Kommission mit der "Überprüfung von Verbesserungsmöglichkeiten in der Hamburger Verwaltung". Das nach seinem Vorsitzenden Staatsrat Diether Haas benannte und interdisziplinär besetzte Gremium läßt Repräsentativbefragungen unter Bürgern und Bediensteten der Hamburger Verwaltung durchführen. Ein umfangreiches Gutachten, das die "Haas-Kommission" im November 1981 vorlegt, präsentiert 48 Verbesserungsvorschläge. Haas und Mitautoren plädieren für eine Entflechtung der Verantwortung von zentralen Behörden und örtlichen Stellen. Die Kompetenz für inhaltlich abgeschlossene Aufgabenbereiche soll an einer Stelle zusammengefaßt werden. Als Gegengewicht zu einer solchen Stärkung der örtlichen Ebene wird eine Verbesserung der Kontrolle durch den Senat empfohlen. Globalsteuerung durch Zweckprogramme mit begrenzten Vorgaben sollen die Leistungen der Hamburger Verwaltung verbessern und Beinahe-Katastrophen, wie die Eidelstedter Giftküche, in Zukunft verhindern.

Epilog

Am 18. März 1981, eineinhalb Jahre nach der Explosion, bei der Oliver Ludwig den Tod fand, wird das Ermittlungsverfahren gegen seinen Vater Karl-Heinz Ludwig eingestellt. Eine Woche später hätte er sich vor dem Hamburger Landgericht wegen fahrlässiger Tötung, Körperverletzung und Herbeiführung einer Sprengstoff-Explosion verantworten sollen. Nach Ansicht der Staatsanwaltschaft könnte Ludwig lediglich wegen Verletzung seiner Aufsichtspflicht belangt werden. Tatsächlich sei er durch den Tod seines Sohnes schon genug gestraft. Ein drohender "Sündenbock-Prozess" (HA 19.5.1981) kann vermieden werden. Martin Leuschner wird durch seinen schlechten Gesundheitszustand vor einer Gerichtsverhandlung bewahrt.

Ex-Senator Dahrendorf muß mit seinen Aussagen vor dem Untersuchungsauschuß einen solch günstigen Eindruck auf den Vorsitzenden gemacht haben, daß er kurz darauf als Rechtsanwalt in Weilands Hamburger Kanzlei eintritt. Im Januar 1981 beruft ihn der für fünf Monate Regierende Bürgermeister Hans-Jochen Vogel als Innensenator in seinen Berliner Interims-Senat. Vor der Bundestagswahl 1983 leitet er das Wahlkampfteam des SPD-Spitzenkandidaten Vogel. Der Hamburger Bürgerschaft gehört Frank Dahrendorf von 1982 bis 1986 als Mitglied der SPD-Fraktion an.

Hans-Ulrich Klose tritt am 25. Mai 1981 plötzlich, aber nicht unerwartet, vom Amt des Ersten Bürgermeisters der Freien und Hansestadt Hamburg zurück. Seine ablehnende Haltung zu einer weiteren Beteiligung Hamburgs am Kernkraftwerk Brokdorf hat ihn in Konflikt zu zahlreichen Parteigenossen gebracht. Klose kehrt als einfacher Abgeordneter in die Bürgerschaft zurück und übernimmt dann 1983 im Wahlkreis Hamburg-Harburg ein Bundestags-Mandat. 1987 wird er überraschend zum Schatzmeister der Bundes-SPD gewählt.

Literatur

Bericht der Kommission zur Überprüfung von Verbesserungsmöglichkeiten in der Hamburger Verwaltung (Haas-Bericht) - Kurzfassung -. Dem Senat der Freien und Hansestadt Hamburg vorgelegt im November 1981.

Bericht des Parlamentarischen Untersuchungsausschusses zur Überprüfung der Ursachen und Konsequenzen des Giftgas- und Munitionsskandals in Hamburg. In: Drucksachen der Bürgerschaft der Freien und Hansestadt Hamburg. 9/2121 vom 15.5.1980.

Böhret, Carl/Jann, Werner: Verwaltungsskandale. In: Aus Politik und Zeitgeschichte. Beilage zur Wochenzeitung "Das Parlament". B 27/82 : 35-52.

Damkowski, Wulf: Die blinde Bürokratie. Analyse einer Affäre. In: Die Verwaltung. Heft 2, 1981: 219-246.

Plenarprotokolle zu den Verhandlungen. Hrsg. von der Bürgerschaft der Freien und Hansestadt Hamburg. 9. Wahlperiode 1980.

Pumm, Günter: Untersuchungsausschüsse. Parlamentarische Untersuchungs- und Sonderausschüsse seit 1946. In: Asendorf, Manfred/Kopitzsch, Franklin/Steffani, Winfried/Tormin, Walter (Hrsg.): Geschichte der Hamburgischen Bürgerschaft. 125 Jahre gewähltes Parlament. ohne Ortsangabe 1984.

Rabels, Peter: Bericht des Untersuchungsführers gemäß Senatsauftrag vom 13./18. September 1979 "Stoltzenberg-Skandal". Hamburg 1979.

Smeddinck, Frank: Die Symbolisierung von Politik in der regionalen politischen Kultur. Eine Untersuchung der Berichterstattung im Hamburger Abendblatt über die Amtszeit von Hans-Ulrich Klose als Erster Bürgermeister der Freien und Hansestadt Hamburg. Unveröffentlichte Diplomarbeit. Hamburg 1986.

Die Bettler-Oper

Logendiener: »Psst, Herr Flick, das Stück ist aus ...«

Die Kuvertokraten

Ein demokratisches Trauerspiel

Ort: Bundesrepublik Deutschland

Zeit: 1975-1987

Personen:

Otto Schily	*Grüner 'Saubermann' im Untersuchungsausschuß*
Klaus Förster	*Steuerfahnder, der den Stein ins Rollen bringt*
Peter Müllenbach	*Geschäftsführer und 'Geld-Beschaffer'*
Gertrud Rech	*Sekretärin mit viel Wissen und noch mehr Schulden*
Pater Schröder	*Ordensmann mit einem Herz für Spender*
Helmut Schmidt	*Bundeskanzler, die nationalen Interessen im Auge behaltend*
Franz Heinrich Ulrich	*Vorstandssprecher der Deutschen Bank, der den Ausverkauf von Daimler-Benz verhindern will*
Friedrich Karl Flick (FKF)	*"Zahlmeister" und Namensgeber für den Skandal*
Eberhard von Brauchitsch	*"Hausmeier" bei Flick, "pflegt die Bonner Landschaft" im Auftrage seines Herren*
Rolf Böhme (SPD)	*Störenfried Nr. 1*
Rudolf Diehl	*"Buchhalter wie aus dem Bilderbuch"*
Günter Merkscheffel	*Flicks Mann in der SPD*
Hans Friderichs (FDP)	*Wirtschaftsminister*
Alfred Nau	*SPD-Schatzmeister, der bei Spenden heiter wird*
Otto Graf Lambsdorff	*Wirtschaftsminister, erstes Opfer des Skandals*
Dieter Spöri	*SPD-Bundestagsabgeordneter, Störenfried Nr. 2*
Rainer Barzel	*Bundestagspräsident, 'Sozialfall' und zweites Opfer des Skandals*
Helmut Kohl	*Bundeskanzler und Spendensammler*
Franz-Josef Strauß	*Alter Freund der Familie Flick*
Max Paefgen	*Flick-Manager a.D.*

Diverse Spendenempfänger, eifrig untersuchende Bundestagsabgeordnete, Flick wohlgesonnene Beamte und ein kritischer Finanzbeamter namens Adalbert Uelner

Inhalt

Prolog

"Auch auf Parteien, wie sie heißen,
ist heutzutage kein Verlaß./.../
Die Goldespforten sind verrammelt,
ein jeder kratzt und scharrt und sammelt."

(J.W. Goethe, Faust II)

Wäre dieser 13. ein Freitag gewesen, die Abergläubischen wären sicher gut auf ihre Kosten gekommen. Aber es ist ein Donnerstag, Donnerstag, der 13. März 1986. Bonn, die Bundeshauptstadt, liegt unter einer Hochnebeldecke, und die Abgeordneten des Bundestages debattieren über den parlamentarischen Schlußbericht zum Flick-Skandal. Eine "Stunde der Wahrheit" soll es werden, "rückhaltlose Aufklärung" des Skandals ist der empörten Öffentlichkeit versprochen worden.

Die meisten der 518 in das Parlament gewählten Volksvertreter läßt es kalt, was sich im Plenarsaal abspielt. Der Debatte folgen nur etwa 20 Abgeordnete der SPD, 15 der GRÜNEN, 25 von CDU und CSU sowie sechs der FDP. (FR 14.3.86) Der Sozialdemokrat Poss hat gerade mit energischen Worten seine Rede beendet und, anspielend auf des Kanzlers Gedächtnislücken vor dem Flick-Untersuchungsausschuß, daran erinnert, daß dieses "in der Tat nicht der erste Blackout von Herrn Kohl" war. (204. Plenarsitzung, S.15665) Schon einmal habe der Kanzler bei einer "falschen Abstimmung" über die Mitbestimmung bei sich von einem "Blackout" gesprochen.

In diesem Moment geht im Hohen Haus tatsächlich das Licht aus. Die Stromversorgung ist zusammengebrochen. Das geschieht genau um 13.13 Uhr. "Das schlagartige Erlöschen beendet wie im Kabarett die Szene." (FAZ 14.3.86) Jetzt weiß jeder, was ein Blackout ist!

Doch was da als "Wahrheit und Klarheit" (Abgeordneter Langner), als "abschließende Beurteilung" (Abgeordneter Baum) in der Debatte angepriesen wurde, findet vor den kritischen Augen der Medien nur wenig Gnade. Als höchst rücksichtsvolle Befloskelung von Peinlichkeiten bezeichnet die konservative Frankfurter Allgemeine Zeitung das Selbstreinigungsschauspiel der Politiker. "Die Parteien sind dabei, sich nach Kräften reinzuwaschen und dem jeweils anderen die Hauptschuld an diesem Spenden-Sumpf mit Bargeld-Kuverts, 'Geleitzügen' und hochgestellten Geldempfängern zuzuschieben", kommentiert das Blatt. (FAZ 14.3.86) Die links-liberale Frankfurter Rundschau bezeichnet das parlamentarische Schauspiel zum "Abschluß" des Flick-Skandals schlichtweg selbst als skandalös. Die Politiker verhielten sich "wie kleine Straftäter aus dem Bahnhofsviertel, die trotz eindeutiger Beweislage keine Einsicht oder Reue zeigen, sondern bestenfalls betroffen darüber sind, daß man sie erwischt hat." (FR 14.3.86) Und doch: Der Skandal ist vorerst zu den parlamentarischen Akten gelegt. Da mag der Abgeordnete Otto Schily noch so oft vom "völlig deformierten, degenerierten und maroden Rechtsgefühl" der Mehrheitsparteien sprechen. Für jene ist die Lage klar: "Spenden haben grundsätzlich nichts mit Käuflichkeit zu tun." Der Fall sei aufgeklärt, die westdeutsche Parteiendemokratie habe sich bewährt und alle notwendigen Konsequenzen gezogen. Daß da nach einer Anzeige von Otto Schily wegen einer möglichen Falschaussage des Kanzlers vor dem Untersuchungsausschuß noch ermittelt wird, das werde sich bald von allein erledigen. Diese Anzeige nämlich sei "unschlüssig und schlampig zusammengebastelt", verkündet Unionsabgeordneter Austermann, der hinzufügt: "Was kümmert es eine schwarze Eiche, wenn sich eine rot-grüne Wutz daran schuppert?" (204. Plenarsitzung, S.15669)

Eine Entschließung der GRÜNEN, "daß viele aufklärungsbedürftige Sachverhalte im Dunkeln und die Untersuchungsarbeit ein Torso geblieben sind", (Drucksache 10/5175) wird abgelehnt, dann abgestimmt - und schließlich geht das Parlament zur Tagesordnung über. Der Fall Flick ist "politisch bewältigt", die Medien melden einen faden Nachgeschmack.

I. Akt

1. Szene
Skatbrüder bringen den Stein ins Rollen

Es war eine Kette von Zufällen, die die Justiz auf die Spuren des Flick-Konzerns und seiner dubiosen Praktiken der Parteienfinanzierung brachte. Daß "*der* deutsche Politskandal" (SPIEGEL) überhaupt ans Licht der Öffentlichkeit kam, liegt an dem Hobby des St. Augustiner Steuerfahnders Klaus Förster. Dieser Beamte liebt das Kartenspiel. Eines Tages, eher zwischen Tür und Angel, berichtet der Bonner Staatsanwalt Henk Skatbruder Förster von einem seiner Fälle. Peter Müllenbach, Geschäftsführer der CDU-eigenen Union-

Betriebs GmbH, habe Anzeige gegen einen windigen Anlageberater erstattet, der eben diesen Peter Müllenbach um 110.000 Mark geprellt haben soll. Der Staatsanwalt wundert sich, woher Müllenbach einen solchen Betrag überhaupt "flüssig" hat. Skatbruder Förster, den das vielleicht interessiere, möge sich die Akte doch einfach mal ansehen.

Der Steuerfahnder mißt der Sache keine große Bedeutung bei. Er ahnt einen Routinefall, wie viele über seinen Schreibtisch gehen. Müllenbach, nach den 110.000 Mark befragt, gibt an, das Geld von Verwandten zu haben. Die aber verwickeln sich nach Anfragen in Widersprüche, und so stehen die Steuerfahnder am 6. Oktober 1975 plötzlich mit einer Durchsuchungserlaubnis des Bonner Amtsgerichts bei Müllenbach vor der Tür. Der ist verdattert, leistet keinen Widerstand und kann auch nicht verhindern, daß sich die Steuerfahnder vor allem für einen Aktenordner mit der Aufschrift "EU" interessieren.

Das Kürzel "EU" steht für "Europäische Unternehmensberatungsanstalt". Sitz des Unternehmens ist Vaduz, Hauptstadt des Steuerparadieses Liechtenstein. Die Unternehmensberater haben deutschen Firmen - vom Nobelunternehmen Daimler-Benz bis zum vergleichsweise kleinen Küchenhersteller Poggenpohl - Gutachten und Beratungen geliefert und dafür allein in den Jahren 1972 bis 1974 knapp 1,6 Millionen Mark kassiert. (Kilz/Preuß 1983:17) Das Geld aber wandert von Vaduz direkt zurück in die Bundesrepublik und landet dort in den Kassen der CDU. Das Strickmuster des Geldtransfers, der verdeckten Parteienfinanzierung, ist so einfach wie dreist: Die Unternehmen ordern bei der obskuren Firma in Vaduz ein Gutachten zu einem beliebigen Thema. Dieses kommt prompt und enthält dann "auf wenigen fotokopierten Seiten wertlose Allgemeinplätze über betriebswirtschaftliche Fragen." (Seipel 1983:31) Im Gegensatz zu den vollkommen bedeutungslosen Expertisen gibt es dann allerdings gepfefferte Rechnungen. Dabei verdienen alle Beteiligten: Unternehmen und Parteien. Die Spender können Steuern hinterziehen, die Parteien bekommen Geld in die ewig leeren Kassen.

2. Szene
Von Kassenwarten, Waffenhändlern und Geldwäschern

Steuerfahnder Förster, der die Nachforschungen forcieren will, erhält die Anweisung, seinen Arbeitseifer zu dämpfen. Per Selbstanzeige will er das

Verfahren trotz der nahenden Bundestagswahl 1976 wieder in Gang bringen. Daraufhin fordert die Staatsanwaltschaft die Akten an und beschließt schließlich, ihrerseits die Ermittlungen aufzunehmen. Zunächst einmal aber verschleppt das den Fortgang der Dinge, denn es dauert seine Zeit, bis 145.000 Blatt Papier von Hand kopiert sind. Und in diese 145.000 Blätter "müssen 290.000 Löcher gestanzt werden, um die Papiere in einen aktengerechten Zustand zu versetzen. Mit der Loch-Aktion betrauen die Staatsanwälte einen Studenten. Unglücklicherweise reicht die Physis des angehenden Akademikers für die kraftraubende Locherei nicht aus: Sein rechter Arm muß in Gips gelegt werden." (Kilz/Preuß 1983:37f.)

Die Christdemokraten, bisher allein in das Blickfeld der Justiz gekommen, bemühen sich nun, den Skandal auf andere Parteien auszuweiten. Immerhin haben auch SPD und FDP sich dieses Weges der Finanzierung bedient. Individuelle Schadensbegrenzung durch Schadenserweiterung lautet die Devise. Einige Herren der CDU treffen sich dazu in der Villa eines Waffenhändlers namens Mertins auf Gut Buschhof bei Bonn mit der ehemaligen Sekretärin des nordrhein-westfälischen FDP-Schatzmeisters Gattermann. "In einer guten Stube des Hauses - altdeutsche Eiche, Brokatpolster und bestens bestückte Gewehrschränke an der Wand - wollen die Herren /.../ hören, was die ehemalige FDP-Mitarbeiterin zu sagen hat." (Kilz/Preuß 1983:45)

300.000 Mark Steuerschulden und die Hoffnung, diese durch die Union abgenommen zu bekommen, machen die Dame gesprächig. So kommen jetzt auch die Praktiken der FDP und ihres Schatzmeisters Karry zur Sprache. Die Liberalen nämlich sind in der Wahl der Mittel, ihre Parteikasse zu füllen, nicht weniger zimperlich als die Konservativen. Und auch die Sozialdemokraten langen kräftig zu. Daß die Wege der Parteienfinanzierung sich sogar im Dschungel des internationalen Waffenhandels verirren, sei hier nur am Rande vermerkt. Zu den Gepflogenheiten des FDP-Schatzmeisters Karry gehört es zum Beispiel, so jedenfalls behauptet FDP-Sekretärin Gertrud Rech nach Angaben von Waffenhändler Mertins, "Geschäftspartner daran zu erinnern, daß vor einer Genehmigung bezüglich der Spendenzahlung noch eine Null angefügt werden müsse." (Kilz/Preuß 1983:50)

3. Szene
Steuerhinterziehung im Schutz von Klostermauern

Nachdem die Zahl der Fälle von verdeckter Parteienfinanzierung und Steuerhinterziehung immer weiter angewachsen ist, führt die Spur die Steuerfahnder im Januar 1980 in ein Kloster in St. Augustin. Hier im Heim der Steyler Mission mit ihrer "Soverdia Gesellschaft für Gemeinwohl" findet zu Beginn des Jahres 1980 eine Hausdurchsuchung statt. Neben vielen Namen stoßen die Fahnder auch auf den eines ganz Großen aus der bundesdeutschen Industrie: auf Flick. Dieser Konzern hat der Soverdia, der "Societas Verbi Divini" (Gesellschaft des Göttlichen Wortes) in zehn Jahren zehn Millionen Mark großzügig gespendet, entnehmen die Steuerfahnder einem beschlagnahmten Ordner. Und auch wenn Gott einen fröhlichen Geber bekanntlich gern hat (2. Korinther 9.7.), handelt der Düsseldorfer Industriegigant durchaus nicht uneigennützig. Pater Schröder, Prokurator des Ordens, stellt großzügige Spendenquittungen aus. Das geht bis zur fünffachen Höhe des wirklich gespendeten Betrags. So sind nach der wohltätigen Spende alle reicher als zuvor, der Orden wie der fröhliche Geber, der die Spende - in der Höhe, die auf der Quittung ausgewiesen ist - von der Steuer absetzen kann. Es werden also die Finanzämter zur Kasse gebeten, das scheinbar gute und selbstlose Werk aus Steuergroschen zu alimentieren. (Seipel 1983:121)

Für Flick zumindest hat sich das Spenden wahrlich gelohnt: Zwei Millionen Mark hat der Konzern wirklich geopfert. Über einen Betrag von zehn Millionen Mark bekommt er aber Spendenbescheinigungen. Über fünf Millionen Mark sind so dem Finanzamt an Steuern vorenthalten, "und statt ursprünglich zehn Millionen hat(te) Flick am Ende 13 Millionen Mark", über die der Konzern frei verfügen kann. (Kilz/Preuß 1983:101) So finanziert Flick seine "Schwarze Kasse".

Der Fund im Kloster bringt schließlich den Stein ins Rollen, der sich später zum Flick-Skandal ausweiten wird. Wieder ist es der Zufall, der dabei hilft. Zufällig kommen die Steuerfahnder bei einer Durchsuchung der Düsseldorfer Flick-Zentrale nämlich in den Besitz einer schwarzen Aktentasche des Flick-Buchhalters Rudolf Diehl. In dieser Aktentasche sind die Schlüssel für die Schließfächer einer Düsseldorfer Filiale der Dresdner Bank. Und in diesen Fächern machen die Fahnder den Fund, der die Republik erschüttern soll. Sie entdecken das "schwarze Kassenbuch" des Flick-Konzerns, bekannt durch seine "wg." (= wegen)-Eintragungen. Politiker aller Couleur und aller Ränge sind notiert. Am 11. November 1981 findet eine erneute Durchsuchung bei Flick statt. Die Fahnder beschlagnahmen 100 Ordner und 150 Spendenhefte. Erstmals taucht der Verdacht auf, die Steuerbefreiung für Flick, die dieser für seinen Zwei-Milliarden-Gewinn aus dem 1975 erfolgten Verkauf von Daimler-Benz-Aktien bekommen hatte, stehe im Zusammenhang mit Spendenzahlungen an führende Politiker.

II. Akt

1. Szene
Das große Geschäft

Von alledem ahnt Bundeskanzler Helmut Schmidt (SPD) nichts, als er im Januar 1975 zu einem Gespräch mit Franz Heinrich Ulrich, dem Vorstandssprecher der Deutschen Bank zusammentrifft. Ulrich erregt sich über ein Geschäft, über das Friedrich Karl Flick ihn informiert hat. Der Düsseldorfer Industrielle plant, seine 39%ige Beteiligung bei Daimler Benz an den Schah von Persien zu verkaufen. Zehn Prozent der Aktien des deutschen Nobelunternehmens befinden sich seit 1974 bereits in den Händen der Kuwaiter. Ein weiterer Ausverkauf in den Nahen Osten erscheint dem Banker gefährlich. Deswegen sei die Deutsche Bank selber an dem Geschäft interessiert, läßt Ulrich den Kanzler wissen.

Der reagiert wohlwollend. Die "Selbstachtung des deutschen Volkes" lasse einen Verkauf an die Perser nicht zu, befindet Helmut Schmidt und sichert der Bank moralische und politische Rückendeckung zu. (Drucksache 10/5079:21f.) Und so kommt es am 13. Januar 1975 zu dem großen Geschäft. Für 2.031.238.725 Mark verkauft Flick 29 Prozent der Mercedes-Anteile an die Deutsche Bank. Der persische Verhandlungsbeauftragte reist enttäuscht ab. Dem Ärger des Schahs steht der deutsche Jubel gegenüber. "Endlich hat man den Ölheinis gezeigt, daß für Geld nicht alles zu kaufen ist - jedenfalls nicht Mercedes, das industrielle Symbol deutscher Tüchtigkeit." (Kilz/Preuß 1983:119)

Nun schreibt das deutsche Steuerrecht leider vor, daß Gewinne versteuert werden müssen. Und je größer der Gewinn, desto mehr verlangt auch der Fiskus für sich. Rund eine Milliarde Mark des Flick-Gewinns gehörten demnach in die Kassen der Finanzämter, hätte der Flick-Konzern nicht bereits ein Schlupfloch im Auge, der lästigen Steuerpflicht zu entgehen. Es sind der § 6 b des Einkommensteuergesetzes (EStG) und der § 4 des Auslandsinvestitionsgesetzes (AIG), die dem Unternehmen dienen sollen, seinen satten Gewinn am Finanzamt vorbeizusteuern.

Der Grundgedanke dieser gesetzlichen Regelungen ist einfach: Macht ein Unternehmer Gewinn, weil er einen Teil seines Besitzes verkauft, muß er keine Steuern zahlen, wenn dieser Gewinn wieder investiert wird. Die Investition allerdings muß "volkswirtschaftlich förderungswürdig" sein, ganz gleich ob sie im Inland (dann gilt § 6 b EStG) oder im Ausland erfolgt (dann gilt § 4 AIG). Ob sie förderungswürdig ist, entscheidet auf Antrag das Bundeswirtschaftsministerium "im Benehmen" mit dem Finanzministerium. Sinn dieser Regelungen: Wirtschaftlich gewünschte Anpassungsprozesse sollen durch steuerliche Belastungen nicht behindert werden. (Drucksache 10/5079:11) Problematisch ist dabei allerdings, daß es sich bei Begriffen wie "volkswirtschaftlich förderungswürdig" um sogenannte unbestimmte Rechtsbegriffe handelt, die stets sehr subjektive Momente der Bewertung in sich bergen.

Gegen die Pläne Flicks, diese Paragraphen für sich in Anspruch zu nehmen, formiert sich schnell eine Opposition. "Der Gewinn der Flick KG aus der Beteiligung an Mercedes ist gewaltig genug. Eine Steuerfreiheit würde die Vermögensbildung und Vermögenskonzentration in der Hand dieses Konzerns enorm erweitern", kritisiert der SPD-Bundestagsabgeordnete Rolf Böhme im Pressedienst seiner Partei. Der Bundeskanzler beeilt sich, über seinen Regierungssprecher mitteilen zu lassen, "daß steuerliche Zusagen nicht gemacht worden seien, weder an das Haus Flick noch an die Deutsche Bank."

2. Szene
Spenden und Sondierungen

Eberhard von Brauchitsch, "Hausmeier" bei FKF, wie sich Flick konzernintern nennen läßt (Burchardt/Schlamp 1985:16), schrecken diese Äußerungen nicht ab. Zielstrebig sucht er im Bonner Politikbetrieb nach Verbündeten für Flicks Pläne, nach behilflichen Beamten und Politikern. Auch Wirtschaftsminister Hans Friderichs (FDP) sichert seinem Duzfreund Eberhard zu, "zu jeder Tages- und Nachtzeit zur Verfügung zu stehen." (Kilz/Preuß 1983:126).

Parallel zu Brauchitsch wird Flicks korrekter Chefbuchhalter Rudolf Diehl aktiv. In seinem "schwarzen Kassenbuch" notiert er unter dem Datum 4. Februar 1975 folgende Gaben an Politiker:

"4.2. Ka. wg. Brandt 100.000.-
4.2. Ka. wg. Kohl ü.v.B. 50.000.-
4.2. Ka. wg. Dr.Friderichs 50.000.-
4.2. Ka. wg. Scheel 100.000.-"
(Drucksache 10/5079:27)

Wie diese Geldübergaben aussehen, berichtet von Brauchitsch dem SPD-Bundestagsabgeordneten Schröder vor dem Untersuchungsausschuß:

"Schröder: In welcher Form ergab sich die Übergabe des Geldes zum Beispiel an Herrn Dr. Kohl?
Von Brauchitsch: In bar.
Schröder: In bar, ja. Ich meine: Scheine auf cash, auf die Pfote oder wie?
Von Brauchitsch: Nein, sehr vornehm, natürlich mit einem Kuvert."
(Burchardt/Schlamp 1985:78)

Besonders gut bedacht wird im Februar 1975 auch die der SPD nahestehende Friedrich-Ebert-Stiftung. Hatte sie bisher vom Flick-Konzern nur 1966 und 1967 eine bescheidene Spende von jeweils 5.000 Mark bekommen, so spendiert das Unternehmen jetzt 250.000 Mark auf einen Schlag.

Um stets über die Entscheidungen in der SPD-Bundestagsfraktion im Bilde zu sein, bedient sich Flicks Hausmeier des Journalisten Günter Markscheffel. Für 3.000 Mark Monatshonorar soll er vor allem Störenfriede wie Böhme im Auge behalten. Als sich dieser im Oktober 1975 mit seinem Vorschlag, den § 6 b EStG abzuschaffen, bei seinen Genossen nicht durchsetzt, meldet Markscheffel: "So, lieber Herr von Brauchitsch. Ich denke, daß die Kuh jetzt vom Eis ist. Fragen sie aber nicht, wen ich in den letzten Tagen beackern mußte. Darüber erzähle ich Ihnen später einiges /.../."

Doch auch bei der konservativen Opposition sondiert der Flick-Manager und ehemalige Preisboxer. Im November 1975 klopft er den CDU-Vorsitzenden nach Widerstand in dessen Partei gegen eine mögliche "6 b-Regelung" für Flick ab. Zufrieden notiert er nach dem Treffen: "Kohl schlägt vor, daß er für die Partei und Carstens/Stücklen für die Fraktion sicherstellen, daß nicht von Links-CDU/CSU-Seite das 6 b-Thema politisch für uns negativ emotionalisiert wird." Und der fleißige Buchhalter Diehl führt am gleichen Tag Buch über eine Spende "wg. Kohl 50.000.-".

Mit dem CSU-Abgeordneten Dr. Reinhold Kreile hat der Flick-Konzern sogar einen eigenen Mann an guter Position in der Oppositionsfraktion. Der Rechtsanwalt nämlich berät den Flick-Konzern in Steuerfragen. Und zu möglichen, umstrittenen 6 b-Anträgen empfiehlt er, wie von Brauchitsch für FKF schriftlich festhält: "Entscheidend wichtig aber sei, daß das Haus Flick noch einen weiteren Antrag vorlege, der abgewiesen wird. Dabei dürfe es sich nicht um einen reinen 'Türken' handeln, der aufgebaut werde, sondern müsse schon einen gewissen Gehalt haben."

3. Szene
Der erste Geleitzug geht auf Große Fahrt

Am 20. Februar ist es endlich soweit. Die Sondierungen sind abgeschlossen. Der Flick-Konzern reicht seine ersten vier Anträge auf Steuerbefreiung ein. Es handelt sich um

* eine Kapitalzuführung von 100 Millionen Mark an das Dynamit Nobel-Zweigwerk im niedersächsischen Steyerberg,
* eine Kapitalzuführung von 50 Millionen Mark bei den Buderusschen Eisenwerken in Wetzlar,
* den Kauf von Aktien des US-Chemiekonzerns Grace im Wert von fast 111 Millionen US-$ und um den von Kreile empfohlenen "Türken mit gewissem Gehalt",
* den Kauf von Dynamit Nobel-Aktien für 8o Millionen Mark von einer Züricher Firma.

Besonders in Teilen der SPD wird gegen diese Anträge votiert. Alfred Nau, Schatzmeister der SPD, vermittelt FKF Gespräche mit Helmut Schmidt und Finanzminister Hans Apel (SPD). Besonders dem Finanzminister will Flick seine Position in der "6 b-Sache" verdeutlichen. Immerhin soll aus dessen Ministerium die Äußerung stammen: "6 b gibt es für alle, nur nicht für von Finck und für Flick." (Drucksache 10/5079: 59) In zwangloser Atmosphäre werden die Gegensätze im Juni 1976 in Flicks Jagdhütte im Sauerland ausdiskutiert. Dem Vermittler, Alfred Nau, dankt der Konzern mit netten Worten für die Zusammenarbeit, "die wir sehr zu schätzen wissen."

Gleichzeitig geht eine Spende in Höhe von einer Million Mark (!) an die bisher eher stiefmütterlich behandelte Friedrich-Ebert-Stiftung, der Alfred Nau ebenfalls vorsteht. Dabei handelt es sich um die höchste Einzelspende während des gesamten Bescheinigungsverfahrens. Flick-Manager von Brauchitsch dazu vor dem Untersuchungsausschuß auf Fragen des CDU-Abgeordneten Bohl:

> "Von Brauchitsch: Ich hatte den Eindruck, daß es für unseren Zweck /.../ gut wäre, Herrn Nau heiter zu stimmen.
>
> Bohl: War er heiter?
>
> Von Brauchitsch: Er kam dann immer wieder, wenn er nicht mehr heiter war." (Burchardt/Schlamp 1985:81)

Aber auch im Bundeswirtschaftsministerium bleibt Flicks Mann in Bonn aktiv. Zufrieden notiert er: "Friderichs hat mir erneut bestätigt, daß er alsbald mit mir zusammentreffen wird, um unter vier Augen zu erörtern, welche flankierenden Maßnahmen wir insbesondere beim Bundesfinanzministerium einleiten können." Und Buchhalter Diehl regt sich ebenfalls:

> "v.B. wg. Friderichs 70.000.-"

Am 9. September 1976 passiert es schließlich. Der Bundeswirtschaftsminister erteilt die Genehmigungen für die Anträge. Lediglich der Kauf von Dynamit Nobel-Aktien wird - wie geplant - als nicht förderungswürdig eingeschätzt. Selbst von Brauchitsch ist überrascht und spricht von einem "unerwartet erfolgreichem Abschneiden."

4. Szene
Der Graf betritt die Bühne

Doch kaum ist der erste Geleitzug sicher im Hafen, ist die Bundestagswahl 1976 vorüber, macht sich der Konzern Gedanken, einen weiteren Teil des Gewinns an den Staatskassen vorbeizudirigieren. In den Mittelpunkt des Interesses rückt jetzt ein neuer Politiker: Otto Graf Lambsdorff. Von Brauchitsch notiert: "Am 28. Oktober habe ich mit Graf Lambsdorff zu Mittag gegessen. Lambsdorff, den wir aus verschiedenen Gründen in der Vergangenheit immer gut behandelt haben, wird voraussichtlich in der neuen Fraktion eine gute Position bekommen.

Doch bevor der zweite Geleitzug startet, wird wieder sondiert und gespendet. Am 10. Mai 1977 hält Rudolf Diehl fest:

"v.B. wg. Dr. Friderichs	70.000.-
v.B. wg. Kohl	50.000.-"

Sorgen macht dem Flick-Manager die SPD. Störenfried Böhme soll gesagt haben: "Der Brauchitsch kann ja von uns nicht erwarten, daß wir ewig die Klappe halten, und seine Freundschaft mit Friderichs wird ihm auch nichts nützen." Von Brauchitsch, darüber aus "unserer bekannten Quelle" informiert, intensiviert seine Kontakte.

Zur Schlüsselfigur scheint sich Otto Graf Lambsdorff zu mausern. "Lambsdorff ist sehr hilfreich für die Politik Friderichs im Verhältnis zur Wirtschaft. Deshalb bittet Friderichs, daß Lambsdorff gut behandelt wird", schreibt der Flick-Manager. Bald wird sich zeigen, wie wichtig der Graf für den Konzern werden soll. Dr. Hans Friderichs nimmt das Amt des Vorstandssprechers der Dresdner Bank an. Sein Nachfolger im Oktober 1977 wird Otto Graf Lambsdorff. Von Brauchitsch vermerkt: Ministerialrat Wohlleben "wird versuchen, die 'Stafette 6 b' an Lambsdorff weiterzugeben."

Doch neben der für Flick zufriedenstellenden Entwicklung im Wirtschaftsministerium entwickelt sich gefährlicher Widerstand in der SPD-Bundestagsfraktion. Neben Dr. Böhme tritt zusehends der Abgeordnete Dieter Spöri auf den Plan. Im SPD-Pressedienst schreibt er am 20. Oktober 1977 mit Blickrichtung auf Flick: "Ein wichtiges Negativbeispiel im reformbedürftigen Subventionsdschungel sind die Paragraphen 6 b und 6 c des Einkommensteuergesetzes."

5. Szene
Der zweite Geleitzug wird gestartet

Trotzdem startet der Konzern am 23. November 1977 seinen zweiten Geleitzug. Es handelt sich um

* eine Kapitalerhöhung bei den Buderus Eisenwerken in Wetzlar um 60 Millionen Mark,
* eine Kapitalerhöhung bei den Feldmühle-Papierwerken um 200 Millionen Mark,

* 25 Millionen Mark für dringende Investitionen bei Buderus in Wetzlar und
* den Erwerb weiterer Aktien des US-Konzerns Grace für 500 Millionen Mark, künftig Grace II genannt.

Mit einer Ministervorlage soll Lambsdorff am 6. Dezember sachkundig gemacht werden. Die Vorlage erstellt Ministerialrat Dr. Wolfgang Mühl. Der Flick-Konzern trägt seinen Teil dazu bei:

"v.B. wg. Graf Lambsdorff 30.000

v.B. wg. Kohl 30.000",

heißt es am gleichen Tag in den Listen des Rudolf Diehl.

Überhaupt nicht ins Konzept des Flick-Managers paßt der Wechsel im Finanzministerium am 16. Februar 1978. Bitter schreibt von Brauchitsch in seinen Tagesnotizen: "Die Besetzung des Finanzministeriums durch Matthöfer ist an sich schon eine starke Belastung. Matthöfer ist links und sachunkundig." Doch noch schlimmer sei, daß der "uns hinreichend bekannte (um nicht zu sagen 'berüchtigte'" (Drucksache 10/5079: 89) Störenfried Dr. Rolf Böhme zum Staatssekretär ernannt wurde. Für den Flick-Manager ist Gefahr im Verzug: "Wir werden sehr bald wieder auf den uns bekannten Kanälen tätig werden müssen, um Unheil zu vermeiden."

Als weiterer Störenfried kommt dem Manager zu allem Überfluß noch das Bundeskartellamt in die Quere. Am 27. April 1978 teilt es mit, daß "gegen die öffentliche Förderung des Investitionsvorhabens der Feldmühle /.../ erhebliche wettbewerbliche Bedenken zu erheben" seien. Andere, kleinere Unternehmen könnten durch die geplanten Investitionen nämlich stark benachteiligt werden und die Feldmühle so eine Monopolposition bekommen. Von Brauchitsch reagiert prompt. Ungeniert teilt er Ministerialrat Wohlleben per Telefon mit, "daß wir unsererseits unsere 'Truppen' in Bewegung setzen, um die Angelegenheit Feldmühle doch noch in eine vernünftige Bahn zu lenken." Unsere Truppen, das sind die Landespolitiker, die - von Flick "informiert"- angesichts bedrohter Arbeitsplätze die unbedingte Förderung der Flickschen Projekte fordern. Des Managers Pflege der Bonner Landschaft, wie FKF die Aktivitäten seines Hausmeiers nennt, machen sich bezahlt. Am 28. Juni 1978 erstellt Ministerialrat Dr. Wolfgang Mühl positive Voten zum gesamten zweiten Geleitzug. Bundeswirtschaftsminister Lambsdorff unterschreibt die Vorlage am 1. Juli. Jetzt müssen nur noch die Beamten im Finanzministerium zustimmen, aus dem bisher allerdings vor allem von Staatssekretär Böhme Kritisches zu hören ist.

6. Szene
Große Worte beim Familientreffen, Kritik und wieder Spenden

Aktiv ist Eberhard von Brauchitsch während dieser Zeit nicht nur auf der politischen Bühne. Auch im Clan derer von Brauchitsch spielt er seine Rolle. Während im Juni im Wirtschaftsministerium um die Anträge gerungen wird, haben die von Brauchitschs Familientag. Die Familie, in Vereinsform organisiert, wählt "Vetter Eberhard" zum Vorsitzenden. Der so Geehrte dankt mit einer blumigen Rede. Der Protokollführer hält fest: "In der heutigen Zeit der Gleichmacherei, der Anonymität und der Leistungsdiskriminierung sei es gut, sich darauf zu besinnen, daß Wichtiges für Staat und Menschen stets nur von einzelnen Persönlichkeiten bewegt worden sei." (Kilz/Preuß 1983:163) In Bonn sorgt von Brauchitsch für diese Bewegung in Form von Kuverts, damit alles wie geschmiert läuft.

Im Bonner Finanzministerium bekommt ein Ministerialdirigent namens Adalbert Uelner derweil Bauchgrimmen beim Durchlesen der Voten des Wirtschaftsministers. Grace II, vom BMWi als "echtes unternehmerisches Engagement" gewürdigt, erscheint ihm bedenklich. "Auslandsinvestitionen sollen in Deutschland Arbeitsplätze sichern. Ist dies hier der Fall?", fragt er zweifelnd. Kritik kommt auch von Staatssekretär Böhme. Er hält Flicks Antragsbegründung schlichtweg "for show". (Burchardt/Schlamp 1985:19)

Zu Hilfe kommt in dieser Situation Franz-Josef-Strauß, damals noch Abgeordneter des Bundestages. Er gibt FKF am 11. Juli 1978 Tips, wie mit den Beamten im Finanzministerium umzugehen sei. Und genau für den gleichen Tag notiert Buchhalter Diehl:

"FKF wg. F.J.S.   250.000.-"

Die Spenden für Strauß hat der Konzernchef selbst übergeben. Dem SPD-Abgeordneten Struck schildert FKF vor dem Untersuchungsausschuß, wie diese Geldtransfers aussehen:

> "Struck: Diese Beträge haben Sie Herrn Strauß in bar übergeben?
>
> Flick : Zwei- oder dreimal, ja.

Struck: Hat Herr Strauß sich bei Ihnen danach erkundigt, ob diese Beträge aus versteuertem Einkommen bezahlt werden?

Flick: Nein.

Struck: Hat er nachgezählt, als er diese Beträge erhalten hat? Flick: Da war ich nicht .... Nein. /.../ Einmal ist er in den Nebenraum gegangen, und dann hat er gesagt, er schaut sich's an. Dann ist er wiedergekommen und hat sich bedankt. /.../. Beim zweitenmal ist er nicht mehr in den Nebenraum gegangen." (Burchardt/Schlamp 1985:140)

In dieser Zeit, in der im Finanzministerium besonders um Grace II gestritten wird, gibt es aus Flicks schwarzer Kasse weitere Zahlungen. Quittiert sind sie als "Sonderzahlungen" über 220.000 Mark. In den Kassenbelegen des Konzerns findet sich folgende handschriftliche Notiz von Brauchitschs:

"Von Juli - September 1978
Sonderzahlungen in einer speziellen Sache
DM 220.000,-
von Brauchitsch."

Rudolf Diehl notiert auf diesem Zettel folgende Feinaufgliederung:

"Bahr	40	SPD
Eberle	35	CDU
Eppler	40	SPD
Böhm	40	SPD
Rie	30)	
Karry	35)	FDP
	220."	

Auf einem anderen Quittungsbeleg über diese 220.000 Mark fehlt Dr. Böhme (Böhm) mit seinen 40.000 Mark. Dafür heißt es bei Eppler, zu dessen Landesverband Dr. Böhme gehört, "Eppler 40+40."

Das Finanzministerium gibt schließlich Anfang September ebenfalls seinen Segen zu den Flick-Anträgen. Merkwürdigerweise geschieht das zu der Zeit, in der die beiden Hauptkritiker Böhme und Uelner im Jahresurlaub sind. Trotzdem: Der Weg für den Zweiten Geleitzug ist frei. Am 28. September erteilt das Wirtschaftsministerium die Genehmigungen zu allen Anträgen.

7. Szene
Die Rechnung geht auf

Noch während der Flick-Konzern diese Anträge laufen hat, bringt von Brauchitsch den dritten und letzten Geleitzug auf die Reise. Im Kern geht es dabei um den Kauf von Anteilen am Gerling-Versicherungskonzern für über 200 Millionen Mark. Hinzu kommt ein 25-Millionen-Mark Antrag für Investitionen im Bereich der Förderung der Kohletechnologie. Auch hier läuft alles nach Plan. Mit Arbeitsessen, 'kleinen Aufmerksamkeiten' oder durch Vermittlung wohlgesonnener Politiker werden Bedenken und Widerstände gegen die anfechtbaren und vor allem aus Teilen der SPD bekämpften Steuerbefreiungen für den Konzern beseitigt. "Pflege der Bonner Landschaft" nennt Eberhard von Brauchitsch das. (Burchardt/ Schlamp 1985:64)

Für Flick hat sich die Mühe gelohnt: Vom Februar 1976 bis zum August 1981 gelingt es ihm so, unter Ausnutzung der §§ 6 b EStG und 4 AIG, mehr als zwei Drittel des Gewinns aus dem Aktienverkauf anzulegen und 840 Millionen Mark an den Kassen des Finanzamtes vorbeizulenken.

Der zeitliche Zusammenhang dieser "wohl größten Steuersubvention in der deutschen Wirtschaftsgeschichte" (SPD-Abgeordneter Spöri) mit den üppigen Spendenzahlungen an bundesdeutsche Spitzenpolitiker ist es, der die Bonner Staatsanwälte vermuten läßt, den größten Korruptionsskandal der deutschen Nachkriegsgeschichte aufgedeckt zu haben.

III. Akt

1. Szene
Die Presse deckt auf

Über die dubiosen Praktiken der Parteien bei der Beschaffung von Spenden berichteten SPIEGEL und STERN bereits Mitte der 70er Jahre. Dennoch fand das Thema nur wenig öffentliches Interesse. (Schily 1986:19) Das ändert sich schlagartig 1981, als über steuerstrafrechtliche Ermittlungsverfahren gegen Politiker spekuliert wird.

In der "Neuen Rhein-Zeitung" berichtet deren Redakteur Horst Werner Hartelt Mitte Dezember 1981 erstmals über den Verdacht, Flick habe im Zusammenhang mit seiner Steuerbefreiung Bonner Politiker bestochen. (NRZ 11.12.81) Die Informationen wurden dem Journalisten wahrscheinlich aus Kreisen des nordrhein-westfälischen Justizministeriums zugespielt. (NRW-Landtagsdrucksache 9/2920:21)

Vor allem "DER SPIEGEL" ist es schließlich, der die Sache öffentlich macht. Er berichtet bereits 1981 ausführlich über die Praktiken der Parteienfinanzierung und der damit zusammenhängenden Steuerhinterziehung, ohne aber konkrete Details mitteilen zu können.

Der damalige Oppositionsführer Helmut Kohl (CDU) und der bayerische Ministerpräsident Franz-Josef Strauß (CSU) nehmen diese Berichterstattung zum Anlaß, bereits im März 1982 von "einer systematischen Kampagne mit spezifischer politischer Zielrichtung" zu sprechen. (Schily 1986:21)
Das Interesse der Öffentlichkeit wendet sich vorerst aber anderen Themen zu:

Überdeckt wird das Thema Flick im Frühjahr 1982 vor allem durch die Enthüllungen um Korruption und Mißwirtschaft beim gewerkschaftseigenen Baukonzern "Neue Heimat". "Ein ehemaliger Angestellter des Bau- und Wohnungskonzerns hatte über längere Zeit belastendes Material gesammelt und soll die Unterlagen dem 'SPIEGEL' verkauft haben" (Kusch 1986:12), der den Vorfall publik machte und so den "Neue-Heimat-Skandal" auslöste. Im Spätsommer und Herbst 1982 sind es dann der Zerfall der sozialliberalen Koalition und der Koalitionswechsel der FDP zur CDU/CSU, der am 1. Oktober zum konstruktiven Mißtrauensvotum und zur Bildung der Regierung Kohl/Genscher führt, die das Interesse an den Ermittlungen gegen führende Politiker im Fall Flick ohne größere Resonanz bleiben lassen.

Erst als "DER SPIEGEL" in seiner Ausgabe vom 29. November 1982 ausführlich aus bislang unveröffentlichten Protokollen der Staatsanwaltschaft zitiert und detaillierte Angaben über "Schmiergeldzahlungen" (so "DER SPIEGEL") an Politiker bringt, wird das Thema "Flick" in der öffentlichen Meinung intensiv behandelt.

Vor allem Wirtschaftsminister Otto Graf Lambsdorff (FDP) und dessen Vorgänger Hans Friderichs (FDP) geraten in den Verdacht, bestechlich gewesen zu sein, da in ihrem Ministerium die Entscheidung für die Steuerbefreiung für Flick gefallen war. Wie die Unterlagen der Staatsanwaltschaft in den Besitz der Presse kommen konnten, bleibt unklar. Es wird jedoch vermutet, "daß aus dem Bereich eines Verteidigers Akten an die Presse" weitergegeben wurden. (NRW-Landtagsdrucksache 9/2920:17)

2. Szene
Ein Ausschuß soll Licht ins Dunkel bringen

Im Februar 1983, Tatsache und Termin einer vorzeitigen Neuwahl stehen bereits fest, kündigt SPD-Fraktionsvorsitzender Vogel an, der Bundestag solle den Flick-Skandal per parlamentarischem Untersuchungsausschuß nach der Wahl gründlich untersuchen.

Die Wahl vom 6. März 1983 bringt der neuen CDU/CSU-FDP-Koalition eine deutliche Mehrheit, obwohl gerade Politiker dieser Parteien es sind, die im SPIEGEL in den Zusammenhang mit der "geflickten Republik" gebracht werden. Die CDU/CSU-Fraktion im 10. Deutschen Bundestag besteht aus 244 Abgeordneten, die FDP-Fraktion aus 34 Abgeordneten. Die SPD bildet mit 193 Abgeordneten die größte Oppositionsfraktion. Die Partei "DIE GRÜNEN" zieht als zweite Oppositionspartei mit 27 Abgeordneten erstmals in den Bundestag ein.

Kurz nach der Konstituierung des 10. Deutschen Bundestages sind es die GRÜNEN, die als erste einen Untersuchungsausschuß fordern, der die Steuerbefreiungen für den Flick-Konzern und die Parteienspendenaffäre untersuchen soll. (Bundestagsdrucksache 10/33) Die Sozialdemokraten stellen wenig später einen Antrag nach einem Untersuchungsausschuß, der den Untersuchungsgegenstand auf die Frage des Einflusses des Flick-Konzerns auf Entscheidungen der Regierung oder von Abgeordneten, insbesondere des Bundeswirtschaftsministers, im Zusammenhang mit dem Steuerbefreiungsverfahren verengt. (Bundestagsdrucksache 10/34)

In seiner 8. Sitzung am 19. Mai 1983 nimmt der Bundestag diesen SPD-Antrag mit den Stimmen von SPD, CDU/CSU und FDP an. Der Antrag der GRÜNEN wird abgelehnt. Der SPD-Bundestagsabgeordnete Gerhard Schröder begründet die Ablehnung des Antrags der GRÜNEN damit, daß die SPD nicht auf die "Verteidigungsstrategie des Flick-Managers von Brauchitsch" hereinfalle, "der das Thema immer mehr ausweiten wolle und damit unübersichtlicher, verwirrender mache." (Burchardt/Schlamp 1985:23)

Der Ausschuß soll nach Absicht der SPD vor allem den bereits in den Medien stark angegriffenen Wirtschaftsminister Otto Graf Lambsdorff treffen, der als Initiator des Koalitionswechsels der FDP gilt und den Sozialdemokraten allein deswegen ein Dorn im Auge ist: "Es geht darum, ob dem in dieser Frage zur Entscheidung befugten Wirtschaftsminister politisches, ja sogar justitiabeles Fehlverhalten vorzuwerfen ist." (Plenarprotokoll 10/8:430) Diese Frage habe der Ausschuß hauptsächlich zu untersuchen, das sei "der Kern der Sache." (Plenarprotokoll 10/8:431)

Der Ausschuß konstituiert sich am 9. Juni 1983. Er hat elf Mitglieder (5 CDU/CSU, 4 SPD, 1 FDP, 1 GRÜNE) und wählt den CDU/CSU-Abgeordneten Manfred Langner zu seinem Vorsitzenden. Im Interesse des noch laufenden staatsanwaltschaftlichen Ermittlungsverfahrens verzichtet der Ausschuß vorerst auf Zeugeneinvernahmen und beschränkt sich auf Aktenlektüre.

Als sich das Finanz- und das Wirtschaftsministerium unter Berufung auf das Steuergeheimnis weigern, alle vom Ausschuß angeforderten Flick-Akten vorzulegen, kommt es am 7. September 1983 zur ersten Auseinandersetzung zwischen Mehrheitsparteien und Opposition im Ausschuß. Ein Antrag, der Untersuchungsausschuß möge gegen diese Weigerung der Ministerien ein Organstreitverfahren beim Bundesverfassungsgericht einleiten, wird von der Ausschußmehrheit abgelehnt. (BVerfGE 67:l10f.) Die Fraktionen von SPD und GRÜNEN strengen daraufhin allein ein Organstreitverfahren vor dem Bundesverfassungsgericht an. Das Gericht entscheidet am 17. Juli 1984, die Weigerung der Ministerien, die Akten herauszugeben, verletze Artikel 44 des Grundgesetzes. (BVerfGE 67:100ff.)

Im September 1983 gehen die Berichte in der Presse weiter. Es wird behauptet, Mitarbeiter des Flick-Konzerns seien daran beteiligt gewesen, die von den Ministerien angeforderten Akten zu schwärzen. Die SPD-Mitglieder des Untersuchungsausschusses fordern nun, auch diese Vorwürfe zu untersuchen. Die Ausschußmehrheit lehnt das ab. Als Begründung führt sie an, das Ansinnen der Opposition sei durch den Untersuchungsauftrag nicht gedeckt. (Bundestagsdrucksache 10/520)

Die Opposition wirft der Mehrheit daraufhin vor, den Ausschuß "durch Filibusterei zum Diskussionskränzchen über Verfahrensfragen verkommen" zu lassen (Plenarprotokoll 10/31:2066) und setzt die Ergänzung am 24. Oktober durch einen Beschluß des Bundestagsplenums durch, in dem ein 25%-Quorum ausreicht, eine parlamentarische Untersuchung durchzusetzen. (Bundestagsdrucksache 10/520)

Im Gegenzug beantragen die Koalitionsparteien, auch Aktionen von SPD-Abgeordenten zu untersuchen, die das Ziel gehabt hätten, "eine Gesetz und Recht entsprechende Bearbeitung und Entscheidung der Anträge des Flick-Konzerns zu verhindern." (Bundestagsdrucksache 10/521)

Am 29. November 1983 gibt die Bonner Staatsanwaltschaft auf einer Presseerklärung die Anklageerhebung gegen die ehemaligen Flick-Manager Eberhard von Brauchitsch und Manfred Nemitz wegen Bestechung und gegen die FDP-Politiker Lambsdorff und Friderichs wegen Bestechlichkeit bekannt. Gegen die anderen Beschuldigten "hat sich der für eine Anklage erforderliche Verdacht, daß sie Vorteile erhalten haben, nicht ergeben." (Hübner/Rohlfs 1984:475) Die Anklagen werden schließlich am 8. Dezember erhoben.

3. Szene
Zeugen sagen aus

Im Januar 1984 beginnt der Untersuchungsausschuß daraufhin mit seinen Zeugenvernehmungen. Erstmals müssen sich die betroffenen Politiker nun öffentlich zu den gegen sie erhobenen Vorwürfen äußern. Als erster Zeuge ist am 18. Januar 1984 Hans Friderichs (FDP) geladen, der bis Oktober 1977 Wirtschaftsminister war.

Da es gerade den Sozialdemokraten im Ausschuß darum geht, die dem Flick-Konzern gewährten Steuervergünstigungen in einen Zusammenhang mit Spenden an die FDP zu bringen, versuchen sie, das Verhältnis des ehemaligen Wirtschaftsministers Friderichs zum Flick-Konzern so eng wie nur möglich darzustellen.

Friderichs Nachfolger im Amt des Wirtschaftsministers seit Oktober 1977, Otto Graf Lambsdorff, nutzt den Ausschuß zur Anklage gegen seine Kläger: "Die berühmte Diehl-Liste, bisher das einzige Indiz, auf das sich die Staatsanwaltschaft stütze, sei löcherig wie ein alter Teppich." (Handelsblatt 27.1.84) Neuigkeiten bringen die Vernehmungen der Zeugen Lambsdorff und Friderichs nicht zutage, da sich beide immer wieder auf ihr Aussageverweigerungsrecht zurückziehen. "Sie sind im Parteispendenverfahren, Herr Abgeordneter" bügelt vor allem Minister Lambsdorff viele Fragen der Parlamentarier ab. (Burchardt/Schlamp 1985:102f.)

Die Abgeordneten der Regierungskoalition bemühen sich vor allem bei der Vernehmung des ehemaligen Finanzministers Hans Apel (SPD), einen Zusammenhang zwischen einem Gespräch Apels mit Friedrich Karl Flick in dessen Jagdhütte und einer Millionenspende an die der SPD nahestehende Friedrich-Ebert-Stiftung zu finden. Unterstützung erhalten sie bei ihrem Versuch,

SPD-Politiker zu belasten, vom Zeugen Eberhard von Brauchitsch: Nur bei SPD-Schatzmeister Alfred Nau habe es einen Zusammenhang zwischen Spenden und Entscheidungen im Steuerbefreiungsverfahren gegeben. "Dabei habe jedoch Nau und nicht Flick einen 'sachlichen und zeitlichen Zusammenhang' zwischen der angebotenen 'Moderation' und der erwarteten Spende hergestellt." (FAZ 2.2.84) Auf Details der Spendenpraxis geht von Brauchitsch - vor allem dann, wenn es um CDU, CSU oder FDP geht - nicht ein.

Was von der oppositionellen SPD als "innenpolitische Begleitmusik" (Flensburger Tageblatt 16.2.84) zum Bestechlichkeitsverdacht gegen führende FDP-Politiker gedacht war, läuft so immer mehr gegen die SPD. Der Obmann der CDU/CSU-Fraktion im Untersuchungsausschuß, Günther Hüsch, nimmt das zum Anlaß zu verkünden, die Flick-Affäre entwickele sich zu einem SPD-Skandal. Dieser Trend gegen die SPD verstärkt sich noch, als am 31. Mai 1984 bekannt wird, daß der ehemalige Staatssekretär Offergeld (SPD) auf amtlichen Briefbögen bei einer Flick-Tochterfirma um Spenden gebeten hatte.

4. Szene
Ein Minister muß gehen

Am 27. Juni 1984 fordert der Skandal schließlich sein erstes prominentes Opfer: Bundeswirtschaftsminister Lambsdorff erklärt seinen Rücktritt: "Mein Verteidiger hat mich unterrichtet, daß das Landgericht Bonn die gegen mich von der Staatsanwaltschaft erhobene Anklage zur Hauptverhandlung zulassen wird. Ich habe daraufhin /.../ dem Bundeskanzler mein Rücktrittsgesuch als Bundesminister für Wirtschaft eingereicht." (Handelsblatt 28.6.84)

Einen Tag später bringt Flicks Ex-Chefbuchhalter Rudolf Diehl die Anklage der Staatsanwaltschaft durch seine Aussage vor dem Untersuchungsausschuß ins Wanken: Ob die auf der sogenannten Diehl-Liste aufgeführten Namen, auf die sich die Anklage hauptsächlich stützte, auch immer die Empfänger der Zahlungen gewesen seien, könne er nicht sagen, da er sich darum nicht gekümmert habe. Der Eintrag "wegen" (wg.) bedeute noch lange nicht, daß der betreffende Politiker das Geld auch erhalten habe, beteuert Diehl, der "Buchhalter wie aus dem Bilderbuch". (Burchardt/Schlamp 1985:148) Diehl: "Die Bedeutung des Wortes 'wegen' ist, daß es heißt, daß es sich hier um einen Bereich handelt /.../, daß es also nicht 'für' war, sondern 'wegen'. Weil ich ja nicht wußte, ob dieser Betrag jetzt für diese Person war, die ich genannt habe, habe ich geschrieben 'wegen'. Es ist eine Bezeichnung, die ich eingeführt habe." (Burchardt/Schlamp 1985:156)

Nach dem Rücktritt des Wirtschaftsministers läßt das öffentliche Interesse am Flick-Untersuchungsausschuß schnell nach. So findet die Nachricht vom Rücktritt Hans Friderichs von seinem Posten als Vorstandssprecher der Dresdner Bank am 5. September 1984 kaum Interesse.

In den Mittelpunkt öffentlicher Aufmerksamkeit gerät der Flick-Skandal aber schlagartig wieder, als Anfang Oktober Bundestagspräsident Rainer Barzel (CDU) im Zusammenhang mit dem Skandal schwer belastet wird.

5. Szene
Flick, ein "Sozialfall" und wieder ein Rücktritt

Am 7. Oktober berichtet die "Welt am Sonntag", am 8. Oktober "DER SPIEGEL", Bundestagspräsident Rainer Barzel habe in den Jahren 1973 bis 1982 auf dem Umweg über einen Beratervertrag mit einer Rechtsanwaltskanzlei 1,7 Millionen Mark vom Flick-Konzern bekommen. Unionspolitiker Kurt Biedenkopf habe dieses Geschäft eingefädelt, damit Barzel nach seinem Rücktritt vom CDU-Parteivorsitz 1973 nicht zu einem "Sozialfall" werde.

Am 18.10 fordert die SPD-Opposition erstmals den Rücktritt Barzels, falls sich die gegen ihn erhobenen Vorwürfe bestätigen sollten. Gleichzeitig richtet sich der Flick-Skandal auch immer stärker gegen den Bundeskanzler und Barzel-Nachfolger im CDU-Parteivorsitz, Helmut Kohl: "Wir vernehmen, daß Biedenkopf die spätere Honorierung des scheidenden CDU-Vorsitzenden Barzel eingefädelt habe. Mit Biedenkopf als neuem CDU-Generalsekretär trat dann wenige Wochen später Kohl als CDU-Vorsitzender an. Die Frage stellt sich also unmittelbar, wie sehr Kohl bei dem gesamten Vorgang seine Hand mit im Spiel hat", fragt die SPD in ihrem Pressedienst.

Bundestagspräsident Barzel wehrt sich bis zuletzt gegen die Vorwürfe; auch noch, als bereits die regierungsfreundliche Presse auf Distanz geht. Der Skandal steuert seinem Höhepunkt entgegen. Die Regierungspartei CDU gerät durch den Fall Barzel zunehmend unter den Druck der öffentlichen Meinung: "Wer mehr als sechstausend Mark netto im Monat hat, braucht nicht bei seinen Freunden den Eindruck zu erwecken, er sei damit ein 'Sozialfall'. Der Argwohn, daß "die da oben" schon Töpfe genug kennen, damit Politik für sie kein Risiko bedeutet, ist unheilvoll bestätigt worden. Das muß Barzel und seine Partei belasten." (FAZ 23.10.84) Am 24. Oktober sagt Rainer Barzel als Zeuge vor dem Untersuchungsausschuß aus: "Ich wünsche, daß heute ein reinigendes Gewitter erfolgt. Das ist die Chance der Demokratie, Sachen zu beenden und in neue, frische Luft zu kommen." (Burchardt/Schlamp 1985:186) Er bestreitet jeden Zusammenhang zwischen den Zahlungen der Rechtsanwaltskanzlei an ihn und den gleich hohen Zahlungen des Flick-Konzerns an die Kanzlei.

Nur einen Tag später bricht diese Verteidigung des Bundestagspräsidenten in sich zusammen. Vor dem Untersuchungsausschuß widerspricht Ex-Flick-Gesellschafter Max Paefgen der Darstellung Barzels deutlich. Er berichtet, daß es durchaus einen Zusammenhang zwischen den Flick-Zahlungen an die Kanzlei und Barzel gegeben habe: "Barzel hat /.../ mich über seinen Eintritt in die Kanzlei unterrichtet. Daraufhin wurde im Kreis der Gesellschafter beschlossen, einen Beratungsvertrag mit der Kanzlei zu schließen." (Westfälische Rundschau 26.10.84)

Am gleichen Tag erklärt Rainer Barzel, der jetzt in seiner eigenen Fraktion politisch keinen Rückhalt mehr besitzt, seinen Rücktritt vom Amt des Bundestagspräsidenten. Der Skandal hat seinen Höhepunkt erreicht. Für 63 Prozent der Bevölkerung ist der Flick-Skandal jetzt das wichtigste Ereignis der Woche, ein Wert, der 1984 noch nicht erreicht wurde. (Infas-Politogramm 44/1984)

6. Szene
Der Kanzler im Visier

Das öffentliche Interesse am Untersuchungsausschuß, dessen Arbeit den Bundestagspräsidenten zum Rücktritt gezwungen hat, nutzen die Oppositionsparteien jetzt zum publizistischen Angriff gegen den Bundeskanzler. SPD-Ausschußmitglied Peter Struck rät dem Kanzler vor dessen kurz bevorstehenden Vernehmung öffentlich, sich "warm anzuziehen". (Stuttgarter Zeitung 9.11.84) Und Otto Schily, Ausschußmitglied der GRÜNEN verkündet, nun "sei Kohl im Visier." (Stuttgarter Zeitung 9.11.84)

Die Atmosphäre im Untersuchungsausschuß polarisiert sich: Die Unionsabgeordneten sprechen von einer "beispiellosen Kampagne", bestehend aus einer "raffinierten Mischung aus Halbwahrheiten und Lügen." (DUD 29.10.84)

Die Vernehmung des Bundeskanzlers am 7. November bleibt dann aber, wie die Vernehmung der anderen Parteivorsitzenden Willy Brandt (SPD), Hans-Dietrich Genscher (FDP) und Franz Josef Strauß (CSU), die ebenfalls zwischen Ende Oktober und Mitte November stattfinden, ohne spektakuläre Ergebnisse. "Ich habe zu keinem Zeitpunkt einen Zweifel daran gelassen, daß wir und ich für meine Partei im Sinne der Weiterleitung an meine Partei vom Hause Flick Parteispenden bekommen haben", bekennt sich der Kanzler zum Empfang von Bargeldspenden in neutralen Kuverts. Immerhin seien Spenden das Natürlichste der Welt. (Burchardt/Schlamp 1985:200) Wer mehr erwartet hat, wer auf Sensationen, auf einen Eklat gehofft hat, der wird enttäuscht. Es wird nichts enttarnt, was nicht im wesentlichen schon bekannt ist.

Die Parteien bemühen sich, den Skandal für ihren politisch-propagandistischen Kampf gegen den jeweiligen politischen Gegner zu nutzen. Die SPD-Opposition stellt die CDU/CSU-FDP-Koalition schlicht als Regierung der Großindustrie hin. So der Abgeordnete Gerhard Schröder: "Bei der Flick-Affäre ging es nicht nur um den Kauf einzelner Entscheidungen, sondern auch um den Kauf der FDP für eine andere Regierung. Es ging um den Kauf einer Partei heraus aus der Reformpolitik, hinein in Wende-Politik." (Plenarprotokoll 10/102:7454) Vor allem greift sie Bundeskanzler Helmut Kohl an: "Es ist ein schlimmer politischer Stil, wenn der Vorsitzende der großen Oppositionspartei im Bundestag, der Ministerpräsident eines Landes und späterer Kanzlerkandidat sich darauf einließ, bei Gesprächen mit Wirtschaftsvertretern immer wieder größere Bargeldbeträge entgegenzunehmen." (SPD-Abgeordneter Schmude; Plenarprotokoll 10/102:7447)

Ähnlich äußert sich der Abgeordnete der GRÜNEN, Otto Schily, der vom 'Kanzler der Großindustrie" spricht, der "die Solidarität mit dem Volk der Kumpanei mit dem großen Geld opfert". Die Union kontert, indem ihr Generalsekretär Heiner Geißler vor allem die SPD attackiert: "Die SPD kriegt Geld von Flick und vom DGB. Dann sind die Kassen voll, und die sozialistische Moral ist intakt." (Plenarprotokoll 10/102:7442)

7. Szene
Der Ausschuß wird beerdigt

Nach dem Rücktritt Rainer Barzels und den Befragungen der Parteivorsitzenden, die Mitte November 1984 abgeschlossen sind, läßt das öffentliche Interesse am Flick-Skandal bald nach. Gleichzeitig werden im Untersuchungsausschuß erste Forderungen nach einem Ende der Untersuchung laut. (FAZ 5.11.84)

Außerdem streiten die Abgeordneten im Ausschuß um Zeugenvernehmungen, die der jeweils anderen Seite unangenehm sein könnten. So besteht die SPD darauf, Bundeskanzler Kohl erneut vorzuladen. Als Antwort bringt die CDU ins Gespräch, während des Landtagswahlkampfes in Nordrhein-Westfalen im Frühjahr 1985 vor allem nordrhein-westfälische SPD-Politiker vor den Ausschuß zu laden: "Dann werden wir jeden SPD-Mann bis zur letzten müden Mark befragen." (FR 29.11.84) Resultat dieses Tauziehens ist die Beerdigung des Ausschusses: CDU/CSU, FDP und SPD kommen Anfang März 1985 überein, die Zeugenvernehmungen am 28. März 1985 mit einer erneuten Befragung von Friedrich Karl Flick zu beenden. Der Abgeordnete der GRÜNEN, Otto Schily, wirft seinen Ausschußkollegen daraufhin vor, noch notwendige Untersuchungen zu verhindern, und spricht empört vom "Kartell der Spurenverwischer, Verdunkler und Vernebler." (FAZ 8.3.85)

Nach neun Monaten, in denen Akten mit einem Gesamtumfang von 100.000 Blatt und 11.500 Seiten Protokollniederschriften von insgesamt 321 Stunden Zeugenvernehmungen ausgewertet werden, beginnt der Ausschuß im Januar 1986 mit der Endredaktion seines Berichtes.

Einmal aber kommt der Flick-Skandal doch noch groß in die Schlagzeilen und erregt die Gemüter: Am 17. Februar 1986 behauptet Otto Schily, Bundeskanzler Kohl habe vor dem Flick-Ausschuß wie vor dem Parteispendenuntersuchungsausschuß des Rheinland-Pfälzischen Landtages uneidlich falsch ausgesagt. (Schily 1986:212ff.) Vor dem Flick-Ausschuß habe der Kanzler wider besseres Wissen den Empfang von drei Geldspenden geleugnet. Er, Schily, habe daher am 31. Januar 1986 Anzeige gegen Helmut Kohl erstattet. Die Staatsanwalten in Bonn und Koblenz nehmen nach dieser Anzeige Ermittlungen gegen den Bundeskanzler auf.

Am 21. Februar legt der Untersuchungsausschuß dem Bundestag seinen Abschlußbericht vor. (Bundestagsdrucksache 10/5079) Er enthält auf 269 Seiten eine detaillierte Chronologie der Behandlung der Flick-Anträge auf Steuerbefreiung sowie der Aktivitäten des Flick-Konzerns gegenüber Politikern und Beamten in diesem Zeitraum. Diese Chronologie wird von allen CDU/CSU-, FDP- und SPD-Abgeordneten gemeinsam getragen. SPD und Ausschußmehrheit von CDU/CSU und FDP bewerten den festgestellten Sachverhalt allerdings unterschiedlich. Der Abgeordnete Otto Schily macht von seinem Recht Gebrauch, ein abweichendes Sondervotum zu erstellen.

8. Szene
"Einäugige" Schuldzuweisungen

Die Ausschußmehrheit stellt in ihrer politischen Bewertung fest, "die schwerwiegenden Vorwürfe, die von Teilen der veröffentlichten Meinung (z.B. 'Die gekaufte Republik') erhoben wurden und die zur Einsetzung des Untersuchungsausschusses führten, haben sich nicht bestätigt." (Drucksache 10/5079:271) Während das Verhalten der Politiker aus CDU, CSU und FDP verteidigt wird, greift die Ausschußmehrheit in ihrer politischen Bewertung die SPD scharf an: "Die von SPD-Politikern betriebene öffentliche Politisierung beeinträchtigte ein ordnungsgemäßes Verwaltungsverfahren." (Drucksache 10/5079:273) Das wiederum habe "fast zwangsläufig" die Gefahr nach sich gezogen, "daß der Antragsteller seinerseits versuchte, auf zu mißbilligende Weise Einfluß auf das Verfahren zu nehmen." (Drucksache 10/5079:273)

Von einem Zusammenhang zwischen politischen Entscheidungen und Spenden des Flick-Konzerns könne nur bei der SPD gesprochen werden, betonen CDU/CSU und FDP: "Die Zunahme der Spenden an die SPD und die vermehrte Aufnahme von SPD-Politikern in die Diehlschen Listen seit etwa 1975 ist nur vor dem Hintergrund der laufenden Bescheinigungsverfahren und der Widerstände aus der SPD heraus gegen die Erteilung der beantragten Steuerbescheinigungen zu verstehen." (Drucksache 10/5079:276) Für FDP und CDU/CSU fände sich demgegenüber kein Anhaltspunkt, daß Spenden des Flick-Konzerns Einfluß auf die Steuerbewilligungsverfahren hätten nehmen sollen, denn: "Der Flick-Konzern hat die FDP seit jeher finanziell unterstützt" (Drucksache 10/5079:276), und der Union seien die Spenden zugute gekommen, "ohne daß damit irgendwelche Auflagen verbunden waren oder ein

Zusammenhang mit Steuerstundungsanträgen hergestellt wurde." (Drucksache 10/5079:278)

Auch die SPD zeigt sich einäugig und kritisiert nur Unionsparteien und FDP. Diese hätten schließlich das "Schwergewicht der Spenden" des Flick-Konzerns bekommen. (Drucksache 10/5079:289) Vor allem die "außerordentliche Nähe des Flick-Konzerns zu CDU und CSU" sei offensichtlich. (Drucksache 10/5079:289). Die Tatsachenfeststellungen des Ausschusses zeigten "ein enges Beziehungsgeflecht zwischen den Unionsparteien und dem Flick-Konzern, wie es dichter kaum sein kann." (Drucksache 10/5079:293)

Deutlich ist auch die Bewertung der Rolle der FDP und ihrer Repräsentanten: "Der Eindruck, daß die Spenden an die FDP auch für die Beziehungen zwischen antragstellendem Flick-Konzern und entscheidendem Bundeswirtschaftsminister förderlich waren, läßt sich nicht verwischen." (Drucksache 10/5079:295) Mehr noch: "Der Flick-Konzern hat, mit anderen Unternehmen zusammen, durch Geldzahlung die Ablösung der sozialliberalen Koalition betrieben." (Drucksache 10/5079:297)

Spenden an die während des Genehmigungsverfahrens größte Regierungspartei, die SPD, sind demgegenüber nach Ansicht der Sozialdemokraten vom Flick-Konzern "wohl eher unwillig gewährt" worden. (Drucksache 10/5079:295) Außerdem hätten sie "keinen Einfluß auf die Haltung sozialdemokratischer Minister und Politiker gehabt." (Drucksache 10/5079:296)

Immer noch empört über den vorzeitigen Abbruch der Untersuchungen wirft Otto Schily der Ausschußmehrheit im Namen der GRÜNEN vor, die Aufklärung des Skandals bewußt verhindert und "zielbewußte Obstruktion" gegenüber dem Untersuchungsauftrag ausgeübt zu haben. (Drucksache 10/5079 -1-:12) Der Flick-Skandal mache deutlich, daß "von politischer Korruption großen Ausmaßes gesprochen werden" müsse. (Drucksache 10/5079-1-:76) Politiker und Parlamentarier seien "sozusagen nach Katalogpreis vom Flick-Konzern eingekauft worden." (Drucksache 10/5079:78)

Alle diese politischen Bewertungen folgen den Strategien, die die Parteien während des gesamten Skandals verfolgt hatten: CDU/CSU und FDP bemühten sich, die Untersuchung auf die Steuerbefreiung für Flick zu beschränken und vor allem auf die Verantwortung der SPD hinzuweisen. Die Sozialdemokraten wiederum wollten CDU, CSU und FDP als 'bürgerliche Parteien' in die Nähe des Flick-Konzerns rücken, während es Otto Schily darum ging, letztlich alle "Altparteien" als korrupt darzustellen.

Diese Strategien sind es schließlich auch, die die Debatte des Bundestages über den Abschlußbericht am 13. März 1986 bestimmen. Die Argumente sind nur parteipolitisch-taktisch infiltriert und bekräftigen lediglich noch einmal die politischen Wertungen, die bereits im Bericht nachzulesen sind. Die parlamentarische Untersuchung des Flick-Skandals ist damit beendet.

9. Szene
Letzter Auftritt vor Gericht

Nur die Ermittlungen der Bonner und Koblenzer Staatsanwälte gegen den Bundeskanzler verschaffen dem Flick-Skandal danach hin und wieder neue Aufmerksamkeit. Doch auch damit ist es im Mai 1986 vorbei. "Zwar spricht manches dafür, daß Dr. Kohl über die von ihm bestätigten Zuwendungen des Flick-Konzerns hinaus auch die vorerwähnten Beträge von 30.000 Mark und 25.000 Mark erhalten hat. Es haben sich jedoch keine greifbaren Anhaltspunkte dafür ergeben, daß Dr. Kohl bei seiner Aussage im November 1984 noch eine konkrete Erinnerung an diese beiden Zahlungsvorgänge gehabt und sie wissentlich in Abrede gestellt hat", bescheinigen die Bonner Staatsanwälte dem Kanzler - und stellen ihre Ermittlungen ein. (SZ 31.5./1.6.86) Und auch die Koblenzer Kollegen stellen fest, man könne dem Kanzler eine wissentliche Falschaussage nicht nachweisen. (SZ 22.5.86)

Als letzter Auftritt im Flick-Skandal geht im März 1987 der Prozeß gegen Lambsdorff, Friderichs und von Brauchitsch vor dem Bonner Landgericht zu Ende. Eine Verurteilung wegen Bestechlichkeit bzw. wegen Bestechung gab es nicht. Bereits im Juli 1986 sind sie de facto freigesprochen worden. Selbst wenn die Geldannahme, die die beiden Angeklagten bestreiten, erfolgt wäre - so das Gericht -, "wäre eine Bestrafung der Angeklagten wegen dieser Vorwürfe nicht zu erwarten." (ZEIT 1.8.86) Bestechlichkeit setzt nämlich voraus - so das Gericht weiter -, "daß diese Zahlungen als Gegenleistungen für bereits vorgenommene oder künftig vorzunehmende Diensthandlungen der Bundeswirtschaftsminister /.../ gewährt bzw. angenommen worden wären. Die Kammer vermag jedoch aufgrund der bisherigen Beweisaufnahme nicht die Überzeugung zu gewinnen, daß die genannten Barzahlungen, unterstellt, sie sind erfolgt, diesen Zwecken dienten oder auch nur dienen sollten." (ZEIT 1.8.86) Und so bastelte auch Otto Graf Lambsdorff, erstes prominentes Opfer des

Flick-Skandals, schnell wieder an seinem politischen 'Comeback'. Dies gelang ihm ziemlich gut. In Hannover wurde Lambsdorff im August 1990 mit großer Mehrheit sogar zum ersten Vorsitzenden der gesamtdeutschen FDP gewählt, nachdem er als Nachfolger Martin Bangemanns bereits die FDP der Bundesrepublik wieder geführt hatte.

Literatur

1. Quellen und Dokumente

Bundestagsdrucksache 10/33 - Antrag der Fraktion Die Grünen: Einsetzung eines Untersuchungsausschusses.

Bundestagsdrucksache 10/34 - Antrag der Fraktion der SPD: Einsetzung eines Untersuchungsausschusses.

Bundestagsdrucksache 10/520 - Antrag der Fraktion der SPD: Ergänzung des Auftrags des 1. Untersuchungsausschusses.

Bundestagsdrucksache 10/521 - Antrag der Fraktion der CDU/CSU und FDP: Ergänzung des Auftrags des 1. Untersuchungsausschusses.

Bundestagsdrucksache 10/5079 - Beschlußempfehlung und Bericht des 1. Untersuchungsausschusses nach Artikel 44 des Grundgesetzes.

Bundestagsdrucksache 10/5079 -Anlage 1-: Abweichender Bericht des Abgeordneten Schily zu der Beschlußfassung und dem Bericht des 1. Untersuchungsausschusses nach Artikel 44 des Grundgesetzes.

Bundestagsdrucksache 10/5175 - Entschließungsantrag der Fraktion Die Grünen zur Beschlußempfehlung und zum Bericht des 1. Untersuchungsausschusses nach Artikel 44 des Grundgesetzes.

Drucksache 9/2920 des Landtages von Nordrhein-Westfalen: Beschlußempfehlung und Bericht des Parlamentarischen Untersuchungsausschusses, Veröffentlichungen von Ermittlungsvorgängen aus der sogenannten 'Parteispenden-Affäre'.

Stenographischer Bericht der 8. Sitzung des 10. Deutschen Bundestages.

Stenographischer Bericht der 31. Sitzung des 10. Deutschen Bundestages.

Stenographischer Bericht der 102. Sitzung des 10. Deutschen Bundestages.

Stenographischer Bericht der 204. Sitzung des 10. Deutschen Bundestages.

Urteil des Bundesverfassungsgerichts vom 17.7.1984 - 2BvE 11,15/83: Zum Aktenvorlagerecht der Parlamentarischen Untersuchungsausschusses. In: Entscheidungen des Bundesverfassungsgerichts, 67. Band, Tübingen 1985, S.100-146.

2. Sekundärliteratur

Burchardt, Rainer/Hans-Jürgen Schlamp (Hrsg.): Flick-Zeugen - Protokolle aus dem Untersuchungsausschuß. Reinbek 1985.

Hübner, Emil/Horst-Hrennek Rohlfs: Jahrbuch der Bundesrepublik Deutschland 1984. München 1985.

Kilz, Hans Werner/Joachim Preuß: Flick - die gekaufte Republik. Reinbek 1984.

Kusch, Franz: Macht, Profit und Kollegen - Die Affäre Neue Heimat. Bonn 1986.

Schily, Otto: Politik in bar - Flick und die Verfassung unserer Republik. München 1986.

Seipel, Hubert: Der Mann, der Flick jagte - Die Geschichte des Steuerfahnders Klaus Förster. Hamburg 1985.

3. Zeitungen

Deutschland-Union-Dienst (DUD),

Flensburger Tageblatt,

Frankfurter Allgemeine Zeitung (FAZ),

Frankfurter Rundschau (FR),

Handelsblatt,

Neue Rhein-Zeitung (NRZ),

Westfälische Rundschau,

Die Zeit.

Berlin – zu neuen Ufern?

Sumpflandschaft mit Beton

Eine tragische Burleske

Ort: Die Halbstadt, mitten in Deutschland

Zeit: Dezember 1985 bis Dezember 1986

Die Personen:

Wolfgang Antes	*Windiger Wahlbeamter, der ob zweifelhafter Beziehungen zu Milieu und Branche zur Schlüsselfigur des Skandalstückes avanciert*
Kurt Franke	*Baulöwe, dessen Spenden-Kladde das Ganze zum Siedepunkt zwingt*
Wolfgang Otto Albert, Waldemar Schwanz, Christoph Schmidt-Salzmann	*Berliner Milieu-Größen, deren politische Beziehungen abwechselnd als sehr eng oder gar nicht vorhanden beschrieben werden*
Heinrich Lummer, Heinz Vetter, Klaus Franke	*Opfer-Trio, fällt dank obskurer Geschäfte und politischer Sachzwänge*
Eberhard Diepgen	*Regierender Bürgermeister von Berlin, der die Handlung nicht immer ganz durchschaut, da er selbst verstrickt ist*
Klaus Landowsky	*konturlos, da er sich als "graue Eminenz" vom Hintergrund kaum abhebt, trotzdem aber immer mal wieder das Geschehen lenkt*
"Der Tagesspiegel. Unabhängige Berliner Morgenzeitung"	*Mitinitiator und sachkompetenter, kritischer Kommentator des Stückes*
Hans-Jürgen Fätkinhäuer	*Staatsanwalt, der von Anfang an richtungsweisend und beherzt in die Geschehnisse eingreift*

Inhalt

Vorspiel auf dem Theater

Dichter:

Es dämmert schon und wird nun Zeit,
den Menschen etwas vorzuspielen
und geradewegs auf Herz und Kopf,
vielleicht sogar auf Nier'n zu zielen.
Bestimmen Sie in aller Schnelle
den Ort, die Zeit - das Finanzielle,
dann ist's uns allen gut getan.

Ich dichte -
und das Spiel fängt an!

Direktor:

Wohlan, Herr Dichter:
Heute - scheint mir - liebt man's sehr verwegen,
d'rum woll'n wir auch auf Brettern pflegen,
das, was im Leben wohlgetan.
Setzen's in das Bühnenbild Gesichter,
daß es gruselt manchem braven Mann.
Wir brauchen Diebe, Mörder, Hausbesitzer,
Bordelliers, Politiker nebst manch zwielicht'gem Gelichter!

Soviel zum menschlichen Geschehen,
das vor allem spielt im Dämmerschein -
es sollte wohl im Frühling sein.
Den Ort, hmmm ... man sollte Städte sehen
mit viel Beton und Geldgeschrei.
Das ist das beste Allerlei
und drumherum ein ordentlich' Getöse
und einen Lotterbub, der böse
und der fällt.

Denn d a s ist die Gerechtigkeit der Welt !!!

I. Akt
Die Baulöwen sind los

1. Szene
Startschuß

In der Nacht vom 1. zum 2. Oktober 1985 öffnet der Baulöwe Günther Schmidt gegen 1.30 Uhr die Stahltür zum Treppenhaus des Gebäudekomplexes, in dem sich neben seinem Immobilienbüro die Wohnung seiner geschiedenen Frau und seiner Freundin befinden. Da knallen zwei Schüsse. Schreiend läuft Schmidt zur Wohnung seiner Frau, die entsetzt die Tür aufreißt: Blutüberströmt bricht er vor ihr zusammen.

Im Krankenhaus wird ein Oberarmdurchschuß behandelt. In derselben Nacht gibt Schmidt der Polizei zu Protokoll, ein gewisser Christoph Schmidt-Salzmann - unter Freunden CSS, 39 Jahre, Sprößling einer millionenschweren Textilfamilie, einer der Berliner Unterwelt-Größten, CDU-Mitglied, in dessen Umgebung sich "obskure Unglücksfälle häufen" - sei für die Schüsse verantwortlich.

Schmidt und CSS hatten sich bis Mitte 1983 als jahrelange Geschäftspartner einträchtig im Auftrag von Spekulanten um die Freimachung von Mietshäusern und die Abräumung von Grundstücken gekümmert. Die gängigen Praktiken der flotten Jungunternehmer werden eingehend in einer Dokumentation alternativer Autoren aus dem Jahr 1980 über die "Sanierungsmafia" geschildert, die heute den Fahndern der zuständigen Sonderkommission "so was wie 'ne Bibel" ist. (SPIEGEL 3.2.86) In Häusern, die Geschäftspartnern oder CSS selbst gehörten, brannte es auffällig oft, Wasserleitungen wurden durchsägt, bereits leerstehende Wohnungen unbewohnbar gemacht. Manchmal wurde auch ein Haus ohne Genehmigung kurzerhand abgerissen. Alles lief ausgezeichnet, bis sich die Partner gegenseitig Betrug vorwarfen. Inzwischen streiten sich Schmidt und CSS in über einem Dutzend Zivilverfahren um eine Million Deutsche Mark.

Als Schmidt aus dem Krankenhaus entlassen wird, besorgt er sich sofort einen Leibwächter, der ihn - wie die Polizei - nicht aus den Augen lassen wird. Denn im Milieu kursiert der Spruch: "In Sachen Schmidt wurde schlecht gearbeitet, es muß nachgebessert werden." (ZEIT 31.1.86) Am 22. Oktober 1985 werden zwei bewaffnete Männer vor Schmidts Stammkneipe verhaftet. Wegen "dringenden Tatverdachts des versuchten Mordes zum Nachteil Günther

Schmidt" wird am 31. Oktober 1985 die Wohnung von CSS durchsucht. Der Hausherr weilt derzeit am Nil, wird aber sehr schnell in die Schweiz eilen, um sich am Zürcher Goldufer mit seinen Berliner Anwälten zu beraten.

Die Durchsuchung liefert in der Mordsache kein Beweismaterial, aber die schlichte Photokopie eines handgeschriebenen Briefes von CSS, datiert vom 14. Juni 1985.

2. Szene
Zufallsfund

Der Brief war geschrieben für einen "lieben Wolfgang", der an empfangene 200.000 DM erinnert wird: Bekomme er (CSS) nicht bald den versprochenen Erbpachtvertrag und die Baugenehmigung, hätte er auch "andere Methoden".

Mit dem "lieben Wolfgang" könne - schloß die Polizei - eigentlich nur Wolfgang Antes gemeint sein, seines Zeichens Charlottenburger Baustadtrat und CDU-Kreisvorsitzender. Da CSS sich in Charlottenburg um ein landeseigenes Grundstück bemüht hatte, mochte es sich bei den 200.000 wohl um Schmiergeld handeln.

> Paragraph 332 des Strafgesetzbuches sieht Freiheitsstrafen zwischen sechs Monaten und fünf Jahren vor, wenn Amtsträger für Diensthandlungen Gegenleistungen fordern, sich versprechen lassen oder annehmen. Wer einen Amtsträger aktiv besticht oder es versucht, kann zwischen drei Monaten und fünf Jahren Freiheitsstrafe bekommen.

Vier Tage nach dem Besuch bei CSS, am 4. November 1985, steht die Kripo vor dem einbruchsicheren Haus Antes mit dem ersten Haftbefehl. Bereits im Sommer 1986 hat die Abteilung 68 (organisierte Kriminalität), in deren Reihen auch Staatsanwalt Fätkinhäuer steht, die Ermittlungen in Richtung Antes aufgenommen. Sie landet an diesem Tag ihren ersten entscheidenden Schlag gegen Antes. Außerdem wird die Kripo fündig bei der Durchsuchung von weiteren 17 Büros und Wohnungen, auch denen der Baulöwen Kurt Franke und Dietmar Otremba, dem Bauexperten der CDU, dessen Büro "peinlich" aufgeräumt wirkte.

3. Szene
Spurensicherung

CSS wird zur öffentlichen Fahndung ausgeschrieben. Seine inzwischen aus Zürich wieder in Berlin eingetroffene Rechtsanwältin spricht von einem Darlehensvertrag, den CSS und sein langjähriger Freund Antes am 24. September 1982 über 180.000 DM abgeschlossen haben. "Von Bestechung könne dabei überhaupt keine Rede sein." (ZEIT 31.1.86) Am 14. November 1985 wird CSS diskret wie mit der Staatsanwaltschaft vereinbart, vom Flughafen in die Untersuchungshaft nach Moabit gebracht. Die dortigen Haftbedingungen werden von Staatsanwalt Fätkinhäuer genutzt, seine Kundschaft mürbe zu machen: Täglich 23 Stunden sind die Insassen allein in ihren Zellen, Besuch alle 14 Tage für eine halbe Stunde. Fätkinhäuer - unter Kollegen gilt er als kompetent, ehrgeizig, selbstbewußt bis arrogant - gibt den im Fall 'Antes' Verwickelten zu verstehen, daß es Haftverschonung nur gegen Geständnis plus Kaution geben wird. Für die Betroffenen und ihre Anwälte ist das Erpressung, für Fätkinhäuer die Chance, harte Jungs weich zu bekommen. CSS wird weich. Er gesteht am 20. Dezember 1985 die Bestechung und beschuldigt seine Anwältin, den "Darlehensvertrag" gefälscht zu haben. Haftverschonung wird gegen eine Kaution von 150.000 DM gewährt.

Zu Antes führten bereits zwei ältere Spuren. Die eine beginnt bei der Aufklärung eines "dubiosen Brandes" in der Lietzenburger Straße 83 am 23. März 1984, bei dem ein Mann ums Leben gekommen ist.

> Am 22. Januar 1985 wurde ein Ehepaar in Fellbach/Stuttgart von zwei Männern überfallen. Die Frau wurde dabei getötet - die Täter entkamen mit 2.600 DM. Da ihr Fluchtauto, in dem ein Dritter wartete, sehr auffällig geparkt war, konnten sie dank des Hinweises eines Anwohners noch in derselben Nacht festgenommen werden. Alle drei stammten aus der DDR und gaben als ihren Waffenlieferanten einen gewissen Werner Hildebrandt, Berlin, an.
>
> Dieser landete im Sommer 85 bei Fätkinhäuer in Moabit. Sein Mitangeklagter Reiner B. gab bei den Vernehmungen, um sich reinzuwaschen, noch das eine oder andere Ding zum besten, vom dem ihm Hildebrandt erzählt hätte. Hildebrandt hätte z.B. das Haus in der Lietzenburger Straße 83, in dem er als Hausmeister tätig war, im Auftrag des Steuerberaters Wolfgang Kind in Brand gesteckt.

Beim Namen Kind wird Fätkinhäuer hellhörig. Dieser war ihm bekannt durch Geschehnisse um das "Café am Hain". Das Café ist von Kinds Mandanten Karl-Heinz Böhning bis zum 30. Mai 1981 gemietet worden. An diesem Tag ging es in Flammen auf. Beim Kassieren der Versicherungssumme allerdings gab es ein Problem. Im Erbpachtvertrag des landeseigenen Grundstückes sah eine Klausel vor, daß im Falle eines Brandes der Pächter für den Wiederaufbau verantwortlich sei: Die Versicherung sperrte 600.000 DM. Das nun wollte Böhning nicht hinnehmen. Sein Steuerberater Kind verhandelte mit Baustadtrat Antes, und flugs wurde Böhning aus dem Pachtvertrag entlassen. Böhning wird einen Tag nach Antes, am 5.11.85, inhaftiert. Er gesteht die Inszenierung des Brandes. Daß bei dem weiteren Geschäftsverlauf Bestechung im Spiel gewesen sein soll, stützt sich nur auf die Aussage eines ebenfalls inhaftierten Geschäftpartners von Böhning.

Die andere Spur zu Antes endet bei Innensenator Heinrich Lummer, Mitglied der Christlich-Demokratischen-Union (CDU). Sie beginnt bei einem Wuppertaler Gebrauchtwagenhändler, Herrn Otto Putsch. Putsch hatte erheblicher finanzieller Druck 1984 aus Wuppertal zu seinem Bekannten Lummer nach Berlin getrieben. Auf dem üppig subventionierten Wohnungsmarkt - auf jede Mark des Landes Berlin kommen 54 Pfennig aus Bonner Töpfen - wollte sich auch Putsch schadlos halten. Die 'Putsch-Affäre', die sich aus diesen Plänen entwickeln sollte, sorgte 1984 für einen heißen Sommer in Berlin.

> Am 16. Mai 1984 berieten Putsch, dessen Steuerberater, Antes und Eckhard Lindemann (CDU), Bezirksbürgermeister von Charlottenburg, einvernehmlich über die Vergabe von 2.100 landeseigenen Wohnungen des Bezirks. Es war Antes' Idee, diese zu privatisieren. Die Verwaltung des landeseigenen Grundbesitzes gehörte zwar nicht zu seinem Aufgabenbereich, passenderweise jedoch befand sich der sozialdemokratische Finanzstadtrat im Urlaub.
>
> Man einigte sich auf einen Kaufpreis von 4.000 DM pro Wohnung. Dazu kämen noch circa 100 Millionen, die Putsch von der landeseigenen Wohnungsbaukreditanstalt (WBK) für die Modernisierung der Wohnungen verlangen könnte. Putsch bot als Dank eine Parteispende von einer Million an. Weitere vier Millionen wurden, so will es Putsch, von Antes nachgefordert.
>
> Der Deal platzt, als Finanzsenator Kunz sich prinzipiell und im Einvernehmen mit dem übrigen Senat gegen die Privatisierung landeseigener Wohnungen ausspricht.

Am 31. Juli 1984 fordert der "Tagesspiegel", die "seriöseste Zeitung der Stadt" (ZEIT 31.1.86) zum erstenmal in diesem Zusammenhang den Rücktritt von Wolfgang Antes.

4. Szene
Ein bißchen putschen und rumlummern

Im Dezember 85 wird die Bekanntschaft Lummers mit Putsch durch den TSP publik, der darauf verweist, "daß offensichtlich die sogenannte Putsch-Affäre bis in die Spitzen der Berliner CDU hinein bekannt und abgesprochen war." (TSP 19.12.85) So jedenfalls sieht es der SPD-Kreisvorsitzende Körting. Der Kontakt zwischen Antes und Putsch war demnach über Lummer zustande gekommen, was bisher niemand geahnt hatte. Der TSP recherchierte in Sachen 'Putsch' bei den Berliner Justizbehörden. Lummer hatte allerdings inzwischen ein Treffen mit Putsch zugegeben, sich an weitere jedoch nicht mehr erinnern können. Körting fordert am 18.12.85 die Aufklärung der Lummer-Rolle in der Putsch-Affäre und auch die des Bürgermeisters und CDU-Landesvorsitzenden Eberhard Diepgen. Außerdem beschuldigt er Antes' Nachfolger Wilhelm Kewenig als CDU-Kreisvorsitzenden, er hätte zur Verschleierung von Tatbeständen im Ermittlungsverfahren gegen Antes in dieser Affäre beigetragen, und fordert dessen Rücktritt. Senatssprecher Fest redet in Erwiderung dieser Vorwürfe von "politischer Giftmischerei" und "übelsten Machenschaften der SPD", die sich einer Kontroverse um politische Sachfragen damit entziehen wolle. Die ganze Angelegenheit wirke demokratiezerstörend, und die Forderung nach einem Rücktritt Kewenigs sei, "pardon, an Dämlichkeit nicht mehr zu übertreffen." (TSP 19.12.85)

Mitte Januar 1986 ermitteln drei Staatsanwälte, ein Oberstaatsanwalt sowie 19 Beamte des Dezernats "Organisierte Kriminalität" gegen 23 Beschuldigte im Fall Antes. Was bei ihrer Arbeit allmählich sichtbar wird, ist die eigenwillige Rückendeckung, die Antes von der CDU-Spitze über Jahre gewährt worden ist. Nun steht Antes im Rampenlicht und allein. Er, dessen Methoden auch CDU-Kollegen als durchaus "windig" (ZEIT 31.1.86) ansahen, wurde 1981 zum Bau-Verantwortlichen in Charlottenburg dank Ku'damm das Zentrum des "großen Geldes und der großen Ganoven". (ZEIT 31.1.86)

Hier sind die meisten Firmen ansässig, und die höchsten Quadratmeterpreise werden verlangt. 1983 wurde Antes zum Vorsitzenden des Charlottenburger CDU-Kreisverbandes, einem "etwas schrägem Haufen". (SPIEGEL 3.2.86) Nach kurzer Zeit hatte Antes - durch "gezielte Mitgliederwerbung" und hilfreiche Immobilienspekulanten - Charlottenburg fest in seiner Hand. "Seine ausgeprägte Fähigkeit, Mehrheiten zu bilden und Abhängigkeiten zu schaffen" (SPIEGEL 3.2.86), kam ihm nicht nur bei parteiinternen Machenschaften zugute. Auch seine Finanzen entwickelten sich in den nächsten Jahren prächtig. Zu einem Monatseinkommen von 8.000 DM kamen über eine Million für kleinere und größere Gefälligkeiten hinzu.

5. Szene
Kladde auf!

Zu dieser Verbindung von Politikern, Schwer- und Leichtkriminellen, Bordelliers, Ämtern und privaten Firmen, die eine Komponente im Berlin-Fall ausmachen, gesellt sich eine äußerst dubiose Spendenpraxis, die von anderer Seite denselben Bereich korrumptiv erschließt: den Berliner Bau. Schlüsselfigur dieser Vorgänge ist der Baulöwe Kurt Franke. Mit dem Bausenator Klaus Franke, wie er mehrmals betont, sei er "weder verwandt noch verschwägert". Als besonders gewichtig für diesen Komplex erweist sich eine Kladde, die der Polizei bei der Durchsuchung am 4.11.1985 im Hause CSS' in die Hände gefallen war. Hier waren mit Sorgfalt alle Spenden verzeichnet, die Franke über Jahre verschiedensten Sachbearbeitern, Politikern und z.B. auch Diepgen zukommen ließ. Es handelt sich um über eine Million, die quer übers Land Berlin, aber auch die Landschaft der Parteien gestreut wurde. Der Vergleich mit Geschehnissen auf der Bonner Bühne bietet sich an.

> Dazu das Parteiengesetz: "Spenden an eine Partei oder einen oder mehrere ihrer Gebietsverbände, deren Gesamtwert in einem Kalenderjahr (Rechnungsjahr) 20.000 DM übersteigt, sind unter Angabe des Namens und der Anschrift des Spenders sowie der Gesamthöhe der Spende im Rechenschaftsbericht zu verzeichnen." (TSP 24.1.86)

Die Formulierung des Parteiengesetzes folgt dem Grundsatz der "finanziellen Transparenz der Demokratie", der vom Bundesverfassungsgericht vielfach unterstrichen wurde. Der Wähler soll auf diesem Weg erfahren, welche finanzkräftigen Bürger welche Partei unterstützen. Im Berlin-Fall erfährt der Wähler über die Staatsanwaltschaft, wie zur Verschleierung dieser Transparenz beigetragen wurde. Doch nicht nur die Verletzung des Verfassungsgebotes steht zur Debatte, sondern auch der Verdacht der Korruption. Die Fahndungsbeamten jedenfalls zeigten sich "fassungslos über die erbötigen Dankschreiben der Empfänger" (SPIEGEL 27.1.86), die ihnen gleichfalls in die Hände gefallen waren.

> "Eine Parteispende ist als Bestechung oder Vorteilsgewährung nur unter engen Voraussetzungen strafbar. Ein Amtsträger, über den die Parteispende gezahlt worden ist, müßte durch die Spende objektiv meßbar 'bessergestellt' sein. Unter Juristen herrscht die Meinung vor, daß zumindest größere Spenden an eine Partei auch für den Übermittler von mittelbarem Nutzen sein könnten. Dies gelte dann, wenn etwa ein Minister oder ein parlamentarischer Staatssekretär sein Amt maßgeblich seiner Stellung innerhalb der Partei verdankt. Für eine Strafbarkeit ist aber auch unerläßlich, daß die Spende im Zusammenhang mit einer pflichtgemäßen (Vorteilsnahme) oder pflichtwidrigen (Bestechlichkeit) Amtshandlung des Amtsträgers steht." (TSP 23.2.86)

II. Akt
Vordergründe, Hintergründe, Abgründe

1. Szene
Turbulenzen

Am 16. Januar 1986 kommt es unter großem Presseandrang zu einer turbulenten Sitzung des Berliner Abgeordnetenhauses. Die SPD spricht vom "größten Skandal der Nachkriegsgeschichte" (TAZ 18.1.86), an dem durch ihre übertriebene Fürsorge im "Fall Antes" sowohl der Generalsekretär der Berliner CDU, Klaus Landowsky - zentrale Figur der dominierenden "Beton-Fraktion" im Berliner Senat, die Diepgen den Weg ins Amt ebnete -, als auch Diepgen selbst Anteil hätten. In einer großen Anfrage der SPD und AL wird auch zur Spendenpraxis in Verbindung mit Kurt Franke von der CDU Rede und Antwort verlangt. Im CDU-Laden herrscht "Weltuntergangsstimmung". (TAZ 18.1.86) Nach und nach schält sich heraus, was alles *nicht* geschehen ist in seinen Etagen. Als das spendenträchtige Geschäft mit Putsch aufflog und Antes öffentlich scharf kritisiert wurde, war man in der Parteispitze bemüht, im Vorfeld der Parlamentswahl vom März 1985, alles in den Griff zu bekommen. Zum Bild einer sauberen CDU paßten die Vorfälle um Antes nicht. Landowsky riet dem damals mit den behördeninternen Nachforschungen beschäftigten Bezirksbürgermeister Lindemann, "das Verfahren gegen Antes totzumachen". (SPIEGEL 3.2.86) Die ganze Aufregung endete denn auch mit einem "läppischen Verweis" (SZ 29.1.86), der vom CDU-Kreisverband "einhellig bedauert wird".

Lindemann hatte bereits im Dezember 1984 den telefonischen Hinweis bekommen, Antes sei in Zusammenhang mit der Vermietung des "Café Europa" mit 50.000 DM bestochen worden, von einem Strohmann für Herrn Otto Schwanz. Dieser betreibt Bordells und Nachtbars, um einem luxuriösen Lebenswandel zu frönen, zu politischen Größen wie Antes und Diepgen hat er ausgezeichnete Kontakte, die kennt er noch aus der Jungen Union. Der Verdacht wurde im Februar 1985 durch die eidesstattliche Erklärung des Charlottenburger Rechtsamtsleiters Lothar Gosten erhärtet: "Am 19.2.1985 hat mir der Rechtsanwalt und Notar Jakob Kraetzer anläßlich eines persönlichen Gesprächs erklärt, ihm habe ein befreundeter Rechtsanwalt berichtet, daß dieser als Mandanten Herrn Jürgen Lund habe. Herr Lund habe seinem Anwalt sinngemäß gesagt, daß er quasi als Bote im Auftrage von Herrn Schwanz Herrn Antes 50.000 Mark dafür überbracht habe, daß er die Räume zum Betrieb des "Café Europa" an Lund/Schwanz vermietet habe" (SPIEGEL 3.2.86). Gosten verlangte aufgrund dieser Informationen, Strafanzeige gegen Antes zu erlassen sowie die Anordnung eines förmlichen Disziplinarverfahrens. Doch Diepgen-Vertrauter Lindemann schrieb Ende Februar seinem Rechtsamtsleiter, weder eine Strafanzeige noch ein Disziplinarverfahren seien angebracht.

Am 4. März 1985 zog Lindemann die Ermittlungen ganz an sich und verbot dem Rechtsamt "ausdrücklich jedwede Ermittlungstätigkeit in der einen oder anderen Richtung" und forderte, ihn "über jede Ansprache durch dritte Personen, insbesondere aus dem Bereich öffentlicher Medien, sofort zu informieren". (SPIEGEL 3.2.86) Zur selben Zeit erhielt Diepgen eine anonyme eidesstattliche Erklärung zu den Vorgängen um das "Café Europa". Doch statt die Ermittlungsbehörden einzuschalten, schickte er Antes eine Kopie, der alles in Bausch und Bogen als üble Verleumdung verwarf. Diepgen empfahl ihm, Anzeige gegen Unbekannt zu erstatten.

Selbst die "WELT" fragte sich angesichts dieser Vorgänge im Dezember 1985, ob es für Diepgen "irgendwelche unbekannten Gründe gab, Antes so zu schonen".

2. Szene
Frank und frei

Franke, einer der Großen der Berliner Bauwelt, Leiter der Franke-Baubetreuung, mehrerer Hotels (Exzelsior, Plaza) und zeitweise auch als Wohnungssanierer tätig, wird wegen des Verdachts der aktiven Bestechung am 20. Januar 1986 inhaftiert. Wiederum verbreitet sich erhebliche Nervosität bei der CDU, als deutlich wird, daß keine der zum Teil beträchtlichen Spenden Frankes in den pflichtgemäßen Veröffentlichungen der Partei aufgeführt ist. Mit Franke, der "in Parteikreisen als größter Einzelspender der Berliner CDU" (TSP 24.1.86) bezeichnet wird, rückt die Praxis der Parteispenden in den Blickpunkt.

Von der Staatsanwaltschaft wird Franke vorgeworfen, Antes bei zwei Projekten bestochen zu haben. Einmal handelt es sich um den Bau eines Jugendhotels an der Ecke Lietzenburger Straße/Meinekestraße im Sommer 1984. Antes hatte sich dafür stark gemacht, statt der vom Rechtsamt verlangten 43 Parkplätze nur 15 zu bauen, sechs für Gäste, die in der Regel mit Bussen kämen, und neun für die Hotelangestellten. Für die 15 Parkplätze sollte Franke schließlich eine finanzielle Ablösung von 17.600 DM pro Platz zahlen, so waren dem Land Berlin 500.000 DM der sonst anfallenden Ablösungssumme entgangen. Der Leiter des Rechtsamtes und der leitende Baudirektor hielten die Vorlage von Antes in diesem Fall für rechtswidrig. Letztlich wies dann Bausenator Klaus Franke - nicht verwandt, aber doch interessiert - das Bezirksamt an, sich mit 15 Parkplätzen zu begnügen. Antes kassierte für diese Gefälligkeit, so aus der Franke-Kladde zu entnehmen, 70.000 DM. Im zweiten Fall drehte es sich um einen Parkplatz von 10.000 Quadratmetern zwischen der Wieland- und der Leibnizstraße. Franke hatte sich vorgenommen, dort Läden, eine Kindertagesstätte, 150 Wohnungen und eine Tiefgarage für 500 Autos zu bauen. In Abwesenheit des zuständigen Finanzstadtrates Wendtland (SPD) erteilte Antes einem Beamten Weisung, besagtes Grundstück im Erbbaurecht an Franke zu vergeben. Der Deal scheiterte an dem "weisungswidrigen Verhalten" des Beamten, der die Rückkehr seines rechtmäßigen Dienstherrn abwartete. Wendtland verweigerte die Übertragung, da das Grundstück noch nicht baureif gewesen sei. Für seine Bemühungen hatte Antes zu diesem Zeitpunkt laut Kladde bereits 100.000 DM kassiert.

3. Szene
Ausweitungen

Einen ersten Höhepunkt erlebt der sich langsam in seinem bedenklichen Ausmaß entpuppende Skandal mit dem Eingeständnis Diepgens am 23. Januar 1986, er habe 1982 mindestens 50.000 DM von Franke an die Partei weitergeleitet, möglicherweise kamen weitere 25.000 DM dazu. "Es ist alles voll in Ordnung" (TSP 24.1.86) meint Diepgen zu seinem damaligen Vorgehen. Nun sehe er sich aus Gründen der politischen Hygiene veranlaßt, den Parlamentspräsidenten und die Öffentlichkeit zu unterrichten. Allerdings seien keine Spendenquittungen ausgestellt worden, da Franke ausdrücklich die Zahlung nicht steuerlich absetzen wollte. Im Übrigen warnt Diepgen davor, die Praxis der Parteispenden von vornherein zu kriminalisieren.

> Zu dem Verhalten Diepgens meint Otto Schily, der sich gleichzeitig als Abgeordneter der Grünen auf Bundesebene in Sachen Flick maßgeblich engagiert, in einen TAZ-Interview: "Dies ist keineswegs in Ordnung, im Gegenteil. Die Tatsache, daß Diepgen offenkundig die Einnahme einer Spende von über 20.000 Mark in den Rechenschaftsberichten der CDU verschwiegen hat, ist ein eindeutiger und schwerwiegender Verfassungsbruch.". (TAZ 25.1.86) Es zeuge darüber hinaus von einem "merkwürdigen Demokratieverständnis Diepgens", daß er diese Vorgänge erst meldete, als die Staatsanwaltschaft durch die Franke-Kladde bereits informiert gewesen sei.

Am 30. Januar 1986 kommt es erneut zu einer heftigen Debatte über Korruption und Parteispenden im Berliner Abgeordnetenhaus, die durch Zwischenrufe und Tumulte häufig unterbrochen wird. SPD und AL wollen Diepgen, einzelne Senatoren und die gesamte CDU für die Geschehnisse verantwortlich machen. Diepgen, Schulsenatorin Hanna-Renate Laurien sowie weitere Sprecher der Koalition sehen sich "bösartigen Verunglimpfungen" und "einer Vermischung von Verdächtigungen, Gerüchten und Tatsachen" durch Opposition und Presse ausgesetzt. Diepgen wehrt sich im Namen aller Berliner gegen die maßlose Unterstellung, "ganz Berlin sei ein Sumpf", und fordert "mehr Augenmaß". (TSP 31.1.86) Tatsächlich war am selben Tag im ZEIT-Dossier ein mehrseitiger Artikel mit der Überschrift "Das ist der Berliner Sumpf" erschienen, der den Verlauf der "Chronique scandaleuse mit offenem Ausgang" (ZEIT 31.1.86) beherzt nachzeichnet. Außerdem kündigt der Bürgermeister gerichtliche Schritte gegen den Bordellier Leo Altmann an, der in der SFB-

Abendschau von der Duzfreundschaft seines Berufskollegen Schwanz mit Diepgen geplaudert hatte. "Erregt rief Diepgen aus: 'Es ist zum Kotzen, daß ein Regierender Bürgermeister in dieser Stadt zum Gericht laufen muß, um seine persönliche Integrität zu wahren'." (TSP 31.1.86)

Bis auf diesen Ausbruch allerdings zeichnet sich Diepgen eher durch "fehlendes Schmerzempfinden" (TSP 31.1.86) aus. Er redet von Vorkommnissen, die ihn doch sehr verärgert hätten. Bei soviel Understatement bleibt der AL-Abgeordneten Annette Ahme "die Spucke weg". Ansonsten betrachte er, Diepgen, die ganze Angelegenheit als Chance zur Selbstreinigung von "offenbar unsauberen Zeitgenossen". Der SPD-Fraktionsvorsitzende Momper erhebt schwere Vorwürfe gegen Diepgen, der den Eindruck erwecke, "er wolle etwas vertuschen". (TSP 31.1.86) Außerdem fordert er Diepgen auf, alle veröffentlichungspflichtigen Spenden an die CDU offenzulegen. Es gehe nicht um eine Parteispendenaffäre, sondern um "organisierte Kriminalität" (TSP 31.1.86). Laurien äußert sich zur unangefochtenen Sachkompetenz Diepgens, die als Basis seiner Vertrauenswürdigkeit diene. Sie stellt fest: "Bei Diepgen sei die Sachlichkeit so groß, daß die manchmal fast zur Trockenheit gerät". (TSP 31.1.86) Von den Bänken der AL mischt sich in den starken Beifall der Koalition auf Lauriens Rede der Zwischenruf: "Es lebe die Nachfolgerin". (TSP 31.1.86) Ein Mißtrauensantrag der AL gegen den Bürgermeister steht zur Debatte, der erst am folgenden Samstag, dem 1.2.86, zur Abstimmung vorliegen wird. Da die Koalition über die Mehrheit verfügt, ist Diepgens Verbleiben im Amt gesichert.

4. Szene
Erster Schachzug

Völlig unerwartet tritt am 4. Februar Klaus Riebschläger (SPD) als Landeskassierer und wirtschaftspolitischer Sprecher seiner Partei zurück. Daneben kündigt er für Ende Februar die Niederlegung seines Mandats im Abgeordnetenhaus an. Riebschläger hatte am 24. Januar erklärt, daß er neben 130.000 DM, die Franke seit 1980 an die SPD gezahlt habe, 1985 eine persönliche Wahlkampfspende erhalten habe. Am 28. Januar erklärt er in diesem Zusammenhang, er habe Frau Franke einen Verrechnungsscheck über 10.000 DM zugestellt, jene Summe, "die ihn in keiner Weise belastete, als er sie Anfang 1985 entgegengenommen habe" (TSP 29.1.86), mit der er sich aber seit der letzten Woche nicht mehr wohlgefühlt habe.

Diese noble Geste wird Riebschläger nicht retten. Auch aus anderem Grund ist er in taktischer Sicht seiner Partei hinderlich: Die SPD hatte am 24. Januar erneut einen Antrag eingebracht, der eine schärfere Regelung der Inkompatibilität (Trennung von Amt und Mandat) forderte. Danach sollten Vorstandsmitglieder von Unternehmen, die zu mehr als 50 Prozent dem Land Berlin gehören, nicht gleichzeitig dem Abgeordnetenhaus angehören. Auch der geschäftsführende Landesverband der SPD (TSP 25.1.86), dem Riebschläger angehört, spricht sich für diese Regelung aus. Betroffen sind davon der CDU-Fraktionsvorsitzende Landowsky, Vorstandsmitglied der Berliner Pfandbriefbank und der WBK, der CDU-Abgeordnete Simon, der dem Vorstand der gemeinnützigen Wohnungsbaugesellschaft GEHAG angehört, sowie Riebschläger, auch er Direktor der WBK.

Riebschläger erklärt, er folge mit seinem Rücktritt Stimmungen in seiner Partei und hoffe, nun könne sich die SPD um die eigentlichen Konflikte der Bestechungsaffäre kümmern. Vor allem gilt der Rücktritt als Schachzug gegen die graue Eminenz der CDU und Multifunktionär Landowsky: im Kontrollgremium des SFB, im Vorstand der WBK und der Berliner Pfandbriefbank. Dieser kündigt für Mitte 1987 die Aufgabe seines WBK-Postens an.

Die Inkompatibilitäts-Frage führt neben denen der Korruption und der bedenklichen Praxis von Parteispenden zu heftigen Auseinandersetzungen im Parlament. Gerade die WBK, in deren Aufsichtsgremium des Verwaltungsrates wiederum Bausenator Franke thront, bildet einen Angelpunkt für die sich offenbarende Subventions- und Korruptionspraxis Berlins, die unauflöslich miteinander verbunden scheinen.

5. Szene
Die Berliner Krankheit

Die Bauskandale der Halbstadt entspringen einerseits persönlichen Machenschaften von Politikern, Bauträgern und Beamten, andererseits aber sind sie Ausfluß einer grundlegenden Fehlentwicklung in der Wohungsbauförderung. Die gutgemeinten staatlichen Hilfen zusammen mit der "kuriosen geographisch-politischen Lage" Berlins (SPIEGEL 3.2.86) bilden den idealen Nährboden für manchen Sprößling. "In Berlin treffen sich immer wieder Woche für Woche die gleichen Leute: auf Veranstaltungen der Industrie- und Handelskammer, bei politischen Empfängen, im Verein Berliner Kaufleute und Industrieller, bei Veranstaltungen der Alliierten, im Rotary Club, auf privaten Essen, im Berlin-Flieger und beim Essen im Kempinski. Da kann der Bauunternehmer, ganz nebenbei, Sektglas in der Hand, schnell mal mit dem Herrn Baustadtrat über sein jüngstes Projekt reden." (SPIEGEL 3.2.86) Nicht nur beschänkt sich alles auf eine eher variationsarme Besetzung, sondern auf noch variationsärmeren Boden, den die sogenannte öffentliche Hand betreut. Daß diese wiederum von der Baubranche gepflegt wird und sich diese Pflege nicht nur auf demokratische Institutionen beschränkte, sondern auch von Herz zu Herz und Hand zu Hand betrieben wurde, ist nur systemkonform und doch mehr als eine juristische Gratwanderung.

Seit 1965 wird alle Bauförderung - mit Ausnahme der Sanierungsförderungsmittel (Bezirke) und des Selbsthelferprogramms - über die WBK abgewickelt. Die gilt "bei gewieften Bauherrn als Geschenkhaus" (SPIEGEL 3.2.86) und allgemein "als das eigentliche Zentrum der Privilegierung bestimmter Bauherrn (was nach dem II. Wohnungsbaugesetz und nach den Berliner Förderrichtlinien verboten ist) und als Instanz für erstaunlich großzügige Kosten- und Förderbewilligungen". (TSP 20.4.86) Der eigenartig schillernde Charakter dieser Gesellschaft ergibt sich aus ihrer Doppelrolle: Einerseits ist sie als öffentliche Verwaltung und Kasse tätig, wirkt damit als Abwicklungs- und Kontrollinstanz; andererseits verhält sie sich wie eine private Bank, die mit der Vergabe von Berlin-Darlehen für die Öffentlichkeit nicht einsehbare Geschäfte verbindet.

Seit 1968 hat Berlin das für die öffentliche Hand intensivste Förderungssystem im Wohnungsbau. Aufgebläht ist dieses System durch die unkontrollierbaren Rechnungen von sogenannten Generalübernehmern, die gegen Pauschalen für Bauherren tätig werden. Die Praxis, *jedes* Projekt nach einer Sonderregelung zu fördern, welche von der WBK "völlig losgelöst von den offiziellen Fördersätzen" (TSP 20.4.86) *politisch* motiviert wird - mit aktuellen 21 DM/Quadratmeter 50 Prozent über der offiziellen Höchstgrenze 14 DM/Quadratmeter -, steht neben dem Mythos, man könne in Berlin nicht billig bauen. Außerdem ließen die Benachteiligung von Bauherrn, die mit kostengünstigen Voranschlägen kamen, und die Nachbewilligung von Kostensteigerungen bis zu 20 Prozent bei Schlußabrechnungen einen üblen Betonwuchs entstehen. Da die WBK nur über einen eher beschränkten Prüf- und Kontrollapparat verfügt, finden Kontrollen des Baugeschehens vor Ort, aber auch die der eingehenden Rechnungen in eher bescheidenem Umfang statt. Für ihre Verwaltungs-Arbeit verlangt die WBK allerdings fünf Prozent der jährlichen Aufwendungshilfen, welche allein mit ca. 1 DM/Quadratmeter die Kostenmieten der geförderten Wohnungen belasten. Mithilfe einer undurchschaubaren Kalkulation von Kosten, dem Mitteleinsatz und finanziellen Bindungen erwirtschaftete die WBK allein 1984 den sensationellen Jahresüberschuß von 132 Millionen DM. Von Kostendämpfung will im Verwaltungsausschuß, in dem Mietervertreter natürlich nicht sitzen, dafür aber die Fachgemeinschaft Bau, niemand etwas wissen.

Für dieses Förderungssystem wenden Berlin und Bonn beim "Sozialen Wohnungsbau" 20 Milliarden DM, beim sogenannten steuerbegünstigten für die Besserverdienenden zusätzlich weitere 2 Milliarden DM auf. Die intensivste Auslastung des Systems wird scheinbar nicht über Baukosten, sondern über Zinslasten erreicht. Die Banken sitzen wie die Maden im Speck, und die Bauträger drängen "in Richtung Baukostensteigerung" (TSP 20.4.82). Zu diesen direkten Förderungen kommen noch die indirekten über Steuern und die sog. Subjektförderung, wie z.B. Wohngeld. Die indirekten Steuervorteile werden seit Mitte der 70er Jahre über "Abschreibungsgesellschaften" aktiviert, die eine besonders interessante Rolle spielen. Die von ihnen erarbeiteten Steuervergünstigungen, die 50 - 70 Prozent der Investitionskosten ausmachen, teilen sich die Projekt-Initiatoren, die Kommanditisten (gut- und besserverdienende Anleger, meist aus Westdeutschland) und die Hypothekenbanken. Da dem Abschreibungs-Wohnungsbau hohe Verluste besonders munden, ist dieses System außerordentlich kostenfördernd. "Und die öffentliche Hand zahlt und zahlt für eine ungeheuerliche Vermögensverschreibung der sowieso gutverdienenden Schichten." (TSP 20.4.86)

Was sich solcherart vollzieht, ist die "völlige Pervertierung" (TSP 20.4.86) marktwirtschaftlicher Prinzipien. Gewinne werden nicht mehr aus der Vermietung von Wohnungen gezogen, sondern über Subventionen und Steuergeschenke. Wenn jemand ein Risiko trägt, dann der Staat, in diesem Fall der Berliner Senat, der subventioniert, damit die Wohnungen überhaupt vermietbar werden. Ein Gebäude wie der Steglitzer Kreisel, den niemand brauchte außer die Architektin Sigrid Kressmann-Zschach und ihre steuerunwilligen

Geldgeber, ist symptomatisch. Symbolisch zu bewerten ist der Einzug der Bezirksverwaltung Steglitz eben in dieses Gebäude, das sie sich selbst besser und billiger hätte bauen können.

III. Akt
Opfergang

1. Szene
Ausweichmanöver

Am 12. Februar 1986 wird gegen den früheren Charlottenburger Baustadtrat Wolfgang Antes und sieben weitere Mitbeschuldigte in einer 77seitigen Anklageschrift, in der sogar nur auf einen Teil des Ermittlungsverfahrens eingegangen wird, das Hauptverfahren eröffnet. Es sind dies die Ermittlungen im Zusammenhang mit dem Brand im "Café am Hain", der Verpachtung des "Café Europa", dem Brand im Lokal "Blauer Engel" und der Bebauung von vier Grundstücken in Charlottenburg.

> Antes wird vorgeworfen, insgesamt 400.000 DM als Gegenleistung für die Vergabe eines Pachtvertrages, Baugenehmigungen und eines Erbbaurechts angenommen zu haben. Ihm wird darüber hinaus angelastet, das Land Berlin um eine Forderung von 600.000 DM angelegentlich des Brandes im "Café am Hain" gebracht zu haben. Den weiteren Angeklagten - Otto Schwanz, Norbert Pörtner, Jürgen Lund, Heinz-Werner Raffael, Christoph Schmidt-Salzmann, Wolfgang Kind, Karl-Heinz Böhning - wird u.a. vorgeworfen, die entsprechenden Zahlungen für Antes' pflichtwidriges Verhalten geleistet zu haben. In den nächsten Wochen hat das Landgericht über die Zulassung der Anklage und die Eröffnung des Hauptverfahrens zu entscheiden.

Bürgermeister Diepgen erklärt am 18.2.86 die Absicht des Senats, mehr Klarheit und Transparenz im Baugeschehen zu schaffen. Dazu legt er ein 10-Punkte-Programm vor. Gegen Spekulationen, die Umbildung des Senats betreffend, wendet er sich *energisch* : dazu bestehe gar keine Veranlassung. Diese Bemerkung wird vom TSP als möglicher Fehler Diepgens bewertet. "Schon ein einziger freiwilliger oder erzwungener Rücktritt eines Senatsmitgliedes könnte ihn in die Lage bringen, seiner Voraussage widersprechen zu müssen. Auf eine solche Möglichkeit bereitet man sich vor, statt sie völlig in Abrede zu stellen und dann, träte der Fall dennoch ein, als ein gegen seinen eigenen Willen Handelnder dazustehen." (TSP 19.2.86)

Doch zunächst sieht es so aus, als meine der glaubensstarke Diepgen durch Änderungen der Struktur im Bauwesen sei die Angelegenheit zu bereinigen. Die Kriterien zur Vergabe öffentlicher Gelder im Wohnungsbau sollen durch Bausenator Franke dem Senat vorgelegt werden sowie alle anderen Entscheidungen; öffentliche und gemeinnützige Wohnungsbaugesellschaften wieder stärker an Wohnungsbauprogrammen beteiligt, die Preise gesenkt, der Leistungswettbewerb soll angekurbelt, die Preiskalkulation von Generalübernehmern einsehbar gemacht und eine Veränderung der Aufgabenverteilung zwischen Bezirken und Hauptverwaltung angestrebt werden. Jedoch auch diese Hoffnung wird enttäuscht.

2. Szene
Vetter als Fett

Bereits Ende Januar ist der Umweltsenator Heinz Vetter (FDP) in die öffentliche Kritik geraten, als er zugibt, 10.000 DM von Franke als Spende erhalten zu haben. Dies geschieht nach der Inhaftierung Kurt Frankes am Montag, dem 20.1.86. Bei Vetters erstem und einzigem Privatbesuch des Unternehmerehepaars im Juli 1983 habe ihm Franke "beim Rausgehen einen geschlossenen Umschlag in die Hand gedrückt". Er sei dann zu Hause beim Öffnen desselben "ganz entsetzt" gewesen, als er das viele Geld gewahrte. (TSP 28.1.86) Das Geld sei von ihm sofort an die Bundespartei weitergeleitet worden, weiteres habe er nicht erhalten. Leider war in dieser Angelegenheit der spendable Franke anderer Meinung. Insgesamt 50.000 DM will er an Vetter, der in jener illustren Kladde unter "Fett" erscheint, gezahlt haben. Ende Februar ist sich die Staatsanwaltschaft jedoch noch nicht schlüssig, ob gegen Vetter wegen Unterschlagung oder Untreue ermittelt werden soll. Doch dafür nimmt die Oberfinanzdirektion Witterung auf: wurden womöglich Steuern hinterzogen?

Darüber hinaus macht sich jedoch bei den Liberalen Unmut breit, weil Vetter bei der CDU - ohnehin umstritten wegen "seiner profillosen Politik" (SPIEGEL 24.2.86) - unter Beschuß gerät. Lautstark hatten bereits Anfang Februar Delegierte auf einer Sitzung des CDU-Landesausschusses "den Rausschmiß des mit erheblichen Vorwürfen belasteten Senators" (SPIEGEL

24.2.86) gefordert. Es war Landowsky, der eine Abstimmung mit dem Hinweis auf "die innere Angelegenheit der FDP" verhinderte. Dies aber verärgerte den kleinen Partner einmal mehr, denn "dies ist kein Vetter- und FDP-Skandal, sondern ein Skandal Antes und der CDU". (SPIEGEL 24.2.86) Wenn Vetter gehen solle, dann - bitteschön - mit ihm Lummer und Franke. Doch zunächst geht niemand. Stattdessen wird ein Untersuchungsausschuß installiert, der die politischen Verantwortlichkeiten für den Skandal klären soll. So beschließen es CDU, SPD und FDP am 24. Februar. Das siebenköpfige Gremium soll 35 Bauprojekte daraufhin überprüfen, ob sachfremde Erwägungen oder Vorteile, besonders Geldzuwendungen bei Grundstücksvergaben und Genehmigungen eine Rolle gespielt haben.

Und allmählich schließen sich etliche Gedächtnislücken.

3. Szene
Die Franke-Hypothek

Am 7. März 1986 marschieren sieben Fahnder der Sonderkommission betreffs Bestechungsverdacht in die Geschäftsräume der "Deutschen Kredit- und Handelsbank AG" (DKH) am Kurfürstendamm. Ziel sind die Konten eines Berliner Baulöwen. Doch überraschenderweise werden dabei fünf Giro- und drei Währungskonten entdeckt, deren Inhaber Bausenator Franke ist: mit einem Guthaben von 300.000 DM. Außerdem gibt es Überweisungsunterlagen auf Franke-Konten in Zürich und Luxemburg. Über letzteres wurden Goldgeschäfte der Familie Franke abgewickelt. Franke dazu: "Ich habe keine Konten in Luxemburg." (STERN 3.4.86) Um die verschlungenen Geschäftswege des Senators, der auch über Konten bei der Berliner Volksbank verfügt, einsehen zu können, hätte die Immunität des Abgeordneten aufgehoben werden müssen. Ein entsprechender Antrag ist von der Staatsanwaltschaft nie gestellt worden. Besonders interessant wären für die Fahnder Auskünfte über 520.000 DM, die zwischen 1982 und 1983 in Teilbeträgen auf Frankes DKH-Konten geflossen waren.

Franke, damals kaufmännischer Direktor der "Deutschen Gesellschaft zur Förderung des Wohnungsbaus" (DeGeWo), zeigte reges Interesse an einem Objekt, das die Eigentümerin, die "Wohnpark Wilmersdorf Rudolf Schmidt KG", 1981 möglichst schnell abstoßen wollte, da die staatlichen Mietsubventionen 1986 auslaufen würden und teure

Renovierungen ins Haus standen. Der DeGeWo-Justitiar hatte für das Objekt 48 Millionen DM Verkehrswert errechnet. Franke dagegen ließ - mit der Wohnpark KG zusammen - für 120.000 DM ein Zweit-Gutachten von einem Wirtschaftsprüfer erstellen, das auf einen Wert von 79,34 Millionen DM kam. "Zwar kauft kein Mensch einen Gebrauchtwagen zum Neupreis, aber beim Projekt Schlangenbader Straße spielte Wirtschaftlichkeit offenbar keine Rolle." (STERN 3.4.86) Nach Rangeleien mit dem DeGeWo-Vorstand und einem erneuten Gutachten schaffte Franke es, im Dezember 1982 das Geschäft mit 80 Millionen DM abzuwickeln. Von den Bedenken des hauseigenen Justitiars erfuhren die Vorständler nach eigenen Angaben nichts.

Absolute Inkompetenz und Interesse nur am Nutzen der Verkäuferin, nicht an dem der Eigentümerin der DeGeWo, dem Land Berlin, wurde Franke in diesem Zusammenhang vorgeworfen. Auch die Praktiken der WBK, der er als Bausenator vorsteht, stehen praktisch immer im Zwielicht. Am 6. März 1986 beschwerte sich der FDP-Politiker Günter Freye bei Diepgen darüber, daß ungeniert bestimmte Bauträger bei der Vergabe öffentlicher Gelder bevorzugt werden. "Als erklärter Befürworter der CDU/FDP-Koalition in Berlin schrieb Freye, 'möchte ich mit meinen bescheidenen Mitteln mithelfen, den Senat und damit den Regierenden Bürgermeister von der Hypothek Franke zu entlasten'." (STERN 3.4.86)

4. Szene
Keine reine Lichtgestalt

Die österliche Zeit umkränzt einen erneuten und den folgenschwersten Höhepunkt des Skandals, ausgelöst durch das TV-Magazin Monitor am Dienstag, 25. März 1986. Dort wurde eine eidesstattliche Erklärung des inhaftierten Putsch präsentiert, die in zwei Punkten eine Verwicklung Innensenator Lummers in die Affäre Putsch/Antes sehr konkret erscheinen ließ. Viermal habe sich Putsch mit Lummer getroffen. Beim vierten Stelldichein habe Lummer ihn gefragt: "Ob Antes schon etwas von mir gefordert hätte. Ich verstand nicht, was er meinte!" (SPIEGEL 31.3.86) Gemeint waren wohl die fünf Millionen, die Antes später für dieses lukrative Geschäft fordern sollte.

Diese Lummer-Frage hörte auch ein ehemaliger Putsch-Mitarbeiter, der sie ebenfalls im Nachhinein auf die Bestechungsgelder bezieht. Lummer selbst, der gegen solche Unterstellung notfalls rechtlich vorgehen will, mag mit diesen Worten allenfalls den Preis der Wohnungen gemeint haben. Immerhin muß er wieder mal ein Treffen mit Putsch zugeben, das er doch tatsächlich vergessen hatte. Doch Putsch plaudert noch mehr aus dem Nähkästchen: Im Frühjahr 1973 wurden die Kosten einer Libanon-Reise Lummers - "auf Wunsch einer Bonner Dienststelle" (SPIEGEL 31.3.86) - von Putsch bzw. seiner Firma übernommen. Lummer war bis in die 70er Jahre hinein insgesamt 17mal den bedrängten Christmilizen zu Hilfe gereist. Diese Libanon-Connection beleuchtet einen anderen Charakterzug Lummers, der nicht nur im Ausland von ihm gepflegt wurde: sein Hang zur äußersten Rechten. Der erzkonservativen Berliner "Bürgergemeinschaft", rechten Ausläufern der Jungen Union und versprengten NPDlern, galt Lummer in jenen frühen Jahren als Identifikationsfigur. Seine Beziehungen zu solcherart Milieu werden schließlich die Falle und der Fall Lummers.

Dem SPIEGEL gegenüber erhebt in einer eidesstattlichen Erklärung Axel Lutze, der im Februar 1986 wegen seines früheren Mitarbeiterverhältnisses beim Verfassungsschutz aus dem Amt des FDP-Sprechers geschieden war, weitere Vorwürfe gegen Lummer. Er, Lutze, sei im Wahlkampf 1971 vom Verfassungsschutz in die rechtsextreme "Aktionsgemeinschaft 17. Juni" eingeschleust worden. In dieser Zeit sei es zu einem Treffen Lummers mit einem Vorstandsmitglied dieser Vereinigung gekommen, bei dem Lummer einen Umschlag mit 2.000 DM überreichte. Mit diesem Geld bezahlte die rechte Gemeinschaft Aufkleber, die sie "bei Nacht und Nebel auf Wahlkampfplakate der Berliner Sozialdemokraten gepappt" (SPIEGEL 31.3.86) hätten.

"Tritt niemand Lummer zurück?" fragt nicht nur die TAZ (1.4.86) in den Tagen nach Ostern. Die Lage für Bürgermeister und Senat ist heikel. Bricht, wenn erst ein Stein gelöst wird, die ganze Mauer? Zwar stellt Lummer in einem Gespräch mit Diepgen seine Ämter zur Disposition. Wenn er als Last empfunden werde, brauche man ihn nicht lange zu bitten: "das gehe dann zackig". (TSP 2.4.86) Doch der Bürgermeister stellt sich in einem Rundfunkinterview erneut vor seinen Innensenator und bezeichnet die Angriffe in "Monitor" als "eine Reihe von Banalitäten". (TSP 2.4.86) Angesichts dieser Haltung fragt sich der "Tagesspiegel", ob Diepgen nicht erneut Gefahr laufe, seinen politischen Instinkt zu verlieren. Ist für ihn die Unterstützung offenkundig rechtsradikaler Elemente durch seinen Senator kein hinreichender Grund für dessen Rücktritt?

5. Szene
Schlußakkord?

Am Freitagnachmittag, 4. April 1986, kündigt Diepgen die längst fällige Senatsumbildung an ohne Namen zu nennen. Erwartungsgemäß treten Bausenator Franke, Innensenator Lummer und Umweltsenator Vetter am 8. April zurück. Die AL-Forderung nach Neuwahlen wird von der SPD nicht unterstützt. Eine Koalitions-Krise sähe er nicht, bemerkt der FDP Landes- und Fraktionsvorsitzende Walter Rasch.

Die heiße Phase im Korruptions- und Parteispendenskandal scheint damit zunächst beendet. Doch stehen dem Bürgermeister und dem Senat noch der Prozeß und der parlamentarische Untersuchungsausschuß mit ihren Fragen bevor. Diepgen versprüht wieder Selbstbewußtsein, von Nervosität ist nichts mehr zu merken: Die Stimmung der Senatoren ist besser als die Lage. In einem ZEIT-Gespräch verrät Diepgen, was er aus dem Skandal gelernt habe: "Meine Grundposition war und ist: Wenn irgendwo Probleme auftauchen, soll man sie offenlegen." (ZEIT 9.5.86)

IV. Akt
Der Prozeß

1. Szene
Es war nichts

Der Antes-Prozeß beginnt am Freitag, 24. April 1986, mit einer Flut von Ablehnungsanträgen der Verteidigung und wird bis zum 2. Mai unterbrochen, um über die Anträge zu entscheiden. Tatsächlich sind es nicht nur die Hypersensibilitäten der Verteidigung, sondern die "Schlampereien bei der Vorbereitung des Prozesses" (TAZ 7.5.86), die um eine faire Verhandlung bangen machen und selbst skandalös erscheinen.

Am 26. Mai 1986 beginnt der parlamentarische Untersuchungsausschuß mit seiner öffentlichen Anhörung. Locker erscheinen der Bürgermeister, amtierende oder auch zurückgetretene Senatoren, um sich den Fragen zu stellen. Alle erklären einhellig, in der Sache Antes habe niemals Druck ausgeübt werden sollen. Die Vorwürfe von Seiten Lindemann/Gosten gegen Antes erscheinen plötzlich als persönliche Querele und - wie von Lummer witzig eingeworfen wird - seien eigentlich von niemandem ernst genommen worden.

Zu ähnlich augenöffnenden Szenen kommt es im Gerichtssaal. Am 13. Tag der Verhandlung, dem 20. Juni 1986, meldet sich überraschend Staatsanwalt Fätkinhäuer zu Wort. Antes, beschäftigt mit einer schon mehrtägigen Einlassung, die für Fätkinhäuer eine "bemerkenswerte Realitätsferne" des Angeklagten offenbart, wird von Fätkinhäuer - gerade als er zur Sache, nämlich dem Geld kommen will - unterbrochen. Der Staatsanwalt verlangt die Zeugeneinvernahme von Otto Putsch, sowie der Mutter und Schwiegermutter des Angeklagten. Die Verteidiger üben daraufhin scharfe Kritik an Fätkinhäuer, der mit seiner Unterbrechung der Einlassung dem guten Bild des Angeklagten schaden wolle. Am 17. Verhandlungstag, dem 5. Juli 1986, kommt Antes dann endlich auf die von ihm empfangenen Zahlungen zu sprechen, denen er schon anfangs seiner Einlassung jeden Zusammenhang mit Amtshandlungen abgesprochen hatte. Munter plaudert er über die doch überall gängige Praxis, Parteispenden ohne Quittungen entgegenzunehmen: eine Blöße, die er sich seiner Meinung nach politischen Gegnern in der eigenen Partei gegenüber gegeben habe. "Immerhin, so Antes, hätten auch hohe Politiker große Beträge in bar bekommen, ohne daß eine Quittung ausgestellt worden wäre. Es sei auch kein Geheimnis, daß die Regierung in Berlin nur dadurch zustande gekommen sei, weil die Baubranche eingegriffen habe" mit ihrem "sauer verdienten Geld". (TSP 5.7.86) Diese Äußerungen werden von Senatssprecher Fest schlagfertig zurückgewiesen - "Der Wähler sei zu klug, als daß er sich durch Wahlspenden für eine Partei beeinflussen ließe." (TSP 5.7.86) Zu dem Brief von CSS meinte Antes, dieser hätte damals Probleme gehabt und außerdem sei er betrunken gewesen.

Der 18. Verhandlungstag, der 9. Juli 1986, zeigt Antes wiederum in bewährt-lockerer Manier. Geld habe er entgegengenommen, mit Bestechung habe das aber nichts zu tun, sondern es sei für persönliche Parteiarbeit genutzt worden. Die Neugier der Staatsanwälte für die Finanzierung von drei Eigentumswohnungen in Berlin und einer luxuriös umgebauten Mühle im Fränkischen stillte der Angeklagte mit Hinweisen auf "eigene Tüchtigkeit (mindestens 13.472 Stunden habe er Wochenende für Wochenende gearbeitet, dann habe er aufgehört zu zählen), hilfreiche Freunde, aber wesentlich auch die wirtschaftlichen Möglichkeiten der fleißigen Eltern". (TSP 9.7.86) Seine Mutter z.B. habe sich durch eine Erbschaft und ihre Arbeit als Putzfrau

384.000 DM zusammengespart. Fätkinhäuer wirft er vor, nur einen allzu kurzen Blick auf die Konten seiner Eltern geworfen zu haben. Am 19. Verhandlungstag wird der Prozeß unterbrochen wegen der Verhandlungsunfähigkeit von Wolfgang Antes. Er wird ins Klinikum Steglitz verlegt - zu den Moabiter Ärzten hat er kein Vertrauen -, um seine uneingeschränkte Verhandlungsfähigkeit wiederzuerlangen. Der Prozeß wird, auch zu Urlaubszwecken, bis zum 19. August unterbrochen. Am 30.9.86 verkündet die zehnte große Strafkammer des Landgerichts die Urteile gegen CSS - 18 Monate Haft - und den Architekten Heinz-Werner Raffael - 20 Monate Haft. Beide Strafen werden zur Bewährung ausgesetzt. Massive Angriffe gegen Antes und auch erste konkrete Aussagen zu seinen Geschäftsmethoden kommen am 3.11.86 von Otto Putsch. Dem Landgericht erklärt er auf die Frage, ob denn konkret Baugenehmigungen versprochen wurden: "Ja, Antes sagte zu mir: Ich bin ein Meister im Beschaffen von Genehmigungen. Bei mir dauert eine Genehmigung nur 24 Stunden." (HA 4.11.86) Sie sollte allerdings in diesem Fall vier Millionen DM kosten.

2. Szene
Antes' Fall

Im Dezember ist er noch einmal in aller Munde: Wolfgang Antes, Dreh- und Angelpunkt der verfahrenen Handlung, gibt endlich zu, daß die ihm persönlich zugeflossenen Spenden für parteiinterne Arbeiten durchaus auch etwas mit Bestechung zu tun haben könnten. Zur Überraschung aller Anwesenden liest er am 9.12.86 mit 'gebrochener Stimme' (SZ 10.12.86) sein Geständnis vor. Von dem Heer der Reporter ist nur noch ein Grüppchen übrig im Gerichtssaal. Das Interesse an diesem Bauskandal ist auf ein Minimum geschrumpft. Am Freitag, dem 12.12.86, wird das Urteil verlesen: Wegen Bestechlichkeit in vier Fällen und Vorteilsnahme insgesamt fünf Jahre Haft. Wegen seines schweren Nierenleidens allerdings kann Antes sie nicht antreten.

Literatur

Michael Sontheimer/Jochen Vorfelder: Antes & Co. Geschichten aus dem Berliner Sumpf. 2.Aufl. Berlin 1986.

Größte Schweinerei auf deutscher Bühne

Lehrstücke über die Kunst des Theaterskandals

Ort: Die deutsche Kulturlandschaft zwischen Isar und Main

Zeit: Frühjahr und ein deutscher Herbst 1985

Personen:

Franz Xaver Kroetz	*verzweifelter Provokateur*
Bernd Wilms	*schreibender Bote*
Dieter Dorn	*Theaterdirektor im Hintergrund*
BILD-Redaktion München	*betrogene Betrüger*
"Vereinigung deutschsprachiger Bürgerinitiativen zum Schutz der Menschenwürde"	*Tugendapostel und Sittenwächter*
Das Münchner Theaterpublikum	*treu*
Dr. Günther Rühle	*Zauberlehrling*
Rainer Werner Fassbinder	*verstorbener Antisemit wider Willen*
Joachim Fest	*Stichwortgeber*
Walter Wallmann	*enttäuschter Theaterfreund*
Hilmar Hoffmann	*Artist zwischen den Stühlen*
Michel Friedmann	*Shooting-Star*
Ignatz Bubis	*Shylock oder Nathan?*
Daniel Cohn-Bendit	*Arlecchino im Parkett*
Die Schauspieler in einer ungewohnten Rolle	*Statisten*

Inhalt

Spiel und Ernst

Als Gerhart Hauptmann sein erstes "soziales Drama" auf die Bühne eines Privattheaters brachte, handelte er sich massive Proteste von Seiten eines Theaterpublikums ein, das an die Harmlosigkeit gut konstruierter Possen und unverfängliche Klassikeraufführungen gewöhnt war. Die Premiere von "Vor Sonnenaufgang" endete am 20. Oktober 1889 in einer handfesten Saalschlacht zwischen Gegnern und Befürwortern Hauptmanns und der Richtung, für die er stand. Die Tumulte erreichten ihren Höhepunkt, als die Zuschauer zu Ohrenzeugen einer Niederkunft wurden, die der Dramatiker wohlweislich auf die Hinterbühne verlegt hatte, und ein bekannter Berliner Arzt zum Zeichen seines Protestes eine Geburtszange auf die Bühne schleuderte.

Die Heraufkunft des Naturalismus und die heftige Gegenwehr, die er bis hin zu Zensurmaßnahmen der wilhelminischen Obrigkeit hervorrief, sind nur ein Beispiel in der an ähnlichen Vorfällen reichen Chronique scandaleuse des Theaters. Wenn Dramatiker und Regisseure gegen die moralischen und ästhetischen Normen ihrer Zeit verstießen, wurde aus dem Theater-Spiel immer wieder gesellschaftlicher und politischer "Ernst". In den ästhetischen Debatten um die Konventionen des Theaters, die in Bühnen-Skandalen eskalieren, spiegelt sich gleichsam die gesellschaftliche Macht von Tabus, wie sie in die Erwartungen und Reaktionen des Publikums eingegangen sind.

Im Frühsommer und Herbst 1985 erregen zwei Theaterinszenierungen öffentliches Ärgernis, an denen sich der alte Streit darüber, was dem Theater erlaubt sei, neu entzündet. Was sich jedoch bei dem einen als possenhafter Sturm im Wasserglas entpuppt, führt bei dem anderen zu Verwicklungen, die tragische Ausmaße annehmen.

Erste Abteilung
Die Farce

Als das Münchner Premierenpublikum am 9. Juni 1985 die Kammerspiele in der Maximilianstraße betritt und die Plätze einnimmt, erwarten viele der 800 Zuschauer einen ungewöhnlichen Theaterabend. Nur wenige kennen "Bauern sterben", das Stück, das an diesem Abend zum ersten Mal aufgeführt werden soll und gedruckt noch gar nicht vorliegt. Dennoch geht ihm bereits der Ruf des Skandalösen voraus.

1. Bild
Ein bayerischer Bürgerschreck

Für Franz Xaver Kroetz, den Autor von "Bauern sterben", sind die Münchner Kammerspiele ein vertrautes Terrain. Vierzehn Jahre zuvor, im April 1971, hatte seine Karriere auf der Studiobühne des renommierten Hauses, dem "Werkraumtheater", mit einem Paukenschlag begonnen. Die Uraufführung seiner beiden Einakter "Hartnäckig " und "Heimarbeit" konnte nur unter starken polizeilichen Sicherheitsvorkehrungen stattfinden. Nachdem bereits im Vorfeld der Premiere der CSU-Abgeordnete Winfried Zehetmeier öffentlich gegen das "pornographische Agitpropstück ohne Kunstwert" (DIE ZEIT 9. 4. 1971) zu Felde gezogen war, versuchten vor dem Theater etwa 100 Demonstranten, die Aufführung zu stören. Im Theater erschwerten Stinkbomben den Ablauf der Vorstellung.

Die Demonstranten erreichten das Gegenteil dessen, was sie auf die Straße getrieben hatte. Anstatt die Absetzung der Stücke zu erzwingen, verhalfen sie Kroetz zu einer überregionalen Publizität, die den Erstlingen junger Dramatiker nur in den seltensten Fällen zuteil wird.

"Nicht zuletzt die Kolportage des bevorstehenden Skandals hatte für die Kritiker hohen Aufforderungscharakter, die Premiere zu besuchen und darüber zu berichten, erfüllte sie doch den Aspekt der Ereignishaftigkeit doppelt: Sie war Ereignis als Skandalon der Theaterästhetik und Ereignis als Skandal der Öffentlichkeit." (Panzer 1978:50)

Nach dem 4. April 1971 galt Kroetz mit seinen sozialkritischen Dialektstücken als Erneuerer des realistischen Volkstheaters in der Tradition der zwanziger Jahre. Die Theaterkritiker begrüßten seine minutiösen Zustandsbeschreibungen bundesrepublikanischen Alltags als Schlaglichter auf gesellschaftliche Notstände. Er schildere die "Ohnmacht und Verlassenheit von Leuten am Rande der Soziallandschaft." (DIE ZEIT 9.4.1971)

Doch Kroetz war auch unter Theaterkritikern nicht unumstritten. Während die einen das soziale Engagement seiner "Mitleidsdramatik" in den Vordergrund stellten, sahen andere in ihm das bayerische Urviech, das mit seinen schockierenden Szenen auf die Provokation des bürgerlichen Theaterpublikums spekulierte: "Katholisch bist', aber eine Sau!" (DER STERN 3.10.1971)

2. Bild
Nicht jugendfrei

Anfang der achtziger Jahre ist Kroetz zum meistgespielten deutschen Gegenwartsdramatiker avanciert. Seine 40 Stücke sind in 38 Sprachen übersetzt und werden in Helsinki ebenso gespielt wie in Tel Aviv oder Wellington/Neuseeland. (Hamburger Rundschau 5.12.1985)

Zugleich aber befindet sich der Autor in einer schwierigen Umbruchphase, als er 1982 beginnt, die ersten Szenen für "Bauern sterben" zu konzipieren. Der Austritt aus der DKP, in die er nach seinen Anfangserfolgen 1973 eingetreten war, markiert äußerlich seine Abkehr von einem direkt politischen Verständnis seiner Dramatik.

"Es gibt von mir - sicher geglaubte - Äußerungen von 1971: Wenn die Leute in eines meiner Theaterstücke gehen, müssen sie zum Gewehr greifen. /.../ Da war schon viel Naivität drin, die ich mir nun, mit vierzig, nicht mehr erlaube." (THEATER HEUTE Jahresheft 1985:83)

Die Abkehr von seiner Dramaturgie des "Wohnküchenrealismus" bringt Kroetz neue Anerkennung ein. Die Kritiker wählen "Nicht Fisch, nicht Fleisch" 1981 zum Stück des Jahres.

Das Publikum jedoch, das "seinen" Kroetz zu kennen meinte, reagiert verstört. Die Aufführungen des Stückes an den Münchner Kammerspielen, dessen Inszenierung Kroetz - zum ersten Mal als Regisseur in eigener Sache - verantwortet, sind oft von tumultartigen Szenen im Parkett begleitet. (Kelting 1986a)

Trotzdem vereinbart die Theaterleitung, die den Autor an sich binden möchte, eine Fortsetzung der Zusammenarbeit. Kroetz soll "Bauern sterben" im großen Haus der Kammerspiele herausbringen.

Im März 1985 beginnen die Proben für das Stück, das in einem stilisierten bayerischen Dialekt geschrieben ist und, so die Ortsangabe, "irgendwo zwischen Landshut und Kalkutta" spielt. (Kroetz 1985:2)

Es beginnt scheinbar realistisch in der Küche der Bauernfamilie Reithmaringer, deren patriachalischer Vater sich selbstherrlich den Forderungen seines Sohnes, den Betrieb zu modernisieren, beharrlich widersetzt. Zusammen mit seiner Schwester verläßt der daraufhin den elterlichen Hof, auf dem allein der Fernsehapparat von den Segnungen der Zivilisation zeugt. Ihr einziger Begleiter: eine von ihnen in ursprünglicher Frömmigkeit verehrte Christusfigur. Sie nisten sich in der Großstadt in einem leerstehenden Neubauappartement ein.

Doch ihre hochfliegenden Träume, nun am urbanen Wohlstand teilhaben zu können, werden bald enttäuscht. Der Bruder findet keine Arbeit und verdingt sich als Blutspender, seine Schwester zwingt er dazu, sich als Prostituierte den perversen Wünschen ihrer Freier zu beugen. Am Ende des Stückes kehren Bruder und Schwester gescheitert und zerschunden zurück. Der Hof ist verpfändet, das Grab der Eltern der letzte Boden, der ihnen gehört.

Kroetz versteht seinen dunkel-pessimistischen, "subjektiv hingekotzten Theatertext" (KONKRET 3/1986), der, so der Untertitel, "Ein dramatisches Fragment" bleibt, als parabelhafte Stilisierung eines Heimatverlustes, wie er in der Dritten Welt ebenso zu beobachten sei wie in Europa.

"Mir ging es darum, den Zustand dieser Welt für die, die noch nicht ganz abgestumpft sind, sichtbar zu machen. Ich habe versucht, Schmerzensbilder zu schaffen, weil ich finde, wir leben in einem Zustand von solcher Desolatheit und Absurdität, daß man mit diesen Mitteln /.../ reagieren kann." (SZ 13.1.1986)

Diese "Schmerzensbilder" sind es vielleicht, die die Verantwortlichen der Kammerspiele dazu veranlassen, ihren Abonnenten in einem Brief mitzuteilen: "Franz Xaver Kroetz und die Theaterleitung sind der Meinung, daß dieses Stück für Jugendliche unter achtzehn Jahren nicht geeignet ist." (Kelting 1986a)

Die Stückplakate werden ebenfalls mit diesem "nicht gerade theaterüblichen Hinweis" (SZ 8.6.1985) versehen. Die theaterinteressierte Münchner Öffentlichkeit horcht auf.

3. Bild
Ein Dramaturg in eigener Sache

Am 3. Juni 1985 - noch sind es sechs Tage bis zur Premiere - räumt der "SPIEGEL" dem Produktionsdramaturgen von "Bauern sterben", Bernd Wilms, die (ebenfalls nicht übliche) Möglichkeit ein, in einer dreiseitigen Voraus-Kritik in eigener Sache zu Stück und Inszenierung Stellung zu nehmen.

Wilms betont die subjektive Radikalität des Textes, in dem es "eher wie in einem schlimmen Traum" als realistisch zugehe. "Versatzstücke einer unbewältigten Wirklichkeit haben sich darin gesammelt und fügen sich zu beängstigenden Bildern, die wir aus der Wirklichkeit so nicht kennen." "Bauern sterben", das formal an eines der Grimmschen Märchen ohne Happy-End erinnere, sei "ein Stück der Extreme /.../. Normalität gibt es nicht, es sei denn, die des Wahnsinns". Es zeige lauter häßliche und quälende Katastrophen.

Indem Wilms dementiert, gibt er das Stichwort. Zwar stünde denjenigen Zuschauern, denen schon die "Nicht Fisch, nicht Fleisch"-Inszenierung des Autors den Theaterbesuch verdorben habe, ein "noch viel böserer Abend bevor". Kroetz spekuliere aber nicht auf einen Skandal. Er ziehe vielmehr "Konsequenzen /.../ aus gemachten (Theater-)Erfahrungen. /.../ Kroetz spricht von der Schmerzgrenze, die er bei sich selber, vielleicht bei anderen erreichen muß."

C. Bernd Sucher, Theaterkritiker der Süddeutschen Zeitung und intimer Kenner der Münchner Presse- und Theaterlandschaft, betrachtet Abonnenten-Brief und SPIEGEL-Beitrag als "unseriöse" Vorberichterstattung, mit der das Theater die Öffentlichkeit für einen möglichen Skandal sensibilisiere: "Jetzt kommt wieder eine Schweinerei von Kroetz und jetzt entschuldigen die sich schon vorher." (Kelting 1986b)

Wilms selbst weist jedes spekulative Interesse des Theaters weit von sich. Der Dramaturg räumt allerdings ein, daß er bei der Niederschrift des Artikels schon unter dem Druck gestanden hätte, vor dem potentiellen Leser und Zuschauer "das Ding auch zu rechtfertigen." Angesichts eines solchen Textes könne man "ja nicht so tun, als wär' da nichts." (Kelting 1986a)

4. Bild
Der Aufmacher

Die bayerische Landeshauptstadt gehört zu den wenigen bundesdeutschen Regionen, die eine vielgestaltige Presselandschaft aufzuweisen haben. An jeder größeren Straßenkreuzung bieten die München-typischen "Stummen Verkäufer" bis zu fünf verschiedene Presseerzeugnisse feil. Zwei überregionalen politischen Tageszeitungen mit ausführlichem Lokalteil (Süddeutsche Zeitung und Münchner Merkur) stehen zwei Boulevardblätter (Abendzeitung und TZ) gegenüber.

In dieser gewachsenen, auch politisch ausgewogenen Medienstruktur nimmt die Münchner Ausgabe der auflagenstärksten deutschen Tageszeitung "BILD" nicht die überragende Stellung ein, die ihr, gemeinsam mit anderen Erzeugnissen des Springer-Imperiums, beispielsweise am Verlagsort Hamburg zukommt.

Ausgerechnet die BILD-Redakteure nehmen aber die Witterung auf. Bereits wenige Stunden nach der Premiere, am frühen Morgen des 10. Juni, macht die Zeitung bundesweit mit Kroetz auf. (BILD 10.6.1985)

"Größte Schweinerei auf deutscher Bühne", so verkündet das Blatt in den gewohnt riesigen Lettern, in den Münchner Kammerspielen habe sich am Vorabend ein "ungeheurer Bühnenskandal" zugetragen.

Die ahnungslose Millionenleserschaft der Zeitung bekommt allerdings keine Theaterkritik im traditionellen Sinne zu lesen. Der Inhalt des Stückes wird auf einige wenige griffige Stichworte reduziert. "Da fließt Blut, da werden im wabbernden Waschküchennebel Leichen gewaschen, die Bauerntochter wird anal mißbraucht. /.../ 15 dieser Szenen zeigt das Stück - dazwischen immer wieder Toilettengeräusche, die Spülung vom Wasserklo."

Die Aufführung hinterläßt angeblich "ein geschocktes, entgeistertes Publikum", das den "Ekel-Sex" mit einem gellenden Pfeifkonzert und Buh-Rufen für den Autor quittiert. Der Reporter beobachtet einen Theaterkritiker, der "bleich" von der Toilette kommt, und legt "vielen Premierengästen" - gleichsam als Resümee der Zuschauerreaktionen - die Frage in den Mund: "Ist dieses Mischmasch aus bösem Sex und verfälschtem Heimatgefühl noch Kunst?"

Die Antwort wird dem Leser bereits am folgenden Tag erteilt. Am 11.6. läßt "BILD" unter der Überschrift "Kammerspiele: Setzt die Schweinerei ab!" empörte Zuschauer zu Wort kommen. Vom Stadtrat Sepp Brunner ("Eine Schande für die Kulturstadt München!") über den theaterinteressierten Landwirt Johann Oberhauser und den Sprecher des Münchner Kardinal Wetter bis hin zu einem Vorstandsmitglied des "Freundeskreises der Münchner Kammerspiele": Eine lange Liste auch hochkarätiger Ärgernis-Nehmer, so suggeriert die Zeitung, fordert den Intendanten der Kammerspiele Dieter Dorn auf, das Stück vom Spielplan zu holen. "BILD": "Immer mehr Proteststimmen!"

Wie fast immer, wenn es Aufregung ums Theater gibt, fehlt auch der polemische Hinweis auf die kommunale Theaterfinanzierung nicht: "Weil die Kammerspiele wie alle großen Theater rote Zahlen schreiben, muß die Stadt jährlich 20 Millionen Mark zuschießen. Von unseren Steuergeldern."

Selbst zwei Tage nach der Premiere, am 12.6. ist die Kroetz-Aufführung für die "BILD"-Zeitung immer noch Thema, wenn auch nicht mehr auf Seite eins. Neben einem Kurzportrait des Autors ("Früher flogen Stinkbomben") berichtet BILD - der Stein des Anstoßes ist inzwischen auf "Analverkehr, Fehlgeburt und Klogeräusche" geschrumpft - vom Protest der größten Zuschauerorganisation der Landeshauptstadt. Die "Theatergemeinde" weigert sich, die "Blut- und Boden-Geschichte" (BILD 12. 6. 1985) ihren Mitgliedern anzubieten. "Das wird Kroetz nicht gerne hören /.../," mutmaßt das Blatt.

5. Bild
Arbeit für den Staatsanwalt

Doch nicht nur den Mitgliedern der Theatergemeinde soll "Bauern sterben" vorenthalten werden. Bereits am 12.6. erstattet, wie erst sieben Tage später bekannt wird, die "Vereinigung deutschsprachiger Bürgerinitiativen zum Schutz der Menschenwürde" Anzeige gegen Kroetz mit dem Ziel, "das Machwerk" gerichtlich verbieten zu lassen.

In einer Pressemitteilung begründet der Zusammenschluß von 34 meist religiös motivierten Vereinen und Organisationen seine Anzeige mit den pornographischen und blasphemischen Handlungen, die das Stück beinhalte. Auch die an diesen Handlungen beteiligten Schauspieler sollen sich nach dem Willen der Strafantragsteller auf der Anklagebank wiederfinden. An "Bauern sterben" zeige sich ein "Tiefstand des Sittenverfalls, dessen Perversität alles bisher Dagewesene übersteigt." (SZ 20.6.1985)

Vor allem die "besonders hochgradige Leichenschändung" in Tateinheit mit der Schändung des werdenden Lebens - gemeint ist die zweite Szene, in der die Tochter während der Leichenwäsche der verstorbenen Großmutter einen Abortus erleidet und den Fötus in deren geöffneten Leib legt - erregt Anstoß.

Außerdem werde das "Geheimnis des im Mittelpunkt des christlichen Glaubens stehenden Sakrament des Altars in der gemeinsten Weise dadurch geschändet, daß sich eine Frau wollüstig mit einer Christusfigur wälzt." (MM 20.6.1985)

Die Staatsanwaltschaft teilt mit, die Ermittlungen gegen Kroetz könnten sich über Wochen hinziehen. (SZ 20.6.1985) Die Anzeige hat allerdings einen

Schönheitsfehler. Kein Vertreter der "Vereinigung" hat sich bemüht, das Stück in Augenschein zu nehmen. Ihre Empörung stützt sich auf die Berichterstattung der "BILD"-Zeitung. (MM 20.6.1985)

So fällt es Kroetz nicht schwer, sie in einer wiederum zwei Wochen später in einem Offenen Brief der Heuchelei zu bezichtigen. Er spricht den Strafantragstellern die christliche Gesinnung ab und fordert sie auf, "den lieben Herrgott, den von mir (und so vielen ehrlichen Christen) verehrten wunderbaren Schmerzensmann aus Ihren tagespolitischen Propagandaversuchen" herauszulassen. (TZ 6./7.7.1985) Bei eingehenderer Betrachtung hätten sie in ihm, Kroetz, vielmehr den letzten ("weil leidensfähigen und liebesleidenden") christlichen Dramatiker erkennen müssen.

Inzwischen hat sich der namhafte Theaterkritiker Peter von Becker des Falles überregional angenommen. (FR 3.7.1985) Er sieht in der Affäre zwar vor allem das "Traurige und Absurd-Lächerliche", ist aber gleichzeitig bemüht, ihr beispielhaften Charakter für die Kunstfeindlichkeit gewisser Kreise zu bescheinigen.

"Das sogenannte gesunde Volksempfinden wird gerne mobilisiert gegen das vermeintlich Ungesunde der (modernen) Kunst, wenn selbsternannte Tugendapostel aus privatem Sendungsbewußtsein oder politischem Kalkül die christliche Moral oder den Bestand des Abendlandes gefährdet sehen." Gegen solcherart "Schrei nach Staatsanwalt und Sittenwächter" schwingt sich von Becker zum Verteidiger der vermeintlich gefährdeten Kunstfreiheit auf. Nicht das Stück sei obszön, sondern die Realität, deren "alptraumartige Verdichtung" Kroetz streckenweise gelungen sei.

6. Bild
Entwarnung

Etwa zwei Wochen nach der Premiere lichten sich die Wolken über den Kammerspielen, und die Kroetz-Gegner müssen erkennen, daß ihre Versuche, "Bauern sterben" aus dem Spielplan zu kippen, recht kläglich gescheitert sind.

Auf der publizistischen Seitenbühne hat sich vor allem "BILD" zu weit vorgewagt und steht nun im Regen. Einzig die Illustrierte QUICK hatte mit einem vierseitigen Bildbericht nachgezogen, in dem der schockierte Redakteur "das erbarmungslose Menschenbild" des Dramatikers geißelte. (QUICK 20.6.1985)

Die meisten der angereisten Theaterkritiker waren zwar - wohl durch Wilms' Ankündigung im "SPIEGEL" - auf einen handfesten Theaterskandal und "die bekannte Steigerung vom Kichern über die Zwischenrufe bis zum Türenschlagen" (TZ 12.6.1985) vorbereitet.

Aber die Premiere blieb nach übereinstimmender Aussage der Rezensenten wider Erwarten ruhig. Das Publikum verfolgte die Aufführung "mucksmäuschenstill". (FR 15.6.1985) "Am Ende einhelliger Applaus. Nur ein paar Buhs." (DIE WELT 11.6.1985) Ein gellendes Pfeifkonzert hat niemand wahrgenommen.

Damit sei die Absicht des "einstigen Lieblingskindes des sozialen Realismus" (Stuttgarter Zeitung 11.6.1985) mißlungen, sein Publikum mit "die Schmerzgrenze oft empfindlich streifenden Theaterbildern" (AZ 11.6.1985) zu provozieren, so der Tenor der Berichterstattung.

Die Lust am Schock gehe ins Leere, weil sich im Premierenpublikum überwiegend Kroetz-Sympathisanten befunden hätten (MM 11.6.1985), weil der Autor seinen eigenen Text in der Inszenierung entschärft habe (DIE ZEIT 14.6.1985) oder weil er den Bogen der Provokation überspannt habe: "Leichenwäsche, Analakt, Abortus - das Abstoßende ist derart gehäuft, daß es zunächst Gelächter hervorruft, schließlich nur abgestumpftes Verstummen." (SZ 11.6.1985)

Der weitaus größte Teil der Rezensionen beschäftigt sich mit den subjektiven Intentionen des "neuen" Kroetz. Nur wenige billigen ihm einen darüber hinaus gehenden, von ihm beabsichtigten Realitätsbezug zu. "Das Wissen um die großen und tiefen Sehnsüchte nach Heimat erst gibt seiner Inszenierung die schmerzliche Wucht einer untröstlichen Endzeitvision." (FR 15.6.1985)

7. Bild
Die Hunde bellen. Die Karawane zieht weiter.

Am 15.6. veröffentlicht die "Abendzeitung" eine Blitzumfrage unter Kroetz-Zuschauern und kommt dabei zu dem Ergebnis: "Das Publikum reagiert im großen und ganzen gelassen, obwohl in den ersten Vorstellungen einige das Theater vorzeitig verlassen."

Bernd Wilms bestätigt diesen Eindruck. Außer einigen wenigen Drohbriefen von Leuten, die das Stück überhaupt nicht gesehen hätten ("Kroetz, du altes Arschloch, du gehörst ins KZ!"), seien von Zuschauerseite keine Proteste oder Versuche, die Aufführung zu sprengen, gekommen.

Daß dem vermeintlichen Skandal die Würze des tobenden Parketts fehlt, führt Wilms zunächst auf die ganz unspekulative Inszenierung zurück, nicht zuletzt aber auch auf die Skandalierungsversuche selbst zurück. "Ich glaube, daß durch 'Vorwarnung', durch BILD-Zeitung, durch Staatsanwalt die Sache sich polarisiert hat." (Kelting 1986a) An den Zuschauerreaktionen sei zwar deutlich spürbar, "daß die Aufführung in einem ganz physischen Sinne eine Zumutung ist." (Kelting 1986a) Das Publikum setze sich nun aber vor allem aus Interessierten zusammen, die - durch die publizistische Aufregung informiert - bereit seien, sich auf die extreme Aufführung einzulassen. Andere, die möglicherweise Anstoß nehmen könnten, seien zu Hause geblieben.

An der entspannten Atmosphäre, die im Theater herrscht, hat sich auch während der Affäre im Juni 1985 wenig geändert. "Ich habe an keinem Theater so wenig Druck gespürt und so viele Freiheiten genossen", meint Wilms.

Die künstlerisch sehr erfolgreichen Kammerspiele, die in der alljährlich stattfinden Kritikerumfrage des Fachblattes THEATER HEUTE für ihre Gesamtleistung mehrfach zum "Theater des Jahres" gewählt wurden, können auf eine überdurchschnittlich hohe Platzausnutzung von 93% verweisen. Das anhängliche Münchner Publikum honoriert vor allem die Kontinuität der Theaterarbeit des Ensembles. Intendant Dorn, seit über zehn Jahren als Regisseur am Haus, macht keine Anstalten, auf das alljährlich rotierende Intendantenkarussel aufzuspringen.

"Aus Konservativismus kriegt man hier großen Kredit für das, was man macht." (Kelting 1986a) So hat der Rechtsträger des Theaters, die Stadt München, wenig Anlaß, sich in dessen Belange einzumischen. "Es kann niemand sagen: 'Ihr spielt gegen das Publikum.' Das Haus ist jeden Abend voll." (Kelting 1986a)

Und so kann der Intendant seine Mitarbeiter Anfang Juli beruhigt in die Theaterferien schicken - zumal die "Vereinigung" ihre Anzeige inzwischen klammheimlich zurückgezogen hat. (Kelting 1986a)

Zweite Abteilung
Die Tragödie

Währenddessen braut sich im 400 km entfernten Frankfurt ein Skandal-Gewitter zusammen, das sich vier Monate später mit großem Theater-Donner entladen wird.

Der neue Schauspieldirektor der Städtischen Bühnen, Günter Rühle, stellt seinen Spielplan für die Spielzeit 1985/86 vor. Neben Shakespeares "Hamlet" und Goethes "Egmont" steht auch "Der Müll, die Stadt und der Tod" von Rainer Werner Fassbinder auf dem Programm.

Diese Ankündigung schlägt ein wie eine Bombe. Und kommt doch so unerwartet nicht. Seit zehn Jahren erregen sich die Frankfurter Bürger über ein Theaterstück, das noch gar nicht aufgeführt worden ist.

1. Bild
Legenden um ein Theaterstück

Schon die Entstehung des Stückes erscheint angesichts der unterschiedlichen Versionen sagenumwoben. Soviel scheint sicher: Nachdem im März 1975 ein Kollektiv-Projekt des "Theater am Turm"-Ensembles über die Stadt Frankfurt - Arbeitstitel "Bahnhofsrevue" - gescheitert ist, entschließt sich der Direktor des TAT, Rainer Werner Fassbinder, es seinen Schauspielern zu zeigen. Der eigenwillige Filmemacher und Theaterleiter in Personalunion, vom Frankfurter Kulturestablishment und dem eigenen, auf Mitbestimmung drängenden Ensemble gleichermaßen angefeindet, bucht einen Flug nach Los Angeles oder Dakar, wie ein anderer Informant wissen will; im Reisegepäck "Die Erde ist unbewohnbar wie der Mond", einen Schlüsselroman über die Kaputtsanierung des Frankfurter Westend Anfang der siebziger Jahre von Gerhard Zwerenz.

Während des Fluges, so will es die Legende, hämmert er die elf Szenen in seine Reiseschreibmaschine. Ende April halten die TAT-Schauspieler den Stücktext von "Der Müll, die Stadt und der Tod" in Händen.

Schon die Regieanweisung der ersten Szene - zugleich eine Hommage an seinen Stofflieferanten - macht deutlich, daß es Fassbinder nicht um eine realistische Darstellung der Westend-Problematik geht: "Auf dem Mond, der so unbewohnbar ist wie die Erde, speziell die Städte." (Fassbinder 1978:277) Das Stück beginnt in einem stilisierten Rotlicht-Bezirk einer Großstadt.

Roma B., die Tochter eines ehemaligen KZ-Schergen, der sich als Nachtclub-Transvestit verdingen muß, betätigt sich aus Liebe zu dem Zuhälter Franz B. mehr schlecht als recht als Prostituierte. Erst als sie auf einen Freier trifft, der von Fassbinder nur vage als der "Reiche Jude" vorgestellt wird, erlebt sie einen Branchen-internen Aufstieg von der Straßendirne zum gefragten Call-Girl der besseren Kreise.

Der "Reiche Jude" betätigt sich nach eigenen Angaben als wohnraumzerstörender Bodenspekulant, wobei er sich der Unterstützung kommunaler Stellen sicher sein kann. "Die Stadt schützt mich, das muß sie. Zudem bin ich Jude. Der Polizeipräsident ist mein Freund, was man so Freund nennt, der Bürgermeister lädt mich ein, auf die Stadtverordneten kann ich zählen. /.../ Die Stadt braucht einen skrupellosen Geschäftsmann, der ihr erlaubt, sich zu verändern." (Fassbinder 1978: 290)

Als Roma B. von ihrem Freund, der sein homosexuelles Coming-Out erlebt hat, verlassen wird, bittet sie aus Lebensüberdruß den "Reichen Juden", sie zu töten. Er erwürgt sie mit seiner Krawatte. Unter Federführung des Polizeipräsidenten wird der Mord jedoch vertuscht, ein Mitwisser umgebracht, Franz B. als Täter verhaftet.

Die internen Auseinandersetzungen am TAT, die darin gipfeln, daß sich Schauspieler auf einer Pressekonferenz beschimpfen und mit Bierflaschen bewerfen (FAZ 16.4.1975), lassen eine Uraufführung des Stückes nicht mehr zu. Fassbinder kündigt seinen Direktorenvertrag zur Erleichterung der Frankfurter Öffentlichkeit vorzeitig. Ein letzter Versuch, "Der Müll, die Stadt und der Tod" doch noch herauszubringen, scheitert kurz nach Probenbeginn im Juni 1975. Der Verwaltungsrat des Theaters weigert sich, die Gage für einen zusätzlich benötigten Schauspieler zu bewilligen.

2. Bild
Ein Vorwurf und seine Folgen

Nun "schwirrte die Stadt von wilden Gerüchten über das Opus" (FR 12.3.1976), von dem es heißt, es sei eine sarkastische Abrechnung mit Frankfurt und seinen Stadtvätern. Fassbinder selbst hüllt sich in Schweigen. Er widmet sich zunächst seinen zahlreichen Filmprojekten, die er auch während seiner Amtszeit als Theaterdirektor nicht aufgegeben hatte, "ein besessener Kreativer, der Film auf Film, Stück auf Stück aus sich herausschleuderte, ohne Rücksicht auf Verluste." (Zwerenz 1982: 77)

Als der Suhrkamp Verlag Anfang März 1976 das Stück endlich verlegt, kommt es zum Eklat. Über den literarischen Wert von "Der Müll, die Stadt und der Tod" herrscht in Kritikerkreisen weitgehend Übereinstimmung.

Es sei "im genialischen Stil des Autors hingefetztes Spielmaterial ohne schöpferische Kraft", in dem es "von pappnasigen Schießbudenfiguren nur so wimmelt" und das mit der Realität Frankfurts wenig zu tun habe, urteilt beispielsweise die FR (12.3.1976). Das "pornographische Weihespiel" (DIE ZEIT 26.3.1976), dem die zweifelhafte Ehre zuteil wird, einen nahezu vollständigen Verriß zu erleiden, "lohnte die ganze Mühe nicht, wäre da nicht als ganzer Gegenheld 'Der Reiche Jude'", so Jean Amery. (DIE ZEIT 9.4.1976)

Auf den jüdischen Spekulanten Fassbinders vor allem konzentriert sich die kritische Aufmerksamkeit. Schon der Rezensent der FR hatte geargwöhnt, die Figur könne nur allzu gut "ins antisemitische Klischeebild des reichen, geilen und obendrein noch sentimentalischen jüdischen Geschäftemachers" passen. (FR 12.3.1976) Antisemitische Mißverständnisse könnten auch die, im Stück unwidersprochenen, nazistischen Hetztiraden des "Hans von Gluck" hervorrufen, eine Figur, die Fassbinder als Kunden der Roma B. und Konkurrenten des "Reichen Juden" in sein Stück eingeführt hat. Mit einer ähnlichen Begründung lehnt die Filmförderungsanstalt des Innenministeriums das Filmprojekt als nicht förderungswürdig ab, das Fassbinder auf der Grundlage des Zwerenz-Romans in diesen Monaten plant. (DER SPIEGEL 15/1976)

Joachim Fest, Mitherausgeber der FAZ und seit seiner umfangreichen Hitler-Biographie umstrittener Nationalsozialismus-Experte, mag an Mißverständnisse nicht glauben. Er sieht größere Zusammenhänge.

Fassbinder wird von ihm als Repräsentant einer westdeutschen "Neuen Linken" identifiziert, die "seit geraumer Zeit kein suggestives Feindbild mehr besitzt" (FAZ 26.3.1976) und die nun in Anlehnung an die Politik der Sowjetunion gegenüber Israel nach dem Sechs-Tage-Krieg 1967 den Antisemitismus als Element der Weltrevolution für sich entdecke. Fassbinders "Reicher Jude von links" sei der literarische Ausdruck dieses Antisemitismus mit gutem Gewissen.

Der Verlag reagiert prompt auf die heftige Attacke Fests. Obwohl Verleger Unseld den Vorwurf des Antisemitismus und Linksfaschismus gegenüber seinem Autor als "nicht haltbar" einschätzt (DIE ZEIT 9.4.1976), wird der Text aus dem Buchhandel zurückgezogen.

Es geht nun nur noch am Rande um Fassbinders Stück. Die Feuilletonredaktionen der liberalen Presse treten der "pauschalisierenden Demagogie" (FR 26.3.1976) des FAZ-Herausgebers energisch entgegen. Die These, die heterogene deutsche Linke sei rundweg antisemitisch, wird als "publizistischer Tiefschlag" (DIE ZEIT 26.3.1976) gewertet. "Eine bedenkenswerte Besorgnis gipfelte also in einer bedenkenlosen Denunziation." (DER SPIEGEL,15/1976)

Fassbinder, der sich zum Zeitpunkt der Debatte in Paris aufhält, ist über das Ausmaß der wütenden Reaktionen erschrocken. In einer Stellungnahme weist er den Vorwurf des Antisemitismus zurück und dreht nun den Spieß um. "Zu betrachten wären die Beweggründe derjenigen, die sich dagegen wehren, daß über diesen Sachverhalt gesprochen wird. Sie sind die wahren Antisemiten." (FAZ 2.4.1976) Seines Erachtens führe der an die Stelle des Antisemitismus getretene Philosemitismus zu einer Tabuisierung des Judentums und fördere nur eine neue Spielart des Judenhasses.

"Außerdem, es ist doch nur ein Theaterstück. /.../ Das Stück läßt bestimmte Vorsichtsmaßnahmen außer acht, und das finde ich vollkommen richtig. Ich muß auf meine Wirklichkeit reagieren können, ohne Rücksicht zu nehmen. Wenn ich das nicht mehr darf, dann darf ich gar nichts mehr machen." (DIE ZEIT 9.4.1976)

Fassbinders Klarstellungsversuch fordert jedoch nur neuen Widerspruch heraus. Die Berufung auf seine Kunstfreiheit wird von seinen Kritikern abgeschmettert. "Auschwitz und Contergankinder, die Euthanasie und die Krebskrankheit - sollte es wirklich Zufall sein, daß es darüber so wenig Romane, Filme und Theaterstücke gibt? /.../ Der Künstler darf nicht hinter die analytischen und moralischen Standards seiner Zeit zurückfallen." (FAZ 2.4.1976)

Wenn gegen künstlerische Produkte, die gegen dieses Gebot verstoßen, mit staatlichen Sanktionen vorgegangen werde, dann "handelt es sich nicht um Zensur, sondern um legitime Kontrollmechanismen, wie sie in einer Demokratie wünschenswert und notwendig sind." (FAZ 2.4.1976)

Als der sechsunddreißigjährige Fassbinder im Juni 1982 tot in seiner Wohnung aufgefunden wird, ist sein Stück nach dieser kurzen, aber heftigen Debatte immer noch so umstritten, daß mehrere Versuche, es aufzuführen, gescheitert sind. Mit "Der Müll, die Stadt und der Tod" hinterläßt er der aufblühenden Bankenmetropole ein zutiefst ungeliebtes Erbe: Er hatte verfügt, daß das Stück nur in Frankfurt, New York oder Paris uraufgeführt werden darf.

3. Bild
Die beste aller Möglichkeiten

Acht Jahre später, im Sommer 1984, begibt sich Hilmar Hoffmann, der SPD-Kulturdezernent im CDU-Magistrat, auf die Suche nach einem Nachfolger für den scheidenden Schauspieldirektor der Städtischen Bühnen Adolf Dresen. Ihm ist es in 14 Amtsjahren gelungen, die Kulturpolitik erfolgreich zwischen dem Repräsentationsbedürfnis der Stadtväter und seien eigenen Vorstellungen einer emanzipatorischen Kulturarbeit hindurch zu manövrieren. Mit 280 Millionen DM, die immerhin elf Prozent des Stadtsäckels ausmachen, steht ihm dafür der größte kommunale Kulturetat Europas zur Verfügung. (HA 15.7.1985)

Seit Jahren hat aber ausgerechnet das Schauspiel mehr durch interne Krisen als mit herausragenden Inszenierungen von sich reden gemacht. Dresen steht in dem Ruf, es endgültig auf ein kleinstädtisches Mittelmaß heruntergebracht zu haben, das nicht so recht ins aufpolierte Bild der Kulturmetropole Frankfurt zwischen Museumsufer und "Alter Oper" passen will.

Als Hoffmann am 8. November 1984 seine überraschende Kandidatenkür bekanntgibt, ist die Stadt um eine kulturpolitische Sensation reicher. Der Theaterkritiker Günther Rühle, der der Feuilletonredaktion der "Frankfurter Allgemeinen Zeitung" seit 25 Jahren angehört und seit 1975 als ihr Chef fungiert, soll das marode Haus zu neuen Höhen führen. Als Theaterleiter hat der promovierte Germanist und Herausgeber mehrerer theaterhistorischer Bücher keine Erfahrung.

Dennoch wird Hoffmanns Wahl von nahezu allen Kommentatoren als "beste aller Möglichkeiten" (FR 9.11.1984) begrüßt, Rühles intime Kenntnis der städtischen Kultur- und Politikszene gerühmt, seine Verdienste als "dramaturgischer Kopf" seiner Zunft hervorgehoben. (FAZ 9.11.1984) Lediglich "DIE WELT" (10.11.1984) wendet ein, daß Rühle "gerade der kritische Impetus, das Ausgedachte und allzu professorale" in der praktischen Theaterarbeit hinderlich sein könnte.

Der Berufene selbst schwankt zwischen Neugierde und Skepsis: "Ich gehe also rein wie in die Höhle des Löwen." (SZ 14.11.1984)

Am 22. April 1985, drei Monate nach seinem Amtsantritt , tritt der designierte Schauspieldirektor zum ersten Mal mit vorläufigen Plänen an die Öffentlichkeit. Als seine wichtigsten Aufgaben betrachtet Rühle den Aufbau eines homogenen Ensembles und die Förderung junger, talentierter Regisseure, Schauspieler und Stückeschreiber. "Für die Stadt erhofft sich Rühle, daß Theater und Publikum nach vorübergehenden 'Störungen' ihres Verhältnisses /.../ wieder zu den innigen Beziehungen früherer Jahre zurückfinden." (FAZ 23.4.1985)

Als er auf konkrete Inszenierungspläne zu sprechen kommt, erwähnt er auch "Der Müll, die Stadt und der Tod". Die Dramaturgie prüfe gegenwärtig die Aufführbarkeit des Fassbinder-Vermächtnisses. Das Stück, das Rühle durch eine falsche Diskussion belastet sieht und das er nicht für antisemitisch hält, muß seines Erachtens gespielt werden, weil "die sich als liberal verstehende Stadt Frankfurt herunter müsse vom Vorwurf der Zensur, gleich, ob er berechtigt erhoben worden sei oder nicht." (FAZ 23.4.1985)

Mit dieser Argumentation knüpft Rühle an den Standpunkt an, mit dem er im Gegensatz zu seinen Redaktionskollegen - entschiedenen Gegnern des Stückes - für eine geplante, unter massivem Druck aber verhinderte Aufführung an der "Alten Oper GmbH" plädiert hatte. Der Kunstwert sei nicht hoch anzusetzen, so hatte er im Juli 1984 geschrieben, "Der Müll, die Stadt und der Tod" müsse nun jedoch gespielt werden, um "die Luft rauszulassen; die Ernüchterung über das rüde Zusammengefügte kommt ganz von selbst." (FAZ 6.7.1984)

4. Bild
"Geheimprojekt K eins"

Wie kaum anders zu erwarten, löst Rühles Ankündigung heftige Reaktionen aus. Gegner und Befürworter formieren sich. Während sich Peter Iden, Chefkritiker der liberalen FR, hinter die "mutige und kluge" Entscheidung des neuen Intendanten stellt und ihm die Fähigkeit attestiert, "seine Lust zu übertragen auf andere" (FR 23.4.1985), schießt sich Rühles ehemaliger Arbeitgeber mit Seitenhieben auf dessen Spielzeitvorbereitungen ein.

Er folge mit seinem Vertrauen auf "eine Handvoll junger Regisseure" den Bahnen, die sein glückloser Vorgänger eingeschlagen habe, "Schauspielernamen von hohem Rang sucht man in seinem Ensemble vergebens." (FAZ 25.4.1985)

In einem ungezeichneten Kommentar macht die Feuilletonredaktion, als deren Chef Rühle bis vor kurzem fungierte, deutlich, womit er den Kredit verspielt hat, der ihm bei seiner Berufung noch eingeräumt worden war. "Günther Rühle, unser alter Kollege, muß wissen, daß niemand nach Zensur gerufen hat." (FAZ 25.4.1985)

Keiner hätte etwas dagegen, wenn das Stück, in dessen Mittelpunkt "die alte antisemitische Hetzfigur" des "Reichen Juden" stehe, in Frankfurt aufgeführt würde. Aber, so die dialektische Argumentation, "dafür keine Steuergelder auszugeben ist das mindeste, was die Stadt ihren jüdischen Mitbürgern schuldig ist." (FAZ 25.4.1985)

Drei Monate dauert die angekündigte Prüfung des Stückes, bis Rühle Ende Juni bekanntgibt, daß das "Geheimprojekt K eins", wie es im Theater scherzhaft genannt wird (THEATER HEUTE 7/1985), beschlossene Sache ist. Dietrich Hilsdorf, der aus Ulm gekommene Regisseur, soll das Stück in den 193 Plätze fassenden Kammerspielen inszenieren.

Damit löst die Theaterleitung endgültig eine wachsende Flut von Protesten aus. Die Auseinandersetzung greift sehr bald auch auf die politische Bühne über. Von einem spezifisch "linken" Antisemitismus ist nun kaum noch die Rede.

Die jüdische Loge "B'nai Brith" fühlt sich durch die Darstellung des "Reichen Juden" fatal an die nationalsozialistische Propagandamaschinerie erinnert (FR 26.7.1985), und die oppositionelle, aber nicht im Stadtparlament vertretene FDP fordert OB Wallamnn auf, noch einmal auf Rühle einzuwirken. Als Zensur will sie ihre Forderung, das Stück "sehr schnell in einer tiefen Schublade verschwinden zu lassen", aber nicht verstanden wissen. (FAZ 26.7.1985)

Parlamentarische Sommerpause und Theaterferien - Rühle fährt erst einmal in Urlaub (FR 14.8.1985) - kühlen die erhitzten Gemüter nicht ab. Die CDU-Fraktion, deren Vorsitzender Wenderoth die Figur des "Reichen Juden" mit allen negativen menschlichen Eigenschaften behaftet sieht, appelliert an die neue Schauspiel-Mannschaft, die politischen Folgen zu bedenken und auf eine Aufführung zu verzichten. (FR 8.8.1985) Die SPD, die zusammen mit den GRÜNEN die Oppositionsbank im Rathaus, dem Römer, drücken muß, wirft daraufhin der CDU vor, sie wolle Druck auf das Theater ausüben und unterhöhle so die Kunstfreiheit. (FAZ 9.8.1985)

Doch die Ablehnungsfront geht auch quer durch die Parteien. In einer "Großen Koalition der Frauen" (FR 14.8.1985) kündigen die Stadtverordnetinnen Erika Steinbach-Herrmann (CDU), Edith Stumpf (FDP) und Frolinde Balser (SPD) eine Unterschriftensammlung an, mit der die Unterzeichner "an alle, die sich der Stadt Frankfurt und ihrer politischen Tradition verbunden fühlen" appellieren, "dafür einzutreten, daß das umstrittene Stück nicht aufgeführt wird, schon gar nicht in einer hochsubventionierten städtischen Einrichtung." (FR 14.8.1985)

Um dem wachsenden Druck auf seine eigene Position zu begegnen, tritt nun auch Walter Wallmann an die Öffentlichkeit. Der Oberbürgermeister gehört zu den Fassbinder-Gegnern, er hält das Stück für "mies" und mag ihm keinen künstlerischen Anspruch zugestehen. Um so mehr ist er von seinem neuen Schauspieldirektor enttäuscht. Er sieht gar sein persönliches Verhältnis zu Rühle beeinträchtigt, der mit seinem "bedrückenden" Plan die bestehenden Beweise deutsch-jüdischer Versöhnung gefährde und der Stadt Schaden zufüge. (FAZ 23.8.1985)

Dennoch hat sich Wallmann für "in dubio pro libertate" entschieden. Weder habe er die Absicht noch sei ihm das Recht verliehen, in eine autonome künstlerische Entscheidung einzugreifen.

Als Dietrich Hilsdorf Anfang September mit den Proben für "Der Müll, die Stadt und der Tod" beginnt, ist das Projekt zu einem politischen Ärgernis avanciert, das immerhin die Debatte über den Haushaltsentwurf des Stadtkämmerers von der Tagesordnung des Stadtparlamentes verdrängt.

In der Aussprache über einen von der CDU am 12.9. eingebrachten Mißbilligungsantrag werden Rühle und seine Schauspieler auf der Zuschaueremppore Zeuge, wie ihr Kulturdezernent einen argumentativen Spagat vollbringt, der noch um einiges artistischer ausfällt als der seines Dienstherrn. Ebenso wie Wallmann hält Hilmar Hoffmann eine Inszenierung des inkriminierten Stückes persönlich für falsch. In seiner Funktion will er aber alles dafür tun, um sie zu ermöglichen. Er vertraut dabei auf die Integrität des Intendanten und die Ernsthaftigkeit der Schauspieler. (FR 15.9.1985)

Während die CDU an ihrem Appell an Rühle, das Stück vom Spielplan zu nehmen, festhält und die SPD innerfraktionell zerstritten ist, erinnern die

GRÜNEN an das eigentliche Anliegen Fassbinders, die kommunale Baupolitik der frühen siebziger Jahre bloßzulegen, und sichern dem Schauspiel-Chef ihre Unterstützung zu. (Behrent 1986a:12f)

5. Bild
Standpunkte

Rühle, der einen Tag nach der Römer-Debatte zu erkennen gibt, daß er nicht an seinem Stuhl klebe (Behrent 1986a:12), versucht nun, die Auseinandersetzung wieder dorthin zu verlagern, von wo sie ausging, auf die Theaterbühne. Das Theater geht in die Offensive.

Mit dem Hinweis, Angst vor grenzüberschreitenden Theaterstücken habe es seit Schillers "Räubern" immer gegeben (FR 9.9.1985), kündigt er eine Reihe von Diskussionsveranstaltungen an, die unter dem Titel "Fassbinder lesen! - Gespräche mit künftigen Zuschauern über ein schwieriges Stück" helfen sollen, diese Ängste abzubauen.

Auf diesen Diskussionen tritt nun auch die Jüdische Gemeinde Frankfurt öffentlich auf, die ihren Einfluß bisher vor allem hinter den Kulissen geltend gemacht hatte. (Tötenberg 1986:24)

"Mit Ernst und Emotion" (FAZ 25.9.1985) diskutieren in der ersten Gesprächsrunde am 23. 9. die unterschiedlichsten Vertreter aus einem "breiten Spektrum der Gesellschaft" (Behrent 1986a:14) den Antisemitismus-Vorwurf gegen Stück und Autor.

Während jüdische Diskussionsteilnehmer erklären, sie fühlten sich durch "Der Müll, die Stadt und der Tod" beleidigt, weisen der Schauspieldirektor und sein Dramaturg Heiko Holefleisch darauf hin, daß die Figurenzeichnung als literarische Methode verstanden werden müsse, mit der Fassbinder in einem guten Sinne provoziere, aber keine antisemitischen Absichten verfolge. (FAZ 25.9.1985)

Der Verlauf der Diskussion ist vielversprechend. "Man hat sich in seiner Unterschiedlichkeit nicht nur ertragen, sondern auch zugehört." (Behrent 1986a:14) Und so kann Rühle die Auseinandersetzung um Fassbinder anläßlich einer traditionellen Rede vor der Frankfurter "Gesellschaft für Handel, Industrie und Wissenschaft" als Beweis für die besondere öffentliche Qualität des Theaters werten. "Während an anderen Bühnen Ruhe, Stille und Ratlosigkeit herrschen, spüren wir Aufmerksamkeit, Beunruhigung und das Verlangen nach Gesprächen." (FAZ 27.9.1985)

Wie sehr er sich in der Hoffnung täuscht, das Theater werde mit dieser Beunruhigung argumentativ fertig, zeigt sich bei der zweiten Diskussionsrunde am 1. Oktober. Die unterschiedliche Standpunkte verhärten sich, und einem Berichterstatter erscheint die Veranstaltung als ein Theater-Tribunal, "vor dem sich mehr und mehr die 'Zeugen', die 'Ankläger', hier und dort auch einige 'Verteidiger' drängten. Vielleicht wird sich einmal ein Stückeschreiber dieser Szene und der agierenden Personen erinnern, um selbst ein Stück daraus zu machen." (FR 2.10.1985)

Wiederum eine Woche später, am 8.10., erweist der dritte und letzte Anlauf, zu einer Verständigung im Gespräch zu kommen, daß die Standpunkte emotionalisiert, die Meinungen endgültig "betoniert" sind. (FR 10.10.1985) Auch Rühles Vorschlag, eine Idee Fassbinders aufzugreifen und der Figur des "Reichen Juden" einen Namen zu geben, um den Vorwurf zu entkräften, in ihr werde ein verallgemeinernder Typus verkörpert, wird von der Öffentlichkeit als "pure Programmheft-Kosmetik" (DER SPIEGEL 45/1985) empfunden oder schlicht ignoriert.

Am 30. Oktober, einen Tag vor der Premiere stellt die "Frankfurter Rundschau", die seit langem mit Rühle sympathisiert und eine politisch motivierte "regelrechte Kampagne" gegen ihn wittert (FR 21.8.1985), den beiden Hauptkontrahenten eine ganze Zeitungsseite zur Verfügung. "Im Wortlaut" werden die Stellungnahme Rühles und des Kulturreferenten der Jüdischen Gemeinde, Michel Friedmann, sowie eine "Vorrede an die Zuschauer" aus dem "Müll"-Programmheft abgedruckt.

Rühles Beitrag ist deutlich dessen Bitterkeit über das Scheitern seiner dreimonatigen Bemühungen anzumerken, der Öffentlichkeit seine Entscheidung deutlich zu machen und die Diskussion zu versachlichen. Er faßt die Versuche zusammen, ihn zur Aufgabe zu bewegen ("Uns wird Starrsinn vorgeworfen und eine spekulative Strategie des Spektakulären. Wir wollen mit der Aufführung keine Sensation machen. Das tun andere."), beharrt aber auf der theatralischen Lesart des Stückes. "Wenn unser Urteil über Qualität, Fabel und Funktion ein anderes ist, als das nicht ohne Systematik verbreitete Bild von einem antisemitischen Schmierenstück, dann dürfen wir das von der Verfassung garantierte Recht auf die Freiheit der Kunst in Anspruch nehmen." Die Kritiker, von denen viele das Stück offenbar erst einmal lesen müßten, verwechseln, so Rühle weiter, die Meinung des Autors mit der der antisemitischen, eindeutig negativ gezeichneten Stückfigur "Hans von Gluck".

Ein Verzicht auf die Aufführung käme dem Verzicht auf einen provokativen wie produktiven Anstoß zum Dialog über allzu lang Verdrängtes gleich. "Ihm (Fassbinder) lag daran, daß man zum Nachdenken komme, daß man auch sein eigenes Verhältnis zu einer Bühnenfigur wie dem 'Reichen Juden' bestimme und sich selbst daran erkenne."

Michel Friedmann, 29jähriger juristischer Referendar, gilt seit der September-Debatte im Römer als Repräsentant des Widerstands gegen die Uraufführung. In der Aussprache hatte er - als erster jüdischer Abgeordneter im Stadtparlament seit 1933 und Vertreter der CDU (Rheinischer Merkur 16.11.1985) - heftig gegen das Stück votiert.

Friedmann weist in seinem FR-Beitrag auf die emotionale Betroffenheit jüdischer Bürger hin, die in den Diskussionsveranstaltungen bereits deutlich geworden war. "Daß die tiefe Betroffenheit, ja Verletztheit der jüdischen Bürger nicht ausreichen konnte, um die Verantwortlichen zu überzeugen, dieses Stück nicht aufzuführen, vertieft das Unwohlsein und die Angst in der Jüdischen Gemeinde." In der Haltung der Theaterleute verkörpere sich der wachsende Mangel an Sensibilität der Deutschen gegenüber den Überlebenden der Massenvernichtungslager, die auch in dem Besuch Bundeskanzler Kohls auf dem Soldatenfriedhof Bitburg ein halbes Jahr zuvor deutlich geworden sei.

So gefährde "Der Müll, die Stadt und der Tod", in dem antisemitische Hetztiraden unwidersprochen geäußert werden könnten, nicht nur Ansätze einer Versöhnung, wie sie etwa in Frankfurt durch die jährlich stattfindenden Jüdischen Kulturwochen praktiziert würden. Der Versuch Rühles, die Vergangenheitsbewältigung im Alleingang und gegen den Willen der Juden zu betreiben, zumal mit einem untauglichen Stück, stelle grundsätzlich das Selbstverständnis der Juden, die in der Bundesrepublik lebten, in Frage.

"Es geht in dieser Auseinandersetzung nicht primär um das Fassbinder-Stück, sondern letztliche um das Verhältnis der Deutschen und der Juden zur jüngsten Geschichte und zur Gegenwart. Viele Juden empfinden die Aufführung des Stückes als Versuch, die Vergangenheit auf Kosten der Opfer zu bewältigen. Wer glaubt, dies tun zu müssen, verhindert damit die Versöhnung."

6. Bild
Der Tag X

In der Stadt herrscht zu diesem Zeitpunkt längst die Atmosphäre erwartungsvoller Spannung. "Frankfurt zittert vor einer Premiere. Ein zehn Jahre alter Streit treibt seinem Höhepunkt entgegen", konstatiert Ulrich Greiner bei seinen Recherchen am Vorabend der geplanten Uraufführung. (DIE ZEIT 1.11.1985)

Die öffentliche Anteilnahme geht weit über die Grenzen der Bundesrepublik hinaus, Berichterstatter aus In- und Ausland haben ihr Kommen zur Premiere angesagt. Auf dem Schreibtisch Rühles stapeln sich die Protestnoten, die Resolution der drei Stadtverordnetenfrauen ist von 1600 Frankfurter Bürgern unterzeichnet worden. Beim Ordnungsamt ist eine Demonstration vor dem Theater angemeldet worden, zu der etwa 500 Teilnehmer erwartet werden. (FR 24.10.1985)

Um die Frage, wer als Veranstalter dieser Demonstration gelten darf, hatte es einen wahren Wettlauf gegeben. Neben der FDP, die die Urheberschaft für sich beansprucht und deren Bundesgeschäftsführer Helmut Haussmann auf der Kundgebung sprechen will, haben alle Parteien bis auf die GRÜNEN, beide christlichen Kirchen und jüdische Organisationen aufgerufen. Wallmann, der auf Dienstreise im fernen Japan weilt, hat das totale Demonstrationsverbot aufgehoben, das er im Anschluß an die gewalttätigen Auseinandersetzungen im Zusammenhang mit dem Tod des Demonstranten Günter Sare über die Stadt verhängt hatte. (Behrent 1986a:19)

Der Jüdische Jugend- und Studentenverband Hessen plaziert am Premierentag einen Aufruf in der "Frankfurter Rundschau", sich den Protesten anzuschließen. Doch auch im Theater selbst soll es nach dem Willen der Jüdischen Gemeinde nicht ruhig bleiben. Sie kündigt auf einer Pressekonferenz an, die Aufführung durch nicht näher erläuterte "Aktionen" zumindest verzögern zu wollen. (FAZ 29.10.1985)

Rühle kontert mit der Feststellung: "Das nächste Argument in der Diskussion um das Stück ist die Aufführung." (FAZ 29.10.1985)

Am frühen Abend des 31. Oktobers, einem Donnerstag, versammeln sich an die 1000 Demonstranten vor den Städtischen Bühnen. Sie ziehen einen engen Kreis um den Eingang zum Foyer, der von einem privaten Sicherheitsdienst abgesperrt wird. Die Polizei hält sich mit einigen Wasserwerfern in einer Nebenstraße in Bereitschaft. Auf Transparenten wird "Kunstfreiheit: ja - Narrenfreiheit: nein" gefordert, einige ältere Demonstranten heften sich zum Zeichen ihres Protestes den gelben "Judenstern" an den Mantel.

Die Stimmung ist aufgewühlt, als sich die Premierengäste ihren Weg ins Theater bahnen. "Schämt Euch!" wird ihnen im Blitzlichtgewitter der Pressefotografen in Sprechchören entgegengerufen. Zu einer kleinen Rangelei kommt es, als sich die Türen zum Theater bereits geschlossen haben. Einer Handvoll Gegendemonstranten aus den Reihen der GRÜNEN wird ein Plakat entrissen, auf dem sie für die Freiheit der Kunst eintreten. (FR 2.11.1986)

Während draußen heftig weiterdiskutiert wird, nehmen die Zuschauer ihre Plätze ein, unter ihnen der Reporter einer amerikanischen Fernsehgesellschaft, der mit einer versteckten Kamera die Ereignisse mitschneidet, die sich nun überstürzen. Die Aufnahmen, die am folgenden Tag in einer ARD-Sondersendung zu sehen sind, zeigen eine Gruppe von etwa 30 Demonstranten, die kurz nach dem Einlaß - die Darstellerinnen der Prostituierten wollen gerade mit der ersten Szene beginnen - die Bühne stürmen und ein Transparent entrollen: "Subventionierter Antisemitismus".

Unter den Bühnenbesetzern, die vom Vorsitzenden der Jüdischen Gemeinde Ignatz Bubis angeführt werden - einem Immobilienmakler, von dem es heißt, er sei Fassbinders Vorbild für den "Reichen Juden" gewesen (DIE ZEIT 1.11.1985) - sind auffallend viele Jugendliche und Frauen. "Etwas zaghafter die Älteren und Alten. Ordentliche Bürger in der heiklen Rolle der Hausbesetzer." (DIE ZEIT 8.11.1985)

"Wir werden die Bühne besetzt halten, bis wir wissen, daß dieses Stück hier nicht zur Aufführung gelangt. (Gelächter. Zwischenruf: 'Terror!') Weil wir überzeugt sind, daß diese Aufführung eine Beleidigung und Diffamierung aller jüdischen Bürger Frankfurts darstellt ... (Stimmengewirr)". (DIE DEUTSCHE BÜHNE 12/1985)

Das Vorstandsmitglied Herrmann Alter verkündet die Strategie der Jüdischen Gemeinde, als Rechtsanwalt wohl wissend, daß die Bühnenbesetzung den Straftatbestand des Hausfriedensbruchs erfüllt.

Die lautstarke Debatte, die nun entbrennt, ist bald hoffnungslos verfahren. Günther Rühle, der neben Hilmar Hoffmann mit verschränkten Armen zwischen Bühnenrampe und Zuschauern steht, versichert, er werde von seinem Hausrecht keinen Gebrauch machen. Er bittet die Besetzer, die Bühne dennoch zu räumen und den Schauspielern Platz zu machen, die "in zehnwöchiger und sehr harter und belasteter Arbeit dieses Stück eingeübt haben." (DIE DEUTSCHE BÜHNE 12/ 1985)

Er wird dabei von der Mehrzahl der Zuschauer, die meist von außerhalb angereist sind und das Stück sehen wollen, unterstützt. Die Besetzer sehen sich zusehends in die Enge gedrängt, aber sie weichen nicht von der Rampe. Der Vorschlag Holefleischs, die Darsteller mögen hinter ihrem Rücken mit dem Spiel beginnen, wird von ihnen ebenso ignoriert wie die Vermittlungversuche des Politik-Professors Iring Fetcher. Eine Erklärung des Ensembles, das ansonsten nicht in die Diskussion eingreift, die Inszenierung verfolge keine antisemitischen Absichten, weisen sie zurück. Nach Auschwitz hätte kein Deutscher das Recht, einem Juden vorzuschreiben, was er als Antisemitismus zu empfinden habe und was nicht.

Zum großen Star des Abends avanciert zwischen den erstarrten Fronten Daniel Cohn-Bendit. Der ehemalige Apo-Aktivist, der immer wieder auf seine jüdische Herkunft verweist, hält leidenschaftliche Plädoyers für die Verständigung zwischen beiden Seiten. Er begrüßt das Engagement der Jüdischen Gemeinde, meint aber, sie exekutiere ihren Protest gegen den Judenhaß am falschen Objekt.

"Wenn Cohn-Bendit spektakelte, waren Krampf und Gewalt gewichen, war alles auch bloß Theater. Nach dem Schauspieler des Jahres werden wir nun nicht mehr suchen müssen", urteilt der "ZEIT"-Kritiker Henrichs über den Auftritt des Realo-GRÜNEN. (DIE ZEIT 8.11.1985)

Als Rühle nach zweieinhalb Stunden Bühnenbesetzung die Veranstaltung für beendet erklärt, feiern die Demonstranten, die draußen vor dem Theater ausgeharrt haben, die Verhinderung der Aufführung als Sieg.

Die Berichterstatter der überregionalen Presse dagegen sind sich, nachdem der Schlachtenlärm des Premierenabends sich gelegt hat, zumindest in einem einig: "An diesem Abend gab es fast nur Verlierer." (FR 2.11.1985)

7. Bild
Der Zauberlehrling

Günther Rühle mag sich dennoch nicht geschlagen geben. Auf einer Pressekonferenz teilt er am Morgen des folgenden Tages den 70 anwesenden Journalisten seinen veränderten Terminplan mit.

Wegen der zu erwartenden Proteste, die die Jüdische Gemeinde für weitere Aufführungsversuche angekündigt hat, wird die Premiere um zwei Wochen, auf den 13.11., verschoben. Die für den 4. und 6. 11. geplanten Vorstellungen fallen aus. Am ersten der beiden frei werdenden Termine setzt der Intendant eine "Wiederholungsprobe" an, in der sich wenigstens die Journalisten von der politischen und moralischen Unbedenklichkeit der Hilsdorf-Inszenierung überzeugen sollen.

Und so drängen sich am trüben Nachmittag des 4.November 123 geladene Medienvertreter über verschlungene Pfade ins Kammerspiel, nicht ohne sich zuvor strenge Sicherheitsüberprüfungen inklusive Ausweis- und Gesichtskontrolle gefallen lassen zu müssen; "/.../ bis dahin schon mal keine schlechte Inszenierung." (Behrent 1986a:20)

Über den ästhetischen Rang der Inszenierung gehen die Meinungen anschließend zwar weit auseinander. Der szenischen Einrichtung des umstrittenen Textes aber bescheinigt die Mehrheit der Kritiker, sie sei alles andere, nur nicht antisemitisch. Der "Reiche Jude" jedoch erscheint in der Darstellung Edgar M. Böhlkes vielen nachgerade als "guter Mensch von Frankfurt." Georg Hensel, Kritiker der "Frankfurter Allgemeinen Zeitung", sieht darin eine Fälschung des antisemitischen Textes. Hilsdorf habe das Stück, ohne den Wortlaut zu verändern, durch Besetzung, Sentimentalisierung und andere Regietricks "umgestrickt". (FAZ 6.11.1985)

Doch das Ärgernis, über das einer Schnellumfrage zufolge 80% der Bundesbürger informiert sind, hat längst die Dimensionen des Kulturteils gesprengt: kaum ein deutsches Presseorgan, das den Auseinandersetzungen nicht einen politischen Kommentar oder Leitartikel widmet. Dabei kommt nun auch die Verstrickung jüdischer Geschäftsleute in die Frankfurter Sanierungspolitik in den frühen siebziger Jahren zur Sprache, ein Thema, das in der publizistischen Diskussion bisher vernachlässigt wurde. (SPIEGEL 46/1985)

Die Kontroverse verläuft zum Teil auch quer durch die Redaktionsstuben. Symptomatisch ist dafür die Berichterstattung und Kommentierung der "ZEIT" (8.11.1985), vor allem aber der "Frankfurter Rundschau". Während Peter Iden Form und Ausmaß des Protestes der Jüdischen Gemeinde scharf verurteilt und seine Sympathie mit Rühle bekräftigt (FR 5.11.1985), appelliert der Chefredakteur Werner Holzer bereits zwei Tage nach der geplatzten Premiere in einem Leitartikel an das Theater, nun mit Rücksicht auf die verletzten Gefühle der Juden auf eine Aufführung zu verzichten: "Das Schlüsselwort heißt Angst." (FR 2.11.1985)

Ins Zentrum der publizistischen Auseinandersetzung ist inzwischen der Schauspieldirektor geraten, der sich während der Besetzung gefallen lassen mußte, als "Kohl der Kultur" beschimpft zu werden. Nur wenige mögen Rühle dafür "bewundern, in welcher Haltung er die Demonstration durchsteht." (DIE ZEIT 8.11.1985)

Joachim C. Fest hatte bereits zwei Tage vor der Premiere seinen ehemaligen Mitarbeiter als "Theatromanen" porträtiert, in dessen Wesen "etwas von einem enthemmten Studienrat" stecke. (FAZ 29.10.1985) Vor allem die konservative Presse greift Fests Anleihe bei Heinrich Manns "Professor Unrat" begierig auf. Rühle habe mit seinem oberlehrerhaften Verhalten mangelndes politisches Fingerspitzengefühl bewiesen und neue Gräben zwischen Deutschen und Juden aufgerissen. Seine "Unerschütterlichkeit" habe ihn zu einem "der einsamsten Männer von Frankfurt, von vielen gehaßt, von den einflußreichen Zirkeln und Clubs verachtet", gemacht. (Stuttgarter Zeitung 9.11.19859)

Und auch der politische Druck auf den Intendanten wird immer stärker Die israelischen Medien berichten ausführlich aus Frankfurt und der Oberbürgermeister von Tel Aviv, Schlomo Lahat, wird bei seinem Kollegen Wallmann mit der Bitte vorstellig, seinen Einfluß noch einmal geltend zu machen. (FAZ 4.11.1985) In einer Rede zum Gedenken der "Reichskristallnacht" wiederholt dieser seinen Standpunkt und appelliert an alle Beteiligten, den Frieden in der Stadt zu bewahren. (FR 11.11.1985) Vor und nach dieser vielbeachteten Rede bestellt er Rühle zweimal zu Gesprächen in sein Bürgermeisterbüro.

Am 12. November ruft der Indentant abermals zu einer Pressekonferenz. Mit Rücksicht auf den inneren Frieden der Stadt und die Arbeitsfähigkeit des Theaters begründet Rühle seinen Verzicht auf eine Aufführung von "Der Müll, die Stadt und der Tod." "In bitteren Worten" (FR 13.11.1985) fügt er hinzu: "Die Debatte über das Fassbinder-Stück zeigt einen Irrationalismus, der sich aus den Verbrechen der Deutschen an den jüdischen Bürgern herleitet und den daraus entstandenen Ängsten, wie aus Verdrängung, verspätetem Widerstandsbegehren und Interessenskämpfen der Gegenwart - für ihre Austragung ist das Theater der falsche Ort."

Allerorten wird Erleichterung über Rühles Entscheidung registriert. Selbst Bundeskanzler Helmut Kohl, mit seiner These von "der Gnade der späten Geburt" selbst in den Ruf geraten, unempfindlich gegenüber den Gefühlen der

Juden zu sein, verleiht seiner "Befriedigung" Ausdruck, daß der "Müll" vom Tisch ist. (DIE ZEIT 22.11.1985)

In den Städtischen Bühnen herrscht Ratlosigkeit. Man sieht sich in der Rolle des Zauberlehrlings, der die Geister nicht bändigen kann, die er rief. Mit einer "so großen Koalition der Verhinderer", mit einem solchen Kräftespiel habe man nicht gerechnet, bekennt Dramaturg Holefleisch. "Darauf kann ein Theater sich auch gar nicht einstellen. Wir wollen ja keine Politiker werden." (Behrent 1986b:30)

Die Schauspieler kommentieren die verfahrene Situation am Jahresende auf ihre Art: mit einem theatertypischen Extempore. Am Premierenabend der Lokalposse "Der Datterich" ändert die Darstellerin der Frau Dummbach ihren Text mit Blick auf die aktuellen Ereignisse: "Ich will eweihl des Flahsch beimache, es scheint mer widder so zeh wie e Frankforter Judd." (SZ 1.2.1986)

8. Bild
Nachspiel an der Isar

Während die Wellen am Main hochschlagen, ist das Kroetz-Stück in München ins Repertoire übernommen worden. Mitte Dezember steht "Bauern sterben" zum zwanzigsten Mal auf dem Spielplan, die Vorstellungen sind meist ausverkauft.

Doch nun versucht die oppositionelle CSU-Fraktion im Stadtrat, den verhinderten Skandal noch einmal aufzukochen. "Spät, aber doch" (TZ 20.12. 1985) bittet sie Intendant Dieter Dorn, das Stück vom Spielplan abzusetzen, weil sich die Beschwerdebriefe von empörten Bürgern gehäuft hätten. Zu ihrer Bitte inspiriert werden die CSU-Stadträte offenkundig durch die Frankfurter Vorfälle.

In der Begründung des Protestes zieht der christsoziale Fraktionsgeschäftsführer Albert Schottenheim gewagte Parallelen. "Handelt es sich in dem Frankfurter Stück um die Verletzung der Gefühle unserer jüdischen Mitbürger, /.../ so handelt es sich beim Kroetz-Stück um die Verletzung der Gefühle von Christen, der religiösen Mehrheit in der Bundesrepublik, die sich lediglich nicht so lautstark artikulieren kann wie die jüdische Minderheit." (TZ 2o.12.1985)

Die makabre Analogie, die sich um den spezifischen Ursprung der jüdischen Proteste gegen "Der Müll, die Stadt und der Tod" wenig schert, löst Befremden aus. Selbst konservative Kommentatoren sehen darin "seltsame Frontstellungen." (MM 21.12.1985) Die "Frankfurter Rundschau" klassifiziert die "Paradedummheit der Möchtegern-Zensoren" als undurchschauten Totalitarismus. (23.12.1985)

Der Kulturreferent der SPD-regierten Kommune, Jürgen Kolbe, beeilt sich zu erklären, er denke nicht daran, Druck auf den Intendanten auszuüben. Dieser wiederum verweist auf den Publikumserfolg und kündigt an: "Wir werden das Stück auch im nächsten Jahr zeigen." (BILD 20.12.1985)

Franz Xaver Kroetz hat die Kontroverse um "Bauern sterben" nicht geschadet, auch wenn er in der Folgezeit weniger als Dramatiker denn als Medien-Star an die Öffentlichkeit trat. 1987 glänzte er als Klatschreporter "Baby Schimmerlos" in der Fernsehserie "Kir Royal", einer satirischen Abrechnung mit dem Glanz und Elend des Boulevard-Journalismus. Zur begehrten Figur für die 'Yellow-Press' wurde er endgültig nach seiner Heirat mit der Tochter Maria Schells, die in den fünfziger Jahren zu den Größen des deutschen Films zählte. Zur gleichen Zeit wechselte er als Autor die Fronten: Er, dessen Traum es schon immer war, für die Massen zu schreiben, trat als Kolumnist in die Dienste der BILD-Zeitung - jenes Blattes also, das wenige Monate zuvor "Bauern sterben" gerne hätte verbieten lassen.

Dagegen hat sich Günther Rühle in seiner Position als Intendant des Frankfurter Schauspiels nicht wieder vom Skandal um das Fassbinder-Stück erholt. Wiederkehrende Hinweise auf die Ereignisse im Herbst 1985 begleiteten seine fünfjährige Amtszeit ebenso wie der Vorwurf der Führungsschwäche - auch er wurde zum ersten Mal in der Zeit rund um die Bühnenbesetzung erhoben. Entnervt warf Rühle im Frühjahr 1990 das Handtuch, eine ihm angebotene Verlängerung seines Vertrages lehnte er ab.

Epilog
Das letzte Tabu

Mit dem CSU-Vorstoß kurz vor Weihnachten scheitert in München der letzte Versuch, "Bauern sterben" zu einem ernstzunehmenden Skandalstück umzuschreiben. Es bleibt bei einer Farce, bei der die Rolle der 'Komischen Person' mit den Skandalierern besetzt ist. Sie finden für ihr Unterfangen, das Theater auf die Einhaltung ihrer eigenen moralischen Standards zu verpflichten, keine Lobby, die bereit, wäre gegen eine im kulturpolitischen Kontext so abgesicherte und stabile Institution wie die Kammerspiele vorzugehen.

Die Reklamation so vager Regeln wie derer des "guten Geschmacks" mutet angesichts der theaterästhetischen Entwicklung der letzten zwanzig Jahre hoffnungslos anachronistisch an. Die provokative und kritische Infragestellung gesellschaftlicher Normen gehört seither zum festen Programmpunkt jedes mittleren Stadttheaters. Das Publikum, das sich Anfang der siebziger Jahre noch gegen die Abkehr vieler junger Theatermacher vom klassischen Motto des Frankfurter Opernhauses "Dem Wahren, Schönen, Guten " wehrte, hat sich inzwischen, so meint jedenfalls "Skandalautor" Kroetz, einen "fast unverderblichen Magen" zugelegt. (TAZ 14.12.1985) Der Bühnenbildner und Regisseur Wilfried Minks, der dieser Entwicklung maßgebliche Impulse gab, charakterisiert den Zeitgeist in den Theaterkantinen so: "Man darf in der Kunst jetzt soviel, daß es fast langweilig ist." (HA 26.4.1985)

Im Unterschied zu Kroetz begibt sich Rühle in eine der wenigen Tabu-Zonen, die beinahe unweigerlich den unlösbaren Konflikt zwischen Kunstfreiheit, politischer Opportunität und ethisch begründeter Rücksichtnahme auslösen. Vor dem geschichtlichen Hintergrund nationalsozialistischer Massenvernichtungen berührt die provokative Ästhetisierung des heutigen Verhältnisses zwischen Deutschen und Juden eines der wenigen gesellschaftspolitischen Grundprinzipien Nachkriegsdeutschlands, die bisher nicht zur Disposition gestellt wurden.

Wie sehr sich dieses Thema der ästhetischen Kompetenz des Theaters zu entziehen scheint, wurde am verhinderten Premierenabend deutlich, als eine der Bühnenbesetzerinnen die Diskussion folgendermaßen zusammenfaßte: "Ihr redet über eure Kunst, wir über unsere Gefühle." (SPIEGEL 45/1985)

Literatur

Behrent, Michael: Die Inszenierung der Öffentlichkeit. Der Verlauf des Streits um Fassbinders Theaterstück mehrhändig geschrieben. In: Elisabeth Kiderlen 1986, (=Behrent 1986a).

Behrent, Michael: Kein Gastspiel in Helsingör - Fragen an das Theater. In: Elisabeth Kiderlen 1986, (=Behrent 1986b).

Fassbinder, Rainer Werner: Der Müll, die Stadt und der Tod. In: Horst Laube (Hrsg.): Theaterbuch. München 1978, S.275-323.

Kelting, Peter: Unveröffentlichtes Interview mit Bernd Wilms, 24. 3. 1986, (=Kelting 1986a).

Kelting, Peter: Unveröffentlichtes Interview mit C. Bernd Sucher, 25. 3. 1986, (=Kelting 1986b).

Kiderlen, Elisabeth: Pflasterstrand Flugschriften-1. Fassbinders Sprengsätze. Frankfurt/a.M. 1986.

Kroetz, Franz Xaver: "Bauern Sterben". Ein dramatisches Fragment. In: Programmheft der Münchner Kammerspiele. Spielzeit 1984/85, Heft 8.

Lichtenstein, Heiner (Hrsg.): Die Fassbinder-Kontroverse oder Das Ende der Schonzeit. Königstein/Ts. 1986.

Panzer, Volker: Franz Xaver Kroetz und die Kritiker. In: Text und Kritik. Zeitschrift für Literatur, Heft 57. München 1978.

Töteberg, Michael: Entstehung und Verhinderung eines Theaterstücks. 1975-1985: Eine Chronik. In: Elisabeth Kiderlen 1986, S.21-28.

Zollinger, Peter: Der Normalbürger spricht. Eine Schnellumfrage zum Theaterstreit. In: Elisabeth Kiderlen 1986.

Zwerenz, Gerhard: Der langsame Tod des Rainer Werner Fassbinder. Ein Bericht. München 1982.